# 清末民初旗民生存状态研究

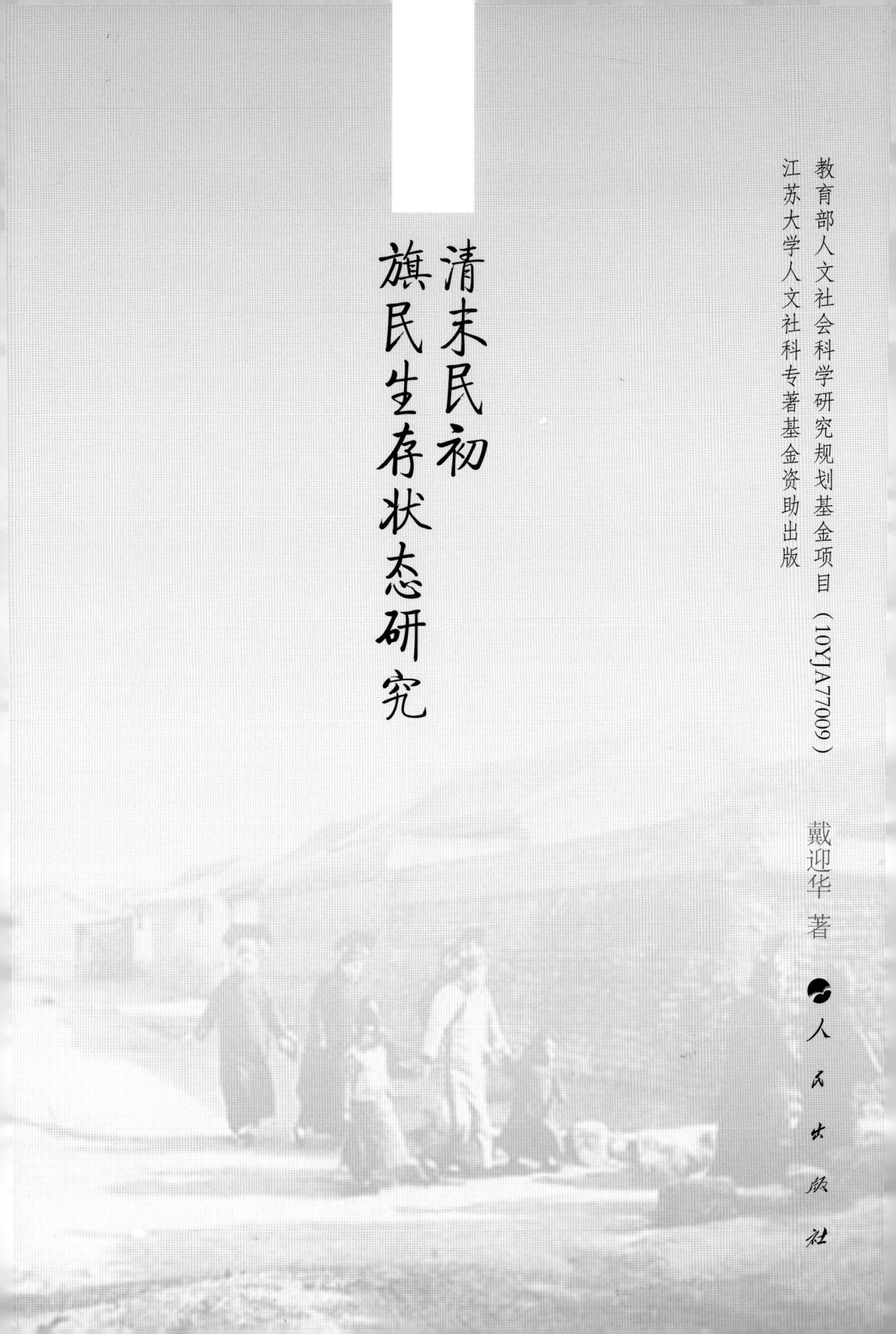

教育部人文社会科学研究规划基金项目（10YJA77009）

江苏大学人文社科专著基金资助出版

戴迎华 著

人民出版社

# 目　录

# 导　论

## 一、概念界定

"旗民"概念的准确界定是本书讨论的基础。八旗制度形成之初,满族是其主要的民族成分,后在八旗制度发展和完善的过程中,不同部族、不同种族的人口不断地被编入旗籍,成为旗丁,由此,八旗组织形成了三个主要的组成部分:满洲八旗、蒙古八旗、汉军八旗。从民族成分来看,在满洲、蒙古、汉军八旗内,除了满族、汉族、蒙古族之外还有其他一些民族,尤其是在满洲八旗内还存在着达斡尔族、鄂温克族、朝鲜族、锡伯族、维吾尔族、藏族等各民族,所以旗人并不能完全等同于满族人。从外部来看,旗民社会就是一个整体,"旗人"是他们的共同身份,因而直至清末,"不分满汉,但问旗、民"的说法长期存在。基于这样的历史事实,本书讨论的"旗民"的范畴并不局限于满族本身,它包括了所有具有旗籍身份的在旗成员。

## 二、研究缘起

自旗民社会形成,旗民生计问题便伴随其始终。旗民生计问题是清代特有的民生问题,也是困扰有清一代的特殊难题。18世纪中叶以前,八旗体制所构建的军事组织与行政机构的法定体系基本维护了旗人的主体社会地位,旗民生存状态远优于一般社会群体。18世纪中叶以来,八旗体制本身固有的弊端及由此带来的负面效应已经使得旗人社会生活水平的式微日趋明显,旗人生计日渐困顿,旗民生计问题开始出现。鸦片战争以后,中国社会由盛入衰,而与此同时进行的现代化进程大大影响了中国固有的社会结构,传统的中国社会阶层体系发生嬗变,在这种嬗变过程中,新的社会群体不断产生,其中,商人群体、新的军人团体以及新的知识分子群体逐渐发展成社会的精英集团,并由边缘走向了中心。与此相应,长期处于"四民社会"之上的旗民社会地位急剧下降,旗民生计问题日趋严重清末旗制变革在对八旗进行军事改革的同时,试图通过化除满汉畛域,并实行计口授田、劝业归农、开办学堂、兴办实业等多种措施改善旗民生计,但收效甚微。辛亥革命后,旗民社会身份和地位发生了明显的变化。政治上,旗民政治权力的核心地位已然丧失;经济上,多数旗人生活日益贫困化。随着政治特权的丧失和生存状态的进一步恶化,民初的旗民社会群体日益边缘化,并演变为社会的弱势群体。

北洋政府统治时期,八旗组织依然延存,虽然其军事职能已然丧失,但其行政职能仍然在某种程度上有效地行使。北洋时期八旗组织的延存,虽有利于旗民社会群体的平稳过渡,为旗民的社会转型提供了一定的时间和空间,但在相当程度上阻碍了旗民社会群体迅速适应民初社会发展的步伐。北洋时期,政府和社会各阶层对旗民生计的筹划与努力在一定程度上改善了旗民生计,但由于国家政权更迭频繁,社会动荡不安,旗民生计始终未能筹定。北洋政府统治的终结,彻底结束了长达三百余年的八旗体制,也使得旗民社会群体走到了其社会发展的终点。旗民社会的消亡伴随了旗民社会群体的平民化进程,在走向平民化的痛苦历史转身中,旗民社会群体逐渐完成了他们的现代转向。

本书旨在通过对清末民初旗民社会生存状态的历史考察,探讨特定历史时期内特殊社会群体的社会民生问题,以鸦片战争以后直至北洋政府统治结束时期的旗民社会生存状态和发展趋向为脉络,分析影响旗民社会生存的多种历史原因。本书不仅关注近代中国社会的深刻变迁、特定社会体制对旗民社会生存发展的影响,还讨论晚清以来的历届政府及社会各阶层对旗民生计的关注与筹划,试图为现实民生提供一些历史的借鉴。

晚清至北洋时期的旗民社会生存状态深深呼应了近代中国社会发展的历史轨迹。自鸦片战争爆发至北洋政府统治的结束,正是中国社会深刻变化的历史时期,对这一时期的旗民社会的生存状态和发展趋向的考察,不仅能推进人们对社会转型时期旗民社会群体问题的深入研究,也有益于人们从民生的视角对清末民初中国社会、政治、经济、思想文化、风俗习惯等诸多领域有进一步认识。此外,民生问题是国家和社会发展的基本问题,民生问题的解决,关乎国家的繁荣、稳定与发展,晚清以来尤其是民初以后中国社会各阶层对旗民生计问题的考量与筹划,有益于弱势群体民生问题的思考与解决。

### 三、学术前史

长期以来,学界对于清末民初尤其是民国建立以后旗民民生问题的研究一直十分薄弱。20 世纪 80 年代以后,清史、八旗制度史研究日趋繁荣,旗民生计问题与驻防制度结合在一起,也成为史学界关注的重点,但有关旗民民生问题的研究多集中于清前中期,而且始终涵盖于清史与满汉关系的研究中,并未有专门的研究。对于清末到民国这一历史时期的旗民问题,学界更是长期未能给予应有的关注,相关研究多年来几乎空白。20 世纪末 21 世纪初,国外一些学者从族群与族性理论的视角出发,讨论了辛亥革命前后的满汉关系和满族族群问题,但并没有对清末民初旗民的生存状态给予专门的研究。近几年来,清末以来的八旗生计问题开始引起国内学界的关注,少量论文开始面世,但都集中于某一地区范围或某一驻防,尽管如此,上述一些研究为本书的展开和深入依然提供了较高的参考价值。

**1. 专著方面**

关于八旗生计研究的专门著作尚付阙如,涉及旗民生计的有关著作大多与清代八旗制度和满汉关系的研究结合在一起,主要有如下几种。

(1)国内

学者定宜庄的《清代八旗驻防制度研究》(天津古籍出版社 1992 年版),重点研究了八旗驻防制度的形成、中央对各驻防的控制、驻防制度的弊端以及驻防兵丁生计,指出八旗制度对八旗成员的严格禁锢、束缚和封建制度的影响导致了八旗驻防体制的衰落。

杨学琛、周远廉合著的《清代八旗王公兴衰史》(辽宁人民出版社 1986 年版),论述了从清朝入主中原到清亡为止的八旗王公兴衰的历史,著作对八旗贵族的兴起、八旗权势的获得、发展与衰落进行了较为全面的介绍,更着重探讨了与八旗王公权势紧密相关的王府府第和庄园的发展与演变。该书对民国时期王公权势的丧失、王公庄园的丈放以及王公权势的衰落及其原因的论述为研究民国时期旗民社会生存提供了有益的启示。

腾绍箴所著的《清代八旗子弟》(中国华侨出版公司 1989 年版)一书,主要论述了清代八旗子弟生成直至衰落的历史过程,强调八旗子弟在漫长的成长过程中,其语言、文化、风俗等各个方面都在变化。该书在描述清代八旗子弟的同时,也论述了清代满汉民族关系、民族相互融合的历史条件和途径,为了解和进一步研究清代旗民社会打下了基础。

李燕光、关捷主编的《满族通史》(辽宁民族出版社 2003 年版),完整地论述了自满洲兴起至新民主主义革命运动结束的满族社会发展的历史。该书对满族的发祥,八旗制度的形成、发展与演变、清代前中期国家社会经济的发展、思想文化的进步、半殖民地半封建时期满族贵族的垮台和满族社会经济的变革进行了全面的论述。该著作对于八旗制度的形成和旗民社会生活变化的论述,有利于人们把握旗民社会发展的基本脉络。

此外,一些论文集也从一个或多个角度论述了清代的八旗制度和八旗生计问题,这一方面研究成果突出的当属王钟翰先生,其撰写的《清史杂考》、《清史新考》、《清史补考》、《清史余考》等论文集,内容覆盖了清史、满族史研究的各个层面,在整体把握清史和满族史发展阶段和特征的基础上,阐述了清朝政治、经济、社会、和文化的发展。王钟翰先生在诸多文章中对八旗体制、旗地、旗务等相关具体问题的考证为笔者认识、了解和研究八旗体制奠定了良好的基础。

(2)国外

韩国学者任桂淳的《清朝八旗驻防兴衰史》(三联书店 1994 年版)是较早对清代驻防进行研究的一本专著,著作通过对广州、杭州、荆州、福州、绥远五个主要驻防的研究,探讨了八旗驻防的组织机构、行政管理和财政状况以及八旗驻防衰落和腐败的原因,考察了清前中期旗丁生计和旗民生活状况,指出人口的增长、物价的上涨、财源的有限、开支的增加等因素最终导致了八旗驻防的衰落和旗丁生活的贫困。

近十多年来,美国汉学界越来越关注满族史以及八旗制度史的研究,并在此方面取得了一些成果,其主要研究的方向为满族共同体的形成与发展等满族族群问题。主要代表著作有如下几种。

美国学者柯娇燕(Pamela Kyle Crossley)的两本著作《孤军:晚清最后三代满洲人与清帝国之灭亡》(*Orphan Warriors: Three Manchu Generations and the End of the Qing World*,Princeton University Press,1990)和《半透明之镜:清帝国意识形态中的"历史"与"身份"》(*A Translucent Mirror: History and Identity in Qing Imperial Ideology*,University of California Press,1999),以崭新的观念和叙述重新审视了满族的形成与认同,具有极重要的影响。其中,前者以个案考察

的形式,深入考察了后金满洲八旗军功贵族费英东后裔,包括苏完瓜尔佳氏观成(约1790—1843年)、凤瑞(1824—1906年)、金梁(1878—1962年)祖孙三代家世的变迁,其结合太平天国革命、辛亥革命等重要历史事实,对满族在19世纪后半叶20世纪前半叶的变迁轨迹的阐述,为人们考察辛亥革命前后满族的社会发展拓宽了视野。

美国学者欧立德(Mark C. Elliott)的《满洲之道:八旗制度与晚清中华帝国的族群认同》(*The Manchu Way*:*The Eight Banners and Ethnic Identity in Late Imperial China*,Stanford University Press,2001)一书的主旨也是讨论满族族群的问题,著作叙述了八旗制度的历史沿革、讨论了满洲人主中原,并在北京以至全国建立八旗驻防地的过程及其目的,考察了八旗的管理和政府中的满族精英以及皇帝与满族臣仆的关系。著作还从多层面论述了八旗满族人与汉人生活的不同,对清代旗人生活的一些基本方面如职责、义务,以及经济、法律和社会方面具有的优势和旗人在清代社会生活的特殊地位进行了阐述。该著作在考察八旗制度带来的财政危机的基础上,讨论了旗人生计问题,认为满洲旗人在特权之下也有许多无奈,他们在仕途之外,难以从事八旗以外的职业,八旗特权带给他们许多机会的同时,又给予诸多的束缚。清朝政府以"汉军出旗"的方法,解决18世纪的满洲八旗生计问题,是进一步强化满族民族性的一次努力,缓解了内部矛盾。

埃德伍德·路斯(Edward J. M. Rhoads)《满与汉:清末民初的民族关系与政治权力——1861—1928》(*Manchus and Han*:*Ethnic Relations and Political Power in Late Qing and Early Republican China*,1861—1928,University of Washington Press,2000)是一部以民族关系的视角,完整地论述慈禧摄政时期、载沣摄政时期、辛亥革命以后满族兴衰变迁的力作,该著作在重点讨论了辛亥革命以后满汉关系的变化及其对政治权力的影响的同时,考察了辛亥革命后满人从特权阶层向边缘人群转化的过程,是一部研究清末民初满族历史的重要著作。其对于辛亥革命并未完全结束清朝历史和八旗体制的认识为民国初年的相关问题的研究开拓了新的思路。

美国学者的上述著作虽然没有对清末民初的旗民生计问题做细致而具体的论述,但他们宏观而崭新的理论以及将清史和八旗制度的研究拓展至清亡之后的多年时间里的研究思路,给学界的相关研究以诸多的启迪。

### 2. 论文方面

相较论著,论文对八旗生计的有关研究显然要突出一点。分析有关论文,不难发现,学术界对于八旗生计的研究,主要有以下几个特点:第一,依然主要集中于清前中期的八旗生计问题,尤其是八旗"恩养"制度形成和八旗生计恶化的研究,如:李乔的《八旗生计问题述略》(《历史档案》1985 年第 1 期)、韦庆元的《论"八旗生计"》(《社会科学辑刊》1990 年第 5 期)、严爱景的《有关八旗生计措施》(《中央民族大学学报》1996 年第 6 期)、李自然的《试论乾隆朝东北禁边与八旗生计之关系》(《中央民族大学学报》2000 年第 6 期)等。第二,对于八旗军队的衰落,学界的研究也相对较多,如刘庆、魏鸿的《八旗军由盛转衰的历史教训》(《军事历史研究》2004 年第 1 期)、丁厚泰、唐艳华《试论清朝八旗军衰落的经济原因》(《遵义师范学院学报》2002 年第 2 期)等。第三,近几年,学界对清末旗民生计问题的关注越来越多,相关论文主要涉及八旗改革,但主要集中于各驻防的个案研究,如:何文平的《晚清军事改革中的广州驻防八旗》(《历史档案》2002 年第 2 期)、王景泽的《清末黑龙江八旗之变迁》(《中国边疆史地研究》1995 年第 1 期)、张虹的《清末奉天女工八旗传习所兴办始末及其评价》(《满族研究》1996 年第 2 期)。第四,对于辛亥革命对各地驻防或旗人影响的论文也有不少,如:潘洪钢的《辛亥革命与驻防八旗》(《中南民族学院学报》1991 年第 5 期)、赵书的《辛亥革命前后的北京满族人》(《满族研究》1989 年第 3 期)等。第五,有些学者也开始把目光投向了辛亥革命以后的旗民生计问题研究,出现了一些较有影响的论文,但总的来说,论文数量很少,研究还不够深入全面。相关主要论文介绍如下。

(1)涉及晚清旗民生计问题的论文

迟云飞的《清末最后十年的平满汉畛域问题》(《近代史研究》2001 年第 5 期)是讨论清末平满汉畛域问题的一篇重要论文。该文主要讨论了晚清政府实行平满汉畛域措施的实施过程以及主要的实施措施,包括满汉通婚、任官不分满汉、旗民编入民籍、司法同一四个方面,并对四项措施的绩效进行了研究和分析,认为一、四两项实施比较彻底,其他两项则不尽如人意。

徐建平的《清末直隶八旗改制研究》(《满族研究》2006 年第 2 期)研究了直隶地方政府通过实行垦荒政策,提倡"移民实边"、力争化除满汉畛域等措施予缓解旗人生活压力的问题。该文认为,在地方政府的支持下,直隶旗人也积极参与社会改革,一方面,通过建立新式学堂提高旗人的素质;另一方面,通过组织新式社团参与政体改革,加快改革步伐,加速了直隶政治民主化进程。

何文平的《晚清军事改革中的广州驻防八旗》(《历史档案》2002 年第 2 期),以清末 30 多年内广州驻防八旗的状况为例,考察晚清的军事改革。该文认为,在咸、同以后,由于湘、淮军在镇压太平天国运动中发挥了突出的作用,势力随之崛起,八旗、绿营的"经制"地位受到冲击,并从此日渐衰败。在晚清军事近代化的过程中,传统驻防八旗兵也做了不少的适应性调整,尽管它们再也无法重现昔日雄风,影响也越来越小,它们的衰败过程是晚清军事变迁的重要组成部分。

郭丹丹的硕士论文《清末八旗生计政策研究(光绪末年至宣统年间)》,对光绪末年至宣统年间的清末八旗生计政策进行了研究,该文对清代的八旗生计政策进行大致的梳理,着重研究新政时期的八旗生计政策,讨论了筹办八旗生计措施的落实情况及各省存在的问题。该文对清末八旗生计改革也作出了积极的评价,认为清末八旗改革是官方第一次正式消除满汉之间界限,从根本上解决八旗问题的尝试,与光绪之前的改革相比,具有非常大的进步意义。

(2)涉及辛亥以后的旗民生计问题的论文

定宜庄的《辛亥革命后的八旗驻防城:山东青州满城个案考察(1911—2003)》(《满族研究》2008 年第 4 期),是史学界考察辛亥以后旗人社会生存的少数文章之一。该文以山东青州旗城为个案,根据作者本人 2002 年和 2003 年两次赴青州采访旗人后裔的经历,讨论青州满族通过"农民化"措施导致的边缘化过程,以及他们在这个过程中是否仍然保留着自己的民族意识,又是以何等的方式将其表达出来的问题。该文对于讨论辛亥革命以后的旗民问题具有启发意义。

刘小萌、王禹浪的《山东青州北城满族村的考察报告——关于青州八旗驻防城的今昔》(《黑龙江民族丛刊》2001 年第 4 期)也是少数涉及辛亥以后八旗变革的论文之一,作者通过文献资料和实地考察,不仅论述了青州满族的历史概况,而且对今天青州满族的民族意识、人口、经济和文化进行了深入的探讨。

阎崇年的《北京满族的百年沧桑》(《北京社会科学》2002 年第 1 期)对北京满族的 20 世纪的百年历史作了纵向的回顾,该文认为,辛亥以后北京的满族同全国的其他满族一样经历了沧桑巨变,按其历史背景与自身演变,20 世纪的北京满族可分为四个历史阶段:20 世纪上半叶前 25 年为巨变期,后 25年为痛苦期;20 世纪下半叶前 25 年为新生期,后 25 年为兴盛期。

张福记的《清末民初北京旗人的社会变迁》(《北京社会科学》1997 年第 2期),主要从社会生活的贫困化、社会地位的平民化、职业的多元化及八旗兵的近代化变革等方面考察清末民初北京旗人的社会变迁。

王立群的《北洋政府时期直隶旗地问题浅探》(《历史档案》2005 年第 3期)主要论述了北洋时期的直隶旗地问题,重点论述了直隶旗地数量、旗地之管理、管理之弊端等方面的内容,该文对旗民生计问题有简单涉及。

佟佳江的《清代八旗制度消亡新议》(《民族研究》1994 年第 5 期),列举多种事实论证八旗制度在北洋时期仍然存在的观点,提出八旗制度并没有随着清政府覆灭而结束,其消亡经历了长期而复杂的过程。

常书红的博士论文《辛亥革命前后的满族研究》对辛亥革命前后(1898—1924 年)满族历史嬗变的轨迹进行了深入考察。作者认为,辛亥鼎革从两个方面显著推动了中国历史的进程:其一,在民主精神的导引下,中国颠覆专制,走向共和,从而突破了近代化的瓶颈;其二,在近代民族主义思想的观照下,"五族共和"、民族平等成为国内民族关系的新模式,中华民族"多元一体"的主题空前凸显。而在这一历史进程中,满族的遭际与嬗蜕,无疑是值得特别关注的焦点。文章遵循上述两条脉络,以满族在国家政权体系中的地位变化和八旗制度的变通、废除作为切入点,讨论辛亥革命前后满族社会的变化。该文主要讨论了满族在清代国家的角色和地位、八旗制度的内在矛盾及其对旗民社会影响的基础、清末旗制的变革及满汉关系的调整、辛亥时期的满汉关系、清末的满族民族认同以及辛亥革命以后满族的平民化等问题。该文对于整体讨论辛亥前后满族社会变迁及对辛亥以后满族社会生活的变化认知具有重要意义。

**3. 涉及满汉关系的论文**

美国学者汪利平的《杭州旗人和他们的汉人邻居:一个清代城市中民族关系的个案》(《中国社会科学》2007 年第 6 期),选择清代杭州驻防旗人在不同时期与当地汉人的关系为考察对象,并试图通过这一个案来思考如何从地方的角度来考察和叙述民族关系和身份认同(identity) 问题。该文从民族关系的角度去观察杭州旗人自驻防杭州开始至清亡以后的身份,认为清代杭州驻防旗人在杭州经历了从清初的占领者,到清中期的定居者,到清末的革命排斥对象的身份转变过程,指出驻防旗人的地方化使其对杭州逐渐产生归属感,清末反满浪潮并非直接来源于持续的满—汉矛盾,而是源于汉人民族主义情绪的急剧高涨,当排满革命者将旗人锁定在与清廷的关系中,驻防旗人群体便免不了同时面临民族和地方身份认同的危机。

朱东安的《太平天国与咸同政局》(《近代史研究》1999 年第 2 期)一文讨论了太平天国运动对咸同政局的影响。该文认为,在太平天国革命的沉重打击下,清政府被迫调整了满汉关系和自身权力结构,地方行以汉制汉、放权督抚之策,中央则恢复相权,使宰相成为新政策的制定者与实施者,结果造成皇权流失和国家权力重心的下移。太平天国失败后,那拉氏虽夺回相权,使中央政权归复旧制,但却无法收回失落于地方的军政大权,督抚专权终成定局,影响及于民国一代。

除了上述论著,其他一些相关的文章如马玉良的《两次鸦片战争时期八旗兵的抗敌斗争》(《黑龙江民族丛刊》2005 年第 3 期)、滕绍箴的《论宁夏驻防八旗解体与民族文化融合》(《宁夏社会科学》1997 年第 1 期)、翟海涛和何英的《端方与清末满汉政策的演变》(《黑龙江民族丛刊》2003 年第 5 期)、赵杰的《论满汉民族的接触与融合》(《民族研究》1988 年第 1 期)也对笔者研究晚清以来旗民生计问题提供了有益的帮助。


### 四、文献资料

#### 1. 档案

档案是本书重要的资料来源,也是最基本的第一手资料。本书以中国第二历史档案馆、中国第一历史档案馆的相关档案资料为研究基础。中国第二历史档案馆的相关档案史料是本书资料的主要来源,辛亥以后有关八旗问题的档案史料分散存在于北洋政府的各部档案中,笔者重点查阅了内务部、陆军部、审计院以及护军管理处等部门档案,搜集的档案资料内容大致如下:

第一,内务部相关档案有关旗民问题的内容涉及旗民冠姓更名改籍、旗丁生计筹划、旗地纠葛与清查、清室王公财产的处置等,是了解、研究北洋时期旗民社会生活的基本史料。第二,陆军部相关档案有数百卷之多,其中专门的八旗卷宗就达 300 余卷,内容主要包括值年旗事务、八旗官员序补、旗饷问题、旗员动态、各驻防辛亥以后的旗民生计及有关情形。第三,审计院相关档案近 800 卷,其主要内容为各旗营兵丁饷银表、各旗领款收据、支付预算书、支出计算书及相关审计文书,是了解民国初年八旗各旗营及各驻防经济生活的重要史料。第四,护军管理处档案虽然卷宗相对较少,但其记载的有关护军管理处日常运行、事务管理的档案依然为研究民初八旗生存问题提供了有益的帮助。此外本书还参考了国民政府时期内政部的有关八旗旗地、旗产的档案资料。除了上述原始档案以外,中国第二历史档案馆已经编辑出版的《中华民国档案史料汇编》也是本书的资料来源。

本书来自于中国第一历史档案馆的有关档案资料主要有:《清朝陆军部(兵部)档案》、《八旗都统衙门全宗档案》以及中国第一历史档案馆已编写出版的《清末筹备立宪档案史料》,这部分资料为论述晚清至辛亥前夕的论文内容提供了部分论据。

**2. 报刊资料**

清末至民国时期的部分报刊大量刊载了有关清末民初旗民生计筹划、旗人生活状况的文章,诸多的珍贵新闻和时人评介为了解清末民初旗民生活状态提供了重要的信息来源。主要报刊包括《申报》、《大公报》、《政治官报》、《东方杂志》、《政府公报》、《晨报》、《民国日报》、《社会科学杂志》等。

**3. 典籍**

要研究清末民初旗民社会生活状态,首先就要对清代的八旗体制及相关政治体制有一个比较系统的了解,而清代的相关典章制度是了解、研究八旗体制及旗民社会生活的基础,所以有关典籍的解读不可或缺。《清实录》、《清史稿》、《光绪政要》、《大清会典》、《大清会典事例》、《清朝通志》、《清朝通典》等基本典籍几乎涉及了清代八旗生活的各个方面,是本书梳理清前期旗民社会生活状态的基本史料。而有关清代八旗体制的专门典籍则是研究清代八旗社会的基本文献资料,包括《八旗通志》(初集)、《钦定八旗通志》及《钦定八旗则例》,它们对八旗驻防的建置、沿革、职官、兵力调配、兵饷等问题有着详略不等的记载。

**4. 地方志及各驻防史志**

凡有八旗驻防的各省,其地方志亦兼载驻防的情况,所以地方志也是了解各地旗营的驻扎、发展、演变及组织结构、社会生活的基本史料,如《奉天通志》、《密云县志》、《东三省政略》、《福建通志》、《察哈尔省通志》、《黑龙江志稿》、《北京市志稿》等。还有一些专记驻防的史志则专门记载各地驻防的情况,由于成书时间相对较晚,特别有益于人们对后期八旗社会生活的研究,这些史志包括《驻粤八旗志》、《杭州八旗驻防营志略》、《绥远志》(《绥远旗志》)、《京口八旗志》等。

**5. 文献资料汇编及文集**

文献资料汇编也是本书的资料来源,主要有《中国近代史资料丛刊》、《近代史资料》、《辛亥革命前十余年间时论选集》、《清稗类钞》等,其中,《中国近代史资料丛刊》对于鸦片战争、太平天国时期、戊戌变法运动以及辛亥革命时期八旗军队的战争状态、军队作战能力、八旗体制改革的思考与推行以及旗人社会命运的变化都有具体的记载,为本书研究晚清至辛亥时期八旗社会的变化提供了重要的参考。

关于辛亥革命时期的史料汇编相对较多,如《辛亥革命史料选辑》、《辛亥革命浙江史料选辑》、《辛亥革命在上海史料选辑》、《辛亥革命江苏地区史料》、《四川辛亥革命史料》等,记载了各地驻防在辛亥革命时期历史命运的变化,这些史料是研究辛亥时期旗民问题必不可少的资料。

晚清至民国时期的时人笔记、文集、日志等对旗人社会生活状况间有提及,如清人史料笔记丛书,常见的有昭梿的《啸亭杂录》、福格的《听雨丛谈》及吴振棫的《养吉斋丛录》等,此外一些名人文集如《张之洞全集》、《黄兴集》、《袁世凯奏议》、《康有为政论集》、《梁启超全集》、《章太炎政论选集》、《孙中山全集》等,对于清末至民国初年八旗生计的考量与筹划及旗人社会生活的某些具体方面均有涉及,亦是本书参考的资料。

**6. 调查报告、文史资料及其他**

新中国成立以后,学界对于满族历史的发展、演变尤其是辛亥以后的社会变化进行了一些调查研究,形成了系列的调查报告。这些调查报告通过实地走访、调查,形成了珍贵的第一手资料,为研究辛亥以后的满族历史发展和各地驻防旗人的社会生存状态提供了丰富的资料。本书也较多地参考了这部分资料。其中最重要的一部调查报告为中国社会科学院民族研究所、辽宁少数民族社会历史调查组共同编写的《满族社会历史调查报告》,该书分上、下两卷,由 19 个调查报告组成。1958 开始,中国社会科学院民族研究所和辽宁少数民族社会历史调查组共同组织专家,对北京、河北、山西、甘肃、宁夏 、新疆、四川、广东、山东、黑龙江、辽宁、内蒙古 12 个省、自治区、直辖市,沈阳、西安、银川、成都、广州、旅顺等地级市以及新宾、瑷珲、易县、益都、凤城、兴城等县的满族社会进行了调查,形成了《满族社会历史调查报告》一书。该书不仅梳理了各地驻防及旗营的历史演变情况,还重点调查了辛亥以后各地旗人的生活状况,是研究辛亥以后满族历史及各驻防变迁的重要资料。稍有遗憾的是,该调查报告对南方的一些驻防如江宁、杭州等地驻防并未涉及,所以还不是最为全面的。

文史资料通常也是史学研究的部分资料来源,具有一定的参考价值,本书主要参考了一些关于辛亥革命的史料,包括时人对各地驻防光复的回忆以及光复以后驻防旗营的变化,等等。

有些地区的满族历史资料整理取得了较多的成果,为本地区满族历史及旗民社会的研究打下了较好的资料基础。如金启琮的《北京郊区的满族》和《北京城区的满族》回顾了民初北京城乡满族的民俗风情、社会遭遇与变迁和民初转型时期京旗的生活变迁过程,也为本书提供了一些珍贵的资料。

北京市政协文史资料委员会主编的《辛亥革命后的北京满族》,收录了 32 位满族人士撰写的 39 篇文章,内容涉及北京满族的百年沧桑巨变、辛亥以后的人丁变迁、旗营变化、社团与组织、文化教育、职业变迁以及一些史料拾零,对北京辛亥革命后旗民社会的研究助益不少。

值得一提的是,定宜庄女士的著作《最后的回忆——十六位旗人妇女的口述历史》,通过对 16 位旗人妇女的访谈,对辛亥以后这些妇女的家庭变迁和个人生活经历进行了调查,她们对生活、婚姻、生育状况与族际通婚情况的回忆体现了经历沧桑巨变后的旗人生活的嬗变,这部分口述史料同样为本书提供了可靠的资料。

此外,李凤琪、唐玉民、李葵主编的《青州旗城》、佟靖仁编著的《塞北新城的满族》、汪宗猷编著的《广州满族简史》以及一些回忆录也为本书的研究提供了有益的帮助。

### 五、研究方法、学术创新与不足

本书采用了族群社会学的一些基本理论来研究相关问题，主要从族群社会学的社会经济地位、社会偏见与歧视、社会同化等理论分析研究清末民初不同历史阶段旗民生存状态的变化，关注现实运行当中的旗民社会群体的命运，注重各种因素如社会变迁、政策实施、人口流动、族际通婚等对旗民社会生存的影响。在研究方法上，本书主要用历史学的实证研究方法，依据大量的一手资料对相关问题加以阐述，如档案和史料的实证分析。此外，本书也借鉴了其他学科的一些研究方法，如经济学的数量统计与分析概括，政治学的政治权力结构与演变对社会阶层的影响，等等。

关于学术创新，迄今为止，学界关于旗民生计状况的研究几乎都集中于清前中期，且都于偏重于八旗体制的研究，以社会学的视野专门论述旗民社会群体的专著似未出现，相关论文尚未能整体而深入地进行研究。晚清旗民生计问题的研究，在近几年已为学界逐渐关注，但研究成果并不丰富，缺乏详尽的专题著作，论文的数量也不多，有分量的学术论文更是寥寥无几。至于清末至民初这一历史时期尤其是北洋时期旗民生计的专门研究，多年来几乎是一片空白。本书以清末民初旗民生计状态为研究对象，以社会学的理论，运用实证研究方法，予以比较系统的研究，希望有益于相关问题的深入探讨。

由于本书的选题具有较高的挑战性，加上笔者的学术有限，在文章结构的总体把握和理论分析方面还有很多不足。此外，限于时间和条件，有些原始档案特别是各驻防所在省份的档案也未能尽数查阅，相关内容仍有许多值得研究和补充的地方，因此，本书定有不少疏漏甚至错误，恳请方家不吝指正。

# 第一章　19世纪中期以前的旗民社会生活

1644年,清军挥师入关,建立起中国历史上最后一个封建王朝——清王朝。在清王朝兴起和建立的过程中,骁勇善战的八旗兵丁功不可没。对清王朝统治有着特殊意义的八旗制度从其创立到其完善,再由盛而衰,直至最终消亡,经历了漫长的三百余年。对清末民初旗民社会生存状态的讨论,离不开对19世纪中期以前的旗民社会的出现及其生存形态的了解。19世纪中期以前,旗民社会群体生存状态大致可分为两个阶段。18世纪中叶以前,八旗体制保证了旗民社会政治经济地位的优越,旗人占据着社会生活中的主体地位,他们享有政治、经济和社会生活领域中的多种特权,是清政府恩养的特殊群体。18世纪中叶以后,由于财力支绌、人口增长、旗地所有权丧失、旗官腐败、物价上涨等多种因素的影响,旗人生计日渐困顿,旗民生计问题开始出现。

## 第一节　八旗制度与清代旗民社会的形成

旗民社会群体是清代特有的社会群体,在清王朝统治的整个历史时期,旗民社会始终未能完全融合于整个清代国家之内,保持了长期的独立性和完整性。八旗制度"以旗统人",控制了旗人社会生活的种种方面。自清军入关以来,八旗制度不仅赋予旗民社会种种特权,而且使得旗人尤其是满洲旗人的社会生存状态迥异于一般清代民人。

### 一、八旗制度的形成与旗民社会群体的出现

旗民社会群体的出现与清代特有的军事制度和社会组织形式——八旗制度密切相关。八旗制度的建立是一个逐步完善的过程,相应地,旗民社会也是一个形成和发展的过程。八旗制度源于女真氏族狩猎制度的生产组织——牛

录组织,早在"努尔哈赤起兵之初,建洲军队已经创建牛录组织,设立牛录额真官职,并已有了旗的初始编制"。① 1601年,清太祖努尔哈赤对牛录组织进行整编,以黄、红、蓝、白四色旗纛为标志,创设四旗(四固山),旗民群体开始出现。关于八旗正式创立的时间,学界看法不同,向来有1601年、1614年、1615年三说。依据阎崇年先生的考订,满洲八旗制度定制的标志,是在万历四十三年(1615年)对满洲八旗新的整编。② 四旗形成之后,努尔哈赤通过连年征服战争,将不同地区、部落、民族成分的人口迁徙到统治中心,编入固山牛录。1615年,由于"归附日众,乃析为八"③,新增添的四旗以镶黄、镶红、镶白、镶蓝四种颜色为旗帜,八旗满洲正式确立。天聪九年(1635年),八旗蒙古编成。崇德八年(1643年),八旗汉军编成。由是,二十四旗旗制最终形成。从牛录到四旗,从四旗再到八旗,直至二十四旗,五十余年中,随着清军的入关和清王朝的建立,众多的投奔者和归附者加入八旗,八旗队伍进一步壮大,旗民人口迅速膨胀,旗民社会群体正式形成。

八旗人员向来被视为清代"国家根本"。清朝定都北京后,清廷制定了严格的八旗户籍登记制度,规定:"八旗满洲人等产生男女,俱令于满月之后即呈报佐领注册。至十岁时,由佐领参领呈报都统。如有隐匿者,从重治罪。……自大臣官员以下至闲散人等,凡属正身另户,生有子女,俱令满月时即告知族长,呈报佐领注册。每年一次。令各佐领查明已故之数,销案。至十岁时,具结呈报参领。钤盖关防,保送之都统处注册。已故者查明销案。如有隐匿不报者,查出,将隐匿之人交部严加治罪外,其失察之佐领以下及族长等,俱交部察议。再抱养子女,亦令照此呈报注册。如非本身所生之子女,妄行匿报注册,将佐领以下及匿报人一并治罪,其原出结注册之参领等,亦交部察议。如此,凡开档养子,缘由既明,而彼此首告之弊可除矣。"④八旗户籍制度对旗员户籍的独立设置和严格规定,不仅保证了旗兵的挑补,而且使得旗民社会群

---

① 阎崇年:《满洲八旗定制考析》,载支云亭主编:《八旗制度与满族文化》,辽宁民族出版社2002年版,第39页。

② 参见阎崇年:《满洲八旗定制考析》,载支云亭主编:《八旗制度与满族文化》,辽宁民族出版社2002年版,第41页。

③ (清)昭梿:《啸亭杂录》,卷10,中华书局1980年版,第336页。

④ (清)《钦定八旗通志》第1册,卷31,《职分志》,吉林文史出版社2002年版,第540页。

体成为一个相对独立于清代其他社会群体之外的特殊社会群体。

### 二、八旗兵布防与旗民分布

八旗制度既是一种军事体制,也是一种社会组织形式,八旗兵丁的布防和驻扎决定了旗民的社会分布。清军入关以后,八旗兵丁一部分驻扎京城;另一部分布防各地要塞,其眷口随之定居,旗民因之相应分布。根据居住区域,清代旗人被分为京旗和驻防旗人两个部分。

清代八旗兵布防首重京师。清军进入北京城后,为"拱卫皇居",清廷选拔大批的精兵强将驻守京城,也就是通常所称的"禁旅",亦称"京旗"。"禁旅"的驻守带来了大批的"京旗"人员。北京崇文门、正阳门、宣武门以北的地方原为汉人长期居住,被称为内城。清军入关以后,统治者驱赶了汉人,安置禁旅于此。据《八旗通志》(初集)记载:"自顺治元年,世祖章皇帝鼎定燕京,分列八旗,拱卫皇居,镶黄居安定门内,正黄居德胜门内,并在北方;正白居东直门内,镶白居朝阳门内,并在东方;正红居西直门内,镶红居阜成门内,并在西方;正蓝居崇文门内,镶蓝居宣武门内,并在南方。"①从此,八旗王公大臣、都统、佐领以至兵丁长期聚居于内城,内城遂成为以八旗满洲为主的旗民居住地。

有清一代,京旗是清代旗民社会重要的组成部分。乾隆以前,北京旗佐历年的数目大致情况见表1.1。

表1.1　北京八旗佐领数目表②

| 八旗 ＼ 年份 | 1643 | 1686 | 1735 | 1758 |
|---|---|---|---|---|
| 满洲 | 319 | 616 | 671 | 678.5 |
| 蒙古 | 129 | 196 | 210 | 221 |
| 汉军 | 167 | 265 | 268 | 266 |
| 合计 | 615 | 1077 | 1149 | 1161.5 |

① (清)《八旗通志》(初集),卷2,东北师范大学出版社1985年点校本。
② 参见(清)乾隆朝《大清会典则例》,卷171。

不同时期旗佐的旗丁数是不同的。清初至康熙二十五年(1686 年)间,每佐领为 200 丁,康熙二十年(1686 年)至雍正十三年(1735 年)间大致在 134 丁至 150 丁左右,乾隆二十三年(1758 年)为 150 丁左右。旗佐数目不同,不同时期的禁旅人数也不尽相同,但清代藩卫京师的八旗兵一般都在 10 万名以上,尤其在康熙、乾隆年间,京旗通常保持在 16 万人左右①,占据了八旗兵的半数左右。

除了京旗,八旗兵丁的半数左右分布于各驻防营地,是为驻防旗兵。有别于京旗,八旗驻防驻守于全国各大省会、重要城镇、边疆海防、水陆要冲等军事要塞。除安徽、江西、湖南、广西、贵州、云南之外,余 12 个省份皆有八旗驻防,共计 90 余所。驻防的设置决定驻防旗民的区域分布。依据《清史稿》,八旗驻防之兵,大致有四类。②

畿辅驻防:独石口、张家口、山海关、喜峰口、古北口、采育里、固安县、罗文裕、冷口、热河、察哈尔、天津、密云、昌平、顺义、三河县、良乡县、宝坻县、玉田县、霸州等。所谓畿辅,清代一般指环京五百里地区,大致东起山海关,西至山西龙门口一带,南到保定,北及张家口地区。畿辅驻防于顺治初年开始建制,其驻兵包括藩部驻防兵、在京内务府驻防兵和理藩院所辖驻防兵,主要作用为环绕京师、拱卫京城。

东三省驻防:包括盛京、吉林、黑龙江等 44 所。东三省驻防,始建于顺治初年。东三省既是满洲的发祥地,又是清朝的大后方,长期以来作为关内八旗兵兵源的输送基地,在整个清朝的军事体系中占有突出的地位。

直省驻防:江宁、西安、太原、德州、杭州、京口、宁夏、福州、广州、荆州、青州、凉州、庄浪、绥远、右卫、乍浦、成都、新疆等。直省驻防,始建于顺治二年(1645 年),初设江南江宁左翼四旗及陕西西安右翼四旗,后陆续设立太原、德州、杭州等各地驻防,至雍正年间,直省驻防体系得以确立及完善。直省驻防八旗兵长期占据各军事要冲,一方面监视绿营,另一方面严防藩镇力量复活。

藩部驻防:包括内外蒙古、青海与西藏。藩部兵主要以当地兵丁编旗设佐,派以将军、都统统领。藩部兵的军事任务以控制少数民族为主,流动性

---

① 参见李林:《满族宗谱研究》,辽沈书社 1992 年版,第 68 页。
② 参见赵尔巽:《清史稿》(上),卷 130,天津古籍出版社 2007 年版,第 702 页。

较弱。

　　各地驻防的规模和战略地位各不相同,其建制大小也各不相同,各驻防的旗民分布状况因而相差悬殊。韩国学者任桂淳认为,"在省会和其他重要驻防,官兵多达三千人,由将军统领(西方人通常称满族将军为鞑靼将军)。中等规模的驻防官兵一般为一千到三千不等,由副都统统领。坐落在外围据点以及交通要塞的驻防,官兵不过一千,由城守卫统领。"①事实上,清代规模较大或一度规模较大的驻防如盛京、荆州、江宁、福州、广州、吉林、右卫、黑龙江、青州、宁夏等,人数多在 3000 以上,有些甚至达到 8000 余人。其中,作为清朝陪都,盛京八旗驻兵"兵额一般在 4000 名上下,多时达 6000—7000 名"。②以将军统领的地区,兵额多则七八千人,少则三四千人,其中,兵额较多的有山西右卫(近 8000 人)、广州驻防(3000 人)、福州(3000 人)、江宁(4000 人)、西安(5000 人)、荆州(4000 人)。其他地区的驻防,旗丁人数多则 2000 人,少则100 人以下。一般说来,驻防兵丁较多的驻防,相应携带的眷口也就较多,旗民群体在当地的规模和社会影响也就比较大。

### 三、八旗等级制度与旗民社会构成

　　从女真人在狩猎生产过程中形成的牛录组织到满洲八旗的建制,再到蒙古、汉军八旗的设置,在清朝国家的形成过程中,旗民的社会构成处于不断的发展变化之中。牛录组织时期,组织成员基本为满族的前身——女真人。努尔哈赤起兵之后,俘获的人口和投归的部族被编入牛录,牛录成分开始发生变化。八旗制度形成以后,不同部族、不同种族的人口不断地被编入旗籍,成为旗丁,早期的氏族单一社会结构逐渐消失。从民族成分来看,在满洲、蒙古、汉军八旗内,除了满族、汉族、蒙古族之外还有其他一些民族,尤其是在满洲八旗内存在着达斡尔族、鄂温克族、朝鲜族、锡伯族、维吾尔族、藏族等多个民族,所以旗人并非完全等同于满洲人。从外部来看,旗民社会是一个整体,"旗人"是他们的共同身份,因而直至清末,"不分满汉,但问旗、民"的说法长期存在。但从内部来看,由于出身的不同,旗人之间千差万别,社会分层明显。各旗不

---

①　[韩]任桂淳:《清朝八旗驻防兴衰史》,三联书店 1993 年版,第 51 页。

②　定宜庄:《清代八旗驻防制度研究》,天津古籍出版社 1992 年版,第 67 页。

仅有满洲八旗、蒙古八旗和汉军八旗的区别,而且还有上三旗(正黄、镶黄、正白)和下五旗的区别(镶白、正红、镶红、正蓝、镶蓝)。此外,京旗和驻防、畿辅和直省、东三省和内地各省旗人也有等次之分。旗人之间则有王公贵族、八旗兵丁、包衣佐领和管领下人、户下人的区别。

王公大臣。毋庸置疑,王公大臣是旗民社会的上层,由旗主、领主发展而来的王公贵族多担任参领、佐领之职,与所属佐领下人形成一定的隶属关系。八旗创立之前,出任牛录额真(佐领)、甲喇额真(参领)、固山额真(都统)者多为部族酋长、城主或寨首,带有浓厚的血缘和地缘色彩。1615 年,八旗制度正式形成之后,努尔哈赤不断分封子侄为和硕贝勒,分掌各旗,王公贵族阶层逐渐形成。清朝建立以后,皇室及其族人构成了比较稳定的贵族阶层,其人数一直处于不断的增长中。仅以皇族成员为例,清初,皇族人数仅在二千名左右,至道光年间,人数已达到三万余人。[①] 终清一代,王公贵族对八旗拥有控制权,并掌握着国家的军政大权,是高居于旗民社会顶端的统治群体。

八旗兵丁。八旗兵丁是旗民社会的核心组成部分,虽然政治地位不及王公贵族,但因为八旗兵丁是满族贵族统治全国的武装工具,在政治地位上要远远高出其他被统治的社会阶层。八旗满洲、八旗蒙古、八旗汉军皆按旗分设,各设都统一人,副都统二人,下设参领、副参领以至佐领,统帅马甲。根据八旗兵制,佐领掌管户口、田宅、兵籍等,是八旗体制的基础。佐领管理佐领人丁事务。“一佐领下,满洲多不及二百人,烧火七八十人,计户不过四五十家耳。”[②]清廷每三年编审一次八旗壮丁,凡遇佐领有亲军、前锋、鸟枪护军出缺,从护军、马甲、步军、教养兵、壮丁内选拔。护军出缺,从马甲、步军、教养兵、壮丁中选拔。马甲出缺,则在本佐领下步军、养育兵、壮丁中考试选拔。八旗军按兵种分营,有骁骑营、前锋营、护军营、步军营、火器营、健锐营等。骁骑营主要任务是守卫京城,驻防各省。前锋营按左右翼分设,主要有满洲、蒙古精锐兵组成,前锋统领掌管前锋政令,下设参领、侍卫八人,督率前锋担任警跸守卫工作。护军营通常侍于陛前,担任警卫任务。八旗护军按旗分设护军统领一人,下设满洲、蒙古参领、副参领十四人。步军营按八旗满洲、蒙古、汉军各旗分

①　参见[韩]任桂淳:《清朝八旗驻防兴衰史》,三联书店 1993 年版,第 35 页。
②　(清)额尔泰等:《八旗通志》初集,卷 36,东北师范大学出版社 1985 年点校本。

设,设提督九门步军巡捕五营统领一人,左右翼总兵各一人,掌管九门锁钥,肃靖京邑。火器营设掌印总统大臣一人,遴选满洲、蒙古学习火器。健锐营设掌印总统大臣一人,掌管健锐营左右两翼。

八旗兵丁人数众多,连同眷属,占有八旗人口的绝大部分。关于八旗兵丁人数,康熙年《大清会典》中《凡例》云:"八旗士马云屯,难以数计"。《清史稿》则记载曰:"八旗官兵数额,代有增减"。① 虽然历代八旗官兵数额难以有一个准确的记数,但根据李林的研究,康熙、雍正、乾隆年间,京旗通常保持在16 万人左右②,占八旗兵半数左右。以此推定,康熙、雍正、乾隆年间的八旗兵额总数大致应在 32 万人左右。鸦片战争前后,八旗兵的兵额大致保持在 28 万左右,据 1849 年的"《抄折》记载:北京八旗 149425 人,东三省驻防 52552 人,各省驻防 85219 人,合计共有 287196 人。"③鸦片战争以后,八旗兵人数有所下降。据《清史稿》记载:清末北京八旗兵额"实存名数,职官约六千六百有奇,兵丁十二万三百有奇"④。由于京旗通常占有八旗兵的半数左右,据此推算,清末八旗兵总数大致应在 24 万左右。除了八旗兵丁以外,旗丁眷口人数众多,如以一丁五口的比例计算的话,旗人的人口则通常应在百万以上。

包衣佐领、管领下人。包衣佐领和管领下人来源,最初为俘虏和罪犯以及赏赐和置买的人口,后世代相传成为包衣佐领下人,他们通常是皇帝或王公(本主)的私属。清定都北京后,上三旗(内务府)包衣佐领和管领下披甲,主要扈从皇帝,守卫内廷,其余男、妇则担任宫中乳母、尚膳、尚茶、厮丁等一切杂项差事。下五旗包衣佐领和管领下人担任王府一切差使。一般意义上说,包衣佐领对于本主的依附关系较强,保留有某种程度的奴仆形态。但相对于户下人来说,包衣佐领和管领下人的社会生存状态要强很多。清初以降,包衣佐领和管领下人的政治地位和生活水平不断得到改善。八旗兵丁粮饷制度建立以后,内务府三旗悉照八旗例行支取俸饷,同时,包衣人丁也有很多的做官机会,"截至雍正年间,包衣出身名位的达 700 余人,其中官至三品以上的大员

---

① 　赵尔巽:《清史稿》(上),卷 130,天津古籍出版社 2007 年版,第 70 页。

② 　参见李林:《满族宗谱研究》,辽沈书社 1992 年版,第 68 页。

③ 　李燕光、关捷主编:《满族通史》,辽宁民族出版社 2003 年版,第 426 页。

④ 　赵尔巽:《清史稿》(上),卷 130,天津古籍出版社 2007 年版,第 706 页。

与授予世职的人就有33名之多。"①尽管如此,包衣佐领、管领下人主要当差服役,以口粮为生,能够食饷也只有当兵、当差以及部分为官的人。相较一般旗兵,包衣佐领、管领下人地位要低很多。

户下人。户下人是旗民社会的最下层,一般指满族贵族、官员的家内奴婢,庄田的庄丁和各项差丁,没有自己的独立户籍,附属在主人的户籍下。户下人的家奴承担主人家内各种杂役,庄丁和差丁则主要从事农、牧、采猎等各项劳动。户下人的来源第一种是"盛京随来人丁",包括一部分满人和入关前掳掠而来的汉人;第二种是所谓的"投充"人丁,指那些因土地被圈占被迫充当贵族官员庄丁之人。此外还有通过买卖形式购置的人丁。清盛时期,满族贵族官员所拥有的户下人人数众多,有学者研究认为,清军入关之初,户下人达到47万人左右②,不管这个数据准确与否,但至少说明一点,清代王公贵族占有的家奴人数是非常多的。户下人虽然没有自己的户籍,但因隶属在主人的户籍下,加上人数众多,他们也是旗民社会中不可忽视的部分。

八旗王公、八旗兵丁、包衣佐领和管领下人以及户下人共同构成清代的八旗社会,同为旗人,由于出身的不同,地位相差悬殊,旗人生活状态也千差万别。

## 第二节　旗民特权与旗民社会地位

### 一、旗民特权

虽然旗民社会本身是一个等级分明的社会群体,其内部各阶层相差悬殊,但由于八旗兵丁在清朝建立和发展过程中的特殊作用,整个社会群体在清朝社会生活的各个方面都享有种种特权,从而决定了它特殊的社会地位。

旗人通过军事垄断权实现对各地的社会政治经济控制。清以武功定天下,作为八旗制度的根本,八旗兵丁对清朝的建立及全国军事力量的控制起了决定性的作用。清朝建立以后,旗人加强了军事垄断权,并以此实现了对全国

① 李燕光、关捷主编:《满族通史》,辽宁民族出版社2003年版,第413页。
② 参见李燕光、关捷主编:《满族通史》,辽宁民族出版社2003年版,第416页。

各地的政治经济的控制。有清一代，"朝廷兵柄，不轻假汉人"①，在八旗兵的布防上居重驭轻。京师地区的驻防兵绝大多数为八旗兵，"绿营隶禁旅者，惟京师五城巡捕营步兵"②，总共兵力不及万余人，比起十多万人的京师八旗兵丁，可谓无足轻重。"京城九门之内，八旗满洲官兵居之，此犹室家只有门户，所以藩卫皇朝而为天下根本之地也……"③此话反映了清王朝"首崇满洲"的原则。京师以外，八旗兵的人数虽然不及绿营，但八旗驻防多布防在战略要地、交通要塞、水陆要冲，其目的"旨在保护清朝的利益，镇压国内可能发生的叛乱，抵御外部侵略，监督各省的汉族官员，并有效的监视绿营兵"④。基于这样的目的，各地驻防不仅形势险要，而且彼此互为犄角，旗人不仅据此达到军事的目的，还能通过层层布控牢牢控制着当地社会的政治、经济。杭州、江宁、京口三地驻防即是很好的例证。杭州为中国东南交通枢纽，经济发达，有"钱塘自古繁华"的美称。清兵南下后，杭州成为"调遣饷糈的重镇，继福王小朝廷之覆灭，唐王小朝廷踵起而亡，而浙闽遗兵，随在抗拒，满族统治者不得不以重兵坐镇杭州以资震慑"⑤。顺治二年（1645 年），杭州驻防开始设置，此后不断完善，发展成为江南地区的一大驻防。江宁（南京）号称六朝古都，是中国东南地区的军事重镇，地处南北水陆交通要冲，政治影响和战略地位举足轻重，顺治二年（1645 年），江宁驻防开始设置。江宁驻防兵额屡有变易，顺治十八年（1661 年）后，其总体设置渐渐重于西北，成为中国东部地区的军事中心。京口驻防距离杭州、江宁两地驻防距离甚近，时人对于京口驻防的设置颇有疑义，然京口驻防的添设恰是清廷驻防设置意图的最好见证。京口自古军事战略地位重要，《宋书·文帝记》记载说："京口襟带江山，表里华甸，迳送四达城邑"⑥。重要的是，京口是设防江宁（南京）的重要关卡，其与江宁的关系，正如顾祖禹在《读史方舆纪要》里所述："京口南控江湖，北拒淮泗，山川形胜，自昔用武处也。建业（南京）之有京口，犹洛阳之有孟津。自孙吴以来，东南有

---

① 胡思敬：《国闻备乘》，《近代稗海》第 1 辑，四川人民出版社 1988 年版，第 222—223 页。
② 赵尔巽：《清史稿》（上），卷 131，天津古籍出版社 2007 年版，第 708 页。
③ （清）留保：《请休养旗人奏》，《八旗文经》，卷 27，辽沈书社 1988 年影印版，第 239 页。
④ ［韩］任桂淳：《清朝八旗驻防兴衰史》，三联书店 1993 年版，第 10 页。
⑤ 定宜庄：《清代八旗驻防制度研究》，天津古籍出版社 1992 年版，第 28 页。
⑥ （清）吕耀斗：《光绪丹徒县志》，江苏古籍出版社 1991 年版，第 203 页。

事必以京江为襟要之防,或疏建业之危。立至六朝时,以京口为台城(南京)门户锁钥,不可不重也……"①京口与杭州的关系也很密切。京口地处长江与运河的十字交汇点,是江南运河的起点,自京口沿运河南下,抵达杭州,不过数百公里之遥,作为江南运河终点的杭州与镇江遥相呼应,战略意义非同一般。清初,郑成功等抗清势力多次突破镇江,势逼南京,使清廷意识到京口添设驻防的重要性。顺治十二年(1655 年),因"海警"屡次发生,朝廷"命都统伯石、廷柱挂镇海大将军印,统帅八旗官兵驻防京口"②,京口驻防建制由此开始。此后,江宁、杭州、京口三地驻防互为鼎足,在江南地区形成了严密的军事网络,而且由此控制了中国东南的财赋重地包括苏、淞、常、镇、杭、嘉、湖等地,保证了驻防大军的粮饷供应。

旗人的任官制度显示旗人政治地位的特殊。在清朝的官僚体系中,无论是中央还是地方行政机构的设置及官员的任用,旗人尤其是满洲旗人占据了绝对的主导地位。清代官员的选拔主要通过科举、学校、荐举、义叙、世爵世职、荫子、吏员考职等几种途径。旗人不仅可以通过科举入仕,世爵世职、世袭荫子、荐举、学校更是他们的特殊路径,相较之下,汉人的仕途则要窄得多,通常仅限于科举、吏员考职等狭小的途径。关于清代旗人的任官情况,清末官员朱彭寿曾有总结:"二百余年来,旗人由科举入仕而为一二品文武官者,不足四百人,较之由他途进身之旗员,实居少数。"③不仅如此,清政府还以官缺的形式保障旗人的入仕特权。内外官缺中,宗室缺、满洲缺、蒙古缺、汉军缺、内务府包衣缺以及汉缺六类,旗缺就占有五类,只有汉缺固定授予汉人。在"一国事权,操自枢垣,汇于六曹,分寄於疆吏"④的政治体制下,中央各部门权力至重的掌印,皆握于旗人之手,中央机关如内阁、六部、六科、都察院、通政司、大理寺、翰林院、詹事府、太常寺、光禄寺、鸿胪寺、国子监等部门专门设定固定的满洲缺,其下属机关的官员旗缺也远远多于汉缺,各衙署中的低级官员笔贴式数量众多,也仅限以旗人担任。清朝地方官员如督抚、知府、将军、都统等重

---

① (清)吕耀斗:《光绪丹徒县志》,江苏古籍出版社 1991 年版,第 203—204 页。

② (清)钟瑞等编:《京口八旗志》卷上,《营建志》,光绪五年(1879 年)刻本。

③ 朱彭寿:《旧典备征》,卷 4,《八旗大臣起甲科甲者》,中华书局 1982 年标点本,第 120 页。

④ 赵尔巽:《清史稿》(上),卷 130,天津古籍出版社 2007 年版,第 580 页。

要官职几乎全由旗人垄断,地方官职有专为旗人设置的官缺,如各地驻防将军、都统、副都统、城守尉、各地理事同知和理事通判、边疆地区的办事大臣和参赞大臣等。以康、乾两朝为例,"西北督抚,权定满缺,领队、办事大臣,专任满员,累朝膺阃外重寄者,满臣为多"①。

旗人军事和政治地位的特殊,决定了旗民经济待遇的特殊。"吃皇粮"是一般旗人都能享受到的经济特权,其中,旗地和俸饷是"皇粮"中两个重要的组成部分。旗地包括皇庄、王庄以及八旗官兵在畿辅和驻防所分得的份地。在皇庄和王庄以外,一般旗丁的旗地更值得关注,它在通常意义上反映了清代一般旗人的经济生活状况。清军入关前,旗人并不主要依靠俸银和国家的施舍生活,其家庭生活和战斗的全套装备主要来自于战利品和本身所拥有土地产出的支持。②清军入关初及清早期,新攫取的土地被大片的分给了旗人,尤其在清入主北京以后,朝廷通过"圈地"分给八旗官员兵丁更大量的土地,也就是通常所称的旗地。"清朝早期有三次大规模的圈地运动,顺治二年到顺治三年(1645—1646 年),顺治四年到顺治十年(1647—1653 年),康熙三年到康熙八年(1664—1669 年)。"③"旗人分到土地的数量取决于其军阶及其家庭中庄丁(包括奴仆)的多少。最高位的王公被授予与旗地相称的庄园,其次是其他王族成员和有官爵继承权的旗人,他们可以得到四至六十垧的田产。享有副都统头衔或更高官位的旗人不但每人可分到三十垧的田产,而且还要外加十垧非农耕用田,而无论是否是从军的壮丁,可分得六垧非农耕用田。除了可以得到这些清政府接受的汉人放弃的土地外,旗人还可以保留他们在满洲所拥有的田产。"④俸饷一般由俸银和米饷两个部分组成。不同地区、不同身份和地位的旗人所享有的俸饷有着较大的区别,八旗官员的俸银和普通旗丁的兵饷按月支付。旗人俸银数额的多少与其级别以及服务处所密切相关。通常情况下,一个京城旗人每月可得四两白银,而驻防旗人则是三两。米饷也是根据级别高低而变化的,一般是春、秋两季发放。在京城,侍卫、骑兵和一般旗

---

① 赵尔巽:《清史稿》(上),卷 130,天津古籍出版社 2007 年版,第 580 页。

② See Mark C. Elliott, *The Manchu Way: The Eight Banners and Ethnic Identity in Late Imperial China*, Stanford University Press, 2001, p. 192.

③ [韩]任桂淳:《清朝八旗驻防兴衰史》,三联书店 1993 年版,第 80 页。

④ [韩]任桂淳:《清朝八旗驻防兴衰史》,三联书店 1993 年版,第 80 页。

兵米饷标准的配给量是每年二十二石二斗,驻防旗兵的米饷各省略有不同,但通常是每年三十石左右。① 除了旗地和俸饷以外,旗人还有其他的一些特殊待遇。将军和副都统等八旗高级官员在薪俸以外还能得到数额不等的"养廉银",一些驻防的旗兵另有蔬菜、劈柴和食盐的供应,如广州、江宁等地。此外,满洲八旗和蒙古八旗的兵士一年有两次马匹草料金的补给。

其他方面,旗人也都获得了种种特权。"同罪不同刑"是旗人在法律上所享有的最大特权。例如,在法律上,旗人获罪,或与民人争讼,地方官无权审理,而是由专门的审理机关进行审理,其案件均由各旗或地方特设的理事同知衙门审理,当然在量刑上远远轻于一般民人。职业方面,八旗人丁除少数服官以外,余皆以当兵为业,造成的后果是,旗人长期游离于四民之外。

在清代,人们生活在不同的社会等级中,各等级在社会总体结构中处于特定的地位,具有固定性和世袭性。等级与经济状况、职业选择、政府法令制度等各种因素密切相关,清代旗人所享有的特权,无疑使他们的社会地位要远远高于一般的社会群体。

## 二、旗、民分治与旗民社会生活

为保证旗人的特殊社会地位,清政府实行"旗、民分治"政策。"旗、民分治"政策以八旗组织为界,对旗人采取完全不同于一般清代民人的管理方式,使旗人在居住、财产、婚姻、教育等社会生活的各个层面表现出特定的阶层属性。

空间上的隔离是旗民分、治政策的重要表现。为避免旗人"沾染汉俗",入关伊始,清廷就严格实行旗、民分城居住的政策。顺治五年(1648年),顺治皇帝命京城"汉官及商民人等,尽徙城南",②内城③划归旗人居住,清朝旗、民分城居住局面自此开始。京师以外,除东北地区,各直省与畿辅地区皆出现了

---

① See Mark C. Elliott, *The Manchu Way: The Eight Banners and Ethnic Identity in Late Imperial China*, Stanford University Press, 2001, p. 192.

② 参见(清)额尔泰等:《八旗通志》初集,卷23,东北师范大学出版社1985年点校本。

③ 清北京城内城的范围大致为:西自西直门、阜成门以东,北自德胜门、安定门以南,东自东直门、朝阳门以西,南自崇文门、正阳门、宣武门以北。

所谓的"满城"或"满营"。① 清代各直省驻防旗兵及其眷属人数众多,他们筑城修界,集中一处,与一般民人划界居住,"满城"因而形成。清初八旗兵丁驻防,并无明确的筑城计划,多于旧城内圈占地亩房屋以便驻扎,这些驻防大都占据了城市的繁华地带,代表性的有西安、京口等地驻防。西安的满城自"府城北门起,南至城中钟楼止,自钟楼起,东至东门止,修筑界墙,驻扎官兵"。② 京口驻防"坐落镇江府城内西南文昌、儒林、黄佑、怀德等坊,由南而北纵五百五十六步有八,由西而东横三百三十步有二,其方圆计四里有三百四十步零"。③ 京口驻防的公廨门(在公廨门大街)、将军衙门(在将军巷)、副都统衙门(在观音巷)、左翼协领衙门(在水陆寺巷)、右翼协领衙门(在黄旗口)等廨舍、官署均占据了城市的核心地段。雍正朝及其以后,大规模征战活动已基本停息,生产发展和社会秩序相对稳定,新设立的驻防多选址新建,青州驻防是其中的典型。雍正八年(1730 年),青州驻防设立,与西安、京口、开封等地不同的是,青州驻防建在了青州府城北五里处,与青州旧城比肩而立。此后,旗户、民户各自为城成为一种模式。杭州旗营营址经历了从圈占汉人土地建设营房到另建新城的变化,恰好体现了清朝选择驻防营址的两种模式。顺治二年(1645 年),八旗兵于杭州"清泰、望江、候潮三门一带,悉筑兵垒"。④ 顺治七年(1650 年),清政府以"八旗驻防固山额真所统旗兵与民杂处日久,颇有龃龉"为由,"特命礼工二部会议,择地令驻防兵营另立一处。事下,巡抚萧启元谋度十余日,始定于城西隅筑城以居,俾兵、民判然,不相惊扰。"⑤此后,靠近大运河和西湖西北部的地区就被选为杭州驻防的永久营地。广州驻防是一个例外,其旗营隔而不围,旗人居住的"老城"与汉人居住的新城之间并没有围墙相隔,但从"整个部署上看,广州驻防尽管不是一个有围墙环绕的驻防营地,但该驻防仍然有八旗人与汉族老百姓分开的必要设施"。⑥ 总的来说"围

---

① 关于"满城"与"满营"的理解,学界存有异议,如朱永杰先生在《"满城"特征分析》(《清史研究》2005 年第 4 期)一文中进行了比较详尽的分析,认为"满城"与"满营"有着诸多的相同与不同,本书旨在讨论一般旗人的社会生存状态,故不作详细区分。

② (清)鄂尔泰等:《八旗通志》初集,卷 24,东北师范大学出版社 1985 年点校本。

③ (清)钟瑞等编:《京口八旗志》卷上,《营建志》,光绪五年(1879 年)刻本。

④ (清)张大昌:《杭州八旗驻防营志略》,卷 15,《经制志》,光绪十九年(1893 年)刻本。

⑤ (清)张大昌:《杭州八旗驻防营志略》,卷 15,《经制志》,光绪十九年(1893 年)刻本。

⑥ [韩]任桂淳:《清朝八旗驻防兴衰史》,三联书店 1993 年版,第 18 页。

墙把他们与汉人隔离起来,这样的设计不仅是为了防范汉族人随时可能发生的突然袭击,而且也可以防止满族人汉化。不仅如此,这种驻防方式还会给汉族人造成一种心理压力:满族人是征服者,汉族人是被征服者,征服者优越于被征服者"。① 为了进一步限制旗、民之间的往来,清廷颁布了一系列禁令,禁止旗人出城居住或民人逗留满城。旗、民划界而居,显然形成了旗人与汉人空间上的隔离,这种空间上的隔离,保持了旗人相对独立的生活形态。

"旗、民不交产"是旗、民分治政策的又一体现。清王朝建立伊始,就规定了旗、民不交产的种种政策。旗地是清代旗人的重要财产,清初以来,旗地与民地就被严格隔离。顺治元年(1644年)十二月,上谕下达户部,曰"今我朝定都燕京,期于久远。凡近京各州县人民无主荒田及明朝皇亲、驸马、公、侯、伯、太监等,凡殁于寇乱者,无主田地甚多,尔部盖行清查。若本主尚存,或本主已过,或子弟存者,量口给予,其余土地尽行分给东来诸王、勋臣、兵丁人等处安置,故不得已而取之。然所取之地,若满、汉错处,必争夺不止,可令各府、州、县、乡村满汉分居,各理疆界,以杜异日争端。"②同月,顺天府巡抚柳寅东进一步提出了满汉分居、各理疆界的建议以及由此带来的种种便利。其奏疏言道:

> 清查无主之地,安置满洲庄头,诚开创宏规。第无主地与有主地犬牙相错,势必与汉民难处。不惟今日覆亩之难,恐日后争端易生。臣以为莫若先将州县大小,定用地多寡,使满洲自住一方。而后以察出有主地与无主地互相兑换,务使满洲界限分明,疆理分别而后可。盖旗人共聚一处,阡陌在于斯,庐舍在于斯。耕作放牧各相友助,其便一也;满、汉疆理无相侵夺,争端不生,其便二也;里役田赋各自承办,满汉各官无相干涉,且亦无可委卸,其便三也;处分当,经界明,人无鼠避惊疑,得以保业安生,耕耘如故,赋役不缺,其便四也;可仍者仍,可换者换,汉人乐从,且其中有主者既归并,其余自不容无主者隐匿,其便五也。③

自此以后,旗地与民地不仅被严格隔离,而且严禁买卖。清廷规定:"凡

① [韩]任桂淳:《清朝八旗驻防兴衰史》,三联书店1993年版,第11页。
② (清)《钦定八旗通志》第2册,卷62,《土田志一》,吉林文史出版社2002年版,第1110页。
③ (清)《钦定八旗通志》第2册,卷62,《土田志一》,吉林文史出版社2002年版,第1110页。

官地,例禁与民交易。"①旗人认买公产及回赎民典旗地均不许典卖与民人,汉军出旗为民人员,满洲、蒙古、汉军出旗为民之另记档案养子、开户人等随带旗产,均禁止典卖与民人,违者一律治罪。对于民地,同样禁止旗民购入。顺治七年(1650 年),清廷颁布法令,规定:"民间土地房屋,禁止满洲买卖。"并且强调凡所买土地房屋,一概"尽行入官,卖者、买者一并治罪"。②除了旗地以外,旗人房屋的典售也是被禁止的,如有私自将房屋典于人者,从重治罪。清朝"旗、民不交产"的规定,表面看来为了防止旗、民矛盾的产生,但实际主要是防止旗人地亩、房屋流入民人之手,从而影响旗人生计,危及旗民的特殊社会地位,所以不久以后,就变为单方面限制民人购买旗产的规定,这样特殊的保护措施不仅未能避免旗、民矛盾,反而加深了满、汉畛域。

"旗、民不通婚"也是清代旗、民分治政策的体现。婚姻制度、婚姻形式、婚姻选择、婚姻观点等有关婚姻的一切问题既反映一定社会的政治制度以及经济发展程度,更能体现出不同社会阶层的社会地位及生活状态。所谓旗、民不通婚问题,实际就是满汉不通婚问题。如何正确理解清代旗、民的不通婚政策,是一件比较复杂的事情,从字面看来,似乎就是严格限制旗、民之间的通婚,实则不然。旗、民不通婚问题,片言只语绝难理解。简单的来说,这一问题其实包括两个方面:一是清廷有否明确的相关政策,二是实际生活中有否通婚现象。就前者来说,嘉庆以前,正式的官书中未能发现禁绝旗民通婚的明文,而且,"满清统治者在入关之初的顺治五年八月,出于满汉和睦、亲合,以缓和满汉民族矛盾,巩固立足未稳的统治,曾号召满汉通婚"③。但此后二百余年的时间里,满汉不相婚嫁成为普遍的现象,这个历史现象出现的原因很多,其根本的原因在于旗民高高在上的特殊社会地位决定了他们与汉人的普遍通婚是不可能的。此外,"在当时两个民族间隔阂极深的背景下,奢谈通婚也是不可能的。对于向来将边地少数民族视为蛮夷甚至禽兽并心底予以鄙视的汉族封建士大夫来说,被这些蛮夷'收养'为婿,与其是一种优遇,毋宁说是一种耻

① 赵尔巽:《清史稿》(上),卷 120,天津古籍出版社 2007 年版,第 635 页。
② (清)《钦定八旗通志》第 2 册,卷 62,《土田志一》,吉林文史出版社 2002 年版,第 1116—1117 页。
③ 杜家骥:《八旗与清朝政治论稿》,人民出版社 2008 年版,第 512 页。

辱。"①在这种背景下,满、汉不相通婚成为清代社会的共识。乾隆七年(1742年)谕:"嗣后凡贸易人娶旗女、家人女,典卖旗屋、私垦租种土地,及散处城外村庄者,并禁。"②嘉庆以后,禁止旗民通婚逐渐制度化,成为清朝的一项基本的政策。旗女嫁与民人,将遭到最严厉的惩处,那就是要被开除旗籍。对此,咸丰朝《户部则例》载云:

> 旗人之女不准嫁与民人为妻。倘有许字民人者,查系未经挑选之女,将主婚之旗人照违制律罪治罪;系已经挑选及例不入选之女,将主婚之旗人照违令律治罪。聘娶之民人亦将主婚者一例科断,仍准其完婚,将该旗女开除户册。若民人之女嫁与旗人为妻者,该佐领、族长详查呈报,一体给予恩赏银两。如有谎报冒领情弊,查出从重治罪。至旗人娶长随家奴之女为妻者严行禁止。③

这一记载表明,清代旗、民通婚是受到严格限制的,但其严格禁止的是旗女嫁与民人,而旗人娶民人之女不仅被允许,而且能够得到一定的恩赏。根据学者定宜庄的研究,实际生活中旗、民通婚的现象确实是存在的,但主要集中在旗人娶民女这一点上,旗人之女嫁与民人为妻是相当罕见的现象,因而所谓的"旗、民不通婚"应被理解为部分"禁止旗、民通婚"④。但是实际生活中的旗、民通婚现象并不能完全否定清朝的旗、民不通婚政策。这是因为,其一,这种通婚现象毕竟是个别的,绝大部分旗人还不能完全自由的与民人通婚;其二,允许旗人娶民女、旗女禁止嫁与民人的现象既体现了父系社会的男女不平等,又进一步反映了基于男女不平等基础之上的民族不平等。旗、民自由通婚的限制不仅限制了婚姻的选择,更重要的是禁锢着两者之间的交往和融合,加深了彼此之间的隔膜,从这个意义上说,旗、民不通婚实际就是旗、民交往的不自由。旗、民不通婚政策所决定的旗人婚姻的独特形态,使得旗人社会阶层长期游离于其他社会阶层之外,成为一个相对封闭的社会群体。

清代旗、民分治的政策还表现在八旗教育自成体系。有清一代,旗人教育

---

① 定宜庄:《满族的妇女生活与婚姻制度研究》,北京大学出版社1999年版,第330页。
② 《清高宗实录》,卷162,乾隆七年(1742年)三月庚午条,中华书局1986年影印本。
③ (清)《户部则例》卷1,《旗人嫁娶》,咸丰元年刊本,第29页。
④ 定宜庄:《满族的妇女生活与婚姻制度研究》,北京大学出版社1999年版,第331—350页。

基本独立于大众教育之外,形成了比较系统的旗学。八旗官学覆盖了大部分旗人教育,旗人各阶层、各级旗人组织、旗人各个居住点均设有官学,所以八旗官学是清代旗人最大最正规的教育机构。八旗官学始建于入关之初,顺治元年(1644年),八旗佐领下开始选取官学生入学,由国子监监管,八旗官学正式成立。京师八旗与地方驻防八旗均设有八旗官学。京师八旗的官学历经顺治、康熙、雍正、乾隆等朝,先后建起有景山官学、八旗义学、八旗蒙古官学、汉军八旗清文义学、甲喇义学、八旗教场官学、圆明园护军营官学、东陵官学、咸安宫官学、世爵世职官学、健锐营学、算学、朝鲜译学等。地方驻防八旗也建了不少学校。康熙三十年(1691年),盛京八旗左右两翼各建满学、汉学两所。吉林地区,康熙十五年(1676年),宁古塔设立满洲学房,御赐"龙城书院"。康熙三十二年(1693年),设吉林左右翼官学、宁古塔左右翼官学。黑龙江地区先后有墨二根两翼官学两所、齐齐哈尔官学、黑龙江成官学等。荆州驻防设有最基层的八旗学校——"牛录官学"。乾隆四十五年(1780年),荆州八旗于"各旗添设满、汉官、义学各一所","每一所学生二三十名不等,均由各该牛录官学按年挑入。"①福州驻防驻有汉军左翼四旗,于雍正六年(1728年)设清书官学一所,雍正八年(1730年)扩大为四旗四所学房。其他驻防或多或少、规模或大或小均建有程度不等的旗人学校。除了官学以外,旗人的私家教育也是八旗教育的重要手段。清代旗人之家施行私家教育者甚多,那些宗室王公、八旗官宦及旗人大族之家,"车马衣服之外,有必备者六项。京谚云:'天棚、鱼缸、石榴树,先生、肥狗、大丫头'……"②先生即是满洲大户旗人家庭聘请的教书先生,说明旗人大家的私家教育是很普遍的。有些经济条件一般或境况较差的,也尽可能在本家家塾学习,或就读于别家家塾,再则师从某人学习,旗人私家教育可见一斑。

旗人施教的内容,与行政和军事实际需要密切相关。清朝在实行国家统治的过程中,对语言文字的需求是首要的,国家的公文既需要满文,更需要汉

---

① (清)希元等编:《荆州驻防八旗志》,卷7,《学校志第一·义学》,光绪五年(1879年)刻本。

② (清)陈恒庆:《谏书稀庵笔记·六项》,转引自杜家骥:《八旗与清朝政治论稿》,人民出版社2008年版,第387页。

文及其他少数民族文字。所以汉文、汉书、清文、蒙古文以及其他少数民族文字成为旗人教育的重要内容。外国文的教授也很重视,如朝鲜文、俄文、缅语等。除了文字之外,清朝还专选八旗子弟学习算学、天文历法。文化课程以外的马、弓、骑、射等武学也是旗人子弟不可或缺的教育内容。与一般民众教育目标不同,旗人教育的"目的在于使其能胜任将来的行政工作,并始终保持满洲人的民族精神"①。因此,旗人教育与旗人子弟的出路密切相关,旗人子弟经过系统的教育之后,大多数成为直接服务于国家统治的行政人才,"八旗各种官学,每隔几年,便考试选用一批官员,主要是笔帖式、中书,其中笔帖式,在旗人所任官职中数量非常大,普遍设置于中央各个衙署,少者几人十几人,一般数十人,多者数百人,盛京五部及地方驻防八旗各处等也有设置。以乾隆五十年左右的中央文官计,共四千三百一十五缺,其中笔帖式有一千八百零六缺,占百分之四十二,其他文职官员之缺位两千五百零九个,与笔帖式之比为一点四比一。"②笔帖式所占比例之多,主要原因在于笔帖式从事的是翻译文书等相关工作,政府部门中各种文字性工作及杂务繁多,须由诸多的笔帖式来完成。

八旗的这种教育模式满足了清王朝维护旗人社会主体地位的需求,为其培养了所需的各种统治人才,但这种与八旗制度密切相关的教育体制所带来的负面作用也是显而易见的。其一,它极大程度地禁锢了旗人与其他社会群体的自由交往。旗人教育独立于汉族子弟教育及其他民族教育之外,实际就是对旗、民的教育实行分治,加深了旗、民之间的鸿沟,虽然官学中汉文的学习和私家教育中延请汉人业师有利于满汉之间的交往,某种程度上缓解了满汉矛盾,但无法弥补这种体制本身所带来的民族之间的深深隔阂,更无法让旗人子弟与其他各族子弟尤其是汉人子弟自由来往与交流。其二,旗人教育为旗人子弟准备了宽广的就业途径,除了在官学中直接选拔行政人才外,对旗人实行的科举制度使各官学学生、国子监的贡监生甚至任职的笔帖式等通过考取生员、举人而进一步入仕。此外,在官学教育和科举以外的多种渠道的入仕途径,久而久之不仅消减了旗学对旗人子弟的吸引力,造成八旗子弟的慵懒和腐

---

① [韩]任桂淳:《清朝八旗驻防兴衰史》,三联书店1993年版,第65页。
② 杜家骥:《八旗与清朝政治论稿》,人民出版社2008年版,第405页。

化,更加深了旗、民的隔膜与仇视。

## 第三节　旗民生计问题的出现

旗民优越的社会地位并不能保证旗民生存的永久无虞,相反,八旗制度的种种弊端和社会的发展变化,导致旗民生计问题逐步显现。旗民生计问题是清代特有的民生问题,也是困扰有清一代的特殊难题。18 世纪中叶之前,八旗体制所构建的军事组织与行政机构的法定体系基本维护了旗人的主体社会地位,也使之发展成为相对独立而保守的一个社会群体。但自 18 世纪中叶以来,旗民社会生活水平的式微日趋明显,旗民生计问题开始出现。

### 一、八旗体制对旗民社会发展的制约

八旗制度对旗民社会发展带来的负面效应之一就是生存技能日渐缺失。旗人历来"不农、不工、不商",他们少数服官,多数以当兵为业,恃朝廷俸饷为生计来源,久而久之逐渐丧失了自主生活的能力。入关以前,旗人"出则为兵,入则为民","耕战二事",还"未尝偏废"。入关以后,由于征战频繁,无暇农事,加之钱粮的定期发放,旗民便完全脱离了生产劳动。这种状况的形成源于清朝统治者对武备的竭力强调,对此,清世宗曾有上谕云:

> 兵可百年不用,不可一日不备。帝王之治天下,未有不以明武备为先务。而兵丁之武艺,亦未有不勤加训练而能有成者。从来士、农、工、商各治一业,苟不专心竭力则其业必不精,况兵丁所司者,皆战斗之事,挽弓挟矢,冒镝冲锋,非膂力刚强,不能披肩执锐,非技艺娴熟,不能克敌宣威,奈何怠情苟安,虚度岁月,不思国家设兵之本意,不念自己专司职业乎? 尔兵丁世受国恩,朝廷爱养犹如赤子,凡八旗将军大臣等,多有行伍出身,渐登荣显。尔等诚能立志向上,奋勉自励,勤加练习,技勇可观,将来建立功勋,驰名军伍,不但本身有上进之阶,且光耀宗祖、荣及子孙,受福曷可限量哉![1]

清廷鼓励旗人专心于武艺,并把勤习武艺、作战立功视为旗人唯一出路的

---

[1]　《清世宗实录》,卷 114,雍正十年(1732 年)正月丁卯,中华书局 1986 年影印本。

做法,使旗民社会整体形成了对披甲职业的普遍依赖,导致旗人大多身无长物。朝廷长期的恩养,使得"满洲旗人总觉得自己不干任何事情也是可以生活下去的,这种制度和政策,养成了旗人不劳而获的寄生性"。① 自康熙中叶以后,清代国家进入长久的和平时期,八旗子弟武备意识逐渐淡薄,唯一的技能——骑射也日渐荒废,八旗社会已进入潜移默化的衰落阶段,世宗的上谕正是在这样的背景下颁发的。乾隆以后,八旗兵游手好闲,常常流连于戏院、酒馆,甚至雇人充役,八旗武力的优势已很难保持。至鸦片战争前夕,八旗兵丁普遍吸食鸦片成瘾,其骁勇彪悍的作战能力已荡然无存,而农、工、商、贾又"俱非所习,除居官为兵之外,别无资生之策"。② 旗民生存技能的缺乏,造成的恶果就是一旦特权丧失,其社会生存便将受到极大威胁。

　　腐败是八旗体制带给旗民社会的又一痼疾。八旗体制下,军事训练和行政管理的质量以及官员官职的升降、新兵招募的程序等往往没有严格的标准,仅依靠八旗官员的主观理解,这就为不正之风的滋生提供了肥沃的土壤。18世纪中叶以后,八旗驻防体系得以基本完善和固定,与此同时,一种建立在任人唯亲基础上的任用体制慢慢产生。由于人口的增加,期望成为八旗兵丁的人数日益增多。为了增加旗人升迁的机会,从乾隆十一年(1746年)始,各八旗驻防实行在本驻防内任命官员,从而取消了从其他地方进行选派的做法,导致了任人唯亲现象的自然出现。③许多不够资格的满洲旗人利用亲朋关系乃至贿赂的手段获得任用与升迁的机会,由此滋生的腐败现象逐步蔓延。至19世纪50—60年代,驻防军官任人唯亲几乎成为一种公开的现象,在广州驻防,军阶较低的骁骑校和防御的职位甚至可以金钱购买的方式得到。④ "广州将军穆克德讷,于咸丰七年到任后,即称足疾,闭门不出,停止差操,遇挑缺并不看箭,视贿之多寡补放,旗民积怨。"⑤这种腐败现象极大程度上打击了投靠无门的普通旗人尤其是汉军旗人的信心,造成了他们的士气低落和漠不关心,许多旗兵不再把军事训练放在重要的位置,他们纪律松弛,军事技术也日益倒

---

① [韩]任桂淳:《清朝八旗驻防兴衰史》,三联书店1993年版,第126页。
② 《清高宗实录》,卷74,乾隆三年(1738年)八月乙酉,中华书局1986年影印本。
③ 参见[韩]任桂淳:《清朝八旗驻防兴衰史》,三联书店1993年版,第90页。
④ (清)长善撰:《驻粤八旗志》,卷5,光绪五年(1879年)刻本。
⑤ 《清穆宗毅皇帝实录》(一),卷46,中华书局1987年版,第1249—1250页。

退。旗兵的这种松懈对清朝国家的武备显然是十分不利的,当内忧外患来临时,他们不仅不能保家卫国,也不能够镇压国内的叛乱,实行对地方的社会控制,其主体社会地位因而变得岌岌可危。

作为社会的精英阶层,旗人享有的世袭地位制约了他们的社会流动。八旗体制使旗民社会晋升之路具有很强的单一性,这种单一性制约了旗人的社会流动。此外,长期一成不变的传统生活模式、依赖官府"铁杆庄稼"为生的生活方式和居住、婚姻、教育的被限制以及由此带来的社会交往面的狭小限制了旗人的自由流动,阻碍了他们与其他社会群体和阶层的交融及相互学习。以居住为例,满城将八旗兵丁及其眷口牢牢禁锢,按照规定,各省驻防官兵不得私自出境,违者"职官革职,兵丁革退,如系闲散鞭责"。①通常满城的旗人不得离城二十里,远出则要注册登记,回城需要销假,违限不归则按逃旗论。旗民社会流动的缺乏导致的另外一个严重后果,那就是旗民创造力的被限制,优裕的生活来得如此容易,造成了旗人子弟的懒散和懈怠,不需要太多的努力就获得的成功限制了他们的进取精神和由此而产生的创造力。

### 二、旗民生计问题的出现

清代旗民生计问题于康、雍年间初露端倪,日益明显于乾隆年间。至嘉庆、道光年间,逐渐发展成比较严重的社会问题。关于旗民生计问题,早在顺治十二年(1655年),户部尚书陈之遴就曾指出,"八旗兵丁年来穷苦日甚",只是并未引起朝廷和社会的过多关注。康熙九年(1670年),康熙帝注意到了旗民的贫困问题,"近闻八旗马甲,为养马匹,整办器械,费用繁多,除月饷外,别无生理,不足赡养妻子家口。"②雍正年间,闲散满洲人丁成为贫困旗人的主体,对此,雍正提及曰:"满洲户口滋盛,余丁繁多,其不能充任之闲散满洲至有窘迫,不能养其妻子者。"③与此同时,都统、前锋统领、护军统领、副都统中也出现了"家计艰窘之人"。乾隆年间,八旗生计问题已经成为朝廷经常讨论的话题,御史舒赫德在其《八旗开垦边地疏》中说:"我朝定鼎之初,八旗生计

---

① (清)《钦定中枢政考·禁令》,卷13,嘉庆朝武英殿本。
② (清)额尔泰等:《八旗通志》初集,卷66,东北师范大学出版社1985年点校本。
③ (清)额尔泰等:《八旗通志》初集,卷67,东北师范大学出版社1985年点校本。

颇称丰厚者,人口无多,房地充足之故也。近百年以来甚觉穷迫者,房地减于从前,人口加有什佰,兼以俗尚奢侈,不崇节俭,所有生计日消,习尚日下,而无底止。"①嘉、道时期,旗民贫困人数急剧增加,旗民生计问题趋于严重。道光时,各地驻防旗人的贫困现象尤为突出,"太原驻防官兵,户口日滋,生计维艰"②。保定驻防旗兵,"仅食饷二两,并无别项生计,殊为拮据"③。

　　清朝政府采用国家把整个八旗旗人全部养起来的恩养政策,给国家财政带来了巨大的压力。自清初以来,维持八旗生计一直是国家财政的一大负担,这些负担通常包括俸银、谷子、草料金、购买武器装备的经费、养老金和已故兵丁孀妇的赡养费、房屋维修金、婚丧嫁娶的费用、赎回旗地的费用,加上其他一些临时性的费用,等等。"国家支付这些费用的能力直接影响了成千上万旗民的生活,也间接影响了王朝的未来。至 18 世纪中叶,对八旗的供养威胁着王朝的财政健康。"④对此,《清史稿》记述道:"大抵清于八旗,皆以国力豢养之,及后孳生蕃衍,虽岁縻数百万金,犹苦不给,而逃人之禁复严,旗民坐是日形困蔽。"⑤

　　清代中央财政政策的一个重要特点是突出以满族为核心的旗人财政利益,表 1.2 根据《清史稿》有关记载,对乾隆三十一年(1766 年)的各项支出及其所占岁出总数的百分比进行粗略统计,借以佐证。

表 1.2　乾隆三十一年各项支出及其所占岁出总数的百分比

| 项　目 | 银数(万两) | 占岁出总数的百分比(%) |
| --- | --- | --- |
| 满汉兵饷 | 1700+ | 49.26 |
| 王公百官俸 | 90+ | 2.61 |
| 外藩王公俸 | 12+ | 0.35 |
| 文职养廉银 | 347+ | 10.05 |

---

①　(清)贺长龄等编:《清朝经世文编》,卷 35,光绪二十八年(1902 年)本。

②　(清)《清宣宗实录》(一),卷 18,中华书局 1987 年版,第 344 页。

③　(清)《清宣宗实录》(一),卷 31,中华书局 1987 年版,第 548 页。

④　Mark C. Elliott, *The Manchu Way：The Eight Banners and Ethnic Identity in Late Imperial China*, Stanford University Press, 2001, p. 307.

⑤　赵尔巽:《清史稿》,卷 120,天津古籍出版社 2007 年版,第 630 页。

| 项　　目 | 银数（万两） | 占岁出总数的百分比（％） |
|---|---|---|
| 武职养廉银 | 80＋ | 2.32 |
| 京师各衙门公费饭食 | 14＋ | 0.41 |
| 内务府、工部、太常寺、光禄寺、理藩院祭祀、宾客备用银 | 56 | 1.62 |
| 采办木、铜、布银 | 12＋ | 0.35 |
| 织造银 | 14＋ | 0.41 |
| 宝泉、宝源局工料银 | 10＋ | 0.29 |
| 京师各衙门胥役工食银 | 8＋ | 0.23 |
| 京师官牧马牛羊象刍秣银 | 8＋ | 0.23 |
| 东河、南河岁修银 | 380＋ | 11.01 |
| 各省留支驿站、祭祀、仪宪、官俸、役食、科场、廪食等银 | 600＋ | 17.39 |
| 更定漕船岁需银 | 120 | 3.48 |
| 总计 | 3451＋ | 100 |

资料来源:赵尔巽:《清史稿》,卷125,载《食货六》,天津古籍出版社2007年版,第672页。

　　分析表1.2不难发现,各项财政支出中,除了东河、南河岁修银、外藩王公俸等个别项目外,其余各项均涉及旗人经济利益。由于旗人多占据高官厚位,所以无论是兵饷、官俸、养廉银还是教育经费、京师各衙门饭食费、织造银、胥役工食费等均直接或间接涉及旗人经济利益,它们在清朝的财政支出中占据了很大的比例。值得一提的是,皇室经费是当仁不让的旗人开支。清代皇室经费指由外府拨入内务府的经费,"在清代,虽然不乏有以内务府接济外府支绌的事例,但就整体而言,内务府经费主要靠外府接济,并有不断增长的趋势。……估计鸦片战争以前,由户部拨入内务府的常年经费在110万两以上。"[1]军费是清朝财政支出的最大项目,包括经常性军费和战争军费两大类。兵饷是一项经常性军费,除去前述的为数众多的八旗兵丁以外,绿营兵也是清朝政府需长年供养的一支军队,据统计,自乾隆年以后绿营兵额常年在60万

---

① 周育民:《晚清财政与社会变迁》,上海人民出版社2000年版,第35页。

以上。① 八旗和绿营的常年兵饷,在乾隆中叶时达到 1700 余万两,乾隆后期是达到 2000 万两以上。其中,八旗兵丁的饷银数占据了半数左右,以乾隆三十一年(1766 年)为例,八旗驻防兵饷 5155888 两,八旗制兵半数在京师,兵饷也应在 500 万两左右。② 除了军费开支以外,官俸及养廉银也是清政府的一项常年开支。清代官俸有八类,分别为宗室之俸、世爵之俸、公主格格之俸、文职官员之俸、八旗武职之俸、外藩蒙古之俸及回疆之俸等,八旗驻防官员在正俸以外还有规定的家口数的口粮(如将军、都统 40 口、副都统 35 口、协领 30 口等)。雍正二年(1724 年)后,各省实行“耗羡归公”,各级官员在原支正俸外,按官位高低给予数额不等的津贴,也就是所谓的养廉银。官俸开支在乾隆中叶以后逐渐加大,“乾隆三十一年总计不过 530 万两,而嘉庆十七年达到了 616 万两”③。其主要原因在于皇室人口的增加加大了俸银的开支。另外,旗人财政利益的强调还表现在中央财政的管理上设有专门的财政机构,如井田科、八旗俸饷处、现审处、户部三库,除管理大臣设汉员二名外,余均为满员。

　　由于收入完全依赖中央政府的缘故,旗人的生活水平总体上受到清代经济强弱的影响。清前期国家的财政收入,主要来自各项税收,有田赋、盐课、关税、杂赋几项。田赋是国家最重要的税收,它是按土地田亩征收的土地税,征于民田,包括那些可以自由买卖、继承、转让的民间私人所有的土地。旗地、屯田、官田三种土地,在法令上属于官有,一般不负担国家的赋役和差徭。除了田赋之外,漕粮、盐课、芦课、矿课、茶课以及关税、当税、牙税、契税等各种杂税也是清政府的收入来源。虽然有诸多的收入来源,但清前期的财政支出名目繁多,包括皇室经费、宗室世职、官员俸禄、军费、驿站经费、教育经费、河工塘经费以及其他一些临时性的开支。清代前期的财政从开国之初到乾隆时期,总的趋势是收支规模逐渐扩大,国家财政基础日趋雄厚。受这一大势的影响,虽然出现了旗人走向贫困的现象,但国家对八旗官兵的俸禄和军费的基本开支还是可以满足的。嘉道之时,收入规模相对稳定,支出日渐增加,财政问题日益暴露,逐步影响到对旗人生计的维持。清朝户部银库储备情况能够从一

---

① 参见罗尔纲:《绿营兵志》,中华书局 1984 年版,第 62 页。

② 参见周育民:《晚清财政与社会变迁》,上海人民出版社 2000 年版,第 6 页。

③ 周育民:《晚清财政与社会变迁》,上海人民出版社 2000 年版,第 35 页。

个角度反映出朝廷的财政状况,表1.3对清前期户部银库储备变化走势进行了简单统计,借以对相关问题予以进一步说明。

表1.3　清前期户部银库储备变化大致统计表　　　（单位:万两）

| 年　　份 | 户部银库储备银两数 |
|---|---|
| 康熙初年 | 248.85 |
| 康熙十二年(1673年) | 2135.80 |
| 康熙十七年(1678年) | 333.99 |
| 康熙二十五年(1686年) | 2605.27 |
| 康熙三十年(1691年) | 3184.97 |
| 康熙三十三年(1694年) | 4000.00+ |
| 康熙五十八年(1719年) | 4736.86 |
| 康熙六十年(1721年) | 3262.24 |
| 雍正三年(1725年) | 4000.00+ |
| 雍正五年(1727年) | 5525.29 |
| 雍正八年(1730年) | 6218.33 |
| 雍正十三年(1735年) | 3453.05 |
| 乾隆元年至乾隆二十七年(1736—1762年) | 3000.00—4000.00 |
| 乾隆二十八年(1763年) | 4706.36 |
| 乾隆三十六年(1771年) | 7894.00 |
| 乾隆四十二年(1777年) | 8182.40 |
| 嘉庆元年(1796年) | 5658.40 |
| 嘉庆三年(1798年) | 1918.50 |
| 嘉庆十六年(1811年) | 2078.40 |
| 嘉庆十九年(1814年) | 1240.00 |
| 道光元年至道光十四年(1821—1834年) | 2716.30 |

资料来源:法式善:《陶庐杂记》,卷1,中华书局1959年版;彭泽益:《十九世纪的中国财政与经济》,人民出版社1983年版,第84页;周育民:《晚清财政与社会变迁》,上海人民出版社2000年版,第40—41、64—65页;罗玉东:《中国厘金史》上册,商务印书馆1936年版,第3页。

受战争、自然灾害等多种因素的影响,清初至乾隆年间的户部库银储备有时有着比较大的变化,但总的趋势是处于上升的态势。与乾隆年间相比,嘉庆以后清廷财政状况日益恶化的趋势非常明显。乾隆三十年(1765年)之前,户部库银储存多数年份已达三四千万两以上,乾隆三十年后逐步增至六七千万两左右,乾隆四十二年(1777年)达到8100多万两以上。嘉庆元年(1796年)以后,由于五省教门起义长达十年之久,户部存银急剧下降。道光元年至道光十四年(1821—1834年),情况略有好转,但平均每年库存也仅2716.3万两。关于嘉庆以后的财政状况,《清史稿》有着这样的记述:"当乾隆之季,天下承平,庶务充阜,部库帑项,积至七千余万。嘉庆中,川楚用兵,黄河泛滥,大役频兴,费用不赀,而遭赋日增月积,仓库所储,亦渐耗矣。"①

鸦片战争爆发后,清朝财政状况急转直下,出现了入不敷出、库存急剧减少的严重局面。鸦片战争后十年,清政府财政常年亏空,道光二十年(1840年)至道光二十九年(1849年)间,总计亏空接近11000万两。具体情况参见下表。

表1.4　道光二十年至道光二十九年财政常年亏空表②　　(单位:两)

| 年份 | 结余 | 年份 | 结余 |
|---|---|---|---|
| 道光二十年(1840年) | +230068 | 道光二十五年(1845年) | -1203610 |
| 道光二十一年(1841年) | -1744125 | 道光二十六年(1846年) | -64529 |
| 道光二十二年(1842年) | -1434750 | 道光二十七年(1847年) | +802848 |
| 道光二十三年(1843年) | -2640375 | 道光二十八年(1848年) | -949778 |
| 道光二十四年(1844年) | -1487840 | 道光二十九年(1849年) | -2443891 |
| 合　计 | | | -10935982 |

除了正常支出以外,清政府还有河工、赈灾、战争费用等例外支出,在鸦片战争以后的十年中,例外支出达8000万两。由于常年亏空,库存银两急剧减少,至道光三十年(1850年),清政府库贮只有800万两。③

太平天国运动使清朝陷入了空前严重的财政危机。为了镇压太平天国运动,清政府"糜饷"甚巨。据户部奏报,至咸丰三年(1853年),"自广西用兵以来,奏报军饷及各省截留筹解,已至2963万两,各省地丁、盐科以及关税、捐

---

①　赵尔巽:《清史稿》,卷121,《食货二》,天津古籍出版社2007年版,第639页。
②　参见周育民:《晚清财政与社会变迁》,上海人民出版社2000年版,第67页。
③　参见彭泽益:《十九世纪后半期的中国财政与经济》,人民出版社1983年版,第84页。

输、无不日形支绌。"①短短三年,军饷耗费就接近 3000 万两。1853 年以后,随着战区的扩大,军费开日趋增加,国家财政根本无法应付,军饷积欠相当严重,欠饷严重的时候,"兵勇求一饱而不得,夏摘南瓜,冬挖野菜,形同乞丐"②。根据周育民先生的研究,清政府镇压太平军的费用大概在 29169 万两③,这对财政日形困顿的清朝财政来说,无疑是笔沉重的负担。除了镇压太平军的开支以外,清政府镇压捻军、西北回民起义等其他农民起义所耗费的银两也在32000 两左右。④ 包括军费在内的财政支出大量增加的同时,清政府的财政收入却在减少,东南富庶地区向为清政府财赋重地,太平军建都金陵以后,"国家财赋之区半为贼有",清政府因而失去了重要的财源,其财政状况完全陷入入不敷出的境地。

在国家财力逐渐下降的同时,八旗的支出却在不断地增加,造成八旗财政日渐困窘。京师因为旗民余丁不断增长的缘故,经济压力越来越大。雍正以前,清廷规定,"江宁、杭州、荆州、西安等省驻防官兵,如有老病、解退、亡故者、家口俱令进京。其子弟家人内有披甲者,亦革退回京。"⑤这种旗民回京政策的存在,导致京城余丁不断增加,俸饷支出也不断增加。18 世纪晚期开始,八旗驻防的开支陆续增长,除了正常的旗人俸饷以外,"八旗驻防的很大一部分开支开始用于那些传统上是由旗人官兵自己负责的项目,如马匹、马鞍、武器及用于红白喜事和旅行的费用,在物价不断上涨的情况下,依靠旗兵有限的薪俸来自行负担这些费用,已成为不可能的了。因而,预算本已十分紧张的驻防,却又不得不背起更加沉重的包袱。"⑥在一些大的驻防,如广州、荆州等地驻防,很多旗人很难负担得起婚丧嫁娶的费用,驻防只好给予旗兵数量不等的银两,承担起这些费用。

八旗人口的增长也是影响旗民生计的重要因素。17 世纪晚期起,八旗"生齿日繁",首先是八旗兵丁基本处于不断增长的态势。顺治元年间,八旗

---

① 《清文宗实录》,卷 97,中华书局 1986 年版,第 33 页。
② 席裕福、沈师徐辑:《皇朝政典类纂》,卷 19,文海出版社 1982 年版,第 4 页。
③ 参见周育民:《晚清财政与社会变迁》,上海人民出版社 2000 年版,第 153 页。
④ 参见周育民:《晚清财政与社会变迁》,上海人民出版社 2000 年版,第 153 页。
⑤ (清)康熙《大清会典》,卷 82,(台北)文海出版有限公司 1993 年版,第 17 页。
⑥ [韩]任桂淳:《清朝八旗驻防兴衰史》,三联书店 1993 年版,第 99 页。

兵丁数额仅为 112600 余人，康、雍、乾时期，八旗兵额通常保持在 32 万人左右。至嘉庆年十七年（1812 年）增加到 422161 人。[①] 鸦片战争前夕，八旗兵额数在 30 万人左右。由于特殊的供养政策和长期相对稳定的生活状态，相应的旗民人口出现了大幅度的增长。根据王钟翰先生的研究，康、雍、乾时期，满族的人口数保持在 340 万—350 万人，道光年间增长到 400 万—500 万人。[②] 美国学者欧立德对自 1657—1720 年间的旗丁数尤其是京师旗丁及旗民人数的变化进行了估算统计，研究发现，仅在半个多世纪里，旗丁总数和京师八旗人口均增加了 20 余万，可见增长之速度快（参见表 1.5）。由于计算方法的不同，王钟翰先生与欧立德对相关数据的估算有一定的差异，但根据他们的研究得出康雍时期旗民人口迅速增长的相同结论是毋庸置疑的。

表 1.5　1657 年和 1720 年的旗丁和北京旗民人口变化对比表

| 旗别 | 旗丁总数 | 京城八旗男丁数<br>（旗丁总数×24%）= M | 京城八旗人口数<br>M+(3M) |
|---|---|---|---|
| 1657 | | | |
| 满旗 | 49695 | 11927 | 47708 |
| 蒙旗 | 26053 | 6253 | 25012 |
| 汉军 | 78782 | 18908 | 75632 |
| 小计 | 154530 | 37088 | 148532 |
| 奴仆 | 237338 | 56961 | 227844 |
| 总计 | 391868 | 94049 | 376196 |
| 1720 | | | |
| 满旗 | 154117 | 36988 | 147952 |
| 蒙旗 | 43636 | 10473 | 41892 |
| 汉军 | 204870 | 49169 | 196676 |
| 小计 | 402623 | 96630 | 386520 |
| 奴仆 | 239494 | 57479 | 229916 |
| 总计 | 642117 | 154109 | 616436 |

资料来源：Mark C. Elliott, *The Manchu Way: The Eight Banners and Ethnic Identity in Late Imperial China*, Stanford University Press, 2001, p. 119.

---

① 参见［韩］任桂淳：《清朝八旗驻防兴衰史》，三联书店 1993 年版，第 120 页。
② 参见王钟翰：《王钟翰学述》，浙江人民出版社 1999 年版，第 161 页。

余丁问题是旗民生计问题的最早反映。"余丁"亦即"闲散",也就是指没有多少披甲食粮机会的八旗人员。"闲散"是贫困旗民的主体,各地余丁的增减情况切实反映了八旗生计状况。雍正初年以后,各地余丁人数不断增长,雍正九年(1731年),西安将军秦布奏称:"西安额设兵丁八千名,今户口繁滋,将及四万。"①江宁驻防余丁在雍正十年(1732年)也已达到1350名。② 同时期,杭州的余丁共1600余名,包括满洲余丁300余名,汉军闲散旗丁1300余名。③除上述几处较大的驻防以外,其他各处驻防在乾隆朝以后,余丁人数也不断增加,如保定、绥远、青州等地,余丁问题成为朝廷越来越严重的负担。由于汉军旗丁的社会地位和生活保障普遍低于满洲旗丁和蒙古旗丁,汉军余丁生计困顿远甚于后两者。一般情况下,汉军升官披甲的机会远远少于满、蒙旗人。汉军余丁的数量往往几倍于满、蒙余丁,更使汉军余丁问题十分突出。依据杭州将军阿里衮的奏折,雍正十年(1732年),杭州驻防的1600余名余丁中汉军闲散旗丁达1300余名,占据81.25%之多。广州"汉军驻防日久,生齿日繁,所有鳏寡、孤独、残废人等,无依者甚多"④。对于汉军余丁问题的严重,乾隆深感忧虑:"八旗汉军自从龙定鼎以来,国家休养生息,户口日繁。其出仕当差者,原有俸禄钱粮,足资养赡。第闲散人多,生计未免窘迫。又因限于成例,外任人员既不能置产另居,而闲散之人,外省既有亲友可依及手艺工作可以别出营生者,皆为定例所拘,不得前往,以致袖手坐食,困守一隅。"⑤

旗地的逐渐丧失极大程度影响了旗民的生存。旗地丧失的一个原因是庄头对旗地利益的攫取。庄头,原本是旗人的奴仆兼旗地的管家,身份世袭。旗地原为"八旗世业",不准买卖,旨在为旗人谋取稳定的生活。但由于清廷不准旗人务农、经商,甚至严禁外出,加上劳动力缺乏,驻地与份地相隔较远,旗人自己耕种土地就成为一件比较困难的事情。通常旗兵以执行军务为主,在心理上也比较轻视农田劳作,因而旗地大多由庄头驱使汉族农民或奴仆耕作。

---

① 《清世宗实录》,卷108,雍正九年(1731年)七月癸亥,中华书局1986年影印本。
② 参见《清世宗实录》,卷118,雍正十年(1732年)五月庚申,中华书局1986年影印本。
③ 参见定宜庄:《清代八旗驻防制度研究》,天津古籍出版社1992年版,第182页。
④ (清)长善:《驻粤八旗志》,卷1,光绪五年(1879)刻本,第13页。
⑤ (清)《钦定八旗通志》第1册,卷31,《旗分志三十一》,吉林文史出版社2002年版,第552页。

久而久之,一部分旗地所有权就易为庄头所有。在长期的管理中,庄头逐渐运用手中的权力牟取私利。18世纪中叶以后,许多庄头不时地非法占用土地,贪污旗人钱财,造成许多旗人实际丧失了对土地的控制。旗地所有权丧失的另一个原因在于商品经济的迅速发展。清中叶以后,农业生产逐渐恢复,商品经济迅速发展,土地买卖和土地兼并的现象日益增多。随着社会的发展,各地旗人不可避免地卷入了当地的社会经济发展的过程中,由于生活的贫困或无力经营,旗人典卖旗地的现象不断出现。《清史稿》对此简单地概述为:"旗人不习耕种,生齿日繁,不免私有质鬻。"①乾隆四年(1739年),乾隆皇帝对民典旗地现象分析说:"旗人所得地亩,原是以资养赡。嗣因生齿日繁,恒产减少,又或因急需,将地渐次典与民间为业,阅年久远,辗转相授,已成民业。"②对于旗人份地的丧失,历代清朝政府曾经做过多种尝试,采取"回赎"等办法,力图确保这份八旗"世业"。对此,《清史稿》有比较集中的记述:

> 雍正初,清理旗地,令颁帑赎回。凡不自首与私授受者,胥入官为公产。旗地,令宗人府、内务府八旗具各种地亩、坐落、四至,编制清册,是为红册,以备审勘旗民田土之争。乾隆初,定回赎旗地仍归原典承种,庄头势豪争夺者罪之。凡赎入官地并抵帑、藉没等田,皆征租,曰旗租。旧查交入官地定租,由旗员主之。三十四年,以直督杨廷璋言,停其例。民租旗地,本限三年。或私行长租,业户、租户科以违禁律。自和珅管大农,奏改前章,于是旗人及庄头率多撤地别佃,贫民始多失业。嘉庆五年,部臣请复申前禁。诏纂入定例通行。咸丰初元,又申令如额征租,主佃皆不得以意赢缩。若佃霸旗地,从盗卖官地律,授受同惩。③

然而,由于"日久法疏",买卖双方"或指地称贷,或支用长租,阳奉阴违,胥役讹索勾结",导致"弊遂丛生",旗地流失的历史趋势不可阻挡。④ 针对这样的情况,清朝政府提出了一些具体的对策,客观上加速了旗地私有化的进程。康熙九年(1670年),清政府规定"官兵地亩,不许越旗交易,兵丁本身种

---

① 赵尔巽:《清史稿》,卷120,《食货一》,天津古籍出版社2007年版,第631页。
② (清)光绪《大清会典事例》,卷1117,(台北)文海出版有限公司1993年版。
③ 赵尔巽:《清史稿》,卷120,《食货一》,天津古籍出版社2007年版,第630页。
④ 参见赵尔巽:《清史稿》,卷120,《食货一》,天津古籍出版社2007年版,第631页。

地,不许全卖"①,有条件地限制旗地在本旗内部买卖。乾隆二十三年(1758年),清廷正式颁布法令"旗人田地,遇有缓急……情愿出卖者,准其不计旗分,通融买卖"②,准许旗地在正身旗人之间买卖,旗地私有合法化由此开始。旗地在旗人之间的自由买卖,意味着旗地典卖与民人的无法禁制。事实上,从17世纪后期起,民典旗地现象陆续出现,"八旗房地,在康熙年间,典卖者俱系白契,或典或卖,真伪难分"③。至乾隆年间,旗地典卖现象已很普遍。乾隆十年(1745年),御史赫泰说:"至于在旗地亩,向例不许卖与民间,俱有明禁。因旗人时有急需,称贷无门,不敢显然契卖,乃变名曰老典,其实与卖无二。至今而旗地与民者,十之五六矣……自康熙二三十年间,以至今日,陆续典出者多,赎回者少,数十年未断,不止于此数。"④根据已有的研究,乾隆年间的民典旗地现象十分严重,例如,"乾隆九年(1744年),清政府在霸州等五十六州县已查出民典老圈旗地9517顷254亩零,占当地老圈旗地总数的58%。乾隆二十二年(1757年),又在直隶地区查出民典旗地14518顷。乾隆三十八年(1773年),在奉天查出民典旗地12万余垧。"⑤

鸦片战争以后,旗民典卖土地现象愈演愈烈。咸、同以后,清政府财政状况不断恶化,无力保障旗人基本的俸饷与生活,为求生计,多数旗人不得不以典卖旗地为生。鉴于旗地买卖现象的无法遏制,清政府不得不无奈地接受了这个事实。咸丰二年(1852年),户部奏请朝廷,请求对于旗民交产一事"量为变通",对此,咸丰颁布上谕云:"向来旗民交产例禁綦严,无如日久弊生,或指地借钱,或指使长租,显避交易之名,阴行典卖之实。此项地亩,从前免纳官租,原系体恤旗人生计。今既私相授受,适启胥役人等论诈勾串等弊,争讼繁多,未始不由于此。若仍照旧例禁止,殊属有名无实,著照该部所请,除奉天一省旗地盗卖盗买,仍照旧例严行查禁外,嗣后坐落顺天、直隶等处旗地,无论老圈、自置,亦无论京旗屯居及何项民人,均准互相买卖,照例税契什科。其从前

---

① (清)鄂尔泰:《八旗通志初集》,卷18,东北师范大学出版社1985年点校本。
② (清)光绪《大清会典事例》,卷1118,(台北)文海出版有限公司1993年版。
③ (清)光绪《大清会典事例》,卷1118,(台北)文海出版有限公司1993年版。
④ (清)贺长龄:《皇朝经世文编》,卷35,中华书局1992年版。
⑤ 黄凤新:《论清代旗地占有形式的改变》,《吉林大学社会科学学报》1998年第6期。

已卖之田,业主、售主均免治罪。"①由此,清廷公开发布撤销旗民不交产的禁令。旗地典卖现象的出现,使贫困旗人在土地买卖和兼并的过程中逐渐丧失了份地,加速了旗人内部的贫富分化和下层旗人的进一步贫困化,最终对旗民生计形成了严重的影响。

影响旗人生计的原因是多重的,除了上述几个主要的原因之外,奢侈、腐败、物价的上涨等也是导致旗人走向贫困的因素。清初以来,旗人"俗尚奢侈,不知节俭",作为国家的根本,八旗尤其是满洲八旗从朝廷得到了大量的恩赐,久而久之奢侈成风。赌博是明令禁止的,但事实上旗人社会生活中的赌博活动从来就没有停止过,婚丧嫁娶等红白喜事的消费也是非常惊人的,这种奢侈的风气有时连当政者也看不下去了,而不得不呼吁节俭。② 旗民社会管理中的腐败不仅表现在官吏任用的任人唯亲方面,还体现在旗民的经济生活中。上级官吏克扣下级旗人俸银的现象比比皆是,而普通旗兵经过层层盘剥,到手的薪水所剩无几。此外,高级官吏经常对已死的旗下兵丁隐匿不报以攫取空头钱粮,这种中饱私囊的行为不仅加重了国家财政的负担,也使得旗民生计问题日趋严重。物价的上涨对旗人尤其是下层旗人经济生活的影响是很明显的,"在18到19世纪,旗人家庭规模扩大了,而物价又上涨了四到十倍。通货膨胀加深了业已存在的贫困现象。比如,在康熙皇帝统治时期(1662—1722年),一只羊值一钱八分,而到了道光和咸丰时代(1821—1861年),其价格就成了原来的六倍。"③物价上涨,购买力下降,八旗兵饷相对缩水,旗民生计问题的出现自然而然。

### 三、解决旗民生计问题的尝试

旗民生计恶化,清代历朝皇帝时以为忧,并采取一系列措施,对解决旗民生计问题做出了多种尝试。

经费的筹措与增拨。雍正以后,政府开始为贫困的旗人提供部分婚丧嫁娶的资金,并加大包括抚恤金在内的恩赏力度。为了保证资金的良性循环,清

---

① (清)李宗昉等编:《钦定户部则例》,第10卷,(台北)成文出版社1968年版,第14页。
② 参见(清)《圣祖实录》,卷44,中华书局1986年影印本。
③ [韩]任桂淳:《清朝八旗驻防兴衰史》,三联书店1993年版,第120页。

政府还想出了"滋息生银"的办法,以内库之银滋息生银,以备八旗兵丁不时之需。《镶红旗档:右卫滋生银额具奏折》记载了雍正年间滋息生银的办法与实施的情况:

> 雍正七年三月十四日,准内务府咨称:奉上谕,为京城八旗兵丁人等生计,朕悉心揆度,若逢家中红白之事,红费不敷,着实困迫堪悯。特著用内库之银,交付王大臣转用滋息,以备兵丁不时之需。兹念外省驻防之满洲、汉军兵丁,亦应一体恩赐。江宁、杭州、西安、京口、荆州、广东、福建、宁夏、右卫九处,每处各赏银一万辆,皆由布政司库支用,交该将军、副都统妥为保管,转用滋息。若至该处驻防兵丁家红白之事,酌由滋息中赏赐,于用有利。本银永为公储,生息银不必交回,该将军、副都统等务必悉心办理,以使兵丁均得实惠。倘若管理官员渔侵挪用或委以不可信任之人,以至亏空本息,则必严加治罪,且由督管及承办官员名下严加追赔。转用滋息之处,亦须公平办理,若假借官银之名,或抢占民人商户,或与乡里苛取重利,争商贾小民之利,贻害地方,则该督抚理应及时详查参奏。倘该督抚徇私隐瞒不奏,朕得以询闻,必连同督抚一并议处。该本银每年出入之数,在京由八旗都统、副都统查核,或由一旗一省管理,或两省管理等情,著由怡亲王、大学士等酌定。每年年终各该省督管大臣造册,分别送文各旗查核奏闻。再,其他各省督抚、提督标下兵丁,亦循此例。视兵丁数,分别银两多寡,每标给一二万两,或给数千两等情,亦著怡亲王、大学士酌定。必将银交付督抚、提督委员办理,以期恩及兵丁。凡驻防兵丁循例施行。前后官员交接任时,将该项移交入册核查。若至各省总兵官属下兵丁,一时不能尽施,量国家费用出入,依次施恩,陆续降旨,特谕。①

所谓滋生息银办法,实由政府提供一定的本金,由各处八旗机构经营,所得利益维持旗人生计。以驻防右卫为例,"雍正七年七月初六日,将赏赐滋生银一万两,余平银287两6钱6分滋值,至雍正十年十月止,滋生息银除用于各项支出及出征二千兵丁家属红白事,施恩赏赐银外,余银5025两

---

① 刘厚生译,薛虹、栗振复复校:《清雍正朝镶红旗档》,东北师范大学出版社1986年版,第67页。

4 钱 2 厘 6 毫。"①雍正十年十一月至十一年十月间，右卫将军舍木德"将赏赐之二万两投资于市、米、衣、钱、当五铺，转滋生息银"，"共得滋生息银 4274 两零 1 分 4 厘 4 毫，其中将五铺之房租、工食钱及购煤、炭、笔、纸、盘缠等项，共支出之银 1010 两 9 钱 7 分 6 毫解销，实滋生息银 3263 两 4 分 8 厘 8 毫，除其中出征兵丁 24 人红事，每件以赏银 8 两计，赏赐之银 192 两。93 人白事，每件以赏 12 两计，赏赐之银 1116 两，其施恩赏赐银 1308 两，余滋生息银 1955 两 4 分 3 厘 8 毫。"②滋生息银方案实施伊始，对解决旗人生计多少起到了一点作用。

养育兵制度的创立。养育兵制度的创立，目的在于为闲散旗人提供就业机会和失业救济，同时选拔素质较好的旗兵，加强军事力量。雍正二年（1724年），雍正皇帝十分忧虑八旗人口的增加迅速，闲散余丁不断增多，遂发布上谕，命令创设养育兵制度。其谕云：

> 八旗满洲、蒙古、汉军，均系累世效力旧人。承平既久，满洲户口滋盛，余丁繁多，或由人丁多之佐领。因护军、马甲皆有定额，其不得披甲之闲散满洲，至有窘迫不能养其妻子者。朕每思及此，恻然动念。将如何施恩，俾得生计之处，再四筹度，并无长策。欲增编佐领，恐正项米石不敷，若不给以钱粮，俾无养赡，何以聊生？既不能养其家口，何有造就已成其才？今将旗下满洲、蒙古、汉军内，共选四千八百余人为教养兵，训练艺业。③

考虑到旗内幼丁的生活状态和前途，乾隆元年（1736 年），清政府的养育兵制度又开始惠及幼丁："嗣后选取养育兵，该都统于闲散余丁内，年壮可当差者照常选取外，如旗内幼丁并无产业及无执事兵丁钱粮可以养赡者，年过十岁，该参领、佐领据实具保，该都统覆核无异，即行拔补。"④养育兵制度的创设

---

①　刘厚生译，薛虹、栗振复校：《清雍正朝镶红旗档》，东北师范大学出版社 1986 年版，第 68 页。

②　刘厚生译，薛虹、栗振复校：《清雍正朝镶红旗档》，东北师范大学出版社 1986 年版，第 69 页。

③　（清）《钦定八旗通志》第 2 册，卷 36，《兵制志五》，吉林文史出版社 2002 年版，第 643—644 页。

④　（清）《钦定八旗通志》第 2 册，卷 36，《兵制志五》，吉林文史出版社 2002 年版，第 645—646 页。

极大程度上扩大了官兵额数。养育兵制度设立以后,各地养育兵的数量不断增加,他们接受国家的定额钱粮,实际成为接受国家救助的群体。

汉军"出旗为民"。随着八旗生计问题的日趋严重,清政府开始考虑一部分旗兵"出旗为民",本着"首崇满洲"的原则,八旗中地位低下的汉军,成为首当其冲的排挤对象。正如宗室昭梿所言:"(汉军)虽曰旗籍,皆辽沈边氓及明之溃军败卒。今生齿日繁,其从龙丰沛旧臣,尚不能生计富饶,而聚若辈数万人与京华,又无以令其谋生之道,其当轴者宜有远略欤?"①清廷之所以允许汉军出旗,一方面,认为可以还汉军旗人之人身自由;另一方面,所遗之缺可以留给满洲旗人,以解决满洲旗人的生计,这充分反映了满旗、汉军不平等的社会地位。乾隆七年(1742 年),清政开始考虑汉军出旗问题,是年四月,乾隆皇帝谕云:"朕思汉军其处本系汉人,有从龙入关者,有定鼎后投诚入旗者,亦有缘罪与夫三藩户下归人者,内务府王宫包衣拨出者,以及招募之炮手,过继之异姓,并随母、因亲等类先后归旗,情节不一。其中从龙人员子孙皆系旧有功勋,历世既久,自毋庸更张。其余各项人等,或有庐墓产业在本籍者,或有族党姻属在他省者,朕意欲稍微变通,以广其谋生之路。如有愿改归民籍者,准其与该处民人一例编入保甲。又不愿改入原籍者而外省可以居住者,不拘道里远近,准其前往入籍居住。"②规定了从龙入关人员子孙以外的汉军都可以申请出旗,乾隆末年朝廷又规定同知、守备以上各官,不必改归民籍。乾隆七年(1742 年),清政府着手京师出旗问题,但"出者寥寥",乾隆八年以后,福州、京口、杭州、庄浪、凉州等地驻防汉军出旗事宜陆续办理。汉军出旗的办法主要有两个:一是转补绿营兵缺,二是直接转归民籍。由于拥有固定的俸禄和优越的地位,汉军旗人自愿出旗的并不多,清政府大多采用强制的办法。例如,京口、江宁和杭州三地相距甚近,原为清廷重点驻防地区,随着时间的推移和局势的稳定,如此密切的兵力布防不仅加重了财政负担,而且在军事格局上来说也无必要,乾隆二十七年(1763 年),清廷命令:"京口、杭州等处,亦不必驻扎多兵,著照从前汉军兵丁出旗改拨绿营之理办理。所有裁汰此项汉军兵丁

---

① (清)昭梿:《啸亭杂录·汉军初制》,卷2,中华书局 1980 点校本,第 39 页。
② (清)《钦定八旗通志》第 1 册,卷31,《旗分志三十一》,吉林文史出版社 2002 年版,第 553 页。

钱粮,给予索伦、察哈尔丁壮,令其移驻伊犁。"①这次汉军出旗,京口驻防 3000 名汉军领催、马甲及全部炮甲、匠役悉被裁汰,杭州大约有 1900 名汉军马、步、炮甲、匠役也被裁汰。"汉军出旗",以牺牲汉军旗人利益为基础,暂时和部分保障满旗和蒙旗的利益,看似为了解决旗人生计,实际是清廷的一次裁兵和八旗兵力比例调整和重新布防过程,所以也不能从根本上解决旗人生计问题。

移民屯垦。为解决京师旗民生计问题,雍正初年,清政府开始考虑移民屯垦。长期以来,八旗人口"聚居京师,人口众多,无农工商贾之业可执,类皆仰食于官"②,在清廷看来,"边外地域辽阔,开垦田甚多,将京城无产业兵丁移往彼,殊为有益"。雍正元年(1723 年)开始,命令京师满洲、蒙古都统挑选马甲内无产业及情愿前去热河、喀喇河屯等地的旗人,俸饷米银均按京城之例照旧。东北地区为清朝兴隆之地,其土地肥沃,人口稀少,闲散土地甚多,有利于旗人集中屯垦。正如嘉庆帝所言:"八旗生齿日繁,亟宜广筹生计。朕闻吉林土膏沃衍,地广人稀。柳条边外,参场远移,其间空旷之地,不下千有余里,多属膄壤,流民时有前往根植。应……将闲散旗丁送往吉林,拨给地亩,或耕或佃,以资养赡。"③乾隆、嘉庆年间,政府主要安排京旗移往东北盛京、吉林、黑龙江等地,实行移民屯垦。清政府移民屯垦政策,其目的不仅在于解决旗人生计,也希望以此充实边关。

除了上述多项措施以外,清政府还采取其他一些办法,如:清理拖欠钱粮,安置贫穷的八旗兵丁,清查调整土地,维护贫穷旗人的利益,节省八旗某些开支,提倡节省财用,等等,期以解决日益严重的八旗生计问题,但这些措施收效甚微。随着八旗"生计日蹙",八旗制度的衰败趋势不可遏制,旗人社会的衰败趋势也已无法挽回。

对旗民社会本身而言,生活状态的每况愈下,以及清朝政府所采取的种种应对措施开始对其社会发展带来深远影响。清初以来的旗、民分治政策较长的时间内实现了对旗民社会的有效控制,雍正以后,旗人的逐渐贫困以及清政府在解决旗民生计问题上实行的一些措施客观上导致了旗人社会控制的松

①　(清)光绪《大清会典事例》,卷 1128,台北:文海出版有限公司 1993 年版。
②　(清)鄂尔泰:《八旗通志》初集,卷 70,东北师范大学出版社 1985 年点校本。
③　赵尔巽:《清史稿》,卷 16,《仁宗本纪》,天津古籍出版社 2007 年版,第 114 页。

动。仅以居住为例,康熙年间,就开始出现少数旗人开始出城居住的现象,汉军出城居住甚至得到政府的默许与认可。康熙二十二年(1683 年),政府同意"汉军文武官员,不论有无任职,愿在城外居住者,准其居住"①。对于满、蒙旗人,除了少部分告老人员允许出城居住以外,其他一般旗人依然禁止出城居住。乾隆年间,由于城外房租较贱,满、蒙旗人私自出城居住的情况不断增多。为严格控制满洲旗人出城居住,乾隆四十六年(1781 年)七月,乾隆皇帝下谕说:"京城八旗满、蒙、汉军兵丁内,或有在城内租房居住,指称房租价贵,移往各自坟茔居住,或称移往城外居住房租价贱,而在城外居住,似此移往城外住者,汉军人等尤多。理应将此人等即行催令搬进城内,但伊等在城外居住,而今城内房屋一时不能多得,转与旗人生计无益,著施恩,似此者不必深究。"②谕令表明,迫于无法改变的现实,清廷不得不放松了旗、民分居的政策。除了居住格局的松动以外,民间旗、民交产现象也日益增多,除了前述旗地的典卖逐渐为清廷默认许可以外,民间也出现了旗人典卖房屋等其他产业的现象。刘小萌先生对于清代北京城的房屋典卖现象作过较为详细的研究,据其考证,"雍、乾以降,京城旗人迫于生计,违禁典卖房产与民人的越来越多。"③直至咸丰以前,旗、民交产依然得不到官方的认可,但清廷已无法有效制止这一现象的蔓延。旗人出城居住,旗、民交产现象的出现,表明随着旗民的贫困化,清廷对旗民的社会控制已逐渐松动。然而,旗民社会控制的松动,已来不及挽救旗民社会发展的颓势。

---

① (清)《钦定八旗则例》,卷 10,乾隆朝武英殿本。

② (清)《钦定八旗通志》第 1 册,卷 30,《兵制志五》,吉林文史出版社 2002 年版,第 534 页。

③ 刘小萌:《满族的社会与生活》,北京图书出版社 1998 年版,第 267 页。

# 第二章　清末社会变迁与旗民
# 社会生存状态的变化

八旗体制长久保持了旗民高高在上的特殊社会地位和优越的生活状态，但这种体制对旗民群体长远发展所产生的负面作用随着近代中国政治、军事、经济的发展变化逐渐凸显。19 世纪中叶以来，西方资本主义文明凭借强势的军事优势大踏步地进入中国，成为干预近代中国社会发展趋向的重要力量。在这种力量的影响下，近代化因素积极生长，强烈推进着中国社会的变迁。与近代中国社会剧变相呼应，旗民社会生存状态日益变化。

## 第一节　旗民社会发展的转折——
## 近代内外战争的打击

1840 年的鸦片战争不仅是近代中国社会半殖民地化的发端，也是近代旗民社会群体历史发展的转折点。由于近代前期八旗社会发展的颓势，八旗军队根本无力抵挡来自国内外的军事打击，自 1840 年鸦片战争开始直至 1864 年太平天国运动结束，二十余年内，八旗军队几被摧毁，八旗社会地位显著下降，旗民社会群体加速衰落。

### 一、两次鸦片战争对八旗社会的初步打击

第一次鸦片战争时期，虽然清军的主力是绿营，但由于战争的实际交战省份为广东、福建、浙江、江苏，广州、福州、杭州、乍浦、京口等作战的主要战场皆为八旗重点驻防地区，所以这些地区的八旗兵丁还是不可避免地卷入了战争。根据史料记载，鸦片战争时期广东、福建、浙江、江苏各省的额设旗兵数额均在三四千人左右，其中，广东 3500 人，福建 4463 人，浙江大约 4000

人,江苏 4745 人。①

　　第一次鸦片战争是对承平日久的八旗军队的初步打击。战争主要影响了广东、福建、浙江、江苏等沿海省份,波及了广州、乍浦、京口等几个旗营,由于敌我力量的悬殊,这些驻防旗营受到了不同程度的军事打击。首先,是旗兵损失惨重。据战后统计,乍浦之战中,旗营共阵亡官兵 273 名,殉难 7 名,因伤身故 6 名,失踪 1 名,另有殉难男妇老幼 55 名。② 镇江之役具体的伤亡数字,不同的学者有不同的研究结果,根据最小的数字统计,京口八旗战死 170 人,受伤 161 人,失踪 24 人;青州八旗战死 55 人,受伤 65 人,失踪 17 人,两者伤亡率均达到 30%。③ 其次,旗营受到不同程度的毁坏。乍浦之战中,英军在"攻东门不进"后,"向南门扒城而进,火攻满营",④给予乍浦满营致命的破坏。乍浦城被攻陷后,侵略军进入"城西北的旗人防区",看到的是"一幅鲜血淋漓与残破不堪的情景"。⑤英军侵占镇江后,肆意屠戮,"比户劫掠,无家不破","市为之空,城乡皆被蹂",⑥由于战火的袭击,进城后的英军发现满人的许多房屋已被烧到地面,都统衙门也被英军放火烧毁。⑦战争的失败和遭受的承重打击对旗人社会生活和社会地位产生了深远的影响。

　　第一次鸦片战争也打破了旗民传统的社会生活秩序。战争期间,满营旗人生活秩序陷入一片混乱,正常的粮食供给也成了最大的问题,甚至发生断粮的情况。为了生活,有些旗兵甚至抢掠百姓,恶化了旗、民关系。以镇江为例,英军"于六月初八日,进圌山关,因常镇道避走之故,该道连家人不知下落。京口副都统紧闭镇江城,六日城内断粮大乱,旗兵抢掠百姓,至十四日,城内百

① 参见茅海建:《天朝的崩溃——鸦片战争再研究》,三联书店 2005 年版,第 55 页。

② 参见中国第一历史档案馆编:《鸦片战争档案史料》第 6 册,天津古籍出版社 1992 年版,第 236—237 页。

③ 参见茅海建:《天朝的崩溃——鸦片战争再研究》,三联书店 2005 年版,第 444 页。

④ 《乍浦陷后之防范》,载齐思和等编,中国史学会主编:中国近代史资料丛刊《鸦片战争》第 5 册,上海人民出版社、上海书店出版社 2000 年版,第 445 页。

⑤ 宾汉:《英军在华作战记》,载齐思和等编,中国史学会主编:中国近代史资料丛刊《鸦片战争》第 5 册,上海人民出版社、上海书店出版社 2000 年版,第 307 页。

⑥ 陈庆年:《横山乡人类稿》,卷 5,载齐思和等编,中国史学会主编:中国近代史资料丛刊《鸦片战争》第 4 册,上海人民出版社、上海书店出版社 2000 年版,第 702 页。

⑦ 参见《镇江陷落》,载齐思和等编,中国史学会主编:中国近代史资料丛刊《鸦片战争》第 3 册,上海人民出版社、上海书店出版社 2000 年版,第 450 页。

姓登城反喊夷人救命,夷人炮打开城门,进内杀死旗人无数。"①鸦片战争还造成旗人的四处流散。镇江之战是鸦片战争的最后一战,也是最惨烈的一场战役,战争中除了遇难与自尽的以外,多数旗人混乱中被迫逃散各地。镇江城破后,《京口偾城录》的作者隐园居士,于范公桥附近"忽见旗人数百,多老弱妇女,蓬头垢面,嚎叫而来",逃往丹阳。②朱士云的《草间日记》也记述说英军入镇江城驱逐旗人,"旗人男妇数百,纍纍而出,复往就食丹阳"③。

鸦片战争不仅使战争地区的旗人生活遭受了巨大的变故,而且加深了世人对旗兵战斗力下降的深切感知。旗兵虽奋勇杀敌,但保卫家国的能力大不如从前,军事地位开始下降。

第一次鸦片战争结束后数年,太平天国运动及各地人民的反清武装起义风起云涌,急于在中国攫取更多特权的西方侵略者迫不及待地发动了第二次鸦片战争,焦头烂额的清政府不得抽出相当的武装力量应付这场战争,进一步影响了八旗社会生活。

第二次鸦片战争已不再局限于沿海沿江地区,侵略者从广州开始,沿着海岸线一路北上,直扑清朝统治的心脏地带——直隶和京畿地区。受其影响,沿海各地旗营理所当然地投入战斗,藩卫京师的京畿驻防不也得不直接参战。其时,驻守京津地区的大约有 12 万八旗兵,包括香山健锐营、内外火器营等八旗禁旅以及顺义、昌平、三和、良乡、宝坻、固安、采育、东安、霸县、玉田、滦州、雄县、保定、太原、德州、山海关等各处驻防旗兵。此外,战争中为加强京畿防御,清廷还不断调防北方各驻防尤其是东三省旗兵前往天津海口、山海关一线。在上述战区内,布防旗营均受到不同程度的打击。

广州驻防,身处交战最前沿,首当其冲卷入了战争。1856 年至 1857 年间,广州遭到英法联军的数次进犯,参加广州保卫战的部分广州驻防八旗官兵浴血奋战,"协领长什和骁骑校孔符玉同时力竭阵亡。领催纪世槐、甲兵白世

① 《镇江陷落》,载齐思和等编,中国史学会主编:中国近代史资料丛刊《鸦片战争》第 3 册,上海人民出版社、上海书店出版社 2000 年版,第 450 页。

② 参见隐园居士:《京口偾城录》,载齐思和等编,中国史学会主编:中国近代史资料丛刊《鸦片战争》第 3 册,上海人民出版社、上海书店出版社 2000 年版,第 69 页。

③ 朱士云:《草间日记》,载齐思和等编,中国史学会主编:中国近代史资料丛刊《鸦片战争》第 3 册,上海人民出版社、上海书店出版社 2000 年版,第 87 页。

璋、莫清吉,皆奋勇冲杀,以身殉国。数次广州之战,八旗兵阵亡 138 人,伤亡 43 人。"①广州市失陷以后,英法联军沿海岸线北犯,重重布防的京畿驻防未能抵挡住入侵者的脚步。自 1858 年 5 月至 1860 年 10 月两年多的时间内,双方经过数次交战,人数占据优势的清军终以失败而告终。自大沽、塘沽、天津府直至通州八里桥,除了僧格林沁领导的第二次大沽保卫战取得局部胜利以外,包括八旗兵士在内的清军均节节败退,八旗兵士伤亡惨重,其中仅八里桥之役,兵员伤亡过半。

第二次鸦片战争使八旗的防卫能力空前受挫。京师失守以及《天津条约》、《北京条约》的签订,宣告了清王朝苦心经营的畿辅重重驻防已不堪一击和畿辅八旗防卫能力的彻底丧失,军事上失败带来的是八旗兵士士气的低落和军心的涣散,并引发了政府和社会各阶层对八旗军队作战能力的关注与深层思考。

然而值得一提的是,两次民族战中旗兵的表现有值得关注之处。对于两次鸦片战争时期八旗兵的表现,不同历史时期,由于理论基础的不同,学界的观点不尽相同。现有的研究中,基于旗民特定的社会地位以及人们对这个社会群体的特殊期待,人们形成了八旗兵普遍战斗力差、不堪一击的认识。不可否认的是,自清朝中期以来,八旗的战斗力逐渐下降,但鸦片战争时期,除了琦善、奕山、奕经等少数满洲上层贵族妥协投降以外,八旗官兵中不乏浴血奋战、拼死作战的各种事例,表现出了起码的保家卫国的民族精神。广州保卫战中,至少有 20 名八旗兵为国捐躯。② 1842 年 5 月的乍浦之战,八旗兵士的表现可圈可点。乍浦,地处杭州湾口北端,为江浙两省的海防重镇。定、镇、海三城失陷后,乍浦尤显重要,当时,共有八旗驻防兵、本地乡勇、各地援兵等七八千人驻扎于此。其中,乍浦"满营额设协领、佐领、骁骑校、笔帖式等共四十二员,兵丁一千七百九十八名,家口男妇老幼三千八百六十五名。"③1842 年 5 月,英军攻入乍浦城后,正黄旗人、副都统长喜率领八旗官兵与英军展开巷战,战斗

---

① 张玉良等:《两次鸦片战争时期八旗兵的抗敌斗争》,《黑龙江民族丛刊》2005 年第 3 期。

② 参见马玉良等:《两次鸦片战争时期八旗兵的抗敌斗争》,《黑龙江民族丛刊》2005 年第 3 期。

③ (清)文庆:《道光朝夷务始末》第 4 册,中华书局 1964 年版,第 1842 页。

中,"协领英登布、佐领福隆等,皆巷战死,满兵死者数百人。"①乍浦旗兵在天尊庙之战中的拼死作战令英军十分胆寒,英军军官的回忆录十分清晰地反映了这一点:"有三百个满兵看见退路已经被第二十六团切断,投进一条隘隘上的一所有枪眼的庙,以最决然毅然的勇气自卫了相当久,炮兵加以驱逐,然而无效。以寥寥几个人而阻止了全军,是不能忍受的。我军几次冲撞,想撞开门进去,混在他们中间,然而无效。第十八团的勇敢的汤林森陆军上校在某次率领冲撞时,颈部被弹射穿,还有几位别的军官士兵在此阵亡。最后用火箭来射击这个地方……"②旗营最终失陷,失去家园的许多旗籍家属自尽殉国,城陷后,"满洲人的妻子与儿女不愿受其男性亲族的蔑视……(他们)自杀或彼此勒死,跳水淹死,全区如同死域。"甚至有"妇女们杀死他们的子女,先把他们溺毙在井里,然后也自己跳下去,丈夫们勒毙或毒死他们的妻子,然后从容自刎"③。镇江之战是鸦片战争的最后一战,驻扎在这里的1600名蒙古旗兵"作了一次最顽强的抵抗,他们寸土必争",④表现出令人敬佩的战斗勇气。

## 二、太平天国运动对八旗社会的沉重打击

近代八旗社会的急剧衰落,太平天国运动影响至深。咸、同年间爆发的太平天国运动,时间长达十四年之久,战火蔓延了大半个中国。经过这场战争,八旗军队、八旗驻防体系、八旗社会秩序、八旗社会地位等诸多方面发生了前所未有的变化。

太平天国运动对八旗社会的影响首先表现在对八旗军队的直接军事打击。作为清王朝统治的象征,八旗军队是太平天国反清斗争的主要目标之一,

---

① 齐思和等编,中国史学会主编:中国近代史资料丛刊《鸦片战争》第4册,上海人民出版社、上海书店出版社2000年版,第430页。

② 齐思和等编,中国史学会主编:中国近代史资料丛刊《鸦片战争》第5册,上海人民出版社、上海书店出版社2000年版,第293页。

③ 宾汉:《英军在华作战记》,载齐思和等编、中国史学会主编:中国近代史资料丛刊《鸦片战争》第5册,上海人民出版社、上海书店出版社2000年版,第100页。

④ 齐思和等编,中国史学会主编:中国近代史资料丛刊《鸦片战争》第5册,上海人民出版社、上海书店出版社2000年版,第305页。

太平军在其《奉天讨胡四方谕》文告中就曾明确提出"誓屠八旗,以安九有"。① 在此目标下,太平军所到之处,凡有八旗,无不受到冲击,江宁、京口、杭州、乍浦、杭州、沧州的旗营在太平军的征伐中先后被攻克。

江宁(南京)之战中,南京城驻有"旗营甲兵、闲散三千九百余名",城外旗兵 1000 名,共约 4000 多名旗兵②,由江宁将军祥厚、副都统霍隆武的统率承担东城和满城的防务。在与太平军的交战中,江宁驻防八旗兵丁遭到摧毁性的打击。多次的恶战后,江宁"旗兵几无孑遗"③,霍隆武与协领增幅、佐领海明均在战役中丧生,旗兵中数百人由朝阳门逃至东乡等处,其余皆溃不成军,满城被彻底攻占。满城失守以后,太平军文告悬赏"有擒得旗人者,赏银五两"④,全城搜捕旗人,重赏之下,逃至东郊的旗人纷纷被农民搜杀,城内的旗民也几乎被剿灭殆尽。太平天国运动中,江宁旗营官兵及其他旗人男妇老少丧亡惨重,据统计,被杀者,"文武各官计三百余员,兵丁妇女不下三万余人"⑤,"其溃围而出者才八百余人耳"⑥。至 1864 年太平天国运动结束,江宁旗营仅剩官员 29 名,兵丁 300 余名,虽后经清政府拨满、蒙兵丁补防,但经过这场巨变,江宁旗营已不复往昔。

京口旗营在太平天国运动中也基本被毁。镇江被太平军攻克后,"京口八旗官兵或在城殉难,或随剿阵亡,……共计官兵三百九十九员,尽节妇女四百八口。"⑦经过第一次鸦片战争和太平天国运动两次军兴,先后大约有三千余人"殉难"或阵亡,京口旗营元气尽失。据《京口八旗志》记载:京口"八旗原有男妇老幼共九千余口,道光二十二年、咸丰三年两次军兴后",仅剩有"有男

①　《东王杨秀清西王萧朝贵发布奉天讨胡四方谕》,载太平天国历史博物馆编:《太平天国文书汇编》,中华书局 1979 年版,第 106 页。

②　参见崔之清:《太平天国战争全史》第 1 卷,南京大学出版社 2002 年版,第 683—684 页。

③　佚名:《粤逆纪略》,载太平天国历史博物馆编:《太平天国史料丛编简辑》第 2 册,中华书局 1963 年版,第 31 页。

④　佚名:《粤逆纪略》,载太平天国历史博物馆编:《太平天国史料丛编简辑》第 2 册,中华书局 1963 年版,第 31 页。

⑤　《清穆宗毅皇帝实录》(三),卷 123,中华书局 1987 年版,第 717 页。

⑥　(清)蒋启勋等修、汪士铎等纂:《续纂江宁府志》卷 3,(台北)成文出版社 1970 年,第 37页。

⑦　《清穆宗毅皇帝实录》(三),卷 123,中华书局 1987 年版,第 717 页。

妇老幼六千余口"①。

乍浦、杭州驻防也在太平天国运动中遭受了沉重打击。乍浦驻防原有兵额 1798 名,1861 年 4 月,太平军攻克乍浦,乍浦驻防副都统锡龄阿、协领贵福、多仁图皆阵亡,合营将士亦多数殉难。战后,副都统杰纯上奏清廷说:"乍浦失守后,所有冲散满营官兵眷口,叠次召集男妇大小,计一千四百七十一口,内有甲兵壮丁六百五十名。"②所剩旗丁与眷口人数尚不及战前一半。太平天国运动前,杭州旗营保有 2000 余名八旗官兵。太平天国运动中,"杭城额兵及闲散丁口约为八千数百人同时阵亡殉难"③,战后,满营官兵仅余 46 人。④ 乍浦、杭州旗营的相继被攻克,对浙省的旗民社会几乎是一次毁灭性的打击。

太平天国的军事活动不仅彻底摧毁了长江下游的八旗驻防,还不同程度的影响到其他地区的八旗驻防,如沧州、荆州等地。沧州之战后,500 余名驻防官兵中有 427 名战死,此外,闲散、养育兵也有 400 名左右在交战中死难,沧州八旗驻防被彻底摧毁。除了被攻克的旗营外,其他驻防八旗受到的打击也是前所未有的。为了镇压太平天国运动,清政府进行了频繁的军事征调,大批旗兵被调往前线,战死的、逃亡的、流散的不计其数。以荆州驻防为例,太平天国运动时期的荆州"旗营官兵效命疆场,动以千百计"⑤,丧亡人数甚多。根据《荆州驻防八旗志》的记载,自咸丰三年(1852 年)至咸丰五年(1855 年)间,仅阵亡人数就达到 1800 余人,具体情况参见下表。

表 2.1　太平天国时期荆州驻防旗兵丧亡情况表

| 时　间 | 地　点 | 丧亡人数 |
|---|---|---|
| 咸丰三年十二月 | 楚北,汉、黄、沔、潜 | 81 |
| 咸丰四年五月二十六日 | 武昌府豹子海地方 | 36 |
| 咸丰四年六月初二日 | 武昌府洪山地方 | 137 |

---

① (清)钟瑞等编:《京口八旗志》卷上,《营制志》,光绪五年(1879 年)刻本,第 3 页。

② 《穆宗毅皇帝实录》(一),卷 4,中华书局 1986 年版,第 127 页。

③ (清)龚家儁修、李榕纂:《杭州府志》,卷 41,兵制,(台北)成文出版社 1974 年版,第 31 页。

④ 参见(清)龚家儁修、李榕纂:《杭州府志》,卷 41,兵制,(台北)成文出版社 1974 年版,第 31 页。

⑤ (清)希元、祥亨等纂:《荆州驻防八旗志》,辽宁大学出版社 1990 年版,第 1 页。

| 时　　间 | 地　　点 | 丧亡人数 |
|---|---|---|
| 咸丰五年二月初二日 | 安陆府潜江县 | 766 |
| 咸丰五年二月 | 天门县岳家口 | 46 |
| 咸丰五年五月 | 岩家口 | 770 |

资料来源:根据《荆州驻防八旗志》卷3、卷11、卷12统计。

　　太平天国运动还程度不等地影响了京师八旗及东北驻防。据相关统计,京师旗营共有85485人被征调前线。[①]在东三省,太平天国运动时期,约有13000余旗兵被调往前线,征调率近65%。[②]在长期的征伐中,东三省旗兵战死疆场的不计其数。以黑龙江驻防为例,其额设兵数10300余名[③],至咸丰五年(1855年),存营旗兵仅4000名。[④]由于征调频繁,兵源日渐枯寂,东三省各地驻防很多时候只得以西丹(亦称闲散或余丁)充数,战斗力日渐下降,咸丰帝对此曾经抱怨说:"东省官兵素称劲旅,近调赴各省之吉林、黑龙江马队,每以幼弱西丹充数,以致剿捕不得力。"[⑤]此外,热河驻防、西安驻防等其他驻防旗兵被征调镇压太平军的也不在少数,丧亡也为数不少。太平天国运动时期,西安驻防大约2000旗兵参加了江宁之战,结果全军溃没。[⑥]

　　八旗固有的社会秩序被打乱。太平天国极大程度上破坏了八旗的驻防布局,使得传统八旗驻防的重要性日渐丧失。八旗驻防的设立旨在控扼军事战略要道,震慑地方,构建完整而有效的社会控制网络。经过太平天国运动,各地驻防均遭受不同程度的打击,有的旗营经过多年甚至十数年的复建、拨补才

---

　　① 参见薛瑞录:《太平天国为什么会失败?》,载南京大学历史系太平天国史研究室编:《太平天国史新探》,江苏人民出版社1982年版,第199页。

　　② 参见(民国)王树楠、吴连燮、金毓黻:《奉天通志》,卷40,大事四十,清十四,文宗,沈阳古旧书店发行1983年版,第801—802页。

　　③ (清)万福麟修,张伯英纂:《黑龙江志稿》,卷26,武备志,兵志,旗兵下,黑龙江人民出版社1992年版,第1164页。

　　④ (清)万福麟修,张伯英纂:《黑龙江志稿》,卷26,武备志,兵志,旗兵下,黑龙江人民出版社1992年版,第1388页。

　　⑤ 长顺修,李桂林纂:《吉林通志》,卷4,圣训志四,吉林文史出版社1986年版,第58页。

　　⑥ 参见李级仁:《西安驻防八旗小史》,载中国人民政治协商会议全国委员会、文史资料委员会《文史资料选辑》编辑部编:《文史资料选辑》第26辑,中国文史出版社1993年版,第222页。

重新建立,有的旗营不能复额,只得撤除,从而改变了八旗原有的驻防格局。江宁、杭州、京口等被太平军占领地区的驻防,几乎遭到毁灭性的打击,以至于战后的重建也不甚容易。以江宁旗营为例,战争结束后,清廷考虑重建江宁旗营,由于"筹款实难",只得"俟修盖营房规模粗定"后再兴酌办。① 由于财力所限,京口驻防重修后的驻防营舍规模也不复往昔。对此,《京口八旗志》有着大致的记载:镇江驻防"原额官署、公所、兵房焚毁无存,同治三年善后案内因帑项支绌,故于原额中撙節核减,以后帑项充足请款复建"。"官署,原额一千八百间,今建八百九十四间,公所,原额六百五十间,今建五百九十四间,兵房,原额四千一百四十七间,今建三千十间。"②

　　旗民家庭和社会生活发生了前所未有的变化。在营舍被毁以外,是旗人家庭的巨大变故。由于大量精壮战死疆场,旗营中老弱病残、鳏寡孤独不断增加。以西安为例,至同治三年(1864年)二月,仅孤寡人数就达600余口。③咸丰年间,各地驻防多有受政府旌表的妇女,这些受旌表的妇女,丈夫们多数在战争中阵亡,如咸丰年间,京口驻防旌表守节妇女数达400余名。④ 吉林、黑龙江等地驻防在咸、同年间受到旌表的守节妇女也为数不少,其中,《吉林通志》中就明确记载委官阿尔京阿妻、领催庆顺妻等五人皆因丈夫阵亡于镇压太平军而受到清政府旌表。⑤ 精锐的大量阵亡,众多旗人家庭失去赖以生存的家庭支柱,家庭结构发生了深刻的变化,经济收入和来源也更加依赖于政府的"恩养"。在清政府一贯不变的"恩养"政策下,自身并不能生产多少财富的八旗社会逐渐向一个需要政府与社会救济的群体转化,太平天国运动加速了八旗社会的这种蜕变。

　　八旗社会地位急剧下降。经过太平天国运动的打击,八旗高高在上的社会地位不复存在,依然实施的"恩养"制度表明,在清朝的政治体制和统治者

---

① 参见王先谦:《东华续录》(同治朝),卷37,上海古籍出版社2007年版,第579—580页。

② (清)钟瑞等编:《京口八旗志》,卷上,《营制志》,光绪五年(1879年)刻本,第4页。

③ 参见《清穆宗毅皇帝实录》(三),卷93,中华书局1986年版,第47页。

④ 参见(清)钟瑞等编:《京口八旗志》,卷下,《烈女志》,光绪五年(1879年)刻本,第24—33页。

⑤ 参见(清)长顺修,李桂林纂:《吉林通志》,卷116,《人物志四十五》,吉林文史出版社1986年版,第455—458页。

的主观意识里,八旗还应当是一个拥有特权的特殊群体,但事实上,种种迹象表明,八旗的社会地位在急剧下降。满洲贵族因军事失败而导致的权力削弱根本影响了八旗的社会地位。太平天国运动中,满洲贵族"因战争失败而被免、被革乃至丧失性命的钦差大臣、总督、巡抚及都统先后达三十多人"。① 其中,满洲贵族因兵败失职的而受到流放或被革职的有钦差大臣赛尚阿、德兴阿、讷尔经额、西陵阿、胜保、托明阿和湖北巡抚崇纶等人,兵败被杀或自尽的有钦差大臣祥厚、向荣、和春以及江苏巡抚吉尔杭阿、杭州将军瑞昌等人。巡抚以下的满族官员,包括藩、臬、提、道,以及道、府、州、县等,被杀、被革的不计其数,给满清贵族的集权统治以彻底的打击,极大地影响了太平天国之后的清朝国家权力结构。另外,由于八旗军队的衰败,清政府已无法依赖八旗军队维护其封建统治,满洲贵族逐渐失去了控制"国家武装力量的实际能力,国家军政实权渐渐落到汉族地主官僚手中"。② 而汉族地主武装在太平天国运动中逐渐崛起,为汉族官员争夺国家统治权力奠定了基础,国家权力结构的这种变化从根本上动摇了八旗的社会地位。

## 第二节　近代化因素的生长与旗民群体边缘化趋势的出现

鸦片战争之后,中国社会由盛入衰。内外战争的打击以及不平等条约的签订使中国社会出现了前所未有的变化,中国在走向半封建半殖民地的同时,受西方文明的影响,近代化因素伴随着苦难悄悄地生长,并由此开始了自身近代化的历程。近代化因素的生成与发展不仅对近代中国社会领域的各个层面产生全面的影响,作为清廷"国之根本"的旗民群体的社会地位和社会生存状态也发生了深刻的变化,边缘化的趋势逐步出现。

### 一、满汉关系的调整对旗民社会生存的影响

清自入关以来,长期实行中央集权和极端君主专制统治,满族贵族垄断重

---

① 朱东安:《太平天国与咸同政局》,《近代史研究》1992 年第 2 期。
② 朱东安:《太平天国与咸同政局》,《近代史研究》1992 年第 2 期。

要官职,很长时期内确保了旗民社会的特权和利益。自鸦片战争尤其是太平天国运动发生以后,清朝自中央至地方权力结构均发生了很大的变化,旗人垄断重要官职的现象渐渐改变,最突出的表现是汉族地方督抚权力的膨胀。

鸦片战争前,地方督抚权力有限,职掌也不明确。清政府对地方社会的控制主要依赖于以八旗制度为核心的层层布防体系,建立了严密的社会控制网络,将军、都统享有很高的权威。据《清史稿》记载,"总督从一品。掌吏治军民,综制文武,察举官吏,修饬封疆","巡抚从二品,掌宣布德意,抚安齐民,修明政刑,兴革利弊,考核群吏,会总督以昭废置"①。而各省驻防将军等官,"掌镇险要,绥和军民,均齐政刑,修举武备"②。鸦片战争后,伴随着清王朝的衰亡,地方督抚尤其是汉族官员的权力急剧增长,满汉构成比例发生了很大的变化。《清史稿》对这种变化有着较为详细的记载:

> 时军机之权,独恃于上,国家兴大兵役,特简经略大臣、参赞大臣,亲寄军要。吏部助之用人,户部协以巨饷,用能藉此雄职,奏厥肤功。自是权复移于经略,督抚仪品虽与相埒,然不过承号令、备策应而已。厥后海疆衅起,经略才望稍爽,权力微渐。粤难纠纷,首相督师,屡偾厥事。朝廷间用督抚董戎,多不辱命,犹复不制以文法,故能需施魄力,自是权又移于督抚。同治中兴,光绪还都,皆其力也。洎乎末造,亲贵用事,权削四旁,厚集中央,疆事遂致不支焉。初制内外群僚,满汉参用,蒙古、汉军次第分布。康、雍两朝,西北督抚,权定满缺,领队、办事大臣专任满员,累朝膺阃外重寄者,满臣为多。迨文宗兼用汉人,勋业遂著。大抵中叶以前,开拓疆宇,功多成与满人。中叶以后,拨剧整乱,功多成与汉人。③

鸦片战争以后的半个世纪里,地方督抚逐渐参与对外交涉,由此开始涉及国家重要事务。从鸦片战争到中法战争、甲午战争以及八国联军侵华战争,地方督抚参与中外交涉的活动越来越频繁,地方督抚权力日益膨胀。而在督抚权力膨胀的过程中,一个引人注目的现象是,汉族地主官僚集团崛起,汉族官员在督抚中占有绝对比重。根据对"咸丰、同治年间汉族官僚封疆情况的粗

---

① 赵尔巽:《清史稿》(上),卷116,天津古籍出版社2007年版,第595页。
② 赵尔巽:《清史稿》(上),卷117,天津古籍出版社2007年版,第605页。
③ 赵尔巽:《清史稿》(上),卷114,天津古籍出版社2007年版,第580页。

略统计,在121名将帅中,被任为总督的有曾国藩、李鸿章、左宗棠、张树声、杨岳斌、曾国荃、刘长佑、刘坤一、何璟、骆秉璋、沈葆桢、丁葆桢、岑毓英等14人;被任为巡抚的有胡林翼、江忠源、李续宾、李绪宜、蒋益沣、刘蓉、堂训芳、翁同书、李孟群、刘锦棠、刘殿、刘铭传、潘鼎新、徐延旭、陈士杰、张曜、田兴恕、韩超、丁日昌、郭嵩焘、徐振炜、张兆栋、饶应祺、史念祖、卞宝第、黎培敬、卫荣光、李兴锐、严树森等不下30余人,少数人如彭玉麟则被授予兵部尚书衔。至于担任布政使、按察使、提督、总兵的更多,总数不下50余人"①。自道光年至同治年间,地方督抚中满汉构成比例发生的显著变化,大致可以从下表中得到反映。

表2.2 道光、咸丰、同治年间总督、巡抚满汉构成一览表    (单位:人)

| 朝代 | 满族 | | 汉族 | |
|---|---|---|---|---|
| | 总督 | 巡抚 | 总督 | 巡抚 |
| 道光 | 28 | 26 | 43 | 72 |
| 咸丰 | 16 | 21 | 23 | 38 |
| 同治 | 4 | 3 | 40 | 21 |

资料来源:谢俊美:《政治制度与近代中国》,上海人民出版社1995年版,第82页。

汉族地主官僚在地方权力中地位的上升,直接影响到清末中央政治权力结构的变化。随着地方汉族地主官僚实力的加强,出现了多个汉族官员政治集团,如湘系集团和淮系集团。依赖这些政治集团,一些大汉族官僚通过人际关系和参与多种事务,逐步跻身于中央政治权力机构,并日益左右国家各种政治事务,他们被朝廷视为重臣,重大决策常以他们的意见为取舍,李鸿章就是其中的一个突出代表。在这种权力变化的过程中,满族贵族官僚权力日益旁落。晚清权力结构的这种变化引发了旗民社会群体的边缘化。

在不平等的社会体系中,社会群体的各方面都以"权力为基础,……财富、收入、教育和其他生活机遇的任何变化,都必然取决于社会中权力精英的构成。权力精英制定政策,指导行动,并决定政府重要事务。"②作为旗民社会的上层和利益的维护者,失去重要权力的满族贵族再也无法像从前那样左右

---

① 谢俊美:《政治制度与近代中国》,上海人民出版社1995年版,第81页。
② [美]马丁·M.麦格:《族群社会学》,华夏出版社2007年版,第55页。

朝廷事务,为旗民社会的特殊地位和衣食无忧的生活寻求政策保障。相反,汉族地主官僚通过掌控中央和地方权力,为其政治集团和所属社会群体谋取越来越多的利益。根据族群社会学的基本理论,族群的社会地位与所享受的社会报酬,与其所掌握的政治权力密切相关。对此,美国学者马丁·M.麦格指出:"在大多数的族群社会中,族群被安排在一个等级制中,在其中,支配群体凭借其强大的权力尤其是政治权力,以及对经济生产方式的控制,最大程度地享受社会报酬。"①清末,汉族地主官僚集团所领导的政治集团正是通过对政治权力的掌握,逐步实现对地方的社会控制,形成新的社会控制体系,从而逐步取代清初以来的八旗驻防对地方社会控制网络。

**二、近代军事变革与八旗军队的名存实亡**

鸦片战争之后,内外战争的失利迫使晚清政府尝试军事变革,但近代军事变革的真正开始应当始于太平天国运动之后。晚清政治权力结构的变化,则进一步推进了晚清的军事变革。晚清军事变革的进行首先对八旗兵制产生了重要影响。

清廷在太平天国之后,也曾试图对八旗军进行改造,神机营的建立就是一个典型的例子。神机营的设立旨在提高旗兵的战斗力,主要方式是让旗营改练洋操。咸丰十一年(1861年),神机营首先于京营八旗、内务府挑选精装旗兵1000名,按营队分设公所,就地操练,并以洋枪和台枪装备。同治三年(1864年),神机营内成立威远队,"威远队逐年扩充,发展马队,到1868年,威远队内已有受英军训练之久的洋枪步兵500名,马队兵1000名。"②此外,清政府还对各省驻防旗营进行整顿,编成"八旗练营"。广州、福州、杭州、江宁、京口、东三省等地驻防都先后进行新式编练。尽管清政府为重整八旗声威作出了种种努力,但显而易见,八旗军队的力量已很难恢复,根深蒂固的骄惰之风阻碍了八旗军队的振兴。例如,神机营建立后,八旗官员竞相投效,机构日益臃肿,并逐渐沾染腐化积习,至光绪年间,形同虚设。

鸦片战争以来的变乱对晚清军政的影响重大。"显而易见的为正规军的

---

① [美]马丁·M.麦格:《族群社会学》,华夏出版社2007年版,第58页。
② 夏东元:《洋务运动史》,华东师范大学出版社1992年版,第44页。

没落,代之而兴的为地方勇营,即湘军与淮军,以及其他私人武力,如云南的岑毓英,甘肃的马占鳌。八旗军久已空有虚名。"①太平天国运动爆发后,"旗兵不堪用,天下所知"②,咸丰皇帝不得不同意地方各省举办团练。在各地兴办勇营军的过程中,两支汉族地主官僚兴办的地方武装——湘军和淮军迅速崛起。湘军由湘系集团首领曾国藩奉命组建,有别于国家规制的八旗和绿营,曾国藩在军队的招募、将领的选拔、军队训练、营制、饷章、战术、裁撤等各方面均有自己独立的套路。在他的主持下,湘军成为晚清战斗力较强的一支军队。淮军为李鸿章招募组建,他仿照西法改编淮军,并大量购买洋枪、洋炮武装淮军,使淮军逐步走向上近代化的道路,其战斗力更在湘军之上。湘、淮军的崛起显示晚清军政开始发生重要变化。

继地方武装的兴起,近代新式军队在晚清军事变革中逐步形成,进一步削弱了八旗军队经制之师的地位。洋务运动时期,洋务派领袖将裁撤湘、淮军的"余部"改为规制内"防军",驻防海疆、塞疆。武器装备上,洋务派购买大量西式枪炮武装清军,同时,兴办近代军事工业,生产军火,推进了清军武器装备的近代化,为新式军队的出现奠定了基础。海军方面,有感于海战的一再失利,李鸿章等人决定购买铁甲快船,兴办新式海军。1885年10月12日,清廷正式设立海军衙门,训练水师。1887年12月,北洋舰队建成。与此同时,南洋、福建、广东水师也相继建成。陆军的改革最早始于19世纪60年代,但甲午战败表明多年的陆军改革徒有其表。甲午之后,编练新军成为晚清军事改革的主流。1896年始,袁世凯负责"新建陆军"事宜。在袁世凯的经营下,新建陆军发展迅速。1904年,北洋三镇成军。1905年,北洋六镇成军。在地方,河南、山东、山西、江苏、安徽、江西、湖南各省也纷纷选拔将弁分赴北洋、湖北学习,学成后回省管带新军。截至1911年辛亥革命前夕,全国新军总共十六镇、十六混成协(旅)。这一时期,相当比例的旗兵参加了新式编练,一种研究结果认为:"截至1910年3月,满人和'入籍'旗民(如蒙古八旗)共500万人,其中约22.7万人参加强制性的军事训练,33%的人完成了军训,38395人在新军中服役或从事与新军有关的工作,29292人在巡防营接受质量平平的训

---

① 郭廷以:《近代中国史纲》,格致出版社、上海人民出版社2009年版,第125页。
② 黄濬:《花随人圣盦摭忆·补篇》,上海古籍书店1983年版,第95页。

练或加入了巡防营。"①尽管如此,八旗军队在整个国家军事上的权重已接近于零。以京畿地区为例,自 1902 年以后,整个京城地区的军事防卫基本依赖于新军的卫戍,其中包括袁世凯下属的刘永庆、段祺瑞、王士珍统领的七千余人的右军兵力和马玉昆统带的大部分左军兵力,以及姜桂题率领的武毅军,它们戍守在京城及其周围 50 公里的方圆内。"显而易见,尽管垂而不死的八旗军还是存在,清皇朝和这个国家已经完全依赖汉人的军队苟延残喘了。"作为一种军事组织形式,八旗组织已经名存实亡。

### 三、新的社会群体的出现与旗民社会边缘化的开始

"近代中国的社会转型,为社会中各个群体的升降起伏提供了历史契机。在新的历史阶段,一些传统社会群体滋生发生了剧烈的分化并逐步走向衰亡,而另外一些社会群体则抓住社会转型的历史机遇再度崛起。"②鸦片战争以前,清政府的统治基本上处于稳定的状态,旗民社会虽然开始走下坡路,但其特权地位还是稳固不变的。鸦片战争以后,中国被迫走向了半殖民地半封建化的道路,与此同时进行的现代化进程大大则影响了中国固有的社会结构,传统的中国社会阶层体系发生嬗变。在这种嬗变过程中,新的社会群体不断产生,其中,商人群体、新的军人团体以及新的知识分子群体逐渐发展成社会的精英集团,承担着社会分工的关键功能,从而从原来不被注意的社会边缘走向了中心。与此相对应,长期处于"四民社会"之上的旗民群体因其社会功能的丧失而斗转星移,地位急剧下降,由中心走向了边缘。

新兴商人群体的出现。在漫长的封建社会里,商人处于"四民"之末,社会地位低下,历代关于"贱商"的种种规定,把商人更是压得抬不起头来。有清一代,作为社会上层的旗民尤其是严禁经商的。鸦片战争以后,西方商品潮水般的涌入中国市场,中国被迅速卷入了资本主义市场经济体系,中国资本主义经济得到了长足发展,新兴商人群体随之产生。除了过渡性的社会群体——买办集团以外,民族资产阶级的产生为近代中国社会注入了新的活力。"19 世纪下半叶,商人阶层已经成为中国社会中一部分最活跃的力量。大规模的经营活动

---

① 　[澳]冯兆基:《军事近代化与中国革命》,上海人民出版社 1994 年版,第 41 页。
② 　陈国庆:《中国近代社会转型研究》,社会科学文献出版社 2005 年版,第 129 页。

使他们具有开阔的眼界,白手起家致富的经历使他们对自身充满信心。"①在大规模的经营活动中,商人群体逐渐发展成为一支独立自为的社会力量。19世纪末20世纪初,清政府大力实施奖励工商、振兴实业的政策,商人群体开始拥有合法独立的社会地位,商学会、商会等新式组织的成立为商人群体提供了相对独立的社会活动空间,商人群体的社会作用日益明显,他们强烈要求改变富而不贵的社会地位。捐纳制度更为商人群体跻身上流社会提供了捷径。清末,财政匮乏,卖官鬻爵成风,商人群体由此获得了进军上流社会的机会。早期资本家大都纳赀捐官,如商人黄佐卿、严信厚等人。"据对1863—1885年间开设的32个民族资本企业创办人政治身份的不完全统计,其中候补道2人,候补知府、候补知县、候补同知、候补通判4人,候补郎中1人。又如1885—1894年间开办的民族资本企业的55个创办人、主持人,有布政使衔的2人,候补道、候选道5人,候补知府、候补知县6人,其他佐贰杂职7人。"②清末,苏州商人通过捐纳途径获得功名的情况比较普遍,下表引自学者马敏对苏州工商、工所部分董事功名、职衔的来源的大致统计,借以表明清末商人群体通过包括捐纳途径在内的种种方式竭力由边缘走向社会的中心。

表 2.3 苏州工商、工所部分董事功名、职衔来源③

| 人数及百分比　　途径 | 由科举 | 由捐纳 | 总计 |
|---|---|---|---|
| 人数(个) | 5 | 32 | 37 |
| 百分比(%) | 14 | 86 | 100 |

清末商人群体逐渐走向社会中心另外一个重要体现是商人主体意识的强化。晚清商人在实现自身社会转型的同时,逐渐参与社会的政治军事活动。具体的表现:"一是以'商战'来抵抗外国的经济侵略;二是要求在'制度'层面上进行社会的改良。"④在士商合流的同时,早期商人和资本家如郑观应、马建忠、薛福成、容闳等人提出了士商平等、农商皆本的观点,并不断表达着自己的

---

① 唐力行:《商人与中国近世社会》,商务印书馆2003年版,第248页。
② 谢俊美:《政治制度与近代中国》,上海人民出版社1995年版,第70页。
③ 参见马敏:《官商之间——社会剧变中的近代绅商》,天津人民出版社1995年版,第83页。
④ 唐力行:《商人与中国近世社会》,商务印书馆2003年版,第248页。

政治诉求,充分显示近代商人在政治上的相当活跃。此外,商人组织的诞生,为商人主体意识的表达提供了广阔的空间和舞台。近代商会或商学会是清末中国新式商人的业缘组织,商人通过这些组织更多地参与政治活动,在社会政治生活中发挥着越来越重要的作用。在商品经济迅猛发展的历史背景下,资本主义经济因素不断生长,新式商人在社会生活中不断扩大影响,并积极参与政治以及其他社会事务活动,抑制了包括旗民社会上层——满清贵族在内的传统封建势力,使他们失去了更多的话语权。

伴随晚清的军事变革,近代新兴军人群体崛起,逐渐取代了八旗军人的军事核心地位。新兴军人群体崛起的标志之一是汉籍官员逐渐控制了国家的军权。鸦片战争之前,国家军权基本由旗籍官员掌握。鸦片战争时期,满籍官员琦善、隆文、奕山、奕经等人前往沿海督办军务,结果一败涂地,加上八旗、绿营腐败,旗籍官员渐被弃用,汉籍官吏权势日涨。鸦片战争之后,新兴的军事集团在重大的军事活动中尤其是镇压农民运动的过程中形成并迅速发展,它们与汉族地主官僚政治集团相结合,利用军事实力参与政治权力的角逐,军事权势不断膨胀,并开始支配国家的政治生活。尤其在镇压太平天国运动中,汉族大员李星沅、陆建瀛、李鸿章、曾国藩、左宗棠等人逐渐染指兵权。19 世纪70—80 年代,以李鸿章为首的汉籍官员掌握了主要的军权。继李鸿章之后,以袁世凯为首的北洋派系,通过编练新军发展成为晚清国家军事生活的支柱。1901 年以后,权势急剧增长的袁世凯,把许多长期跟随他的汉籍军官安插到陆军重要位置上,培养了一批嫡系心腹,如冯国璋、段祺瑞等人。新兴军人群体的构成主要来自与汉人,虽然部分旗兵也受到了新式训练,例如,最早成军的北洋三镇中仅有一镇来自京旗,后陆续增加的新军则大部分选自汉族子弟。晚清军事学堂的开设,培养了大量的军事人才,这些有文化的新型军官的出现,不仅改变着军队的成分,而且使得军队越来越多地关注国家的社会状况和政治、经济形势,对晚清军队和社会都产生了不可忽视的影响。晚清新军的兴起,使得近代军人群体也在不断扩大。1905 年 5 月,北洋六镇新军成军之时,共计兵额将近 7 万人。此后,各省常备军陆续被改编成新军的镇或协。至辛亥革命前夕,实际新军兵力达到 19 万人。[①] 新式军队逐渐派驻各地,八旗军

---

① 参见[澳]冯兆基:《军事近代化与中国革命》,上海人民出版社 1994 年版,第 25 页。

队失去了军事权威性,政治权威亦随之丧失。

除了新式商人集团和新式军人集团以外,新兴知识分子群体在清末也开始产生。新的知识群体出现于西学东渐、新思想产生、新学堂不断开设、留学生大量派遣的时代背景下,这一部分知识群体的出现对旧知识群体包括八旗士人也是莫大的冲击。19 世纪 60 年代开始,青年学生成为新兴知识分子的主体力量,并逐渐发展成为近代中国除旧布新的重要社会力量。甲午战争之后,新式教育开始发展,新式学堂不断出现,"特别是 1905 年正式废除科举制后,新式学堂一枝独秀,取得长足进展,学生人数从 1902 年的 6912 人猛增到 1909 年的 1638884 人,1912 年更达到 2933387 人。加上未计算在内的教会学堂、军事学堂、日、德等国所办非教会学堂以及未经申报的公私学堂学生,总数超过 300 万人。"①科举废除以后,留学海外的学生日渐增多,仅 1905 年,留学日本的学生超过了 8000 余人。留学生人数的增加,更扩大了新兴知识分子的队伍。清末十多年间,新型知识分子进入社会的各个领域,成为加速这些领域近代化进程的重要动力,社会影响力不断增强。在海外留学队伍中,旗籍青年不乏其人,但相较汉籍学生,不过寥寥。

在社会急剧转型的晚清社会,旗民无法与社会的其他新兴力量博弈,如果不加以改变,难以获得足够或者保持已有的生存空间。一个社会的生存空间是有限的,当其他有生命力的新兴社会力量占据越来越多的空间时,八旗社会的生存空间就被挤压的越来越窄,渐渐地从社会的中心移向边缘。此外,军事改革的进行和科举制的废除,八旗原有的成功途径——当兵和科举,均被堵塞,旗人不仅无法参与主导社会事务,甚至基本的社会生存将成为难题。

## 第三节　晚清旗民生计的恶化与清末八旗制度改革

### 一、晚清旗民生计的恶化

19 世纪下半叶以来,随着八旗恩养制度的崩溃,旗民生计开始恶化。

---

① 桑兵:《晚清学堂学生与社会变迁》,广西师范大学出版社 2007 年版,第 2 页。

太平天国运动以后,国家财政日趋窘迫,尤其在甲午中日战争以后,受日本等外国势力的掠夺、统治集团的腐朽、军费开支的不断增加和频频发生的自然灾害等多种因素的影响,清政府陷入了更加严重的财政危机。"在1901年庚子赔款成立前数年,清政府的岁入总数约为8800万来两,而岁出达10100余万来两,每年亏空高达1300万两左右。"①清末最后十年间,由于义和团运动的爆发、八国联军侵华战争的发生以及巨额的庚子赔款,清政府财政危机进一步加深。受清晚财政恶化的影响,八旗"恩养"制度濒临瓦解。

晚清八旗"恩养"制度崩溃的一个重要表现就是八旗饷银常常不能按时、足额发放。晚清八旗兵士的俸银收入本身要比其他军人的收入低得多。太平军兴起时,组建的各地勇营月饷多在四两二钱以上,例如,张国樑勇营月饷五两四钱,江忠源勇营月饷四两五钱,胜保勇营和江南大营月饷四两五钱,湘军亲兵、护勇月饷四两五钱,正勇四两二钱,马勇七两二钱。② 而晚清八旗士兵月饷通常多在二两左右,最高也不过四两,待遇远差于其他军人,下表大致统计了晚清旗兵的月饷收入,待遇之差可窥一斑。

**表 2.4　晚清八旗士兵月饷表③**

| 驻防八旗 | 马兵 | | 战兵 | | 守兵 |
|---|---|---|---|---|---|
| | 0.3石　2两 | | 0.3石　1.5两 | | 0.3石　1两 |
| 京师八旗 | 亲军、前锋、护军等营领催 | 马甲 | 步军营领催 | 步甲 | 养育兵 |
| | 1.85石<br>4两 | 1.85石<br>3两 | 0.883石<br>2两 | 0.883石<br>1.5两 | 0.133石<br>1.5两 |

八旗如此微薄的饷银本不足以养家糊口,而清政府又不能保证八旗饷银如期、足额发放。鸦片战争以后,白银大量外流,"银贵钱贱"局面出现,清政府开始铸造和发行大面额的大钱和钞票,以充度支。大钱的铸造发行带来了严重的社会经济后果。咸丰以后,数量种类繁多的大钱充斥流通领域,迅速贬

---

① 周育民:《晚清财政与社会变迁》,上海人民出版社2000年版,第315—316页。
② 参见周育民:《晚清财政与社会变迁》,上海人民出版社2000年版,第481页。
③ 参见茅海建:《天朝的崩溃——鸦片战争再研究》,三联书店2005年版,第64页。

值,导致物价急剧上涨,通货膨胀加剧。杂乱的大钱充斥市场,造成了银钱比价的空前混乱,加剧了"银贵钱贱"的趋势,贫困民众生计日艰。咸丰三年(1853年),清政府决定八旗官兵饷银折发制钱,制钱2串折银1两,并搭放铁制钱2成。在其后的多年中,八旗兵丁每月领取钱粮中,铁制钱占据二成,其余领钱票换取铜大钱,铜大钱的购买力远远低于制钱,"街市物价,铜大钱较制钱多至三倍","八旗地面因饥寒而不能遂其生者,不可胜数"①。折发制钱,实际是清政府对旗兵的一种变相减饷。

　　由于财政时常捉襟见肘,各地八旗欠饷、减饷的情况屡有发生,导致八旗生计雪上加霜。咸丰十年(1860年),清政府对八旗兵饷作出调整:"骁骑校等项官兵,按四成实银、二成折钱发放;技勇兵等,按五成实银、二成折钱发放。"②按照这样的发放方法,八旗兵丁就只能领到原饷的六七成了,即使如此,这些有限的薪饷也常常不能按时发放。咸丰末年至同治初年,青州、沧州、凉州、庄浪、新疆、宁夏、东北等地旗营皆未能如期得到俸银,多数旗人饥寒交迫、困苦不堪。至咸丰十一年(1861年),青州旗营已欠饷15个月,以致官兵"养赡无资"③。新疆巴里坤、古城、吐鲁番、乌鲁木齐四营兵饷,历年由甘肃省解拨,均不足额。同治元年(1862年),"所有巴里坤、古城等处满汉银饷,因甘省不给,兵丁嗷嗷待哺,均不能相安"④。宁夏驻防,解银每年由山西省拨给10万两,但通常不能正常拨给。例如,同治五年(1866年)欠解银3.8万两⑤,同治六年(1867年)至八年(1869年)总共解银5.2万两,旗人官兵"饥寒交迫、困苦异常"⑥,三年饷银总共只相当于原来的半年饷银。察哈尔驻防,至同治二年(1863年)五月,"统计欠领俸饷四十一个月,共银二十余万两有奇,粟米十七个月,共一万六千余石"。⑦ 东北各地,旗营欠饷情况更加严重。太平

---

　　①　中国人民银行总行参事室史料组编:《中国近代货币史资料》第1辑(上),中华书局1964年版,第294—295页。

　　②　(清)崑冈等撰:光绪朝《钦定大清会典事例》,卷254,(台北)新文丰出版公司1976年版,第8444页。

　　③　参见《清穆宗毅皇帝实录》(一),卷13,中华书局1986年版,第352页。

　　④　参见《清穆宗毅皇帝实录》(一),卷50,中华书局1986年版,第1369页。

　　⑤　参见《清穆宗毅皇帝实录》(六),卷222,中华书局1986年版,第31—32页。

　　⑥　参见《清穆宗毅皇帝实录》(六),卷273,中华书局1986年版,第779页。

　　⑦　参见《清穆宗毅皇帝实录》(二),卷67,中华书局1986年版,第348页。

天国运动兴起以后,由于中央财政无力保证兵饷的正常发放,东三省改"户部关领"为他省协济,然而地方一般不能按时协济,解款寥寥,"自咸丰甲寅(1854年)至同治辛未(1871年),各省共欠几年部拨俸饷等银五十五万六千余两。"由于经常欠解,"黑龙江省官兵俸饷自咸丰癸丑(咸丰三年),以至光绪丁亥(光绪十三年),积欠遂至二百七十万金矣"①。吉林俸饷及杂支等款,每年约需三十万两左右,到咸丰初年,已解不足数,度支维艰。京畿及奉天旗兵俸饷发放情况也不尽如人意。光绪末年,"北京八旗官兵实发饷银也不过定额五分之一。光绪三十一年(1905年),奉天省城内外八旗、三陵、内务府、宗室、觉罗、官员、兵丁每年额定俸饷40余万两,因库帑支绌,两年实发9个月俸饷318000余两,除去摊派受累外,每兵所得则不及额饷的十分之一二。"②光绪三十一年(1905年)起,八旗世职官俸停发,八旗"恩饷"制度基本崩溃。

乞降之事不断。由于生活困顿,各地乞饷之事不断,旗营屡屡"聚众乞饷"。咸丰十年(1860年)十一月,"乌鲁木齐满洲官丁,因饷银不继,向官厅衙门哗噪,经该都统法福礼派员弹压解散③。同治元年(1862年),新疆旗兵"因历年甘饷不继,兵丁练习弓马,官一与讲求,即先聚众乞饷,以致兵丁骄悍不驯,因之营弁亦不能严为约束,各营员弁亦难期振作"。④ 咸丰十一年(1861年)正月,已欠兵米一年多的密云驻防兵丁在文瑞、希陞额的带领下,聚众索要米饷,"逼勒协领法升善等,借贷钱文,复将该管馆员,关闭档房,肆行辱骂",清廷著直隶总督将应放密云驻防米石,"赶紧挽运",并答应"按季散放",才平息了势态。⑤ 同治元年(1862年)七月,金州驻防亦发生了兵丁"藉端索饷"的事情。⑥ 同治二年(1863年)十二月,山海关驻防甲兵雅萨布等200余人,更是擅自闯入通判衙署索要欠放米饷,协领和盛阿等前往调解,最终于"当日全数开放"所欠米石。⑦ 光绪年间,各地旗兵索饷的事件也频频发生。

---

① 万福麟修,张伯英纂:《黑龙江志稿》,卷26,武备志,兵志,旗兵下,黑龙江人民出版社1992年版,第1176页。

② 李燕光等主编:《满族通史》,辽宁民族出版社2003年版,第707页。

③ 参见《清文宗显皇帝实录》(五),卷336,中华书局1986年版,第1010页。

④ 参见《清穆宗毅皇帝实录》(四),卷50,中华书局1986年版,第1369页。

⑤ 参见《清文宗显皇帝实录》(五),卷341,中华书局1986年版,第1067页。

⑥ 参见《清穆宗毅皇帝实录》(一),卷34,中华书局1986年版,第916页。

⑦ 参见《清穆宗毅皇帝实录》(三),卷90,中华书局1986年版,第12页。

光绪元年(1875 年)十二月,宁夏满营发生闹饷事件,宁夏饷银一向依赖山西等其他省份协解,这一年,山西解宁夏兵银仅 1 万两,"兵丁盼饷无期,聚众喧哗,协领苏勒图将粮料价银领出携回,尚未发给,该兵丁黉夜滋闹,苏勒图立时身亡",将军蒙额只好一方面"借款散放",另一方面奏请拨饷。① 光绪十七年(1891 年),京口旗兵"聚众至一二百人,执持洋枪、刀械,哄闹本管协领衙署,逼索银洋"②。

沦落者众多。太平天国运动以后,京旗生活逐渐困顿,下层贫困旗人沦落街头者增多,"屯居之旗人,京东京北一带大半衣食不完,女子至年十三四犹不能有裈,困苦万状。……于是横暴者则堕为娼优……"③京城宗室之家亦"倍形困苦,温饱者少,饥寒者多,甚有流为乞丐者"。④

各驻防旗人的困苦情形远甚前者。绥远旗人"有朝不谋夕,日只一餐者;有口仅能糊,身无一缕者;有冬只短褐,男女输服出乞人者;有生已数儿,辗转图存,终至绝嗣者。若而人者,其色皆菜,无年不荒。"⑤更有青州驻防旗兵"因粮饷缺乏,已将所有物件变卖糊口,……无可折变,衣敝履穿,形同乞丐,该处地近海滨,入冬以后,男女赴乡乞食,死者甚多"。⑥ 同治三年(1864 年),京口驻防官兵因"而应领俸饷五成尚不能全支,额设房屋焚毁无存,露宿风餐,万甚矜悯"。⑦ 同治二年(1863 年),西安驻防旗兵"自上年月饷不继,饿殍相望",殒命者"不下二百余人"⑧。宁夏满营官兵"糊口无资,官员之家,日仅一餐者殊属不少,兵丁啼饥号寒,不甚其苦,甚至甘心自尽"⑨。东三省旗人因生

---

① 参见《清德宗景皇帝实录》(一),卷24,中华书局1987年版,第368页。

② 中国社会科学院近代史研究所主编:《刘坤一遗集》第3册,中国近代史资料丛书,中华书局1959年版,第1275页。

③ 文廷式:《闻尘偶记》,中国社会科学院近代史研究所主编:《近代史资料》,中国社会科学出版社1981年版,第45—46页。

④ 宝廷:《长白先生奏议》,卷上,《请教养宗室片》,载(清)夏震武编:《嘉定(徐致祥)、长白(宝廷)二先生奏议》,台北:文海出版社1969年版,第291页。

⑤ (清)《绥远城将军贻谷奏妥筹旗丁生计并办理情形折》,《政治官报》光绪三十三年(1907年)十一月初一日第41号。

⑥ 《清穆宗毅皇帝实录》(二),卷88,中华书局1986年版,第852页。

⑦ (清)王先谦:《东华续录》同治朝,卷36,上海古籍出版社2007年版,第559页。

⑧ 《清穆宗毅皇帝实录》(二),卷63,中华书局1986年版,第231页。

⑨ 《清穆宗毅皇帝实录》(一),卷52,中华书局1986年版,第1426页。

活困顿而变卖家产,外出屯垦,甚至以乞讨为生的现象屡见不鲜。

为了生存,贫苦旗人显然已经顾不上往日的尊严与颜面,沦为佃户或雇工,有之沦为乞丐者有之,堕入娼门者有之,沦为匪类者亦有之。御史杜瑞联说:"自军兴以来,所放粮米迭径裁扣,当十大钱,复不及制钱三文之用,以至啼饥号寒,日益困乏。间或沦为匪类,尚望其勤操演,备御辱乎?"①"宗室亦有散而为盗者,纠众横行、劫夺仓米,犯案累累,藉非饥寒交迫,断不至此。"②旗民沦为人人不齿的娼妓、盗匪,说明八旗制度走到了历史尽头。

### 二、清末旗制改革的尝试

19世纪60—70年代以后,旗民生存状态的恶化,朝野上下再也不能无视问题的存在了,包括满族贵族、维新派、地方督抚在内的各种社会力量相继提出了多种八旗改革理念和八旗生计的解决办法。清政府也痛下决心,企图对八旗进行彻底的变革,以挽救其衰败的历史命运。

统治集团内部继续对八旗生计改革进行多种思考。同治七年(1868年),山西巡抚沈桂棻提出"移屯边方"即屯垦的办法鼓励旗民自谋生计。他认为解决八旗生计有几种有效的办法:(一)"其上策无过移屯边方",实行移民实边;(二)"中策则听往各省而已",准许旗人自谋生计;(三)"其愿出外谋生,赴各厅州县者,准其径呈本旗都统前往,照商籍、军籍例,编为旗籍。"③沈桂棻的建议基本是老生常谈,然清廷本就偏重屯垦之法,因而他的提议经八旗都统会同户部议复,很快得到了朝廷的批准。移民实边虽然在一定程度上能解决旗人生计压力,但并不是治本之策。一方面,它不可能解决所有旗人的生存问题;另一方面,许多旗人尤其是京城旗人贪恋都市繁华,不愿迁涉异乡以屯垦为生。

除了屯垦以外,一些官僚在入籍、就学、婚姻以及自谋生计等方面提出了

---

① (清)杜瑞联:《维持根本疏陈》,《圣朝名公奏议》,卷3,清光绪元年(1875年)刻本,第11页。

② 中国人民银行总行参事室史料组编:《中国近代货币史资料》第1辑(上),中华书局1964年版,第301—302页。

③ (清)沈桂棻:《条陈恤旗民足边防舒国用疏》,载王延熙、王树敏辑:《皇清道咸同光奏议》,(台北)文海出版社1969年版,第1575页。

一些具体的主张。光绪二十四年(1898 年),贵州拔贡周培棻上书光绪,提出在"国事孔艰,度支拮据"的情形下,"八旗宜令自为生计也","请饬各旗内外大臣……鼓励子弟无论兵农工商,各占一业,定制伊始,量给三年口粮,以作资本,陆续裁革,期之五年,与汉人一体随地入籍。"①周培棻的呈文触及旗人编入民籍问题,并对旗人的长远生存有了更深层次的思考。同年,总理各国事务衙门章京张远济提出更加详细而全面的改革意见:(一)"融满汉之见";(二)"内地之满、蒙各旗,统宜编入民籍,归地方管辖,惟宗室为天皇贵胄,不宜与凡民并列";(三)"上节云云,一时如不能办到,则莫若令旗汉通婚姻,并驰出外商贾之禁,任旗民自谋衣食";(四)"各衙门堂官由满汉并列者,统宜裁减";(五)"京师及驻防省份,宜速设劝工学堂"。② 张元济主张将宗室以外的旗人归入民籍,实行满汉通婚,旗人自谋生计,这些认识对解决旗民生计有一定的积极意义,也积极推动了晚清旗制改革。

　　作为晚清地方督抚中最具势力的两江总督刘坤一、湖广总督张之洞等官僚也提出了自己的八旗改革思想。1901 年,刘、张二人在著名的《江楚会奏变法三折》中表达了他们对八旗生计的看法,指出"八旗近来文才日盛而武勇渐逊于前,迥非国初之旧。若尤令丰镐子弟,沿袭旧制,坐困都城,外省驻防,殊守一隅,局于兵额,非所以昭同仁而规久远也"。对于旗人屯垦一节,他们并不赞同,认为"特是荒地……内地罕有,且宦家兵籍,亦未必皆习于农",那些"京城及驻防旗人,有愿至各省随宦游幕,投亲访友以及农、工、商、贾各业,悉听其便",有"愿寄籍者,即归地方官与民人一体约束看待",③并停发俸饷。此外,他们还请求开设八旗学堂,分设士、农、工、商各科,让八旗子弟进入学习,从而鼓励旗人自谋生计。刘、张的奏折还暗示,应视旗民为一般人民,逐渐将旗民编入民籍。张之洞等人的八旗生计改革主张得到慈禧太后在内的晚清统治者的肯定,虽然没有立即予以推行,但为清末大规模的八旗改革奠定了基础。

---

　　① 《贵州大定府毕节县拔贡周培棻呈》,载国家档案局明清档案馆编:《戊戌变法档案史料》,中华书局 1958 年版,第 88 页。

　　② 《总理各国事务衙门章京张元济折》,载国家档案局明清档案馆编:《戊戌变法档案史料》,中华书局 1958 年版,第 42 页。

　　③ 苑书义:《张之洞全集》第 2 册,河北人民出版社 1998 年版,第 1421—1422 页。

　　维新派人士对八旗改革也有自己的主张。1896 年,梁启超以优胜劣汰的观点阐述了八旗改革的必要性,主张实现"满汉不分,君民共治",消除蒙昧的满族与汉族之间的差距,并提出四点解决方案:(一)散籍贯,即将满族的旗籍散入民籍,取消恩养政策;(二)通婚姻;(三)并官缺;(四)广生计。① 1898 年 7 月,康有为建议"令各省驻防满汉各兵听其所好,择业而从,优给三年之粮,听其议附所在民籍"②,将部分有用的八旗兵丁仿照德日兵制改练新军,并提供三年口粮或划给庄田,以资其糊口。其后,康有为再次上奏朝廷,意在取消满族的特权和优待,从而取消八旗。在康、梁等维新派的推动下,1898 年 9 月 14 日,光绪皇帝下诏,谕示驰宽旗民之禁:"俾得各习四民之业,以资治生。"③维新派所主张的"满汉不分"、"旗民合治"的思想和多种改革的具体方案,在变法诏令中均没有明确提及,而戊戌变法的失败,也很快中断了维新派所主张的八旗生计改革。

　　部分满族权贵也主张采取措施,改变旗民生存现状。1901 年 1 月,慈禧以光绪名义发表谕旨,宣布实行新政。新政逐步推行以后,满族权贵中关注八旗生计和公开谈论"平满汉畛域"问题的人越来越多,满族官员端方是其中最重要的一个代表。1901 年,端方提出改造中国的方案——《筹议变通政治折》,主张改变满洲贵族与八旗现状。对于宗室贵族,端方认为:"近时宗王,渐不任事,贤者事文墨而不知大体,食租税而不知民事,甚或沈溺声伎,跳刀抚视,以为美乐。"④对此,端方提出两条改革建议:一是"分藩以支危局",将一些宗室调出北京,派往边疆,"分建四藩以固疆圉"。二是将满洲贵族中年轻可造者送往国外,游学"以扩见闻"⑤。对于清末一般旗民的生活真相,端方也有深刻了解,他说:"京师则苦米碓房、烟钱铺之盘剥,陕西则苦四民之盘剥。

---

　　① 参见梁启超:《论变法必自平满汉之界始》,载《饮冰室合集》第 1 册,中华书局 1989 年版,第 81—82 页。

　　② 康有为:《请裁绿营放旗兵改营勇为巡警仿德日而练兵折》,载汤志钧:《康有为政论集》(上),中华书局 1981 年版,第 320 页。

　　③ 朱寿朋:《光绪朝东华录》,中华书局 1958 年版,第 4194 页。

　　④ 端方:《筹议变通政治折》,《端忠敏公奏稿》,卷 1,载沈云龙主编:《近代中国史料丛刊》,(台北)文海出版社 1982 年版,第 40 页。

　　⑤ 端方:《筹议变通政治折》,《端忠敏公奏稿》,卷 1,载沈云龙主编:《近代中国史料丛刊》,(台北)文海出版社 1982 年版,第 41 页。

每放甲米,粮米出仓已入人橐,盖不农不商,终身寄居生食,未有能存活者。譬如一家子弟众多,皆游惰仰食,彼父兄亦未有不受其困者。况以一人养八旗世世子孙,不令别营生业,名为廪饩之优,实则生计之绌",所以"马甲之苦,至不可言,仓库之给,已不足恃"①。为解决贫苦旗民生计,端方建议"分旗移屯",将旗民分散移屯于各省"空闲之地",自行生产以自谋生计,他坚信"分旗移屯"不仅可以教给旗人稼穑之能,自谋衣食,而且"民旗杂居,耕作与共,婚嫁相联,可融满汉畛域之见"②。

　　旗民生计问题与满汉关系问题息息相关,欲解决旗民生计,必先处理好满汉关系。清末,民族主义思想涌起,革命派人士主张"排满"的人大有人在,满汉矛盾也日益突出。在这种特殊的历史背景下,无论是"排满"的人士,还是主张满汉平等的人士,都不约而同地把矛盾的焦点指向了满汉关系。1906年,出洋考察政治归来的端方,迅即以《请平满汉畛域密折》上奏朝廷,请求清廷"降明诏,举行满汉一家之实,以定明志而固国本"。他参考西方国家种族关系强弱不同的状况,认为平满汉畛域至少有两点好处,一是可以"绝内讧之根株"。其折言道:"国初以来,满汉通婚之禁未开,故此两族者……言语宗教习尚罔不大同,而种族一线三界,犹未尽泯。近以列强交通,国威稍挫,人民何知,惟有责难政府……而一二不逞之徒,竟敢乘此时机,造为满汉异族权利不均之说,恣其鼓簧,思以渎皇室之尊严,偿叛逆之异志。加以多数少年,识短气盛,既刺激于时局,忧愤失度。复偶涉西史,见百年来欧洲二三国之革命事业,误认今世文明,谓皆由革命而来,不审利害,惟尚感情。故一闻逆党煽动之言,忽中其毒而不觉,一唱百和,如饮狂泉。"二是可以消弭革命。"今日欲杜绝乱源,惟有解散乱党;欲解散乱党,则惟有政治上导以新希望者,则奴才等前此所谓宣布国是,定十五年实行立宪而已。若所谓于种族上杜其所藉口者,则奴才私计有二事焉。"他进一步提出平满汉畛域的二条措施:"一曰改定官制,除满汉缺分名目",所有官员不问籍贯,惟才是用;"二曰撤各省驻防旗丁,令仍居

　　① 端方:《筹议变通政治折》,《端忠敏公奏稿》,卷1,载沈云龙主编:《近代中国史料丛刊》,(台北)文海出版社1982年版,第41页。

　　② 端方:《筹议变通政治折》,《端忠敏公奏稿》,卷1,载沈云龙主编:《近代中国史料丛刊》,(台北)文海出版社1982年版,第41页。

各地驻防,逐渐编入民籍。"①1906 年 7 月,端方在《两江总督端方代奏李鸿才条陈化除满汉畛域办法八条》中,敦促朝廷"满汉刑律变归一致",切实推行满汉通婚。端方的种种主张显示出他对旗民生计状况深切感知与担忧。

　　与此同时,在野人士也是积极发表对于旗人生计的看法,杨度是其中的突出代表。1907 年,杨度发表《国会与旗人》一文,在对八旗制度进行了深刻剖析与批评的基础上,主张裁撤八旗。他指出:"中国数千年之政治制度,有一最特别离奇不可以条理之者,莫如本朝之八旗兵制。其始也,以本朝起于前明建州之卫地,因仿明时军卫之制而加重之,冀以收保卫皇室、压抑人民之用。初亦未尝毫无丝之功,然历年既久,情事变迁,至今日皇室虽犹当力谋保全,而肩此责任者,决非疲弱已久之八旗兵所能为力,必当以此望于全国之人民,而人民一方,又非旗兵所能压抑。于是八旗前此之利益毫无,而其流弊之所及,则反可以一一发见之,而成为今日待解决之问题。所谓问题者何? 即(一)满汉问题;(二)国民权利义务不平等问题;(三)八旗生计问题;(四)国家财政问题。此数问题所及之影响,几无一而不可为国家之存亡安危者。求之世界万国之中,实无有一制度焉,有百弊而无一利,至于此极而可引以为比者。故今日中国若不能撤去八旗兵制,则君主立宪之利必不能行,而皇室之安全与人民之安全,两无可望,数千年之古国必自此而已矣。"②所以,只有裁撤八旗兵制才能解决上述四种问题。在杨度看来,裁撤八旗,可以去除满汉界限,有利于八旗生计,有益于国家财政。对于裁撤八旗兵制的具体办法,杨度主张撤除旗籍的旗民一律改为当地居民,归地方官管理,并提出暂时之生计与永久之生计两种主张。

　　清末,社会各阶层对生旗生计的考量显示出旗民生计问题解决的迫切性,他们提出的种种改革的意见与主张,推动了清末旗制改革的进程。

　　1901 年以后,八旗社会的持续衰败与旗民生计的日益艰难以及社会各阶层对解决八旗生计的强烈主张,迫使晚清政府不得不顺应时代潮流,对八旗制度进行改革。

---

　　①　柴德庚等编,中国史学会主编:中国近代史资料丛刊《辛亥革命》(四),上海人民出版社、上海书店出版社 2000 年版,第 39—47 页。

　　②　杨度:《国会与旗人》,《中国新报》1907 年 9 月 22 日(光绪三十三年八月十五日)第七号。

八旗军事体制的变革。1901年始,清廷新政施行,谕令永远停止武科,裁减旧式军队,同时开练新军,由各省"精选若干营,分为常备、续备、巡警等军,一律练习新式枪炮"。[①] 1902年,清廷瑜令挑选八旗壮丁3000名交由袁世凯带到保定,由直隶将弁学堂毕业生及部分北洋军人,按常备军营制编练。1903年,清廷成立练兵处,督练全国新军。1904年,清廷制定《新军营制饷章》,正式规定新编军队分为常备军、续备军、后备军三等。新式军制的厘定和改革实践对八旗军队带来了极大冲击。首先,在普练八旗新军的过程中,八旗原有的编制被打乱,八旗精壮被挑选出来交由北洋大臣训练,逐渐脱离原有的军事体制。1905年,挑选的八旗精壮编练成镇,定名"京旗常备军",后改称陆军第一镇,以成守京师。其次,旗人与民人一起编练,共同成为新军的组成部分,原先独立存在的旗营消弭于无形。在编练新军的过程中,各地较大的驻防旗营几乎都有了新军性质的常备、续备军。这些改练的新军中,有的以旗人为主,民人为辅,如热河混成协"嗣以选不足额,复经通饬各属按照募兵制略,分投招募土著民人,以补旗兵之不足"。[②] 有的旗人官兵被选派加入了其他新军,如荆州、保定、沧州、密云等地。

清廷对八旗新军的选官、选兵标准也有了质的变化,传统的"弓、马、箭"技能考核标准被放弃,枪支使用、文字运用成为考核的主要内容。八旗新军军官也多由军事学堂毕业生或军事留学生担任。有些八旗新军还采用募兵制,旗兵不再终身服役,也不再以食饷为生,而是领取一定的军饷,这些都是对以往八旗传统兵制的颠覆。

清政府对八旗的军事变革促进了八旗军队的近代化,加速了八旗旧式军事体制的崩溃,八旗兵丁成为新军或加入新式军队的过程,就是旧式军事体制被抛弃的过程。清廷以新式武器装备八旗新军,选官、选兵采用新式标准,使得传统的"国语骑射"政策被逐渐摒弃。遗憾的是,八旗新军脱离旧式兵制藩篱的努力,并不能彻底改变八旗军队落后的面貌,许多八旗新军除了拥有新军的名号,其装备训练、素质之差一如既往,等待他们的将是被时代潮流吞噬的

---

① 朱寿朋:《光绪朝东华录》,中华书局1958年版,总第4719页。
② 诚勋:《热河都统诚勋奏添练陆军各营队点验成军折》,《政治官报》第41册,(台北)文海出版社1965年版,第94页。

命运。

准许满汉通婚。为彻底化除满汉畛域,晚清政府决定废除满汉通婚的禁令。1901 年,清廷发布上谕云:"今则风道同一,已历二百余年,自应俯顺人情,开除此禁。所有满汉官民人等,著准其彼此结婚,毋庸拘泥。"①由此在法律上明确解除满汉通婚的禁令。此后,朝廷大力提倡满汉通婚,一些政府要员也带头响应,如端方与袁世凯结为亲家,庆亲王奕劻也与山东巡抚孙宝琦互为姻亲,等等。上述联姻虽然多数出于政治需要,但其表率作用却是不言而喻的。但是,由于旗、汉长期隔阂,风俗、语言、习惯、生存模式等方面的极大差异,普遍的旗、民通婚局面并未出现。不同区域的旗民通婚程度也不尽相同,南方驻防的旗人如杭州、成都等地,与汉人邻居的交往程度较高,对于旗汉通婚,通常相对容易接受,而在东北等旗人相对集中的地区,满汉隔阂较深,旗民人数较多,对于与民人通婚,并不热心。有些地方的下层旗人虽然与民人通婚,却多为生计所迫。虽然如此,满汉通婚禁令的解除,有助于满汉感情隔膜和风俗藩篱的逐渐消除,也有利于旗民对于未来婚姻模式的重新思考。

司法同一。八旗体制下,旗、民向来刑罚殊异,因此,旗民畛域极深。清末新政的推行过程中,旗、民司法同一的呼声日涨。1907 年 10 月 9 日,慈禧颁布懿旨,认为"满汉沿袭旧俗,如服官守制,以及刑罚轻重,间有参差,殊不足以画(划)一",谕令"除宗室本有定制外,著礼部暨修订法律大臣议定满汉通行礼律、刑律,请旨施行。俾率土臣民,咸知遵守,用彰一道同风之治。"②次年正月,修订法律大臣沈家本等奏请"嗣后旗人犯罪,俱照民人各本律、本例科断,概归各级审判厅审理。所有现行律例中旗人折枷各制并满汉罪名畸轻、畸重及办法殊异之处,应删除者删除,应移改者移改,应修改者修改,应修并者修并。"③根据相关内容,旗人犯徒、流、军、遣各罪者,照民人一体发配,原由理事同知衙门审理的旗人词讼案件,改由新设的各级审判厅审理,未设审判厅的省份,概由各州县审理,这就意味着普通旗人与民人在法律上的差别基本消失。

---

① 朱寿朋:《光绪朝东华录》,中华书局 1958 年版,总第 4808 页。
② 朱寿朋:《光绪朝东华录》,中华书局 1958 年版,总第 5745 页。
③ 沈家本:《修订法律大臣沈家本奏旗人犯罪宜照民人一体办理折》,载故宫博物院明清档案部编:《清末筹备立宪档案史料》(下),第 942 页。

宗室觉罗涉讼案件,原由宗人府派员到刑部公审,现改归大理院审判。

任官不分满汉。随着汉族地主官僚势力增强,取消旗人任官的特权势在必然。新政施行后,任官不分满汉成为清廷平满汉畛域的重要措施之一。汉族官员不仅担任越来越多的高级职务,而且还担任了以前只有满族官员才可以担任的职务。如 1903 年程德全担任齐齐哈尔副都统,1905 年又出任黑龙江将军。自 1901 年至 1905 年,清政府新设外务部、商务部、巡警部、学部四个新部,这些部不仅废除了满汉复职制,同时规定每部只设一尚书、两侍郎,任职不分满汉。1906 年官制改革以后,汉籍的刘永庆、冯国璋、王士珍、段祺瑞、吴禄贞、李国杰、李殿林等官员,都担任过八旗都统或副都统职务。任官不分满汉,意味着旗人在政治上的若干特权逐步丧失。

旗民编入民籍。1907 年 9 月 27 日,清政府发布上谕,拟将旗丁计口授田,取消旗饷,"旗丁归农","旗丁归农以后,所有丁粮诉讼,统归有司治理,一切与齐民无异"①。将旗户编入民籍的同时,逐步裁撤驻防。贫困旗人因裁撤旗饷,生活益发困顿,因而彻底取消八旗制度引起了旗人的强烈恐慌与不满,各地旗人抗议事件屡有发生。1907 年 10 月 17 日的《盛京时报》报道说:"闻各处驻防旗丁,自奉上月二十日裁粮授田明谕,皆大形恐慌,纷纷集议。近接西安及广州两处来函,该处各旗丁以生计骤失,或议遣代表赴京叩阍,或环请将军代奏,恳请收回成命。"②由于惧怕生乱,清政府只好又于光绪三十四年(1908 年)十二月四日发谕,宣布"所有钱粮、兵饷仍均照常"③。所以直至清末,旗户也没有能够真正编入民籍,驻防也未能撤销。

蠲除旗民营业、居住、入籍等限制。20 世纪初叶,旗、民居住的隔离状态逐步被打破,朝廷只得宣布将八旗人丁"营业居住等限制,一律蠲除,各州县听其自由入籍"。④

### 三、清末旗民生计的筹划

八旗体制的关键在于八旗生计问题。晚清政府在对八旗体制实行改革的

①　朱寿朋:《光绪朝东华录》,中华书局 1958 年版,总第 5740 页。

②　《各处驻防之恐慌》,《盛京时报》1907 年 10 月 17 日。

③　《大清光绪新法令》第 1 册,商务印书馆宣统元年(1909 年)铅印本,第 31—32 页。

④　《宣统政纪》,卷 70,中华书局 1986 年版。

同时,筹划旗民生计。1907 年 9 月 27 日,清廷颁布上谕,筹划旗民生计,上谕云:

> 我朝以武功定天下,从前各省分设驻防,原为绥靖疆域起见。殆承平既久,习为游惰,坐耗口粮,而生齿滋繁,衣食艰窘,徒恃累代豢养之恩,不习四民谋生之业。亟应另筹生计,俾各自食其力。著各省督抚会同各将军、都统等查明驻防旗丁数目,先尽该驻防原有马厂、庄田各产业,妥拟章程,分划区域,计口授地,责令耕种。其本无马厂、庄田,暨有庄田而不敷安插者,饬令各地方官于驻防附近州县,俟农隙时,各以时价分购地亩,每年约按旗丁十分之一,或十数分之一,授给领种,逐渐推广,世世执业,严禁典售。即以所授田亩之数,为裁撤口粮之准,裁停之饷,另款存储,听候拨用……至田亩之腴瘠,价值之低昂,各省互有不同,但以足敷赡养为度,一面仍将各项实业教育事宜,勒现认真分别筹办,以广旗丁谋生之计。其授田之始,应需庐舍隄堰暨农具牛种等项,并开办实业各经费,准由裁停存饷内,核实奏请,酌量协济。并著各将军、督抚等破除情面,实力奉行,不得任听协、参、佐领各员挟持私见,阻挠大计。……期于化除畛域,共作国民,用副朝廷一视同仁之至意。①

根据这份上谕,清廷计划在将旗户编入民籍的同时,以旗丁计口授田、劝业归农、开办实业、兴办学堂等方法措施解决旗民生计。1908 年 12 月,清廷成立变通旗制处,贝子溥伦、镇国公载泽、大学士那桐、侍郎宝熙、熙彦、达寿等被委派"筹办八旗生计,融化满汉事宜"。各驻防也相继设立旗务处或筹办旗丁生计处,各地八旗生计筹划工作逐步展开。

"旗丁归农"的前提是计口授田,而要实现计口授田,就必须有充分的土地安置给旗户。清末,随着旗丁一般份地的民田化和私有化,众多旗户早已失去了他们的份地。新政期间,清政府为了获得大量的资金筹划旗人生计,又不断清理旗地,并大量出售旗地摆脱经济困境,致使旗地日渐丧失。例如,1901年,奉天开始全面丈放大凌河八旗牧厂旗地,至 1907 年,总计丈放出让土地

---

① 《大清光绪新法令》第 1 册,商务印书馆,宣统元年(1909 年)铅印本,第 31—32 页。

1800000 多亩。① 吉林三姓、乌拉凉水泉子等处旗地也多被卖给民户,成为民人私产。因此,以原有的旗地计口授田已不可能,而政府进行购田安置则困难重重。首先,资金的缺乏。由于财政的匮乏,加上各地地价奇高,政府无法筹措足够资金购买土地。撇开京师旗人,"若专指外省驻防,每人授田十亩,每亩只作十五两计之,要三千万金"②。其次,土地也不易获得。各地驻防除东三省和西北的绥远以外,大多驻防只有少量的土地。如果购买附近的土地,似乎也不切实际,尤其在南方驻防,这种情况更为突出,南方地区本就人多地少,可供购买的土地少之又少。以河南为例,"省城附近一带州县从前频遭河患,亦甚零星,不成片段,颇难照料"③。

除了土地难以获得之外,旗人习惯了以旗饷为生,转而从事耕作在心理上还一时无法接受,所以"自计口授田之诏下,颇闻各省驻防旗民竟有痛哭流涕、群谋抵抗、不谅朝廷之苦心者"④。另外,旗人向以当兵为业,不事稼穑,缺乏农业生产技术也大大影响了他们耕作的兴趣。

总的来说,多种因素决定了计口授田之法一时难以实现。具体来看,各地驻防推行旗人计丁授田、劝业归农的推行情况又略有差别。因为土地相对较多的关系,北方计口授田情况要好于南方。东三省土沃人稀,旗民的生活状况一向优于其他驻防,此次劝业归农活动,黑龙江、奉天都取得了一定的成效。1908 年,黑龙江巡抚周树模就旗丁生计状况及酌筹办法奏陈朝廷,其呈文一定程度上反映了黑龙江劝业归农的推行情况:"臣德于通垦垦务变章一事,为旗丁筹出款项五十余万,东布特哈则奏准酌提一成荒价,为办理新政津贴官兵之需,于省城附郭荒地,凡旗丁已垦之地,皆奏明拨给,永远为业,所有余荒并减价,先尽旗丁承领,以劝务农。"⑤ 奉天旗务处为解决旗丁生计,制订移旗实边计划,首迁 300 户旗民移居长白山麓的安图县,每户给田 500 亩,屋 3 间,耕

① 参见刁书仁、车今顺:《略论清代东北八旗牧厂地的开放》,《社会科学战线》1997 年第 4 期。

② 汪大燮:《汪大燮至汪康年函》,载《汪康年师友书札》第 1 册,上海古籍出版社 1986 年版,第 1009 页。

③ 《河南巡抚林绍年奏筹旗丁生计折》,《政治官报》第 210 号。

④ 《论旗人生计亟宜另筹办法》,《申报》1907 年 10 月 17 日。

⑤ 中国第一历史档案馆藏:《黑龙江巡抚奏陈江省旗丁生计情形并酌筹办法奉旨由》,会议政务处,分类目录第 143 号。

牛、粮食由官方提供，路费也由官方发给，从而"既筹生计，兼事开垦，又顾实边，一举三得"①。迁到安图的旗户生活水平日渐提高，旗丁甚为满意。其他驻防"旗丁归农"的效果却不尽如人意。绥远将军贻榖对于计丁授田给予谨慎的推行，1907 年春，贻榖以购买等方式，获得三千地亩的水旱地，计划授给5100 余名旗丁耕作。即便这样，安插所有旗丁亦十分困难，一方面，"绥远牧厂距城近者私垦已成村落，仍尽原户认领不便，安插旗丁难致水乳"②，并且，牧厂未放出之地多为贫瘠土地，收获颇为有限；另一方面，闲散旗丁往往不能授予田地，所以绥远八旗生计日渐困苦，难以遏制。察哈尔、热河、宁夏、伊犁、河南、西安、太原驻防情形也大致相似。

南方各驻防除了江宁驻防以外，由于土地稀少，计口授田几乎都没有什么实质的效果。江宁驻防经过两次鸦片战争和太平天国运动，破坏程度较深，旗民生计困顿较之他处更为严重。1903 年前后，江宁旗营妇女、孤寡人口达5708 口，步甲、养育兵、闲散幼丁共有 1480 余名，由于"饷银无多，不敷养赡"③，加之江宁驻防牧厂民人私垦日多，计丁授田情势不容乐观。针对此种情况，时任两江总督张之洞上奏朝廷，要求将牧场改为屯田。具体办法分为三种：第一，勘丈流民占耕的熟地，每亩缴纳押租三元，每年认缴麦租百文钱，谷一斗，发给垦照。第二，尚未开垦的荒地，允许民间筹集公司组织耕作，呈缴押租银两并缴纳一定的租谷，发给永租垦照。对荒地的开垦实行优惠政策，开垦一年内免租，两年免半租。第三，留备旗民屯垦的土地，由政府发给牛具、种子等，租税的多少按照民间所交的一半，或者每亩租谷一石、春麦杂粮八斗的标准来收取，同时对他们免收押租。屯垦所受租银不仅可以赈济贫困旗丁，还能使旗人"集有资财"，从而有能力购买民田，促进了旗民归农和平民化的进程。经过两三年的屯垦，江宁驻防旗民生活有所改善，江宁驻防屯垦取得了一定的成效。

荆州、成都、福州等地计丁授田、旗丁归农的改革不仅起步较晚，而且阻碍

① 金梁：《光宣小记》，民国二十二年（1933 年）铅印本，第 36—37 页。

② 中国第一历史档案馆藏：《绥远城将军奏妥筹旗丁生计已办续办各情形》，会议政务处，分类目录第 79 号。

③ 《江宁将军等奏拟开屯牧场以裕旗民折》，载《宫中档光绪朝奏折》第 16 辑，（台北）国立故宫博物院 1973 年版，第 682 页。

重重,这些驻防计丁授田的改革基本未能展开进行,也就谈不上有什么成效了。

相较计丁授田来说,兴办实业、吸纳旗人就业有一定的可行性。光绪上谕发布以后,绝大多数驻防开设了旗民工艺厂或习艺所,招募旗民入厂学习技艺,以求谋生本领。1908 年,庆亲王奕劻在北京设立首善工艺厂,开办经费银两近 200000 两,常年经费 116000 两。首善工厂吸纳京师旗人入厂,出产爱国布、斜纹布、刺绣、绸缎等。① 北京首善工厂的开设对各地驻防实业工厂的兴办起了表率作用。此后,东三省一些八旗工厂陆续设立。1909 年,东三省总督徐世昌奏请设立奉天八旗工艺厂,其奏曰:"窃(谓)奉省为八旗根本之地,满汉杂处,畛域不分,惟旗人世蒙豢养,素乏恒业,生计情形,实较艰困。今欲为八旗筹生计,自应谨遵迭次谕旨,以实业、教育为重务,养成自谋生活之力,以渐去专恃俸饷之心。爰饬旗务司轫办八旗工厂,招集旗籍艺徒,设额五百名,分设木工、漆工、铁工、布工、毯工、染工、缝工、陶工、造胰、造纸、皮革、玻璃等十二科。附设讲堂,授以普通教育。聘募工师、分科传习","使八旗子弟,人人皆能各执一业,以为谋生之立之基,实于筹划旗人生计,裨益非(匪)浅。"②除奉天以外,其后吉林、锦州、珲春、黑龙江等地也设立了八旗工艺厂。同一时期,江宁、荆州、锦州、热河、杭州、西安等地工艺厂相继设立。清末部分影响较大的八旗工厂参见下表。

表2.5　清末部分驻防工厂及工艺传习所一览表

| 工厂名称 | 规模程度 | 经营项目 |
|---|---|---|
| 北京首善工厂 | 开办经费银 200000 两,常年经费 116000 两 | 出产爱国布、斜纹布、刺绣、绸缎、玻璃等 |
| 西安驻防工艺传习所 | 开办经费银 12000 两,常年经费 3360 两 | 出产木工、编织类 |
| 江宁八旗工厂 | 开办经费银 19000 两,常年经费约 3000 两 | 出产布匹 |

---

① 参见《庆亲王奕劻等奏开办首善工艺厂情形折》,《政治官报》第 59 号。
② 《纪设立八旗工厂》,徐世昌等编纂:《东三省政略》卷8,吉林文史出版社 1989 年版,第 325 页。

续表

| 工厂名称 | 规模程度 | 经营项目 |
|---|---|---|
| 广州八旗工厂 | 开办经费银 20000 两，常年经费 10000 两 | 出产绸纱、织布、毛巾 |
| 奉天八旗工厂 | 开办经费银 48000 余两，常年经费约 20000 两，定额 500 名 | 出产木漆、铁、布、毯、染、缝、陶等 12 类产品 |
| 锦州八旗工艺厂 | 开办经费银 9000 余两，常年经费 5000 余两，定额 100 名 | 出产毡毯、皮革 |
| 奉天八旗女工传习所 | 开办经费不到 2000 两，常年经费 3600 两，定额 100 名 | 裁绒、编织、刺绣等 |
| 密云工艺厂 | 开办经费 1 万余两 | 爱国布匹、绦带、衣帽、靴鞋等 |
| 杭州工艺厂 | 规模小、程度低 | 专织花布 |

资料来源：中国社会科学院、辽宁少数民族研究所编：《满族社会历史调查报告》，1963 年；徐世昌等编：《东三省政略》卷 8，吉林文史出版社 1989 年版；《政治官报》第 59 号、第 611 号、第 719 号、第 1155 号、第 1216 号。

　　根据表 2.5，各处驻防八旗工厂规模大小不一。北京八旗工厂身处京师，获得满族权贵的支持，情况相对较好。东三省由于基础较好，八旗工厂的规模和发展程度也好于他处。而其他地区，尤其是南方地区情况要稍逊一筹，所以各驻防八旗工厂发展程度和水平高低不等。从生产的产品来看，各八旗工厂多集中纺织、印染、木材加工等手工行业，工艺水平普遍不高，产品销售困难，依靠八旗工厂，使旗人摆脱生活困境是不太可能的。虽然如此，旗民工厂的设置为旗人子弟寻求就业机会和生活出路开辟了一条道路，对促进旗人摆脱依赖思想，走上自食其力的道路有着积极影响。

　　兴学扶助八旗生计也成为晚清政府筹划八旗的手段之一。1902 年，清政府颁布《钦定学堂章程》，确定了高等学堂、中学、小学、蒙（养）学教育体制，实行师范学堂等专门学堂体制，囊括普通教育和实业教育两个部分。清政府谕令宗室、觉罗、八旗学堂，改为中、小学堂，均归大学堂办理。考虑到八旗生计，除了普通教育以外，一些权贵更热衷于旗民的实业教育和专门教育。袁世凯在其 1903 年 3 月 20 日的一份奏疏中重点提及了这一问题："以八旗兵丁生计日蹙，饬在挑选旗兵内考拔学生，分遣各学堂肄业，以广造就……拟恳选天资聪秀、文理粗疏者,候由京旗练兵翼长、内阁学士臣铁良赴京分别考验。再由臣复加考试,以便分遣入武备、医学、农工、机器、电报、铁路各学堂,切实讲求,以期成就。"①山东巡抚周馥等也主张挑选八旗聪颖子弟进入武备、医学、农工、机械、铁路各专门学堂学习,以获得一技之长。袁世凯等人的奏疏得到了清政府的允准。为推动八旗子弟进入各类学堂尤其是专门学堂学习,清政府还实行种种奖励措施,例如,生计困难的八旗子弟学习有成后优先挑补马甲,各级学堂毕业获得文凭的八旗子弟一律尽先"挑补钱粮",等等。政府的倡导推动着各地驻防八旗教育的积极兴办,一些专为旗人设立的专业学校出现,如北京陆军贵胄学堂、京师满蒙文高等学堂、奉天旗员仕学馆、奉天满文中学堂等,为旗民培养政治、军事、语言、商业、实业等各方面的专门人才。学堂的兴办为旗人就业开辟一条良好的路径,更主要的是开拓了八旗子弟的眼界,走出封闭的旗人世界,为旗民社会的教育发展带来了积极的作用。但是由于观念、风俗等多种因素的影响,清末八旗教育并不一帆风顺,加上财力支绌,八旗学堂和八旗子弟教育均受到一定的限制。依靠教育在短期内改变旗民生活也不现实。

定向招兵。清末新政时期,清政府除了对原有的八旗官兵进行新式编练以外,还在北洋新军和各处新军中有意识招募大批旗人,以解决部分旗民生计。1907 年,清廷颁诏下令新军加大征召旗籍新军的力度:"各直省督抚,凡编练新军及警察巡队,于拣换弁兵时,以三四成之一二,咨取旗、绿两营弁兵,由将军提督挑选年富力强、材武堪资选就者,送交该军队官认真考验,合格编伍"。② 在这种政策下,各处新军也积极安置旗人,如新编陆军"每镇均挑选驻防旗兵数百名配入各营训练"。③ 除了拨充新军以外,清廷还将部分闲散和不适合充任新军的精壮以及应裁的官兵改练巡警。相对新军,巡警的要求要低一些,许多旗人因为身无长物,也只得就任巡警。京师"内城巡警皆旗人,生计赖以少苏"。④ 各直省驻防,也挑选合格者送入警察学堂学习,毕业后就任

① 天津图书馆、天津社科院历史出版社研究所编,廖一中、罗真容整理:《袁世凯奏议》下册,天津古籍出版社 1987 年版,第 773 页。

② 朱寿朋:《光绪朝东华录》,中华书局 1958 年版,总第 5361 页。

③ 中国第一历史档案馆藏:《署山东巡抚扬咨呈》,练兵处全宗,卷 14。

④ 毓盈:《述德笔记》,《近代史资料》总 79 号,中国社会科学出版社 1991 年版,第 107 页。

巡警。充任巡警,对旗人生计实有裨益,但清末旗丁充任巡警的数量十分有限。

除了上述多项措施以外,晚清政府还准许旗人外出自谋生计。1907 年,直隶布政使增韫提出准许旗人"各自外出谋生,无论兵丁闲散、何项农业,均听其便……该旗丁所至地方,归地方官管束,一切与民人无殊。愿改民籍者听其自请,愿赴边荒开垦者再行量予咨遣。"①增韫的主张得到清政府的认可。清政府关于旗人自谋生计的政策,对旗人尤其是下层旗人摆脱八旗体制的束缚,寻求新的生存之道,努力提高自身的生活水平是一种积极的鼓励。

## 第四节　清末旗民社会群体的挣扎
## 与生存方式的变化

伴随晚清旗民社会群体急速衰败,一方面,旗人在悲观绝望和忧患的情绪中不断挣扎,自新、自救的努力始终存在,反映出旗民强烈的民族危机意识和执著的民族情怀;另一方面,近代中国社会的深刻变迁与晚清政府的种种社会变革措施,带来了旗民社会生存方式的相应变化。

### 一、旗民社会群体的挣扎

旗民社会群体的挣扎,首先能够从清末政府对八旗体制所进行的专门改革和对旗民生计的筹划中得到无可辩驳的印证,然而,旗人自身对社会地位与利益的自发关注更能真切地反映出这一点。

民间八旗社会团体的出现是旗人对自身命运忧虑和关注的结果。清末数年间,八旗社会团体开始出现,如八旗公民会、八旗宪政会等。这些社会团体出现伊始普遍表达了对旗民社会现状的不满和对前途的忧虑,并试图在宪政改革的背景下找出有效的解决措施。1911 年 1 月,八旗公民会代表会长章福荣及会员荫德、祥俊、恩厚呈文朝廷,敦促变通旗制处解决旗民生计事宜。呈文分析了旗民生计困顿的原因:

　　　窃谓人民者国家之本,生计者人民之本,未有不务其本而能永存于国

---

① 增韫:《又奏请准旗丁出外谋生片》,《政治官报》第 1 册,第 154—155 页。

家生活者也。我朝龙兴建都盛京之时,八旗兵丁不亦无不自有生计,兵即为民,民亦为兵,人人有进取之心,人人有自立之志。而八旗兵丁号称劲旅勇敢,实基于此。自入关以来……专习武备,疏于生计,兵民划分定制甚严,以致自立之经济能力日渐消乏,自不得不仰给钱粮为糊口之计。迨国家承平日久,八旗兵丁生齿滋繁,虽有饷糈,岂能普及,生计日蹙,自立逾难。

呈文在批评变通旗制处成立以来无所作为的同时,表达了旗民对自身命运的深切担忧:

变通旗制处已设立两载有余,与一切办法尚未筹有端倪,以故八旗人口咸怵於利害之所关,举疾首蹙额而相告,人心疑惧,愤懑难平。

呈文随后敦促变通旗制处尽快采取措施解决旗民生计事宜:

在该大臣等固以任大责重筹办不易,且各势难兼顾。然而时期迫使,岂可因噎废食,优柔坐视。……变通旗制处应筹事宜,自必一律办理,岂得仍前日旷废时日,坐误时机?福荣等世受皇恩,休戚与共。维思八旗生计若不及早筹措,日后难免为国家所累。……仰恳天恩饬下变通旗制处,将应办理事宜迅速筹办,奏请施行,以维宪政而顾大局,人民幸甚,国家幸甚。……今日八旗兵饷为数颇巨,分诸兵身,贫亦无几,上不利於国家,下不利於于朝廷。①

福荣等人还表达了对宪政体制下八旗生计的担忧,认为八旗兵饷"编於预算案之中,交由国会议决,宪法具在,不难引证取消,待至彼时再欲筹拟生计,已缓不济急,是国会召集建立之日,即是八旗生命乖绝之年"。福荣等人的言辞揭示出旗人对新的政治体制的抵触和传统利益丧失的不甘。

福荣等人的族群忧患意识并非特例,基层旗民社会中实大有人在。基于对族群命运的绝望,有些旗人甚至因此自杀。1906年12月13日,18岁的辽阳满洲正白旗人曾某在家中自刎而亡,其遗言道:"吾今之死非为他故,痛吾满族之将亡,欲救而无力,兼境域、学问说,他年终不免为亡国奴。吾寔耻之,不得不死。"并危言:"三十年后吾种族得为奴隶,百年后吾种族将至灭绝。"因此,他呼吁"我种族必当一刀两断,推翻数百年种种之劣根性,而吸纳新精神、

---

① 《事件》,《大公报》1911年1月19日。

新道德,重铸国体,使吾七千万人民皆有自立为国之人格,然后可以独立为国,亦可与汉族共立为国。"①曾某的自救方案以康、梁的新学竭力维护满族统治利益,带有强烈的种族色彩。

除了奔走呼号以外,旗籍人士还采取具体的行动实行自救。八旗社会团体一直在谋划旗民生计方面试图找出有效的办法。1911年年初,八旗公民会"提议拟就农业一端筹画(划)旗民生计",并安排会员前往"张家口及易州南苑等处调查官荒确数,以为将来八旗人士耕田而食之预备"。②

有一定权势的地方旗籍官员更是尽力维持旗人利益。端方是一个典型的例子。端方担任两江总督期间,十分关注江苏旗人生存状态,尤其是旗人子女的教育问题。由于经费紧张,晚清京口各学堂均难以为继,端方在上海海关和镇江海关关税罚款内拨款,着重建设多所京口驻防学堂,包括中学堂1所,实业学堂1所,高初等小学堂3所,蚕桑传习所1所,随营学堂1所,女学堂2所。江宁驻防学堂原有中学堂1所,清文学堂1所,高初等小学堂8所,女学堂1所,习艺局1所。端方在任期间,对这些旗营学堂大力支持,在人力和物力方面均作精心安排,规定学堂常年经费由"司道库按年各筹拨银一万两",并责成江宁提学使陈波陶选派"甄明教员"担任各学堂的监督或总稽查。对于上述做法,端方在其奏稿中解释说是"以冀改良进步,日起有功,至习艺局事宜亦即认真整顿,使资质椎鲁不能入学堂者专执一业,以免习于游惰","总期兵尽知书,人趋实业"③。满洲镶红旗人文瑞担任青州副都统期间,对青州驻防旗民生计和教育十分重视。自1905—1908年任职青州的三年间,文瑞鼓励旗人种桑养蚕,搞手工业,开办旗民工厂,使旗民入厂做工,以此来改善旗民生活。文瑞在青州期间,最突出的成就是,以裁减马匹、增加教育补贴、旗民集资等形式解决学堂经费问题,使旗民教育获得发展。根据1906年《京外学务报告》,时青州驻防城所办学堂共有备斋学堂8处、初等小学堂4处、八旗翻译学堂1所、海岱武备小学堂1所等。

---

① 《慷慨自尽》,《盛京时报》1906年12月28日。
② 《公民会调查荒田》,《大公报》1911年1月10日。
③ 端方:《筹拨驻防学堂及习艺局经费折》,《端忠敏公奏稿》,卷7,载沈云龙主编:《近代中国史料丛刊》,(台北)文海出版社1982年版,第58—59页。

　　除了官员以外,民间旗民人士也展开各种自救活动。1905 年,杭州旗籍妇女惠兴筹款创办旗民女子学校,后因经费难以为继,绝望之中服毒而亡。1905 年 12 月 30 日的《申报》对此有着详细的记载:

　　　　杭州惠兴女士为故协领崑璞之女,附生吉山之妻,十九岁夫亡守节。因读南皮《劝学篇》,大有感奋,遂以提倡女学自任。延当地之有声望者多人,商论创办学校之事。是日,氏忽当众前袒一臂,用刀割肉一片,誓曰:“今日为杭州旗城女学校成立之日,我以此血为纪念。如此校关闭,我必以身殉之。”遂于九月十六日开校。校中经费,虽杭州都统德捐洋四十元,又拨公款八十元,留东八旗同乡会会员捐洋百元,端午帅随员喜捐洋五十元,八旗众官捐洋十元八元,以及零星捐款,统计约得三百余元。卒以无长年的款,支持甚难。今秋复以款绌,致课期时有间断。氏以此校无起色,由于无长年的款,而请款颇费踌躇,郁郁者非一日。继期请款之必得,遂密缮函八封,藏于桌内,复缮禀一扣,开办女学四柱账单一纸,预先服毒,欲乘舆赴两堂递禀。家中人见其神色有异,继而查得茶碗中有烟迹,遂大哗,唤同戚友竭力救治,已不及矣。氏临气绝时,开目尽力言曰:“此禀递上,有长年经费矣。”遂死。年三十五岁,时为光绪三十一年十一月二十五日。①

　　惠兴筹办女学,是对旗人命运的忧虑和自新自救的反映,正如其遗书所述:“我并非好事,实因现在的形势,正是变法改良的时候。你们看汉人创兴学务,再过几年,就与此时不同了。你们不相信,自己想想,五六年前是怎样,这两年是怎样啊! 我今以死,替你们求领长年经费,使你们常常在一处上学。但愿你们都依着‘忠孝节义’四字行事,方与世界有益。”②惠兴自杀,表面看来是由于办学的艰难,其深层的原因则是对社会深刻变化背景下旗族命运的担忧与绝望。

　　需要指出的是,旗人自新的理念和自救的实践,无论是旗民学校抑或是旗民工厂,专注于旗民族群自身,使旗人仍然处于一个相对独立的圈子,反映的是民族成见的依然存在,在消除满汉畛域的民族调和论已成为社会主流意识

　　① 《惠兴女士为女学牺牲》,《申报》1905 年 12 月 30 日。
　　② 《惠兴女士为女学牺牲》,《申报》1905 年 12 月 30 日。

的晚清,旗人的上述活动显然有悖于满汉平等的基本精神。正如时人对八旗学堂的评价:"如京师大学堂,如译学馆,如五城、实业各学堂,莫不有满人厕身其间,而八旗学堂则无汉人之只影。满人可以入汉人学校,而汉人不能入满人学校,则犹是满员可以补汉缺、汉员不能补满缺之旧例也。"①

### 二、旗民生存方式的变化

清末八旗体制改革的尝试,虽然并未能解决旗民生计问题,八旗体制也未有根本变化,但无论旗民社会群体自身作何考量,旗民的社会生存方式正在发生悄无声息而至关重要的变化。

平民化趋势的出现。随着旗、民居住和交产壁垒的打破,出外自谋生计的允准,旗、民分治的社会基础不复存在。八旗体制的改革实践,为旗民与其他社会群体的交融奠定了基础,旗民平民化的趋势出现。1909年开始,清政府决定逐步实行自治,相关自治章程规定无论京师或各地,凡于城镇乡内现有住所或寓所者,不论本籍、旗籍、驻防或流寓,均为城、镇、乡居民,均有享各地方公益之权利和分担地方负担之义务,②表明此后旗人与其他社会群体在地方享有同等的政治权利并分担同样的社会义务。换言之,两者政治地位相当,旗人不再享有特殊的权利而高高在上。准许满汉通婚和司法同一,更从社会生活的礼制和法制的层面为旗人规定了与其他社会群体相同的公民身份。

在平民化趋势的背景下,旗民教育体系与内容、婚姻理念、职业选择、居住模式均产生不容忽视的变化。

旗民教育体系和内容变化明显。1902年,清廷颁布《钦定学堂章程》,确定高等学堂、中学、小学、蒙(蒙)学教育制度,师范学堂、实业学堂等专科学堂体制也得以确立,各府、州、县开始设立中、小学堂,宗室、觉罗、八旗等官学被要求改为中、小学堂,各地旗人由此开始进入新的教育体制接受教育。清末教育体制的改革相当程度上反映出旗人的地位依然特殊,八旗教育虽然进行了种种改革,但旗民教育基本自成体系。各地成立了专门的旗民教育体系。例如,在东北地区,由官款设立各级各类旗民学校,并选择旗丁子弟入学就读,其

---

① 《论建设学堂宜除满汉之名目》,《大公报》1906年3月7日。
② 参见刘锦藻:《清朝续文献通考》,卷395,浙江古籍出版社2000年版,第11451页。

中，"奉天省先后成立高等学堂、法政学堂（由仕学馆与旗员仕学馆扩充而成）、方言学堂、蒙文学堂、实业学堂、农业学堂、森林学堂、艺徒学堂、师范学堂、中学堂、维城学堂（由原宗室觉罗官学归并改办）、小学堂，全省学堂共有2122所，学生85437人；吉林省城先后设立法政学堂、方言学堂、实业学堂、农业实业学堂、师范学堂、中学堂、满蒙文中学堂、小学堂，全省学堂共有188所，学生9166人；黑龙江省城先后设立法政学堂、工业学堂、商业学堂、农业学堂、师范学堂、中学堂、小学堂，全省学堂共157所，学生6133人。"①在南方，各类旗人专门学校也相继出现，如上述江宁、京口驻防等。旗人学校虽然相对独立，但各级各类学校的出现，使得旗人不再局限于"国语骑射"的传统教育，旗民子弟有机会学习多种专门知识，如农业、法政、武备学堂、蚕业、工艺学等。多数驻防旗营的子弟教育还注重中学、西学的融合，青州驻防城初等小学堂的教学状况可见一斑（参见表2.6）。

表2.6　清末青州驻防城初等小学堂一览②

| 学堂名称 | 管理员 | 教员 | 教学科目 | 学生人数 |
| --- | --- | --- | --- | --- |
| 青州驻防四区初等小学堂 | 总办：斌秀<br>总董四区课：文杰<br>管学官：恩庆、乌珍 | 西学：崇祜<br>中学：宋兆林<br>恩庆<br>广福 | 修身、读经、讲经、国文、历史、地理、数学、德文、习字 | 60 |
| 镶黄、正白旗行修初等小学堂 | 总办：斌秀<br>总董：文杰<br>管学官：景福、翁克布 | 西学：崇祜<br>中学：瑞彭<br>钟音<br>荣德 | 同上 | 60 |
| 正黄、正红郅治初等小学堂 | 总办：斌秀<br>总董：文杰<br>管学官：荣智<br>荣康 | 西学：崇祜<br>中学：衡文<br>成瑞<br>赓音贷 | 同上 | 60 |
| 镶红、镶黄旗隆平初等小学堂 | 总办：斌秀<br>总董：文杰<br>管学官：邬拉畚<br>景忠 | 西学：崇祜<br>中学：长庆<br>定时<br>荣陞<br>崇文 | 同上 | 60 |

---

① 李燕光等：《满族通史》，辽宁民族出版社2003年版，第711页。
② 参见李凤琪等：《青州旗城》，山东文艺出版社1999年版，第225页。

清末出洋留学的旗人也越来越多,例如江宁旗籍善睿,1904年,赴日本留学,就读于早稻田大学政治经济科。光绪甲辰进士富尔逊,1906年由进士馆派赴日本留学政法大学。① 20世纪初叶以后出洋留学的留学生中,旗人占有相当的比例,以奉天、吉林两省为例,1906年以后的官费留学生中,"奉天59名,内有旗人10名,吉林25名,内有旗人12名"②。教育途径和教育内容的改变,必然影响旗民社会生活的各个层面,在接受新式教育的过程中,旗民对社会和自身的认知、价值观、就业方式等发生着潜移默化的变化。

旗民职业选择日趋多元化。旗民工厂的开设,新军的出现,新式教育的开展以及生计的压力,使得旗人再也不能以当兵披甲为唯一生存方式,职业选择日渐多元化。晚清以来,新式军队的出现,挤压了旗兵的生存空间,诸多旗人另择他业成为必然的趋势。在旗民工厂里,部分旗人学会了各种手工工艺。1909年创办的奉天八旗工艺厂就开设了木工、漆工、铁工、布工、毯工、染工、缝工、陶工、造胰、造纸、皮革、玻璃12个工种。此外,各地旗人迫于生计,于军警以外,多种行业包括农业生产劳动、小商、贩业以及服务业等其他社会行业,也成为他们的职业选择。虽然有部分旗人还耻于从事相关行业,有些人甚至"出外做工,早晨上工,晚上回家,仍然穿长袍,在半路上换上或脱下劳动的服装。当邻里熟人问他时,只说上茶馆,从不说外出做工"③,但他们毕竟迈出了关键的一步。清末承德县八旗人口职业的构成状况显示了旗人职业的多元化趋势的出现(参见表2.7)。

表2.7　清末承德县八旗人口职业一览表④　　　(单位:人)

| 专业 | 官吏 | 士绅 | 差役 | 军人 | 医 | 农 | 工 | 商 | 杂业 | 雇佣 | 劳力 | 渔 | 娼 | 无业 |
|---|---|---|---|---|---|---|---|---|---|---|---|---|---|---|
| 满 | 494 | 245 | 622 | 670 | 25 | 12759 | 640 | 407 | 736 | 679 | 341 | 0 | 0 | 1069 |
| 蒙 | 84 | 95 | 330 | 252 | 1 | 2976 | 220 | 163 | 191 | 158 | 190 | 0 | 0 | 1217 |

① 参见中国第二历史档案馆藏:《一九一四年各地旗人请求冠姓更名改籍有关文书——1914年1月至11月》,内务部,全宗号1001,案卷号1294。
② 李燕光等:《满族通史》,辽宁民族出版社2003年版,第711页。
③ 中国科学院民族研究所、辽宁少数民族社会历史调查组编:《北京满族调查报告》(二),载《满族社会历史调查报告》(下)第5辑,1963年,第93页。
④ 参见都林布等:《承德县志书》,宣统二年(1910年)石印本,第47页。

续表

| 专业 | 官吏 | 士绅 | 差役 | 军人 | 医 | 农 | 工 | 商 | 杂业 | 雇佣 | 劳力 | 渔 | 娼 | 无业 |
|---|---|---|---|---|---|---|---|---|---|---|---|---|---|---|
| 汉军 | 577 | 829 | 1368 | 1282 | 110 | 62930 | 336 | 91708 | 3198 | 2790 | 2790 | 0 | 10 | 1917 |
| 兼业 | 0 | 兼医 | 0 | 兼农 | 0 | 兼工 | 兼商 | 兼农 | 兼农 | 兼工 | 兼农 | 兼农 | 0 | 0 |
| 满 | 0 | 0 | 0 | 46 | 0 | 79 | 56 | 29 | 60 | 22 | 7 | 0 | 0 | 0 |
| 蒙 | 0 | 0 | 0 | 2 | 0 | 5 | 14 | 4 | 22 | 1 | 1 | 0 | 0 | 0 |
| 汉军 | 0 | 2 | 0 | 52 | 0 | 196 | 197 | 107 | 199 | 23 | 27 | 2 | 0 | 0 |

在奉天辽阳、抚顺、海城、新民以及承德兴仁两县的八旗人丁职业选择除了多数从事农业生产以外,工、商、医、教等其他行业里也出现了旗人的身影。

表2.8　1908—1911间年奉天部分地区八旗人丁职业一览[1]　（单位:人）

| 人数<br>地区 \ 职业 | 官吏 | 教员 | 医生 | 农圃 | 工业 | 商业 | 杂业 | 雇佣 | 劳力 | 蚕业 |
|---|---|---|---|---|---|---|---|---|---|---|
| 辽阳州 | 206 | 546 | 12 | 77448 | 8426 | 4856 | 2349 | 1671 | 6310 | |
| 承德、兴仁两县 | 1511 | 375 | 136 | 93667 | 5114 | 2893 | 4402 | 7001 | 4166 | |
| 抚顺县 | 210 | 544 | 13 | 77448 | 8400 | 4586 | 2349 | 1671 | 6363 | |
| 海城县 | 185 | 331 | | 43631 | 5979 | 6285 | 5063 | 1195 | 7049 | 1177 |
| 新民府 | 108 | 234 | 10 | 23369 | 921 | 2672 | 4292 | 3232 | 4155 | |

满、汉通婚与旗、民杂居现象出现。清末,平满汉畛域措施的推行,尤其是满汉通婚的准许,新式教育的开展和职业选择的多元化,甚至为生计所迫,很多旗人开始摆脱传统婚姻观念的束缚,选择与汉人结为姻亲。旗人后裔景双玉女士的父亲是一个民人,其母亲是旗人之女,他们之间的婚姻代表了清末旗、民通婚的一般状况,她说:"我父亲是民人么,我说我也想不到,不是旗民不成婚吗,谁知道他们咋就成婚了呢。我是1916年生人,我哥哥比我大七岁,那就是说他们结婚时还没到民国,那是怎么着呢? 我母亲又是旗人,还去填

① 参见李燕光等:《满族通史》,辽宁民族出版社2003年版,第715页。

房,那怎么还嫁呢? 可能因为我父亲开着毯子房,比较有钱,又是嫁到城里头吧。"①生活状态决定婚姻形式,可见一斑。

　　随着旗、民交产限制的消除,旗、民杂居现象开始出现。太平天国运动以后,南方驻防的一些旗营逐渐打破了旗民居住的限制,旗民杂居现象开始出现,如江宁、京口等地,清政府对此已是睁一眼闭一眼。青州旗人本居城北,"从光绪年间或更早一些,退休的官员就有人出旗置产",到清末,青州由"北城先后迁居南城的旗人约二十户,共百余人,其中较有影响的大户为八至十户,即所谓'八大公馆'或'十大公馆',主要有祁、洪、吴、穆、佟、胡、唐、汪、李"等②,这些出城居住的往往是家境较好的旗人,贫困的旗人迫于生计,通常只得外出谋生,流落异乡,离开祖辈生活的旗营,进而开始与民人相邻为伍。

---

　　① 定宜庄:《最后的记忆——十六位旗人妇女的口述历史》,中国广播电视出版社 1999 年版,第 142 页。

　　② 李凤琪等:《青州旗城》,山东文艺出版社 1999 年版,第 258 页。

# 第三章　辛亥革命与旗民社会身份的变化

清末新政并未能挽救清王朝被推翻的历史命运,苦心经营的旗制改革也没能改善日益恶化的旗人生计。长期形成的满汉畛域和革命党人狭隘的民族主义思想及清末日益高涨的大汉族主义情绪引发了清末多年的反满风潮,终使旗人成为革命的首要排斥对象。1911 年 10 月,改变中国历史进程的辛亥革命爆发,彻底改变了旗民社会群体的历史命运,旗民社会身份发生了显著的变化。

## 第一节　辛亥革命时期的旗民社会

### 一、排满风潮的出现

清末至辛亥时期,排满的革命者把旗人锁定在与清廷密不可分的相互关系中,形成了"仇满"、"逐满"、"排满"为核心的狭隘民族主义思想,严重影响了革命者对辛亥时期旗人社会群体的准确定位和理性对待。

近代中国资产阶级革命派在登上历史舞台之初,就把斗争的矛头指向了满族,反满口号"驱逐鞑虏,恢复中华"也被写进了革命的总纲领。同盟会元老章太炎坚决的反满态度是排满革命者对待满族态度的集中体现,他认为,"中国自汉以上,视蛮貊狄诸族,不比于人,故夷狄无称人之列。"①在章太炎眼中,满族当然与"夷狄"无异,不仅不是中国人,甚至不在人伦之列,并视满人为"蕞尔东胡"、"女真遗丑"、"豺狼之族",所以革命的第一要务是"仇满"、"排满",他指出:"吾所谓革命者,非革命也,日光复也。光复中国之种族也,

---

① 章太炎:《中华民国解》,《民报》1907 年 7 月第 15 期。

光复中国之州郡也,光复中国之政权也。"①邹容在其《革命军》一书中,也反复强调满族为异于汉族之蛮夷,号召出"九死一生之魄力,以驱逐辱我之满人"。对此,他有着详细的论述:

　　吾同胞今日之所谓曰夷、曰蛮、曰狄、曰匈奴、曰鞑靼。其部落居于山海关之外,本与我黄帝神明二孙不同种族者也,其文字不与我同,其语言不与我同,其衣服不与我同……我中国固具有囊括宇内、震耀全球、抚视万国、凌轹五州之资格者也。有二百万方圆之土地,有四百兆灵明之国民,有五千余年之历史,有二帝三王之政治,倘使不受努尔哈赤、皇太极、福临诸恶贼之蹂躏,早脱满州人之羁缚。吾恐英吉利也,俄罗斯也,法意志也,法兰西也,今日之张牙舞爪以蚕食瓜分于我者,亦将屏气敛息,以惮我之威权,惕我之势力。吾恐印度也,波兰也,埃及也,土耳其也,亡之灭之者不在英俄诸国,而在我中国,亦题中应有之义耳。……呈今与同胞约曰:张九世复仇主义,作十年血战之期,磨吾刃,建吾旗,各出其九死一生之魄力,以驱逐凌我之满人。②

汪精卫更是直接指出:"满洲与我,族类不同"。他说:"满洲与我,真风马牛不相及……夫以满族与我民族相比较,以云土地,彼所据者长白山麓之片壤,而我则神州;以云人口,彼所拥者蕞耳之毳裘,而我则神明之胄;以云文化,彼所享者,鹿豕之生活,而我则四千年之文教,相去天壤,不待言也。"③陈天华更是以清政府为异族政府为由,强调反满的必要性,"今之政府非汉族之政府,而异族之政府也,利害既相反,则其所操之方针,不得不互异……使曰:'非我族类,其心必异'。又曰:'戎狄豺狼不可亲也'。"④作为伟大的资产阶级革命家,早年的孙中山在民族问题上的思路,也未能偏离"反满、逐满"的主旨,他在许多场合的演讲,均多次强调了"驱逐鞑虏,恢复中华"的政治纲领,他在《中国同盟会革命方略》中对"驱逐鞑虏、恢复中华"的纲领进一步解释说:"今之满洲,本塞外东胡。昔在明朝,屡为边患。后乘中国多事,长驱入关,灭我中国,据我政府,迫我汉人为其奴隶……我汉人为亡国之民者二百六

---

①　章太炎:《军政府讨满州檄》,《民报》1907年4月增刊"无讨"。
②　邹容:《革命军》,《辛亥革命前十年间时论选集》,三联书店1978年版,第663—665页。
③　汪精卫:《民族的国民》,《民报》1905年10月第1期。
④　思黄:《论中国宜改创民主政体》,《民报》1905年10月第1期。

十年于斯。""中国者,中国人之中国;中国之政治,中国人任之。驱逐鞑虏后,光复我民族的国家。"①

为了达到有效的社会动员,革命者还不断地利用报刊作为制造排满舆论的阵地,辛亥革命时期,各地出版报刊有数百种之多。丁守和主编的《辛亥革命时期期刊介绍》就收有 210 种,其中上海地区出版的报刊占国内出版期刊的一半以上(约 58%)②,这些报纸均成为革命者宣传革命的重要阵地,《苏报》就是其中的典型。章太炎、邹容等人借《苏报》鼓吹革命,一时名声大噪,后为清廷所控,章、邹二人被逮捕下狱,以致发生了著名的《苏报案》。

排满革命者的反满宣传,推动了清末最后数年的汉人民族主义情绪的高涨。为达到宣传的目的,一方面,刘师培等反清人士重新塑造黄帝形象,努力把满族异化为"外族";另一方面,寻求汉族族源,以明确满汉界限。邹容在其《革命军》中专列一章"革命必剖清人种",强调要排满就必须划清满汉族源界限。鸦片战争以后,清廷无力抵御外辱的无情现实带给国人日益沉重的挫折感和危机意识,并把"中国的一切问题归结为异族统治,并因此呼唤建立一个由汉人支配的政权"。③ 排满革命者强化满汉界限,视满族为异族的反满宣传,强化了汉人民族主义的民族意识,最终促使部分旗人成为辛亥革命时期狭隘民族主义的牺牲品。

也许是觉得"排满"宣传会导致狂热的狭隘种族复仇主义,亦或是纯为宣传革命的一种手段,章太炎等人又对"排满"作出了一些解释,"是故排满者,排其皇帝也,排其官吏也,排其士卒也",而不是要杀害一般的满人平民,其"所欲排者为满人在汉之政府。而今之政府,为满洲之窃据,人所共知,不须别为标目,故简略言之,则曰排满云尔"。④ 孙中山先生也曾经强调"我们并不恨满洲人,而是恨害汉人的满洲人","我们要推倒满洲政府,从驱除满人那一

---

① 广东省社会科学院历史研究室、中国社会科学院近代史研究所中华民国史研究室、中山大学历史系孙中山研究室合编:《孙中山全集》第 1 卷,中华书局 2006 年版,第 296 页。

② 参见章开沅:《辛亥革命时期的社会动员——以"排满"宣传为实例》,载《辛亥革命与 20 世纪中国》,湖北人民出版社 2001 年版,第 23 页。

③ [美]汪利平:《杭州旗人和他们的汉人邻居:一个清代城市中民族关系的个案》,《中国社会科学》2007 年第 6 期。

④ 章太炎:《排满平议》,《民报》1908 年 6 月第 21 期。

面说,是民族革命,从颠覆君主政体那一而说,是政治革命,并不是把它分作两次去做。讲到那政治革命的结果,是建立民主立宪政体。照现在这样的政治论起来,就算汉人为君主,也不能不革命。"①强调了"反满"是为推翻君主专制统治之需要,而非纯粹的排满。

虽然如此,"反满"宣传仍然带来了严重的恶果。首先,是大汉族主义的膨胀,"同盟会标榜'中国者,中国人之中国',本来无可厚非,但一经与"驱除鞑虏联结便产生了问题⋯⋯处于统治地位时,把少数民族贬为蛮夷;处于被统治地位时,则把少数民族统治斥之为外人"②,这就是大汉族主义的传统心态,一定程度影响着世人尤其是民国成立后对理应平等看待的民族关系问题的正确认识与处理,更深深地影响民国时期政府与公众对旗民生计的考量与筹划。其次,排满宣传使即将发生的武昌起义与各地光复活动弥漫在浓厚的种族成见的氛围中。1910 年 10 月底,武昌起义发生后,南京出现了一纸对宁、杭旗兵进行革命宣传的印刷品,宣传单虽然强调"此政治之革命,而非种族之革命也",但种族成见的内容依然强烈体现,其文如下:

> 我大汉义师之起,原欲摧倒现今腐败之政府,另组一共和国家,救斯民于水火,除去专治(制)之暴虐,合汉、满、蒙、回、藏五族,以同享文明幸福。此政治之革命,而非种族之革命也。以故旌旗所至,远近欢迎。两湖人士、首举义旗,九江、四川、陕西、河南、广东、福州、山西各处,闻风相应,争先恐后。十余日间,天下大半已为大汉所有,此固由于天意之厌满,抑亦大汉之一视同仁,不分畛域,有以使之然也。数日以来,颇闻江宁、杭州两处旗人,改装潜逃者不一而足;甚至架巨炮于城,欲为灭尽汉人之计。须知大汉宗旨,在改造国家,不是专论种族。大军每到一处,往往兵不血刃,不惟对于满人不多杀戮,即对于满官,苟不抗命,亦绝不伤害。今与宁、杭两城旗人约:尔不妄伤汉人,汉人必不杀尔。大兵到时,尔若输诚归顺,不特全城旗人生命可保无虞,即铁将军、德都统亦必设法保护。尔若梗顽不化,开炮乱击,但有伤吾汉人一人,焚吾汉人一房者,城破之后,必

---

① 孙中山:《孙中山选集》上集,人民出版社 1981 年版,第 74—75 页。

② 章开沅:《辛亥革命时期的社会动员——以"排满"宣传为实例》,载《辛亥革命与 20 世纪中国》,湖北人民出版社 2001 年版,第 32 页。

将尔等少壮老幼尽数全戮，以报其仇。尔等试举目以观，今日大势，全在汉人之手，区区两城，尚能抗拒大命乎？尔勿谓锺山龙蟠，石头虎踞，金陵之形势可恃也；亦勿谓城面钱塘，地临西湖，余杭之险要可保也。地利不如人和，古有明训，而况今日亦绝无地利之可云耶？请与两城尔旗人约：尔宜少安毋警，静待大兵一到，率尔家人父子出郊相迎，则尔之性命敢保无伤，所享之权利仍与汉人相等。如若不然，恐尔等之首领个个难保矣。我之所言，爱尔等也，非畏尔等也。尔等其再三思之。①

对于清末至辛亥时期革命派将革命与"排满"联系起来的做法，一些有识之士不以为然。严复批评革命派的民族主义是宗法社会的种性意识："中国社会，宗法而兼军国者也。故其言法也，亦以种不以国，观满人得国几三百年，而满汉种界，厘然犹在……是以今日言合群，明日言排外，甚或言排满……虽然，民族主义将遂足以强吾种乎？愚有以决其必不能者矣。"②

清末"排满"宣传和反"反满"思潮的消极影响及负面效应，不仅导致其后多年间形形色色大汉族主义观念的或隐或现，而且这种浓厚的大汉族主义和种族仇视的氛围，导致辛亥时期革命军与八旗军之间的对立情绪不断膨胀。光复期间，旗人被戮杀的情况时有发生。

### 二、光复时期的旗民伤亡状况

光复时期各地旗人伤亡情况不一，主要与各地光复的形式与战事的激烈程度密切相关。总的来说，战事激烈的地区，如武汉、福州、西安、荆州、江宁等地驻防旗兵伤亡较多，而在杭州、宜昌、镇江、成都、广州等地，由于交战双方终以和平谈判的方式结束争端，旗兵伤亡程度则较小。

辛亥革命首发武昌，武汉战争十分激烈，旗人伤亡较多。1911 年 10 月 10 日，武昌起义发生，革命党起事之后，湖广总督瑞澂迅急调集清军准备弹压革命，其驻防武昌城内之兵力有步兵二十九标第一、二营、步兵三十标、工程第八营、宪兵第八营、测绘学堂学生及步兵第四十一标第三营等，其中，步兵三十标及宪兵第八营皆系旗兵。在革命军的猛烈进攻下，10 日深夜，督署被攻占，步

---

① 《民立报》1911 年 10 月 29 日。
② 王栻编：《严复集》第 14 册，中华书局 1986 年版，第 926 页。

兵三十标之旗兵"被革命军击散,其残部尚潜在宝阳内附近及蛇山东部各处。又派革命军围击,击死旗兵四百余名,其余均逃出宝阳门外。又俘虏旗籍人员约三百余名,均收押於武昌模范监狱。"①是役,旗兵共死 500 余人,被俘 300人。城陷之初,革命军曾一度在城内搜杀满人。10 月 11 日,革命军全城张贴安民告示,宣告刑赏令 16 条,规定"藏匿满人者斩"。② 与此同时,盗匪亦趁火打劫,城内秩序日渐混乱,数日后,军政府颁布禁止擅杀旗人令,俘获旗人一律收监。③

　　陕西是最早响应武昌起义的省份之一。西安驻防向为清朝一大驻防,自顺治至康熙,清廷派驻此处的八旗兵力一直有增无减,除乾隆四十四年(1779年),清廷命令 2300 余名西安汉军出旗以外,驻防兵丁往往几代人生活于此,效命朝廷。武昌起义前,西安革命党人"早谋义举",有"匪民揭贴粘於省垣之四门","至八月十五,而杀鞑子之说"迅速传播。④ 由于消息泄露,将军文瑞与巡抚钱能训密商将新军调离西安,并遴选旗兵 1500 名,坚守西安城。10 月22 日,革命军起事,当时除满城以外的西安城均被攻克,文瑞遁入满城。第二日凌晨四点,革命军"围攻满城,满人死力相拒",民军"屡战屡胜,满兵溃败。遂将满城攻开,所有满人,潜逃一空。"⑤"满城被攻破,文瑞投井自尽。由于受种族仇隙宣传的影响,民军以种种原因切齿满族,又以满营闭城坚抗,至土匪得乘机抢掠,扰乱秩序,大忿之,故杀戮颇多"⑥,造成诸多旗兵及其眷属无故被杀害。仅 12 月 24 日一天,民军歼灭满人就约有千余人。关于光复时期西安旗人被杀戮的情况,《申报》先后有两次相关记载,1911 年 12 月 10 日,《申

---

　　① 曹亚伯:《武昌起义》,载柴德赓等编,中国史学会主编:中国近代史资料丛刊《辛亥革命》(五),上海人民出版社、上海书店出版社 2000 年版,第 127 页。

　　② 张难先:《都督府之组织设施及人选》,载柴德赓等编,中国史学会主编:中国近代史资料丛刊《辛亥革命》(五),上海人民出版社、上海书店出版社 2000 年版,第 208 页。

　　③ 参见中国人民政治协商会议全国委员会文史资料研究委员会编:《辛亥革命回忆录》第2 集,北京文史资料出版社 1981 年版,第 29 页。

　　④ 参见郭孝成:《陕西光复记》,载柴德赓等编,中国史学会主编:中国近代史资料丛刊《辛亥革命》(六),上海人民出版社、上海书店出版社 2000 年版,第 38 页。

　　⑤ 郭孝成:《陕西光复记》,载柴德赓等编,中国史学会主编:中国近代史资料丛刊《辛亥革命》(六),上海人民出版社、上海书店出版社 2000 年版,第 39 页。

　　⑥ 郭孝成:《陕西光复记》,载柴德赓等编,中国史学会主编:中国近代史资料丛刊《辛亥革命》(六),上海人民出版社、上海书店出版社 2000 年版,第 41 页。

报》以"译电"专版记载说:"北京接西安府十月初六日来函,谓旗人八千被杀。"①而据 1913 年 12 月 27 日的《申报》:"当革命发难西安,旗人被戮者约有三千余户。"②两次记述略有不同,一按人头,一按户头,虽然不知两者是否相当,但有一点是确定无疑的,那就是光复时期西安旗人被杀人数是比较多的。此外,根据英国议会文件记载,公使朱公典 1911 年 12 月 29 日从北京写给外交大臣葛雷的信中谈及西安光复情形时也说,"男女老小约有一两万人的驻防旗营实际上全部被消灭"③,佐证了西安旗人被杀状况。10 月 25 日,军政府传令禁止杀戮,情况才有好转。

　　荆州地处武汉之上游,"夙称重镇",自古为军事要地。荆州驻防都统恒龄"於军事学颇有研究,其部下之指挥官亦多数系学堂出身",而且荆州驻防"枪弹十分充足,开花弹亦多",实力十分雄厚,因而双方交战的程度十分激烈,旗人伤亡程度较重。11 月 19 日始,革命开始攻打荆州外围,先后发生了八岭山、荆门、草市土门头战役。在八岭山战役中,"满兵死者约百余人"④。此后的荆门战役中民军"歼戮满兵约六十余名",草市土门头战役,"满兵约死六百人"。荆州之战,旷日持久,在民军的强大攻势下,荆州"伪协领及伪指挥官多被弹杀,所余者亦皆丧失战意,困守危城,不敢越雷池一步矣"。最终,都统恒龄羞愤自杀。12 月 23 日,将军连魁、副都统松鹤以及各协领在天主教红十字会医院缴械投降,民军提出相应的受降条款:"一、缴军械火药及一切有关之军用物品;二、荆州城内旗民均遵守军政府法律;三、驻防原有公田公产,一律没收;四、旗民生命财产,本部一律保护。五、旗民中极困苦者,给恩饷六个月;六、民国各种学堂,旗民亦准投考。"⑤六条条款对战后旗民生命财产的保护以及升学及近期生活作出了一定的安排。

　　在与民军的交战中,福州旗人死伤亦不在少数。由于将军朴寿和总督松

---

　　①　《译电》,《申报》1911 年 12 月 10 日。

　　②　《陕西旗人惨状》,《申报》1913 年 12 月 27 日。

　　③　[美]李约翰:《清帝逊位与列强(1908—1912 年)——第一次世界大战前的一段外交插曲》,中华书局 1982 年版,第 274 页。

　　④　李一:《荆宜施鹤光复记》,载柴德庚等编,中国史学会主编:中国近代史资料丛刊《辛亥革命》(五),上海人民出版社、上海书店出版社 2000 年版,第 255 页。

　　⑤　李一:《荆宜施鹤光复记》,载柴德庚等编,中国史学会主编:中国近代史资料丛刊《辛亥革命》(五),上海人民出版社、上海书店出版社 2000 年版,第 258 页。

寿极其仇视革命，"武昌事起，朴寿即将枪弹运入旗人街，旗人街且置巨砲，凡十三岁以上男子，给枪一挺，弹几颗，女子给小刀一口，誓看革军起，即与战。"①11 月 7 日，谘议局与民众议决成立新政府。第二天，新政府致书松寿，要求："（一）旗人全部服从新政府命令；（二）旗兵所有械弹，交新政府；（三）裁撤满汉区域；（四）旗人俸禄，照旧发给。"②松寿见大势已去，勉强同意，而"朴寿独曰：不可"，于是一场恶战不可避免。11 月 9 日，"双方接战，火力极猛"，这场战役，"旗兵及妇女投河死者数百人"③，松寿亦自杀身亡。"都统胜恩被擒，旗兵军械，始悉数缴出。"对于所有旗兵俘虏，革命军"仍以文明对待，拘留数时，即遣归家。并给洋银一元，米一斗，为安家之用，且许以每日酌给粮食。至负伤各旗兵，均由赤十字会舁入医院疗治。其死亡者亦复分别掩埋，以示宽大"。④ 福州的旗人，除了双方交战中发生的伤亡以外，由于革命军处置得当，滥杀旗人的情况基本没有发生。

　　江宁的战事十分激烈，对江宁旗城及旗人的影响较大。时任职南京高等学堂的殷葆诚在其笔记中记载说，民军未入城时，"城内秩序虽稍纷乱，而尚无抢劫之事，惟满城旗人颜色灰败，随处藏匿。缘有种族革命之谣，故旗营火药库有协佐领数人举火自焚之事，一声巨响，黑焰冲天，墙动窗开，全城皆震。新军误会以为旗兵施放地雷或巨炮攻敌也，约同二三百人冲入旗营，连陈排枪，放火烧屋，不及片时，东城一带明故宫旗营之内遍地皆火矣！妇孺因而自尽者不知凡几。次日，火犹未熄。余三日饭后往观，则都统署尚存二进，余皆为瓦砾之场。妇女成群，露宿乞食。至御河桥下，犹有大小尸体数具未及掩埋。哭声惨状，不忍闻睹，然本地人士寂然莫动于中（衷）。"他继而分析了这种状况发生的原因："盖平时旗民恃强稔恶，久为人切齿皱眉，怨毒所锺，遂不

　　① 邹鲁：《福建光复》，载柴德赓等编，中国史学会主编：中国近代史资料丛刊《辛亥革命》（七），上海人民出版社、上海书店出版社 2000 年版，第 278 页。
　　② 邹鲁：《福建光复》，载柴德赓等编，中国史学会主编：中国近代史资料丛刊《辛亥革命》（七），上海人民出版社、上海书店出版社 2000 年版，第 278 页。
　　③ 郭孝城：《福建光复记》，载柴德赓等编，中国史学会主编：中国近代史资料丛刊《辛亥革命》（七），上海人民出版社、上海书店出版社 20000 年版，第 281 页。
　　④ 郭孝城：《福建光复记》，载柴德赓等编，中国史学会主编：中国近代史资料丛刊《辛亥革命》（七），上海人民出版社、上海书店出版社 2000 年版，第 281 页。

党隐隐称快矣。"①长期的满汉界限对旗民历史命运的影响可见一斑。而据《清臣殉难记》记载,江宁旗营死亡官佐计38人,其中被杀10人,自杀者达18人。②

太原的旗人伤亡也较惨重。1911年11月29日的《大公报》记载了相关情况:"当乱起之时,该满城地居城之东北隅,并未得有消息。迨闻炮声,始知事变,遂始逃奔。迨奔至营门,已被围住,是时炮弹如雨,营内房舍尽毁,全城无一逃生者。"③这样的记载不知是否有所夸大,但伤亡惨重也应是不争的事实。

相较西安、荆州、福州、江宁、太原等地,杭州、宜昌、成都、广州、镇江等地多以和平的方式实现了光复,这些地方的旗兵状况则要好得多。

杭州旗营光复一波三折。11月4日,浙江革命党人发动起义,5日凌晨,除旗营外,杭州全城光复,浙江巡抚旗人增韫被拘禁,被包围的旗营官兵大多数愿意投降,但将军德济决意抵抗,命令炮轰旗营,致使双方各有伤亡,其中旗人死伤约20余人。是日下午,在民军的努力下,满人代表贵林至咨议局进行和平谈判,晚七时,杭州全城光复。双方约定:"(一)旗兵既从此编入民籍,则彼此永无交战之理,但愿缴出之枪弹子药,须限本日七点钟为止;(二)旗兵向以兵饷为生,现既改民籍,一时断不能使之失所,暂仍照旧发给饷项,俟时局稍定,为徐图生活之计。"④杭州旗营最终以和平的方式实现光复。

宜昌光复过程十分顺利,清军未做过多抵抗,本处驻防旗人基本没有伤亡。八旗统领崇欢虽事前戒备甚严,但并无迎战决心。12月26日,其借救援瑞徵之名率一部逃跑。12月27日,满人投诚,革命军几乎未废一枪一弹,光复宜昌。"光复后,所有在宜各满人均先后被获,唐司令官饟之以人道主义为重,除有敌意之伪参将倭和佈及在逃亡伪统领崇欢家族,不得不加以死罪外,

① 殷葆諴:《追忆录》,载扬州师范学院历史系编:《辛亥革命江苏地区史料》,香港大东图书公司1980年版,第515页。
② 参见尚秉和:《辛壬春秋》,卷43,辛壬历史编辑社1924年版。
③ 《大公报》1911年11月29日。
④ 褚辅成:《浙江辛亥革命纪实》,载柴德赓等编,中国史学会主编:中国近代史资料丛刊《辛亥革命》(七),上海人民出版社、上海书店出版社2000年版,第156页。

余……概免其死,嗣经和议告成,即行释放,并酌给养赡之资。"①

　　成都的旗营在民军不懈的和平努力下,基本未受到战火的袭击,旗人也基本没有伤亡。按照和平解决协议,成立"旗务处",筹办旗民生计问题,满族人居住的房屋划归居住者私有。旗务处筹款十万元,安排旗民生计,在鼓励旗民自谋生计的同时,收容旗民进厂做工。

　　由于和平谈判的成功,光复时期的广州旗人并未出现伤亡情形。光复时期的广州局势据称:"各省旗人最安全者莫若广州,地方秩序最安全者莫若广州。"②光复前夕,广州形势一度紧张,战事一触即发。为争取广州的和平光复,广州各大团体与八旗代表多次集会,并达成一致意见,决定维持满、汉八旗及广州三千万同胞的生命安全,并主张实行"人道主义,不分满汉,一律看待"。③ 广州独立后,八旗官兵由广州军政府改编为粤城军、省警卫军,并把粤城军调往杨(阳)江县。此外,为维持八旗生计,每月发放粮饷三千元,由八旗自行处理,三个月后,八旗兵每人发放十元毫洋后被遣散,同时新军中的旗人兵丁也被遣散。

　　镇江旗营也以和平的方式光复。辛亥革命前,京口驻防旗兵由副都统载穆统率,其"所统率之旗兵,分为左右两翼,约有步、骑、炮兵数千人"。④ 1911年11月7日,新军对镇江城形成包围之势,镇江旗兵在新军强大的压力下,被迫公推代表,提出投诚的三项要求:"一、保全旗人生命;二、保护旗人财产;三、护送穆眷属行囊出境。"⑤11月8日,副都统载穆并所有旗人缴械受降,先前秩序大乱的旗城居民渐复平静,但副都统载穆不久即自缢殉清。

　　总的说来,虽然各地多有不同程度的和平努力,但辛亥期间"殉难"的旗人依然为数众多。自10月10日辛亥革命爆发至11月下旬,全国24个省份

---

　　① 李一:《荆宜施鹤光复记》,载柴德赓等编,史学会主编:中国中国近代史资料丛刊《辛亥革命》(五),上海人民出版社、上海书店出版社2000年版,第251页。

　　② 伍宗猷:《广州满族简史》,广东人民出版社1990年版,第46—57页。

　　③ 郭孝成:《广东光复记》,载柴德赓等编,中国史学会主编:中国近代史资料丛刊《辛亥革命》(七),上海人民出版社、上海书店出版社2000年版,第230页。

　　④ 张立瀛:《镇江光复史料》,载扬州师范学院历史系编:《辛亥革命江苏地区史料》,香港大东图书公司1980年版,第267页。

　　⑤ 张立瀛:《镇江光复史料》,载扬州师范学院历史系编:《辛亥革命江苏地区史料》,香港大东图书公司1980年版,第268页。

中,南部和中部省份几乎均宣告独立,在这一场以"革命排满"口号动员起来的军事行动中,旗营及旗民的损失伤亡是毋庸置疑的。相关史料对辛亥期间旗人殉难的情况有一些详细的记载,其中,旗籍中自杀或被杀的高级将官就有十多人,列表如下,以资佐证。

表 3.1　辛亥期间旗籍高级将官"殉难"情况一览表

| 姓　名 | 旗籍 | 职别 | 殉难原因 |
|--------|------|------|----------|
| 松　寿 | 满洲 | 总督 | 自杀 |
| 赵尔丰 | 汉军 | 总督 | 被杀 |
| 文　瑞 | 满洲 | 将军 | 自杀 |
| 志　锐 | 满洲 | 将军 | 战死 |
| 孚　琦 | 满洲 | 将军 | 刺杀 |
| 朴　寿 | 满洲 | 将军 | 被杀 |
| 良　弼 | 满洲 | 都统 | 刺杀 |
| 载　穆 | 满洲 | 副都统 | 自杀 |
| 恒　龄 | 满洲 | 副都统 | 自杀 |
| 祖世增 | 汉军 | 布政使 | 被杀 |
| 桂　荫 | 满洲 | 知府 | 自杀 |

资料来源:柴德庚等编,中国史学会主编:中国近代史资料丛刊《辛亥革命》(五)、(六)、(七),上海人
　　民出版社、上海书店出版社 2000 年版;赵尔巽:《清史稿》(下),卷 496,天津古籍出版社
　　2007 年版。

　　除了高级将官以外,中下级旗人将官及士兵"殉难"者甚众。仅以西安驻防一地为例,除了将军文瑞以外,"城破时阵亡者,为协领斌恒、恩瑞、存福、培基,佐领贵陞、特克升肯、庆喜、巴克三图、恒秀、瑞明、额哲本、达朗阿、兴智、恩寿、玉祥、西拉本、奇彻亨、恩撒亨,防御存喜、存陞、恩成、林福、色清额、平陞、胡图灵额、惠文、鹤龄、奇巽、苏克敦、讷拉春、惠源、呢克通阿、哲尔精额、惠祥,骁骑校奎亮、林启、启弟、正目、林璋、都伦太、景文太、萨立善、文昭、伊吉斯珲、智厚、惠庆、惠启,副官惠璋,盐大使文焕,举人惠斌,生员金常,武举人德森布,骑都尉昌广、益光,云骑尉俊亮、和瑞、松善、特伸布、富海、胜春、海亮、多銮太、达林、和顺、忠云、玉恒、培文、存禄、倭升珲、凤玉、惠亨撒;恩骑尉培绪、凤山、恩瑞、奎德、贵成、锡龄、崇喜、倭仁额。殉难者,为佐领图切珲、候补直隶州知

州宝坪,直隶州州同俊兴。候补知县德锐自刺死,妻子同殉。……旗兵之死於此役有名册可稽者,凡千余人,官弁兵丁之家属遇害及自尽众尤众。"①《清史稿》关于其他各地驻防"殉难"旗人有名有姓、记载较为详细的也有数百人之多。②

辛亥时期,旗人的"殉难"人数虽然为数不少,但远远低于传闻中夸大的数字,更未被赶尽杀绝。从一般意义上来说,作为新旧对立的交战双方,战争所造成的伤亡和伤害是不可避免的,正如革命期间的新军一样,特别值得指出的是,一些地方以和平方式解决了争端,最大限度地避免了伤亡。光复期间,各地新政府均采取了有效的措施,阻止了蓄意的或大规模的屠杀事件的发生。武汉、成都、宜昌等地均对被捕旗员进行妥善安置,释放或遣回原籍。根据《申报》记载,在湖北,"自黎都督任事后,力主人道主义,严饬军人不准滥杀所有,八月二十一日拘获之满人男女老幼,概暂禁监中。"③光复后不久全部予以释放。此外,各地对旗人也进行初步的安排,有些地方还给予一定的食饷,并提出满汉平等对待的基本原则和善后旗人的初步方案,一定程度上保障了旗人生命财产的安全。

### 三、旗民对于辛亥革命的两种不同态度

对于辛亥革命,旗民持有两种截然不同的态度,基于长期的满汉隔阂所形成的种族仇隙、特权的丧失以及排满宣传等一些主客观因素的影响,一般旗人对革命均抱以消极或排斥的态度,部分旗人甚至极端仇视革命。

在与民军的交战中,部分驻防旗兵拒绝缴械投降,与民军展开了激烈的交战,造成双方较大程度的伤亡。前述福州将军朴寿和总督松寿就是典型的例子。一些旗人将官及其眷属兵败之后选择自杀"殉国",体现出对清廷的无限眷恋和对革命的极端仇视。西安将军文瑞,在满城被攻破以后,知大势已去,选择投井自尽。自杀前,文瑞曰:"吾为统兵大员,有职守不能戡乱,重负君

---

①　赵尔巽:《清史稿》(下),卷496,天津古籍出版社2007年版,第816页。

②　参见赵尔巽:《清史稿》(下),卷496,天津古籍出版社2007年版,第814—821页。

③　《鄂省旗人之近状》,《申报》1912年5月17日。

恩,惟有死耳!"①除了松寿、朴寿、文瑞等清廷高级官吏以外,中下等将官及普通士兵自杀殉难的"不知凡几"。桂荫,满洲镶蓝旗文生,"由刑部郎中军机章京外擢施南府知府,调安陆。……安陆为襄樊门户,府城故无兵。武昌变闻,图守计,并牒道清兵,已尔旁郡德安、荆州皆陷。十月初五日,郧阳兵骤变,围府署,劫印信。桂荫携妻富蔡氏趋入文庙,夫妇同缢崇圣殿中死,衣带中书有'虚生一切,不能报国安民'数语。临殉难时,顾谓仆曰:'葬我必北面'。"②面对清廷覆亡的无情现实,一些旗人"殉难"时均表露强烈的忠君思想。新军攻入荆州驻防城,正白旗旗人松兴说:"吾朝廷大吏,城不保,义当死。头可断,膝不可屈!"西安光复时,满洲人德锐有机会逃出,但其表示作为满人,"不忍独生",率妻、子一同自裁。附生春祥更是强调:"城破家必亡,自古全家尽节,有光史册。"③随后偕同兄、弟、妻、子十余口自焚而亡。

革命派人士的排满宣传带来的消极后果之一就是旗民人心惶惶,他们不仅反对革命,甚至出现"排汉"的风潮。"陕西未起事前,有人屡请署抚钱能训大杀革命党"④,就是这种情形的体现。光复时期,成都甚至出现了"排汉恶潮",《申报》以《成都满人之罪恶》为题报道了相关情况:"成都自武昌起义,驻防满人(满兵约二千余人,男、妇共七千余)在满城私结,满营联合党突於九月十七日夜,约有千余人联合扑出满城,为先发制人之计,击毙汉民数人,将军玉崐及都统闻变劝谕,风潮始稍平静,然满城内之杂处汉族以及附近居民已纷纷迁徙,人心大为惶乱。"⑤京城也出现了旗人将大杀汉人的种种传言,清廷不得不对此尽力辟谣,以消除满汉双方的敌对情绪。1911 年 10 月 31 日,清内阁致电各省督抚、将军、都统,称"现外间纷传荆州驻防有排汉之举,虽属毫无影响,然此事颇与大局有关,诚恐各省以讹传讹,多滋误会"。⑥ 然而传言绝非空穴来风,事实上,在与民军的交战中,荆州驻防旗兵的抵抗十分顽强,即使在"投械"以后,荆旗依然藏有大宗军械,以图死灰复燃。1912 年 11 月的《申

①　赵尔巽:《清史稿》(下),卷470,天津古籍出版社 2007 年版,第 643 页。
②　赵尔巽:《清史稿》(下),卷496,天津古籍出版社 2007 年版,第 814 页。
③　赵尔巽:《清史稿》(下),卷470,天津古籍出版社 2007 年版,第 815—816 页。
④　《陕西光复余谈》,《申报》1912 年 1 月 6 日。
⑤　《成都满人之罪恶》,《申报》1912 年 1 月 3 日。
⑥　《大公报》1911 年 11 月 1 日。

报》报道说："荆州为满清骑兵驻防之地,区分旗汉二城,旗满营军营火药俗称充足,去冬满军战败投诚,经该将军连魁缴出新旧枪千支余,杖炮数十尊,大小子弹数万粒,均经今第七镇统制唐编制接受……黎公日前据侦探报告,谓该旗城尚藏有军火甚多,特派周参谋前往,会同唐编制搜查,果于前将军署后湖中取获毛瑟快枪千余支,……又於协领恒锡九宅中搜出快枪十五支,子弹两小箱。该统制恐别有奸谋,已将恒之眷属发交江陵县究办矣。"①光复后荆州驻防仍有程度不等的军事反抗活动。1911 年 12 月 12 日,《申报》以《荆沙满奴抗师记》为题,报道了是年 11 月荆州旗人的一次"排汉"活动:

> 荆州满奴前已自愿降伏。乃上月下旬忽起反抗,屡杀汉人,势颇猖獗,有侵入宜昌之势。该处人民至宜昌上书,告急者络绎不绝。幸我军驻宜唐司令官先事预防。即於九月二十七日,饬一标二营管带欧阳超率领全营官兵,乘小轮开驻江口;二标一营前左队及三营右后两队派参谋邓金标由旱道开往当阳,籍资震慑,相机招降。讵料该满奴等执迷不悟。当我军管带官欧阳超率队至江口时,该满奴已於十月初二日照会驻沙领事,扬言拟守中立,以江陵县境为界限,两不侵犯。该虏於当晚率兵一千余名,迳出西门,向江口出发,蓦袭我不备。……是晚满奴又聚全力进夺万成,是时,邓参谋正率队由当阳出发,即占领八岭山,与欧管带互为声援,自朝至暮,始将敌人击退,满奴死伤约数百名……

> 又一防函云,宜昌军政分府派义军三千人进攻荆州,与满奴在万城堤大战三小时之久,击毙满奴数百名,其余四散逃窜。②

在杭州,旗人不甘心被光复者常有之。沈钧儒回忆说:"浙江光复的头个几月里,一切都闹哄哄的,社会秩序还没恢复过来。贵林表面上投降,仍住旗营里,想乘机叛变。经人告发,浙军司令部立派部队驰赴旗营,起出私藏枪支2000 余枝,子弹无数,还有好多箱炸药。"③后贵林父子被处极刑。满人海外留日学生还组织所谓的暗杀队"暗地来华,欲杀民军"。④ 甚至有相关报道说:

---

① 《查获荆旗大宗军械》,《申报》1912 年 9 月 25 日。
② 《荆沙满奴抗师记》,《申报》1911 年 12 月 12 日。
③ 沈钧儒:《辛亥革命杂忆》,载中国人民政治协商会议全国委员会文史资料委员会编:《辛亥革命亲历记》,中国文史出版社 2001 年版,第 132 页。
④ 《论满人组织暗杀队》,《申报》1911 年 11 月 9 日。

"游东满洲学生近由外洋购得毒药甚多,附轮回华,拟将此药投入浦江,并赴扬子江上、下游投入江中,实行暗杀主义。"《申报》对此评论说:"此等恶劣手段灭绝人道,已达极点。"①

旗人支持革命的相对较少。一些资料表明,有少数旗人也支持革命。"旗籍老人关济武在北京城内八旗学堂高等学校里,就曾秘密地看到孙中山的三民主义和其他反满小册子,多数同学(满族)都表示拥护革命。"②武昌起义爆发后,一些旗人公开表示拥护革命,云南顺宁府知府琦璘,"常以满廷专制为限。自接省城光复电,深为欢跃。当即复电投诚。"③随着革命形势的发展,吉林旗人也出现了共和热,据《申报》报道,"吉林旗人向多主张民主,其中以松秀涛(即松毓)为最。"松毓出身满族官僚家庭,1906年,声望素著的松毓出任由吉林民族资产阶级发起成立的吉林地方自治会会长,宣讲新学。1908年,出任"吉林公民保路会"会长,从事宣传民主和鼓动革命的工作。1911年,辛亥革命爆发后,松毓担任吉林联合急进会会长,积极主张共和。1912年3月,上海组织临时公会,松毓担任会长的吉林联合会很快派出李荫泉等三人作为代表"到沪表明吉林人民对于共和之趋向"。④ 在黑龙江,该省旗人代表庆山深受民军新气象之感染,认为民军"财政之充裕,人才之高尚,民气之膨胀,将士之智勇,枪炮之精锐,百倍于清政府",提出旗人"若不自强,将来民军视吾辈尚不如奴隶也"⑤,应当积极参加革命。除了上述数例以外,关于旗人支持革命的记载与报道并不普遍,表明支持革命的旗人仅在少数。

## 第二节　旗民社会生活的失序

辛亥革命推翻了清王朝的专制统治,旗人的社会生存状态遂随之改变,光

---

① 《灭绝人道之满洲学生》,《申报》1911年11月11日。
② 中国科学院民族研究所、辽宁少数民族社会历史调查组:《北京满族调查报告》(一),载《满族社会历史调查报告》(下)第5辑,1963年,第57页。
③ 《时报所载云南之满人》,载柴德赓等编,中国史学会主编:中国近代史资料丛刊《辛亥革命》(六),上海人民出版社、上海书店出版社2000年版,第257页。
④ 《吉林旗人之共和热》,《申报》1912年1月30日。
⑤ 《吉林旗人之共和热》,《申报》1912年1月30日。

复时期,旗民社会生活甚至一度流于失序。

### 一、原有生活秩序被打破

辛亥战火,不仅使旗营受到不同程度的破坏,旗人原有的生活秩序被打破。为图生存,旗人被迫乔装打扮,四处逃散。在江西,光复前"候补府县班中一般满人",惧于"排满风潮","纷纷扯去衔籍公馆名条,改易汉装,以谋避眉前之祸","而贡院旁边八旗会馆及百花洲八旗奉直公馆名牌均已御下,搬避一空,以免乱火焚毁"①。"旅居赣省旗民因听信谣言大都四处逃散。"②西安满城被攻破之时,"所有满人,潜逃一空"③。太原驻防男女老幼原额 1500余人,驻防城被攻破以后,"旗民散居四乡者占多数","在城者男女老幼共计三百上下余口"。④ 镇江和平光复前夕,旗兵"纷纷然隐匿财产,迁移妻子",⑤"驻防满兵逃去甚多,满营房屋全空。"⑥京师旗人也逃往各地,其中不乏众多皇族,"溥伟、载泽、善耆均在其内。"⑦1911 年 11 月 6 日的《申报》报道说:"京师满人得保定失守消息,连日向秦皇岛进发,闻秦皇岛目下已有五千余人。"⑧未逃走的"旗民大半改易西装寄宿交民巷使馆内"。此外,"京师满人纷给巨资託庇外人宇下,自三百、千金至万余金不等。"⑨在这个过程中,满人被骗,财产被席卷者时有发生,"那桐曾以八十万金之珠翠金银付诸某处,保费甚廉,不意斯人持物一去不返,那因之大懊丧"⑩。

旗产在战乱中也多有损失。杭州驻防光复后,民军拟恢复旗营工艺传习

① 《满籍之候补官》,《申报》1911 年 11 月 5 日。
② 《赣省新猷种种》,《申报》1911 年 11 月 17 日。
③ 郭孝成:《陕西光复记》,载柴德庚等编,中国史学会主编:中国近代史资料丛刊《辛亥革命》(六),上海人民出版社、上海书店出版社 2000 年版,第 39 页。
④ 中国第二历史档案馆藏:《关于太原驻防旗民向山西都督陈述辛亥九月以后太防变化情形并要求解决旗民生计抄件》,陆军部,全宗号 1011(2),案卷号 711。
⑤ 张立瀛:《镇江光复史料》,载扬州师院历史系编:《辛亥革命江苏地区史料》,香港大东图书公司 1980 年版,第 266 页。
⑥ 《专电》,《申报》1911 年 11 月 15 日。
⑦ 《申报》1912 年 3 月 28 日。
⑧ 《译电》,《申报》1911 年 11 月 6 日。
⑨ 《译电》,《申报》1911 年 11 月 6 日。
⑩ 《呜呼可怜之京师》,《申报》1912 年 2 月 12 日。

所,"以资生计",但"封存杂物半被窃去"①。自杭州驻防缴械归附,民军派军人严密保护。援宁军队出发后,改派各区巡警防护。但"冒名搜查掳抢骚扰,指不胜屈,甚且有结队抄抢、白日搬掳者。……清都统柏统柏研香家留存箱笼器具被各区巡警搜刮,计至一万余金,甚至分赃不均,自行械斗者。抢出之桌椅门窗沿途叫卖,每具五分二角不等,其瓷铜玉石画画等物,均由古董贩购去。今日又扬言于十七日强搬白方舟五家,并云已严定区域管辖、区域出城、某某几队外,不准乘机染指,否则必用武力驱逐。"②旗人也有乘乱参与到抢劫行列中者。1911 年 11 月 24 日,杭州有旗丁私至工艺传习所,"窃取燃料,以致失慎,该旗丁乘机聚抢,当被民军开枪击散。……合城商民……惊魂玉碎矣。"③

　　辛亥时期,旗营的损毁极为严重。以江宁驻防为例,旗营在辛亥战火中大部分被毁。江宁驻防城位于明皇城旧址,自将军都统至普通兵丁官署、营房,一应俱全。太平天国时期,江宁驻防旗营"颇有残毁",太平天国以后,清廷对将军署、都统署、外官署及兵丁营房进行了重建。但"辛亥光复时,民军入城,虽已布告安民,而旗人惶恐奔窜,或效愚忠,以火燃药,同殉于将军署。于是骤猜忌,不无焚毁,原有房屋,十九被毁。民元以还,佃农分耕,几同荒野"。④ 表3.2 是民国二年(1913 年)对江宁旗营官署的调查,能够反映出旗营毁损的实际情况。

表 3.2　民国二年(1913 年)间江宁旗营官署调查⑤

| 官署名称 | 已/未毁 | 现存间数 | 亩数(亩) | 地名 |
| --- | --- | --- | --- | --- |
| 将军署 | 毁 | | 37.2 | 午朝门 |
| 都统署 | | 与平时同 | | 菜市口 |
| 左右司署 | 毁 | | | 西华门 |

①　《杭州最近之危机》,《申报》1911 年 11 月 27 日。
②　《杭州最近之危机》,《申报》1911 年 11 月 27 日。
③　《杭州最近之危机》,《申报》1911 年 11 月 27 日。
④　万国鼎:《南京旗地问题》,正中书局 1935 年版,第 2 页。
⑤　万国鼎:《南京旗地问题》,正中书局 1935 年版,第 3—5 页。

| 官署名称 | | | 已/未毁 | 现存间数 | 亩数（亩） | 地名 |
|---|---|---|---|---|---|---|
| 正白旗 | 一甲 | 协领 | | 与平时同 | | 菜市口 |
| | | 佐领 | 毁 | | 3.683 | 标营北 |
| | | 防御 | 毁 | | 2.100 | 尚书巷 |
| | | 骑骁校 | 毁 | | 1.430 | 菜市口 |
| | 二甲 | 佐领 | | 与平时同 | | 菜市口 |
| | | 防御 | 毁 | | 2.100 | 白虎桥北 |
| | | 骑骁校 | 毁 | | 1.430 | 白虎桥北 |
| | 三甲 | 佐领 | 无 | | | |
| | | 防御 | 毁 | | 2.100 | 尚书巷 |
| | | 骑骁校 | 毁 | | 1.430 | 尚书巷 |
| 正蓝旗 | 一甲 | 协领 | 无 | | | |
| | | 佐领 | 毁 | | 3.683 | 九板桥 |
| | | 防御 | | | | 朝阳门 |
| | | 骑骁校 | 毁 | | | 九板桥 |
| | 二甲 | 佐领 | 毁 | | 3.683 | 午朝门 |
| | | 防御 | 毁 | | 2.100 | 五龙桥 |
| | | 骑骁校 | 毁 | | 1.430 | 五龙桥 |
| | 三甲 | 佐领 | 毁 | | | 二门岗北 |
| | | 防御 | 毁 | | | 二门岗北 |
| | | 骑骁校 | 毁 | | | 二门岗北 |
| 正黄旗 | 一甲 | 协领 | 毁 | | 4.500 | 大洋沟 |
| | | 佐领 | 毁六间 | 十四间 | | 御道街东 |
| | | 防御 | 毁五间 | 十五间 | | 御道街东 |
| | | 骑骁校 | 毁 | | 1.430 | 御道街西 |
| | 二甲 | 佐领 | 毁 | | | 洪家巷西 |
| | | 防御 | | 与平时同 | | 五龙桥 |
| | | 骑骁校 | | 与平时同 | | 洪家巷东 |
| | 三甲 | 佐领 | | 与平时同 | | 尚书巷北 |
| | | 防御 | 毁 | | 2.100 | 尚书巷北 |
| | | 骑骁校 | 毁 | | 1.430 | 尚书巷北 |

| 官署名称 | | | 已/未毁 | 现存间数 | 亩数（亩） | 地名 |
|---|---|---|---|---|---|---|
| 正红旗 | 一甲 | 协领 | | 与平时同 | | 菜市口 |
| | | 佐领 | 毁 | | 3.683 | 紫禁城内 |
| | | 防御 | 毁 | | 2.100 | 白虎桥 |
| | | 骑骁校 | 毁 | | 1.430 | 洪武门 |
| | 二甲 | 佐领 | 毁 | | 3.683 | 后宰门 |
| | | 防御 | 毁 | | 2.100 | 白虎桥 |
| | | 骑骁校 | 毁 | | 1.430 | 五龙桥 |
| | 三甲 | 佐领 | 毁 | | 3.683 | 军署西 |
| | | 防御 | 毁 | | 2.100 | 蓝旗街 |
| | | 骑骁校 | 毁 | | 1.430 | 东长安 |
| 镶白旗 | 一甲 | 协领 | 毁 | | 4.300 | 尚书巷西北 |
| | | 佐领 | 毁 | | 3.630 | 穆公祠 |
| | | 防御 | 毁 | | 2.100 | 穆公祠 |
| | | 骑骁校 | 毁 | | 1.430 | 穆公祠 |
| | 二甲 | 佐领 | 无 | | | |
| | | 防御 | 毁 | | 2.000 | 蓝旗街北 |
| | | 骑骁校 | 毁 | | 1.430 | 菜市口 |
| | 三甲 | 佐领 | 毁 | | 3.683 | 水晶台东 |
| | | 防御 | 毁 | | 2.100 | 水晶台北 |
| | | 骑骁校 | 毁 | | 1.430 | 水晶台北 |
| 镶蓝旗 | 一甲 | 协领 | 无 | | | |
| | | 佐领 | 毁 | | 3.683 | 军署西 |
| | | 防御 | 毁 | | 2.100 | 五马桥北 |
| | | 骑骁校 | 毁 | | 1.430 | 五马桥西北 |
| | 二甲 | 佐领 | 毁 | | 3.683 | 军署西 |
| | | 防御 | 毁 | | 2.100 | 军署西 |
| | | 骑骁校 | 毁 | | 1.430 | 军署西 |
| | 三甲 | 佐领 | 无 | | | |
| | | 防御 | 毁六间 | 九间 | | 马王庙北 |
| | | 骑骁校 | 毁 | | 1.430 | 马王庙北 |

续表

| 官署名称 | | 已/未毁 | 现存间数 | 亩数(亩) | 地名 |
|---|---|---|---|---|---|
| 镶黄旗 | 一甲 | | | | |
| | | 协领 | 毁 | | 4.500 | 大洋沟 |
| | | 佐领 | 毁 | | 3.683 | 尚书巷 |
| | | 防御 | | 全 | 2.100 | 八资街北 |
| | | 骑骁校 | 毁 | | 1.430 | 尚书巷 |
| | 二甲 | 佐领 | 无 | | | |
| | | 防御 | 毁 | | 2.100 | 洪家巷西 |
| | | 骑骁校 | 毁 | | 1.430 | 洪家巷东 |
| | 三甲 | 佐领 | 毁 | | 3.683 | 白虎桥 |
| | | 防御 | 毁 | | 2.100 | 八资桥南 |
| | | 骑骁校 | 毁 | | 1.430 | 八资桥南 |
| 镶红旗 | 一甲 | 协领 | 毁 | | 4.500 | 北校场北 |
| | | 佐领 | 毁 | | 3.683 | 紫禁城内 |
| | | 防御 | 毁 | | 2.100 | 紫禁城内 |
| | | 骑骁校 | 毁 | | 1.430 | 紫禁城内 |
| | 二甲 | 佐领 | 毁 | | 3.683 | 水晶台 |
| | | 防御 | 毁 | | 2.100 | 水晶台 |
| | | 骑骁校 | 毁 | | 1.430 | 水晶台 |
| | 三甲 | 佐领 | 毁 | | 3.683 | 水晶台 |
| | | 防御 | 毁 | | 2.100 | 水晶台 |
| | | 骑骁校 | 毁 | | 1.430 | 水晶台 |
| 笔帖式 | | | | 1.210 | 军署西 |
| 笔帖式 | | | | 1.210 | 军署西 |
| 笔帖式 | | | | 1.210 | 军署西 |

注:骑骁校应为骁骑校,原文如此。

## 二、旗饷的开始愆期与南方旗产的初步清理

光复之后,部分驻防尤其是南方驻防的俸饷开始愆期,而随着南方诸省的光复,南方驻防的旗产开始被逐步清理、处置。

旗饷的开始愆期。辛亥以后,俸饷的按时发放已成既往。光复时期,各地民军对于旗民的生活虽有所考虑,但均为短期行为。例如,在荆州,军政府允诺给予旗民中极困苦者"恩饷"六个月,但因"财政支绌","迁延"数月,终未

及时发放。其余各地,多数仅给予三个月左右的俸饷,至于以后的旗民生计,还远未来得及筹划。例如四川军政府发给每名旗兵三个月的俸饷。广州旗民在光复后,由军政府发给恩饷三个月,每月发放三千元,三个月后自谋生计。京口旗营也仅发三个月口粮以资生活。旗饷的愆期与停发,使旗民的生活日见艰难。

南方旗、营产的初步清理。光复后南方各驻防的营产清理工作也很快开始了,民军政府之所以尽快进行营产的清理工作,原因主要有三个方面:第一,尽快处理营产、消灭驻防,以防死灰复燃。浙江省在制订消灭旗营计划时,提出"自光复后旗营既归消灭,则所谓旗民者应及时遣散,即以经济之绌之故,一时遣散为难。然仍使聚居一隅,於事实上殊多窒碍,不独死灰复燃也,旗营存在一日,即可谓驻防不消灭一日,且使中心城市日就旷废。"①第二,处理营产,补充军需。江宁驻防光复后,旗民"大半逃走,所遗房甚夥",江浙联军总司令徐绍桢下令"特派委员二人在高等巡警学堂内设局清查旗营房产,一併充公以助军饷"。② 浙江旗营消灭计划也认为如果不消灭旗营,"在地方经济上亦有弃利不取之嫌"。而"矧线再度之奇绌,得能以变卖旗营地产之代价,补助万一之军需,亦未始费筹款之一法"。③ 京口旗营光复后,民军随即进驻五神庙等处营房,旗营营房遂成为民军驻地。第三,供遣散旗民生计之用。浙江省消灭旗营计划明确表示"变卖旗地之所得代价",除充军用以外,余皆"供遣散旗民费用"。④

然而,旗产、营产的清理所得款项虽然部分被表示用做救济旗民之需,但真正用到旗民身上的部分甚为有限。荆州光复后,根据驻防受降条款,荆州驻防"原有公田公产,一律没收"⑤,其没收的旗产,并未明确表示用于旗民生计。事实上,一些驻防的营产多数被挪作他用,光复后,浙江省很快设立了变卖旗营营产局,制定了旗营变卖条例,着手处置旗营财产。其条例内容如下:

---

① 《浙省消灭旗营之计划》,《申报》1912 年 1 月 4 日。
② 《南京军事种种》,《申报》1911 年 12 月 20 日。
③ 《浙省旗营消灭之计划》,《申报》1912 年 1 月 4 日。
④ 《浙省消灭旗营之计划》,《申报》1912 年 1 月 4 日。
⑤ 李一:《荆宜施鹤光复记》,载柴德庚等编,中国史学会主编:中国近代史资料丛刊《辛亥革命》(五),上海人民出版社、上海书店出版社 2000 年版,第 258 页。

（甲）由财政部设局清理,定局名为变卖旗营营产局。

（乙）旗营周围营墙招工承拆,拆下砖石除抵充工价外,余均逐段叠藏,由局估价拍卖。

（丙）旗营内旧有公署及公家营房,由变卖旗营营产局调查明白后,用投票方式招人承购。

（丁）营内私人房屋限一月内悉数拆迁,逾期不迁房屋充公。

（戊）旗营地亩由局派员清丈,划分三等:(一)地属繁华之区,可备现扩充市场用者为上等;(二)不能备扩充现在市场用而其他仅能为预备将来开办市场用者为中等;(三)地偏一隅不在将来计划市场用者为下等。

（己）营地分等后由局分等定价出示招卖,其缴价方法亦分为三:(一)一等地於承买时全价缴讫,由局给予官业凭单;(二)中等地承买时先交地价一半,由局给予收单,每期缴价即在收单上将逐期收数注明,俟十期缴清,由局制销收条换给凭单;(三)……

（庚）中等地逾五年不交半价即就并生息,下等地一期不缴即生息一分,按期依次递加。

（辛）酌留旗地若干亩为公有,以备时来建造公署及各种营造物之用,并自南达北由公家造马路一条,以助市场之发达。

（壬）应纳钱漕,业主承买后应量予豁,以广招徕;(一)上等地豁免钱漕一年;(二)中等地豁免钱漕二年;(三)下等地豁免钱漕三年。

（癸）变卖旗地所得之代价,分供三种之费用,(一)充军用;(二)供遣散旗民费用;(三)建造旗民马路一切营造物之用。①

根据上述条例,浙江省不仅变卖旗营地亩、房屋、官署、营产,甚至连旗营围墙也尽数拆卖。变卖所得除供遣散旗民费用以外,还用于工钱支付、军用补充、马路建造等其他费用。

江苏省也在光复初期就开始着手营产清理。南京光复伊始,江宁驻防旗营的旗产清理工作就被提上议事日程。1911 年 12 月 11 日,江苏都督程德全会同浙江联军总司令徐绍桢,委任钟毓琦、谭道南为清查旗产委员,组设"清查江宁驻防旗营财产处",着手南京旗产的清理工作。南京临时政府成立以

---

① 《浙省消灭旗营之计划》,《申报》1912 年 1 月 4 日。

后,内务部遂以"清查江宁驻防旗营财产处既设在临时政府未经成立之时,当时一切公共产业,概无专员管理,为一时权宜之计",提出"有见于此,固应委员经收,以免放弃。维现在民国既已统一,各种机关渐次完备。此项旗产,应即统由本部令委南京府知事办理,庶免政出多门。"①在内务部的干预下,4月4日,"南京府清查旗产处"成立,由南京府知事辛汉兼任总理。1912年9月,程德全又委派谭道南、朱大斌设立"江苏清查水、陆各营公产分局",督查营地公产。谭、朱二人拟定了江苏《清查营产之大纲》,程德全进行了相应批注,其部分条款及批注如下:

　　——各处营产现应分派委员,分赴调查坐落、何区(域)、何地、何人承种,田亩若干,缴租几何,应於造册时详细注明。(督批:营产,责令该局循例造册,仍须详细列表随时送府考核。)

　　——营产清查后,应分别注明繁市、冷区田(亩)以及成熟、荒芜,并是地有粮、无粮,以凭会商官绅酌定价值。令其原领之户陛,予几月缴价、领照执业,逾期再行另召承颁,应照市价仍给予原领之户半价以示体恤,外人不得加价攘夺,恐激生变。(督批:督办清查之后,分别办理情形,甚为妥善,酌即照准所拟办法。)

　　——……请由总局发给用三联单,一存总局,一存分局,一给业户。(督批:租禀准由总局发给三联单,填以所收租价,按月由局晋报一次,以备查考。)

　　——请都督府通行各县民政长会同分局长办理,俟清查确实。将来收租变价,应如何分拨公用,省有、县有再进行支配,由议事会提议,庶免地方阻隔进行,现请都督示论。(督批:营产收租变价分省有、县有,本部通行各县民政长会同县议事会议决办理。)②

上述清查条例虽然没有专门谈及旗产问题的处理,但大纲规定对江苏水、陆各营公产进行处置,旗产应属处置范围。上述大纲给予江苏营产清查以详细的规定,对于营产清理所得"变价",明示由省、县两级进行支配,以"分拨公用"。

---

① 万国鼎:《南京旗地问题》,正中书局民国二十四年(1935年)版,第12页。
② 《清查营产之大纲》,《申报》1912年9月25日。

京口旗营光复后,镇江军政府召开临时代议会,专门讨论旗营产业问题。会议讨论了林晓初、郭采提出的相关意见书,认为"意见书分析了光复初期镇江旗、汉局势",其提出的意见也为会议一致认同。意见书主要内容为:

> 镇郡光复后,四民避居外者已陆续归来,其归来者惟旗人及向居旗营内汉人。旗人畏汉人之仇视,汉人畏独居之萧索,以致观望猜疑,寝食不安,但此际共和时代,自当一视同仁,万难膜视,今不揣冒昧,略陈办法六条:
>
> ——将旗营各衙门留作办事所及巡警局等用。
>
> ——马棚十六间留作善后、平耀等局及艺徒、学堂、工艺厂等用。
>
> ——协、佐、防、校、笔贴式等署五十所,计房七百六十间,一律招汉人居住,如有汉人承租者一律换作民用租贴,搁租仍旧。如有迁徙不住者,所有搁租俟有新户搁租户,每月行租可行三四百元,以充善举或学堂经费。
>
> ——旗人私置房屋,念其归顺,概给原人执业,一律完纳地丁,听其变价,或典或租,以资津贴;欲自行居住者非有妥实汉人担保,不得私自居住,如向有汉人承典或租者,仍由执业人自行清理。
>
> ——五神庙下营房均归民军居住。[①]
>
> ……

意见书在讨论之前,实际已大半采用。根据上述办法,京口旗营的大部房产被易做他用,除了部分为民军或军政府机构占用以外,汉人居住了其中的大部分。

除了江苏、浙江等地以外,广州驻防大部旗营房产光复后悉数充公。为解决旗民私人居住问题,允许旗民居住的甲房以原价 150 倍的代价税契,改为私人财产。表面上看来,以税契的方式可以解决旗人居住问题,但是,生计日蹙的旗人尤其是贫苦旗丁又有多少人能够付得起高昂的房价呢?

### 三、旗民生计的困厄

动乱的时局、时有时无的有限俸饷和营产的清理,基本断绝了旗民原有的经

---

① 《镇江新纪事》,《申报》1911 年 12 月 29 日。

济来源,其生计陷入了无尽的困厄与窘迫,贫困旗人苟延残喘的现象比比皆是。

杭州驻防自民军光复后,粮糈全停,生计断绝,"致穷苦旗丁饥寒交迫,自相侵夺"。"驻防旗丁因军政府财政困难,阴历十一月份旗丁每名仅给两元,以致贫困旗民竟至无所得食"。① 广州驻防自光复后,旗民一律改编民籍,计有男妇老幼二万数千余口,其生活"颠沛流离,道殣相望","朝不保夕,饿死及自尽者,日有所闻,惨不忍睹","察其原因,由於向恃糧饷度日,遵守定制,不能出外营生,……旗户向无蓋藏,一旦饷项骤裁,已属无以为炊,加以旗中原有财产既议归公",军政府又将"旗界房产收回",所以旗民濒临"食棲两绝"的境地。② 战乱中财产损失殆尽的山西太原驻防旗民,在光复之后"残喘余生"。根据辛亥以后太原驻防旗丁向山西都督呈述的太防变化情形,太原旗民一度流于失序:"九月初八日兵变事起,满营首先被害,自上午五点三刻起鏖战至下午两点后被车炮轰击,大势不支,职防御鸿福森,哨官福昌等带队断锁,拥出东门,往投松护尉,未蒙收队,当时兵丁饥火难忍,经福防御出资授食,果腹星散,四向奔逃,身无长物,沿村托钵,迨不知残害,三五零星归家探望,业经焚掠一空,死亡载道,妇孺无存,投河跳井,饥寒毙命者,不一而足,大略调查男女老幼原额一千五百余名、口,现存一千三百数十有余,漂流四散。"③

由于衣食无着,旗人因贫自尽时有所闻。1912 年的 1 月 30 日的《申报》报道了数起杭州旗民自杀事件:"前日钱塘江内荆州幇某马甲竟将一子两女缢毙后,夫妻悬梁自尽。不料隔日鸿福桥某家又有一门七口举室自杀,初九日晨刻,某旗妇往乞施粥,因人多被挤打碎钵,伤及头部,归而愤泣,竟将十岁、七岁两女砍毙,复将怀中幼子掷入河中,已亦稚经而亡。"④旗民自杀的事件在镇江也屡有发生。镇江"城内菓子巷旗民柏姓一家数口,自……光复后,日用衣食一无所出,难以度日。柏妇某氏,年三十余,竟……因贫吞针自尽,迨人知觉,一缕香魂已游地府矣。又旗人朝朴臣亦因衣食无法接济,於十一月上午奔至城外,跳入

---

① 《申报》1911 年 11 月 27 日。

② 参见中国第二历史档案馆藏:《筹画(划)粤省驻防八旗生计事项有关文件——1912 年9 月至 1917 年 11 月》,内务部,全宗号 1001,案卷号 1853。

③ 中国第二历史档案馆藏:《关于太原驻防旗民向山西都督呈述辛亥九月以后太防变化情形并要求解决生计抄件——1912 年至 1913 年》,内务部,全宗号 1011(2),案卷号 711。

④ 《杭州旗人之苦况》,《申报》1912 年 1 月 30 日。

荷花塘中，冀藏鱼腹，幸人瞥见，当时捞救，得庆甦噎。"①陕西旗人光复以后，"一般无家之辈孤寡独奔街市，几终日不得一饱，妇歎童号，极一时之惨状"②。由于流离困苦，为图谋生计，旗民多有"世裔降入娼优，老弱流於乞丐"者。

旗人因贫步入歧途者时常见诸报端。光复后的"荆州满人男女老幼不下二万余人，自共和宣布月饷无着，本其少年弟子素工京调，只得三五成群，手执板鼓丝弦，与西城一带沿街卖唱"。时人讥为"商女不知亡国恨，隔江犹唱后庭花"。旗民因生活所迫沦为盗匪的现象亦不鲜见。1913 年 1 月，镇江城内项小堂家被劫，案发后，"一区巡士在小门口见有形迹可疑者二人，上前获住，内有旗人大麻子一名，解局讯供，不认。随传项到局证明，当事主被缚柱间时，眼见该犯口操旗语，一手执洋烛，一手持洋枪，并向项云'汝等喊救我，即开枪'等语，该旗犯见无可抵赖，乃供出同伙三人，经区长开具名单，并二犯解送检察厅讯办。"③在京城，由于贫苦无依，一些旗人妇女被迫沦入娼门，开始过起"不名誉的生活"，目击者形容说："不必去观看新闻栏目，任何人今天都可以看到出身高贵的满人在拉车，他们的妇女被人雇为女佣，最悲惨的是，他们的姑娘过着不名誉的生活，其目的只是为了自己的生存和家庭的生存，众所周知，北平城里至少有七千妓妇，其中大部分是满族人。人们也知道，满人家里的姑娘和妇女们化装或者蒙上头在夜里拉洋车。"④"这个不幸的民族的妇女和儿童所经受的痛苦更甚于族中的男人……许多非常漂亮非常年青的姑娘在妓院里卖身，天坛附近的天桥大多数的女艺人、说书人、算命打卦者都是满人。更有甚者，昔日权贵的女性后裔，被迫卖给汉人当姨太太……据说前皇上的一个侄女下嫁了当地一家餐馆老板的儿子，代价只是给她父亲四千大洋……"⑤

由于无以聊生，各地旗人强烈要求新政府采取措施解决旗民生计。南京

---

① 《京江旗人之苦况》，《申报》1912 年 8 月 13 日。

② 《陕西旗人之惨状》，《申报》1912 年 2 月 20 日。

③ 《旗民为盗》，《申报》1913 年 1 月 12 日。

④ Tong. Y. L, "Social Conditions and Social Service Education in Peking", *The Chinese Social and Political Science Review*, 1923, Vol. 7. 转引自吴永平：《论巴迪先生近年来的"老舍"研究——老舍先生百年祭》，《民族文学研究》1999 年第 1 期。

⑤ Jermyn. Lymn, Les Mandchoux D'hier et D'aujourd' hui, lapllitique de p'ekin, 1930, 转引自吴永平：《论巴迪先生近年来的"老舍"研究——老舍先生百年祭》，《民族文学研究》1999 年第 1 期。

旗民以吉涌为代表,向政府发起请愿活动,要求"给还旗产,委任垦殖。"《申报》以《南京旗人请愿》为题,对请愿的大概情形及批复结果进行报道说:"黄留守现据八旗代表吉涌等,请给还旗产、委托垦殖等情,昨奉批示,民国建立,於皇室经费及八旗生计,均列入待遇条件,统筹兼顾,一视同仁。良以五族共和,不忍稍存歧视。宁省兵灾之后,满目流亡江北饥民,情形尤为可惨,此皆亟应救恤者,而旗产抚恤处之设立,即先为尔旗民首筹抚赡之资,所以昭大公示优待也。来呈请将原有旗产一律发还,并委托该代表等办理垦殖,俾难民得所安置,生理籍以维持,是否可令,俟令南北府会同财政司妥议具复,再行核办。"①荆洲满人自光复后仅发一次恩饷,"其男女数逾两万,老稚文弱居十之九,生计之穷已达极点",不得已"泣求湘军统领王正雅拯救"。1911 年 12 月28 日,荆州驻防将军联魁(一称连魁)也"哭求暂留驻荆,保留旗众残喘,所求之事均属生计问题,其要者,一发恩饷,二给出境试谋生护照,三拨原有公佃"。② 得知荆州旗民的贫困情形副总统黎元洪也"闻之恻然"、"电饬荆州知事及商会总理再办一万两千两,重给旗民恩饷一次,以示体恤"③。鉴于镇江旗民生计日艰,地方有识之士采取措施"体恤旗民"。1912 年 3 月,丹徒县民政长杨振声筹款开设因利局,目的是使旗民"领取资本,负贩营生"。1913 年1 月,由于"时值严冬,旗民之无衣无食者,苦况殊不忍睹",镇江慈善会会长扬子盘等筹集款项,在城内啓善堂"开放粥厂,并散给棉衣,俾该旗民等得以苟延余生"④。然而,无论是筹发恩饷,还是慈善赈济,都可谓杯水车薪。

## 第三节　旗民社会身份的变化

对旗民社会群体来说,辛亥革命带给他们远不止是生活水平的降低,更为主要的是旗民社会身份和地位发生了翻天覆地的变化,旗民社会身份的变化是近代旗民社会群体发展过程中的重要转折。

---

① 《南京旗人请愿》,《申报》1912 年 6 月 7 日。
② 《荆州光复后余闻》,《申报》1912 年 1 月 5 日。
③ 《荆旗之一线生机》,《申报》1912 年 4 月 9 日。
④ 《赈济旗民》,《申报》1913 年 1 月 4 日。

**一、《清室优待条件》的签订与"五族共和"思想的确立**

1912 年 2 月,在多种因素的左右下,南北和议达成。2 月 12 日,清廷颁发皇帝退位诏书,接受《清室优待条件》,《优待条件》具体内容如下:

甲、关于清帝辞位之后优待之条件:

一、尊号仍存不废,中华民国以待各外国君主之礼相待。

二、岁用四百万两,俟改铸新币后改为四百万元,此款由中华民国拨用。

三、暂居宫禁,日后移居颐和园,侍卫人等照常留用。

四、其宗庙、陵寝永远奉祀,由中华民国酌设卫兵妥慎保护。

五、德宗、崇陵未完工程如制妥修,其奉安典礼仍如旧制,所有实用经费均由中华民国支出。

六、以前宫内所用各项执事人员可照常留用,惟以后不得再招阉人。

七、其原有之私产由中华民国特别保护。

八、原有之禁卫军归中华民国陆军部编制,额数俸饷仍如其旧。

乙、关于清皇族待遇之条件:

一、王公世爵概仍其旧。

二、清皇族对于中华民国国家之公权及私权与国民同等。

三、清皇族私产一体保护。

四、清皇族免当兵之义务。

丙、关于满、蒙、回、藏各族待遇之条件:

一、与汉人平等。

二、保护其原有之私产。

三、王公世爵概仍其旧。

四、王公中有生计过艰者,设法代筹生计。

五、先筹八旗生计,于未筹定之前八旗兵弁俸饷仍旧支放。

六、从前营业居住等限制一律蠲除,各州县听其自由入籍。

七、满、蒙、回、藏原有之宗教听其自由信仰。①

---

① 故宫档案馆编:《关于南北议和的清方档案》,载柴德赓等编,中国史学会主编:中国近代史资料丛刊《辛亥革命》(八),上海人民出版社、上海书店出版社 2000 年版,第 184—185 页。

　　清帝退位与《清室优待条件》的出炉,不仅表明清王朝统治的终结,更意味着旗民社会主体地位的丧失,理论上,与其他社会成员一样,包括皇室在内的旗民社会群体成为民初社会的普通一员。

　　与《清室优待条件》强调的满、蒙、汉、回、藏一律平等的基本原则相对应,以"五族共和"为思想基础的民族关系基本原则逐步得到确立。1912年元旦,孙中山在《临时大总统宣言书》中明确指出:"国家之本,在于人民。合汉、满、蒙、回、藏诸地为一国,即合汉、满、蒙、回、藏诸族为一人,是曰民族之统一。"①《中华民国临时约法》从宪法上规定了民族平等的原则,那就是"中华民国人民,一律平等,无种族、阶级、宗教之区别"。对于满人,民国政府在1912年1月5日发表的《临时大总统宣告各友邦书》中特别表示:"凡满人安居乐业于民国法权之内者,民国当一视同仁、予以保护。"②至于清末至辛亥时期的"排满"思潮及"排满"革命,孙中山、黄兴等人也在多种场合进行阐释,表明"排满"革命旨在推翻专制政体,建立共和政体,而在共和政体建立以后,已无必要"反满"、"排满"。1912年9月17日,在北京广济庙被问及对旗人生计问题的看法时,孙中山强调:"现在五族一家,各于政治上有发言之权,吾意对于各种工业,应即依次改良,使各旗人均有生计,免致失业。苟起冲突,国必倾危。凡我国民,均应互相团结,以致共和政治于完善之域,人人之志愿,均应为人民求幸福,为国家求独立,而国家乃进于强盛,共和之目的乃可达到。"③革命党人"五族共和"思想的提出与确立,表明他们已逐渐抛弃了"反满"、"排满"的狭隘民族主义思想,走上了民族平等,共创共和的民族道路。

　　"五旗共和"思想及政策的提出和广为宣传,并成为立国之本,在很大程度上淡化了辛亥革命的种族革命的色彩,协调了民族关系。对旗人来讲,"五旗共和"思想的提出,为他们提供了平等而广阔的生存空间。

---

①　孙中山:《临时大总统宣言书》,载《孙中山选集》上集,人民出版社1981年版,第82页。

②　《临时大总统宣告各友邦书》,载柴德赓等编,中国史学会主编:中国近代史资料丛刊《辛亥革命》(八),上海人民出版社、上海书店出版社2000年版,第23页。

③　孙中山:《在北京广济庙与旗人的谈话》,载广东省社会科学院历史研究室、中国社会科学院近代史研究所中华民国史研究室、中山大学历史系孙中山研究室合编:《孙中山全集》(二),中华书局2006年版,第469页。

### 二、旗民政治地位的变化

然而，"五族共和"思想虽然从理论上确立了国内各民族一律平等的原则，民族平等的理念也逐渐为包括汉、满、藏、回、蒙等在内的各民族所接受和拥戴，但由于民初复杂多变的国内形势，国家政治、经济、文化等相关法规、政策尚未完善，多年形成的民族仇隙一时难以消除，实际生活中完全平等的民族关系并未树立，旗民不仅丧失了种种社会特权，而且日益从社会的中心走向社会的边缘，其社会政治地位急速滑落。

旗民社会政治地位的变化首先体现在，旗民在社会实际生活的各个层面遭受不同程度的偏见和排斥。旗人遭受歧视和偏见并不仅仅均限于某一个方面，实际上包括社会给予他们的各种机会，如就业、居住、教育、司法和政治参与等。已然光复的杭州、镇江等南方驻防在旗民居住等善后问题的安排上体现出种种的歧视，京口驻防对于旗民私置房屋，鉴于旗人归顺，遂允准"概给原人执业"，但必须一律完纳地丁，而对旗人私置房屋用来自行居住，须"有妥实汉人担保"。浙江旗营的善后办法对于旗民居住和旗民拥有私产也提出比较苛刻的条件："……旗营土地均系官产，其佐领以下公署及兵房，自旧历正月起准住四月，限期交还，以示体恤。至自造私宅，其房屋准归本人所有，向系安分之人，有殷实商家担保，仍准居住。迁出营日招买、招押，悉听自便。惟军政府官产规划定后，倘因公共建筑有障碍之处，不论已买押、未买押，应悉听军政府命令，其买押时并须禀明民政司存案。"①此外，民初，"各种书报、刊物充斥歧视满族的宣传，许多街谈巷议流露着排满的情绪"②。就业方面，旗人也受到了不同程度的歧视和排斥，在求职的过程中，旗人常常因为旗籍身份遭到淘汰，为求得工作的便利，一些旗人只好选择改取汉族姓名。例如，"原开封知府崇泰之子，向政府申请行医执照，因是旗人，不予发照。他只好放弃满姓瓜尔佳氏，改取汉族姓名李承荫，并改满洲旗籍为房山县民籍，才获准发照行医。"③

旗人社会政治地位的改变，还表现在绝大多数旗人不得不接受民族共和

---

① 《浙省旗营善后办法》，《申报》1912 年 2 月 23 日。
② 阎崇年：《北京满族的百年沧桑》，《北京社会科学》2002 年第 1 期。
③ 阎崇年：《北京满族的百年沧桑》，《北京社会科学》2002 年第 1 期。

的理念。清帝退位以后,一些八旗人士很快表达了对清帝逊位现实的接受。1912 年 2 月 21 日,一篇以《八旗全体上袁大总统函》的函文在《临时公报》登载,称"大清皇帝业经逊位……我公俯从众志,力任其难,则民生幸福,东亚和平胥基于此,固不仅八旗一部分之所庆幸也。"①一些旗民社会团体在多种场合明确表示接受共和理念,满族同进会是其中的代表。1912 年 5 月 15 日成立的满族同进会在其《宣言书》中这样说道:"二十世纪民权渐张,研究国是者,已群知专制政体将绝迹于全球。是以武昌事起,各省从同,振臂一呼,全国响应,改四千年君权之专制,成五十族民主之共和。"②满族同进会的宣言,反映了旗人已普遍接受辛亥以后民主共和、民族平等的时代潮流不可阻挡的事实,认识到旗民社会享有主体地位的时代已一去不返。1912 年 6 月,满族同进会发表演说,呼吁八旗军警界同胞接受"五族共和"的现实,作为"五族"的一员为国家的存亡担负起一部分责任:"现在是五族共和了,我们旗人,也是五族里的一族,我们中国的存亡,旗人们也担着责任。中国从此强盛,我们是同享幸福,中国真要灭亡,我们是一样受罪。我看我们现在的中国,就仿佛是一家子人家儿,我们既然是家里人,就不能置身事外了,然而那人民的职业,可是各有不同,也有做工为商的,也有当兵行政的,行当儿虽不一样,那维持国家的责任,可是谁也推不开的。"③指出作为旗人,包括军警界旗人,保卫国家也是当然的责任。演说强调旗族作为国家的一分子应该承担起应负的责任,其言下之意,乃是强调旗族与其他民族一样同为国家的组成部分,责任是同等的,地位也是相同的。对于旗人未能参加辛亥革命,去追求共和的问题,演说作了"合情合理"的解释:"皇太后未辞职的时候儿,我们是身隶旗籍,与皇室有休戚的关系,故不能实行去做那革命事业,这也是旗人的一片苦衷喽。"对于"五族共和"体制下满汉畛域存在的可能,演说也有了预见:"而今的国体是改了共和,五族人全都平等,虽然是相聚一室,终不免的有点猜疑,这也是事理之必然,人性的常态了",而"要是打破这种关头,必须得以诚相见,遇事要实

---

① 《临时公报》1912 年 2 月 21 日。

② 中国第二历史档案馆藏:《前清睿亲王等设立满族同进会立案有关文件——1912 年 4 月至 10 月》,内务部,全宗号 1001(2),案卷号 948。

③ 中国第二历史档案馆藏:《满族同进会劝告八旗军警界同胞白话浅说》,内务部,全宗号 1011(2),案卷号 710。

心实意",认为"推诚总能够布公,譬如本族人要有个不是,自然要直言破说,若是他族人遇事不明,我们也是一样谏劝,对於谁都不存那丝毫畛域,做上事总要以国家为前提,如此的日积月累,自然就各释疑念了"。① 以此看来,满族同进会在本族与其他民族关系的处理上的主张是尽可能以诚相待,不存畛域,即使"他族人遇事不明",也以谏劝为主,表现出了从未有过的相让态度。表面看来,这是基于"五族共和"思想维护民族团结所表现出的积极态度,追根究底,实则是旗人社会地位急剧下降后某种程度自卑心理产生的体现。正如同进会在阐释组建的缘由时所讲的那样,"虽说是照旧的国家,总觉着有点儿无依无告"②。从高高在上,到尽力相让,其实是从一种不平等走向了另一种不平等。

旗民社会身份的转变还在于,旗民社会群体不得不开始接受民初的社会政治体制。对于多数旗民来说,除了社会地位的巨大落差以外,话语权的丧失是他们最难以忍受的,一个重要的体现是,在国会参、众两院议员选举的名额分配上,旗人并未能像华侨、蒙古、西藏那样获得专门的名额。对此,诸多旗籍人士认为并不公平,他们多方奔走,试图获得议员专额。1912 年 6 月,满族同进会会员文溥等旗人申请为旗族设立参议员专额,经国务院总统会议讨论,该申请未获得批准。对于旗人不设国会议员专额的缘由,北洋政府给予一定的解释,大意为"其人既有占住区域,当有选举权及被选举权……无论何项议员均当一区域为断,旗人不设专额,转无窒碍"。对此,文溥等人并不死心,继续请愿要求增设旗人专额,提出的理由如下:

　　按世界法理原则,决定旗人有无选举权及被选举权莫不以占住区域而选举之,如华侨为广东人,即就广东区域选举,福建人就福建区域选举是已。今超然予以特别参政权,虽不合于法理,由于事实关系,不得不变通办法也。若夫旗人在国内固占住区域,若(政)议发达,不患选举,不占优胜,然此於理论未尝不是,而衡于事实大有不然。以国会众议院而论,

————————

① 中国第二历史档案馆藏:《满族同进会劝告八旗军警界同胞白话浅说》,内务部,全宗号1011(2),案卷号710。

② 中国第二历史档案馆藏:《满族同进会劝告八旗军警界同胞白话浅说》,内务部,全宗号1011(2),案卷号710。

无论取人口主义比例与其他各主义,人口最多区域、最大省份取出议员不过数十名,其未必准占一额。北方旗人虽多合之顺属,犹据少数,於事实上恐无被选之望。至于参议院每省选出代表直限十人,则更无论华侨与旗人两相比较,一则与理论上无参政权反得参政之实,一则与理论上有参政权事实上反被无形打销,於人情法理距得谓平,国务院岂不曰按照临时约法中华民国人民一律平等,华侨与旗人同为人民,何以组织国会选举之大端,独厚於彼尔薄于此耶? 岂华侨可设选举办法,旗人不可设变通法耶。夫民国肇造之初,国会大纲为组织国本之大法,立法上不可偏恃法理,当具有政治的眼光,以烛察社会种种实况,然后方能推行尽利。即以华侨而论,立法者若仅依据法理,断不许有特别参政之权,诚以近年华侨对于祖国政治夙抱热忱,於是不得不设此变例以为报酬耳,故国务院所谓变通办法者,乃就政治的观察而非法理的依据。总而言之,因时因势制宜而已。满清建国二百余年,取旗、汉分治主义,旗人久已范围与军制之下,於社会上自占一特别位置,其中自含……势力,欲期骤然磨灭,於理势上必不可能。语云百足之虫死而不僵,加以近年西学输入,旗人有政治思想者,亦不乏人,当此共和开始之秋,若无参政……之人,其能否甘心自废,自系一大问题。设此牵及治安秩序,於民国妨碍殊多,耦以为与其怠虑与将来,何如解决于今日,为今之计,不若详察事实,一如华侨变通办法,於国会特设旗人议员专额,即为融洽满汉意见,调和种族冲突起见…注重此一节,国会议员更不可不设旗人专额,盍早昔……排汉之说,若非由于两方情形隔膜,今准旗人列席国务会,将来满汉议员周旋一堂,俾旗人得以舒畅其言论,汉人亦可藉知旗人之实况,融洽意见,调和冲突,诚莫善欤。①

请愿书指出,旗人设参议院专额,虽与法理不合,却合于情理,要求取得与华侨同样的参政地位,认为如设旗人专额,有益于融洽满汉,调和冲突与隔膜。文溥等人要求增设旗人参议员专额,着重点在于不能"甘心自废",希望争取参议员专额,赢得政治舞台的一席之地。

此后,旗民代表对于政治话语权的争取都从来没有放弃过。1916 年 11

① 《满族同进会会员文溥等请愿书》,《申报》1912 年 8 月 6 日。

月,旗人代表奎秀又再次呈请添设满族议员,强调若不设旗族议员专额,"是以奴隶待满族",不仅有悖于五族平等的思想,而且"满族将来必归消灭"。请愿书对此详细表述道:

> 查旧约法第五条中华民国人民一律平等,无种族、阶级宗教之区别,第十二条人民有选举及被选举主权,优待条件关於满、蒙、回、藏一律与汉人平等,又满、蒙、汉、回、藏五族共和,载在前清宣统三年十二月二十五日宣布共和谕旨约法圣训,固皆谓五族共和,满、蒙、汉、回、藏平等,历万世而不可移易者也。国旗五色代表五族共和平等,尤为显焉者也。乃续中华民国国会组织法,参众两议院,除汉族由各省选举外,蒙古、青海、西藏各选举若干人,惟满族独付阙如,查满族二十四旗及内务、火器营、圆明园、健锐营各旗皆属满族。自前清开国,从龙入关,为拱卫皇室,劲旅驻扎京师,不准私出四十里,不准置产营业,载在典册,有案可稽。二百年来,满族舍奉、吉、黑根据地而据北京者,实出自国家命令,非自为之也。在国会成立,两院议员除由各省选出者外,蒙古、青海、西藏各设有专员若干名,满族独令向隅,未设专额,致两院议员竟无一满族代表。是汉、蒙、回、藏平等,满族为奴隶矣,不平等甚矣,与旧约法及优待条件大相谬戾矣。前袁大总统时代,政体帝制,满族守服从主义,敢怒而不敢言者久矣,激愤已深,迫而将发。……五族既属平等,满族独无议员,是剥夺满族人全体选举权及被选举权矣,以奴隶待满族矣,若纽於满族入籍谬说,则满族将来必归消灭矣……民国国民昔为前清臣子,受恩累世,自应报答,如满族消灭,中华民国成为四族共和,五色国旗亦应删去一条。(若)饬四色,问心其能安乎,兹为维持五族共和平等起见,以满族无籍可入,又应比蒙古、青海、西藏选举办法为满族代表,免致奴隶满族影响及於皇室,保全五族共和政体,以符旧约及优待条件。①

对于奎秀等人的请愿,北洋政府"选举法议员名额之分配系以地域为衡,所请满族议员名额核与选法之精神不符且事关立法"为由,予以拒绝。

20世纪20年代以后,清宗室王公也逐渐接受社会身份转变的事实,参与

---

① 中国第二历史档案馆藏:《满族代表奎秀请添设国会议员、满族议员专额请愿书及有关文书——1916年11月》,内务部,全宗号1001(2),案卷号366。

到争取议员专额的政治活动当中。1921 年 1 月,清宗室王公礼亲王诚堃等函请国务院"增设满洲议员专额五六名,俾驻京宗室觉罗、八旗数万人民得与闻取政治",获得批准。诚堃等人的申请之所以得以成功,主要在于诸多王公的共同努力,社会影响力较大。下面是一份相关王公名单,借以佐证[①]:

| | | |
|---|---|---|
| 礼亲王　诚　堃 | 善亲王　中　铨 | 郑亲王　明　煦 |
| 豫亲王　端　镇 | 肃亲王　善　耆 | 庄亲王　溥　渚 |
| 恭亲王　溥　伟 | 庆亲王　载　振 | 怡亲王　毓　麒 |
| 克勒君王　晏　森 | 顺承郡王　文　葵 | 君王衔贝勒　载　洵 |
| 郡王衔贝勒　载　涛 | 贝　勒　载　瀛 | 贝　勒　载　润 |
| 贝　勒　毓　朗 | 贝勒衔贝子　溥　伦 | 贝子　溥　沂 |
| 贝子衔镇国公　载　泽 | 镇国公　涛　霨 | 镇国公　溥　堃 |
| 镇国公　溥　佶 | 镇国公　毓　亨 | 镇国公　毓　璋 |
| 镇国公　全　荣 | 镇国公　魁　璋 | 镇国公　恒　煦 |
| 镇国公　恒　钺 | 镇国公　庆　普 | 镇国公　溥　葵 |
| 镇国公　溥　琳 | 镇国公　溥　钊 | 镇国公　毓　焌 |
| 镇国公　继　恒 | 镇国公　锡　睿 | 镇国公　毓　郯 |
| 镇国公　增　培 | 镇国公　承　荫 | |

旗人积极争取参议院议员专额,一方面不甘于社会身份变化后的政治话语权的丧失,另一方面缘于对满族消亡的担忧。旗人试图通过对议员专额的争取,起码获得与蒙、汉、回、藏平等的地位,以维持其一席之位。1916 年年初,袁世凯专制政府倒台以后,直隶临时省议会选举章程规定:在旗人入籍条例尚未颁布以前,京旗在直隶省议会暂时可以享有议员专额十名,旗人入籍条例颁布之后,则予以取消。对此,奎秀等人呈文政府,要求直接"规复京旗直隶省议会议员十名专额",并表达了将旗人议员专额与入籍挂钩做法的不满,甚至极力反对旗人加入民籍:"旗人入籍本属国家宽(厚),惟与五族共和政体不无妨碍。以旧约法与优待条件所载所谓五族共和,谓满、蒙、汉、回、藏也。原章载京旗……专额十名附入直隶省议会,是取正当办法保存满族人权,维持

---

① 参见中国第二历史档案馆藏:《清宗室王公申请增设满洲参议院议员专额函——1921年 1 月》,内务部,全宗号 1001(2),案卷号 376。

五族共和政体,一举而数善,皆仅法未有善於此者也。满族自由入籍,虽载在优待条件,满族为维持五族共和起见,断无全体羼入民籍之理。如全体满族皆入民籍,是并满族於汉族矣,将满族从此消灭矣。五族共和成为四族共和,五色国旗亦应削去一条,只存四色矣,有此理乎? 为维持五族共和平等起见,满族无必入民籍之理由。"①在奎秀等人看来,旗人议员专额是代表满族民族的存在。由此可以认为,旗人对议员专额的争取实则是对自身政治地位的争取。

### 三、姓名与籍贯的变化

虽然诸多旗人反对加入民籍,但冠姓、更名、改籍依然成为民初旗人社会的一种普遍现象,这是旗人社会身份变化的重要体现。旗人选择复姓、更名、改籍,多基于现实的无奈。在辛亥革命后很长的一段时间内,社会上存在着对旗人的歧视和偏见现象。在求职过程中,旗人备尝苦涩,如在一些机关,前来求职的旗人常被淘汰。而在学校里,也出现了汉族学生、教师甚至学生家长歧视满族学生的情况。这是由于,一方面,辛亥革命前及革命初期中国资产阶级革命派"仇满排满"的思想和活动对民初政治氛围的影响不可避免;另一方面,社会各阶层对新的民族政策和关系的正确认识需要一定的时间。在这种民族歧视的政治氛围下,许多旗民为求自保,主动选择了冠姓、更名、易籍。而《关于满、蒙、回、藏各族待遇之条件》第六条关于旗人"从前营业、居住等限制,一律蠲除,各州县听其自由入籍"的规定为旗人脱离旗籍提供了可能。

相关档案资料显示,"五族共和"的历史趋势促使旗人不断申请冠姓、更名、改籍,反映旗人不愿"自居歧异"的普遍心态。1912 年 8 月 13 日,直隶蠡县知县崇文呈文要求冠姓、更名、改籍:"窃职向隶旗籍,相沿成例,只书名而不书姓。现在共和既已建设,一切从前积习理应删除","若旗族仍旧隐姓,未

---

① 中国第二历史档案馆藏:《满族代表奎秀请添设国会议员、满族议员专额请愿书及有关文书——1916 年 11 月》,内务部,全宗号 1001(2),案卷号 366。

免自居歧异",因此,"恳请祈恩复姓,转详注册,删除旧例,以归画(划)一"。①
镶黄旗满洲后裔,时充任印铸局支援碌股办事员的恩启,在其呈文中同样指
出:"以前旗人指名为姓为惯例,现在民国肇始,五族一家,若犹因仍旧习惯,
不足以昭大同。"②1914年,前清直隶候补知州恩溥在申请冠姓时提出理由
道:"共和成立,五族一家,岂可独异自外歧视。"③随着清王朝统治的终结和政
治权力结构的演变,一些旗人意识到八旗制度必然最终消亡,在他们看来,如
果仍旧指名为姓,不仅异于他族,而且也背离五族平等的历史发展趋势:"现
在共和底定,五族平等,八旗制度将来当然消灭,而欲实行化除畛域,要再去
观听分歧之弊,旗人指名为姓,异於他族……殊乘大同。"④除了上述背景以
外,冠姓、更名、改籍更是旗民现实生存的需要。为了求职、升迁免遭歧视,
部分旗人选择更名、冠姓。奎保,盛京内务府镶黄旗人,曾任河南濬县、山东
祈县知县,1914年2月,奎保欲报考知事试验事务所知事,考前要求冠以
汉姓。⑤

　　民初旗民的复姓更名改籍现象具有一定的规律和特征,主要表现为以下
几个方面。

　　首先,团体化特征明显。根据现存北洋时期内务部相关档案,自1912年
至1919年的六七年间,旗民呈请冠姓更名改籍活动持续不断。在众多的申请
者中,有相当一部分旗民呈文集体申请,表现出明显的团体特征。仅在1913
年和1914年的两年中,以团体形式出现的申请大约有10余次,下表依据1913
年及1914年各地旗人请求冠姓更名改籍的有关文书档案,对两年间人数较多
的集体申请进行了粗略统计。

　　① 中国第二历史档案馆藏:《一九一二年各地旗人请求冠姓更名改籍有关文书——1912
年5月至12月》,内务部,全宗号1001,案卷号1293。

　　② 中国第二历史档案馆藏:《一九一二年各地旗人请求冠姓更名改籍有关文书——1912
年5月至12月》,内务部,全宗号1001,案卷号1293。

　　③ 中国第二历史档案馆藏:《一九一四年各地旗人请求冠姓更名改籍有关文书——1914
年1月至11月》,内务部,全宗号1001,案卷号1295。

　　④ 中国第二历史档案馆藏:《一九一三年各地旗人请求冠姓更名改籍有关文书——1913
年1月至11月》,内务部,全宗号1001,案卷号1294。

　　⑤ 参见中国第二历史档案馆藏:《一九一四年各地旗人请求冠姓更名改籍有关文书——
1914年1月至11月》,内务部,全宗号1001,案卷号1295。

表 3.3　1913—1914 年旗民集体冠姓、更名、改籍情况一览

| 时　间 | 申　请　者 | 人数(人) |
|---|---|---|
| 1913 年 6 月 26 日 | 正黄旗汉军旗籍人员 | 34 |
| 1913 年 7 月 1 日 | 陆军察哈尔步队第一团第二营督队官正顺等 | 22 |
| 1913 年 7 月 2 日 | 热河旗族乌勒西松额等 | 51 |
| 1914 年 1 月 19 日 | 陆军第一师辎重营督队官明海等旗员 | 13 |
| 1914 年 1 月 22 日 | 正红汉印务参领常山等 | 11 |
| 1914 年 2 月 13 日 | 步军统领右翼第二中队分队长海澜等旗员 | 43 |
| 1914 年 2 月 23 日 | 陆军第一师工程第一营各连旗籍官兵 | 268 |

资料来源:中国第二历史档案馆藏:《一九一三年各地旗人请求冠姓更名改籍有关文书——1913 年 1 月至 11 月》和《一九一四年各地旗人请求冠姓更名改籍有关文书——1914 年 1 月至 11 月》,内务部,全宗号 1001,案卷号 1294、1295 号。

　　其次,公职人员为数甚多。在申请更名改籍的旗人队伍中,公职人员尤占多数,包括军警、地方官员、学校教员、公职部门办事员、驻外领事等。以顺天府为例,1912 年 6 月,其呈报内务部改籍的 31 名旗民中,100% 为公职人员,其中众多官员,诸如候补道、知府、知县、通判、军医司、二等禄事等。[1] 其他年份、其他地区申请冠姓更名的旗民也多以公职部门为多。自 1916 年 1 月至 12 月间,内务部档案中所载 18 位旗民的相关文件,仅有 1 人未明确职业身份,其他 17 人均任职于公职部门,达 94.4% 之多。民国建立以后,许多身无所长的旗人选择相对擅长的军警职业,出于工作的便利,军警冠姓更名改籍者远远多于其他行业。表 3.4 大致统计了 1912 年至 1919 年间(1915 年缺)军警申请改籍状况,可窥知一二。

表 3.4　1912—1919 年间旗籍军警申请改籍状况一览

| 年份 | 1912 | 1913 | 1914 | 1916 | 1917 | 1918 | 1919 |
|---|---|---|---|---|---|---|---|
| 申请总数(人) | 98 | 131 | 357 | 18 | 8 | 14 | 17 |

　　[1]　参见中国第二历史档案馆藏:《各省汇报人民改籍一览表及有关文书——1912 年 6 月至 1914 年 10 月》,内务部,全宗号 1001,案卷号 1292。

续表

| 年份 | 1912 | 1913 | 1914 | 1916 | 1917 | 1918 | 1919 |
|---|---|---|---|---|---|---|---|
| 军警申请数(人) | 64 | 118 | 276 | 15 | 2 | 10 | 9 |
| 军警所占比例(%) | 65.3 | 90 | 77.3 | 83 | 25 | 71.4 | 52.9 |

资料来源:中国第二历史档案馆:《1912—1919 年各地旗人呈请冠姓更名改籍有关文书》,内务部,全宗号 1001,案卷号 1292、1293、1294、1295、1297、1298、1299、1300。

　　再次,文化层次较高。大多数选择复姓更名改籍的旗民均受过不同程度的文化教育,学历较低者为高等小学文化程度。相当一部分旗人曾经就读过高等或各类专门学堂,如法政专门学堂、武备学校、巡警传习所、医学馆等,毕业后相应任职于司法、军警、政府等各部门。有些旗民出身于地位较高的社会阶层,其先辈大多担任过高低不同的官职,本身受过比较系统的文化教育,受家庭的熏陶和出于对政治时局的一贯敏感,他们加入了申请冠姓更名者的行列。以 1914 年 2 月 4 日申请复姓更名改籍的普福为例,其曾祖父文镐曾任前清浙江严州府分水县知县,祖父廷曙原任前清江西广饶九南道兵备,父亲承业为光绪乙亥年副榜,而普福于 1912 年考入京师速记传习所,1913 年 4 月开始担任众议院秘书厅速记技士工作。另有一些旗人不仅受过高等程度的教育,而且有过海外留学的经历。江宁旗籍善濬,1904 年赴日本留学,就读于早稻田大学政治经济科,1913 年 1 月 5 日,呈请加添老姓,并转籍江苏句容。承厚,镶红旗满洲人,留学日本陆军振武学校,1913 年毕业回国,4 月,呈文陆军部冠以温姓。1913 年 5 月,毕业于日本政法大学的京口驻防镶白旗人廷钧申请冠姓赵。[1] 柏山,原籍广州驻防镶白旗满州人,1904 年,由京师译学馆,派赴俄国,留学森彼得堡帝国大学校法政科,宣统三年(1911 年)毕业,1912 年任职于司法部,1914 年申请冠以傅姓。[2] 善濬、承厚、柏山作为旗民阶层中的佼佼者,他们代表了一部分旗民知识分子的选择。

　　最后,姓氏和籍贯选择相对集中。姓氏方面,旗人主要选择王、张、赵、刘、

　　① 参见中国第二历史档案馆藏:《一九一三年各地旗人请求冠姓更名改籍有关文书——1913 年 1 月至 11 月》,内务部,全宗号 1001,案卷号 1294。
　　② 参见中国第二历史档案馆藏:《一九一四年各地旗人请求冠姓更名改籍有关文书——1914 年 1 月至 11 月》,内务部,全宗号 1001,案卷号 1295。

李、吴、马、田、胡等常见汉姓,少数也有那、索、倭、钮、侃等稀有汉姓的选择。旗人姓氏的选择还表现出同一区域相对集中的特征,例如广州驻防旗人主要选择佟、鄂、那等姓。在旗籍的选择方面,区域性特征也很明显。根据民国政府历次公布的《铨叙局汇编直隶等省旗员入籍加姓表》以及内务部相关档案资料显示,北京旗人通常改隶大兴、宛平、宝坻、昌平、沧州等地;奉天的多选择奉天府、锦县、盖平县等;山东的一般选择招远、章丘、益都、海阳等县;湖北的选择江陵、江夏等地;江苏的则选择江宁、句容等地。而京畿地区是众多旗民主要的易籍之地,自满清入关以来,半数旗民长年生活于此,鉴于对京畿生活环境的熟悉和地区情感的认可,大兴、怀柔、宛平、通州、顺义、涿州、房山、密云、迁安等地区成为众多旗民的最后归属地。现存的有关档案资料显示,相对较多的旗民选择了易籍京畿。1914 年是各地旗民易籍请求人数最多的一年,是年 1 月 29 日,陆军第一师各营官兵大部分原"隶旗籍者"均申请改籍,其中大约95.28%的旗民选择了京畿地区作为易籍之地(参见表 3.5)[1],体现出旗民对京畿地区的情感认同和不易更改的京师情结。

表 3.5　1914 年陆军第一师旗籍官兵改籍情况一览表

| 易籍地区 | 人数(人) | 所占比例(%) |
|---|---|---|
| 直隶宛平 | 173 | 64.55 |
| 直隶易州 | 16 | 5.79 |
| 直隶迁安 | 13 | 4.85 |
| 直隶大兴 | 43 | 16.04 |
| 直隶密云 | 3 | 1.12 |
| 直隶临榆 | 2 | 0.75 |
| 山东德州 | 2 | 0.75 |
| 吉林伊通州 | 8 | 2.98 |
| 吉林化皮 | 2 | 0.75 |
| 吉林吉林县 | 1 | 0.37 |
| 吉林乌拉县 | 2 | 0.75 |

----

① 参见中国第二历史档案馆藏:《一九一四年各地旗人请求冠姓更名改籍有关文书——1914 年 1 月至 11 月》,内务部,全宗号 1001,案卷号 1295。

续表

| 易籍地区 | 人数（人） | 所占比例（％） |
|---|---|---|
| 未改旗籍者 | 3 | 1.12 |
| 总　　数 | 268 | 100 |

资料来源:中国第二历史档案馆藏:《一九一四年各地旗人请求冠姓更名改籍有关文书——1914 年 1 月至 11 月》,内务部,全宗号 1001,案卷号 1295。

　　旗民复姓、更名、易籍,是清末民初社会政治演进过程中的一个特殊的现象,既反映了民初旗民社会政治经济地位的深刻变化,也体现出作为特殊群体的旗民社会在特定时代背景下的身份变化。

　　冠姓、更名、易籍体现了旗民对新的社会政治环境的调适和平民化趋势的加强。辛亥以后,中国社会进入了新的整合时期,失去优越地位的旗民如何适应这种整合,除了要学会一技之长,凭借自己的能力去获得相应的报酬和地位以外,争取与汉人同样奋斗的外部条件也非常必要。冠姓、更名、改籍,不仅有利于旗人的竞争和生存,更有利于打破旗人传统的社会结构方式,从而迅速融入到新的社会秩序中去。

　　辛亥以后,旗民社会生活的失序与日益贫困的生活现状,表明旗人已从政治权力的核心走向了社会的边缘,政治地位、职业选择甚至姓名与籍贯的变化,表明旗人的社会身份发生了翻天覆地的变化。从富贵悠然的境地突然堕入贫穷的深渊,如何适应这种社会身份的转型,图谋生存之道,对旗人来说,将是一个比较漫长的时期。一个新兴的政权,如何对待这样一个特殊的社会群体,如何解决他们的生计,如何使他们迅速融入新的社会秩序,显然是无法逃避且需要迫切解决的社会问题。

# 第四章　北洋时期的八旗组织
# 与旗民社会发展

　　辛亥革命虽然彻底改变了旗民的历史命运,但作为旗民社会载体的八旗组织并没有立即消亡。民国成立后,失去军事职能的八旗组织,依然发挥着某些行政职能,并与北洋军阀政府的统治相始终。八旗体制的残留对民初旗民社会群体的生存样态产生了一定的影响。

## 第一节　北洋时期八旗组织的残留

### 一、八旗组织残留的原因

　　北洋时期,由于多种因素的影响,八旗组织得以残留。

　　对于革命者来说,推翻满清统治,毫无疑问应该彻底废除八旗制度。但是,辛亥革命本身是通过协商解决的,这种协商解决为八旗组织的保留埋下了伏笔。伴随辛亥革命的发展过程,八旗制度最终被保留下来了。南北议和之前,辛亥革命的军事行动仅仅主要影响了南方的几个驻防,包括广州、福州、杭州、成都、荆州、江宁、西安、京口等,北方诸多旗营变化甚微,尤其是京畿和东三省地区。革命形势的发展使得革命者几乎在一开始就不得不选择以和谈的方式来协调争端。辛亥革命的军事行动在取得初步胜利后的一个月,即1911年11月,革命力量的代表就开始和朝廷议和。清代八旗驻防中的绝大多数地处北方,尤其是京津及东北地区,旗民人数也占据了绝对的多数。革命军对北方八旗组织的破坏与处置的被迫中止,是民初八旗制度得以残留的重要原因。

　　以袁世凯为首的封建军阀的当政为八旗制度的存在提供了可能。但作为清末朝廷重臣,袁世凯与清室之间有着千丝万缕的关系,"袁世凯家庭世受清廷之恩,他虽孜孜以求同南方议和,但也决不会血洗朝廷。他对签约者之一靳云鹏说:'若欲使余欺侮孤儿寡妇,为万世所骂,余不为也。'就是说袁世凯有实力推翻清室,但他决不会使出'欺侮孤儿寡妇'的办法;相反,他要寻找一种妥当的办法,使清朝得以体面地结束,从而使自己不背历史骂名。"①袁世凯之后的段祺瑞、冯国璋等北洋军阀事实上也有相同的情结和考量。在这种特殊的历史条件下,《清室优待条件》的出台意味着部分封建制度的延续,而《关于满、蒙、回、藏各待遇之条件》关于"先筹八旗生计,于未筹定之前,八旗兵弁俸饷仍旧支放"的规定,为八旗制度在北洋时期的延续奠定了基础。

北洋时期,中国社会正处于由传统社会向现代社会演变的转型时期。辛亥革命虽然推翻清王朝的专制统治,但是它不可能在短时间内完成社会的彻底变革,特别是"社会变革、社会改造的所有任务,新的社会因素不可能迅速的代替旧有的社会因素。辛亥革命后仍然存在着严重的社会与政治问题,其中最重要的是:1.帝国主义虽然受到革命运动的打击,但其势力仍在,仍然骑在中国人民头上作威作福;2.大量的传统社会遗留,其中包括传统政治、传统文化、传统思想的影响,依然存在,有时掀起较大的复古风浪,如政治上的复辟、文化上的复古等;3.传统政治赖以生存的经济基础——自然经济,仍然占据主导地位。"②因此,"北洋政府时期表现了社会转型期许多二元性的特点,它在政治、文化意识形态方面,存在着明显的和突出的新与旧,进步与保守,现代性和传统性的混杂、并存与矛盾,并且对立双方在不断地消长或反复着,表现在整个社会的各个领域"。③ 在此背景下,北洋政府并没有建成稳定的政权,政局动荡不已,掌权者——北洋军阀对于社会的改造和国家的建设没有形成明确的纲领、方向和目标,这些又为八旗体制的延存提供了一定的土壤和空间。

八旗组织的残留,还缘于八旗生计的特殊性。"八旗为终生兵制,久已成为弊政,其不容存在于共和制度之下自不待言",然而"特以历史关系,安插手续"颇为繁杂。④ 民生问题的解决与社会的政治、经济和文化的整体发展水平密切相关。北洋时期,虽然北洋政府采取多种措施鼓励资本主义经济的发展,

① 农伟雄:《袁世凯与南北议和新论》,《江汉论坛》2002 年第 2 期。
② 张宪文:《论 20 世纪中国社会的转型》,《史学月刊》2003 年第 11 期。
③ 张宪文:《再论民国史研究中的几个重大问题》,《江海学刊》2008 年第 3 期。
④ 参见中国第二历史档案馆藏:《筹办八旗生计处关于旗民生计事宜有关文件——1914 年 3 月至 1918 年 3 月》,内务部,全宗号 1001,案卷号 1845。

但整个北洋时期的社会经济水平还远未达到能妥善安排和解决各种社会民生的程度,由于多年的战乱,民众无以聊生的现象比比皆是。对于旗民这样一个特殊的社会群体,除了制度层面的因素以外,影响旗民生存的自身客观因素也制约了旗民生计问题的解决,如身无所长、人口众多等。由于各地驻防和旗营的裁撤必须以解决八旗生计为前提条件,所以旗民生计问题的一时难以解决,使得八旗组织的延存成为一种必然。

### 二、北洋时期的八旗组织

清帝退位后,1912 年 3 月 10 日,袁世凯在北京就任临时大总统,北京临时政府成立,中国社会进入了北洋军阀的统治时期。经过辛亥革命,广州、杭州、福州、江宁、荆州、西安等南方驻防旗营基本破坏,完整的建制已不复存在,而京师旗营及畿辅地区驻防,因为没有遭受战争的直接破坏,原有的体制得以基本保留。由于上述多种因素的影响,北洋时期,八旗组织和体制虽然无法与前清相提并论,但八旗组织的一些管理机构不仅继续存在,而且还有着相对比较完整的体系。

北洋时期的八旗组织与八旗官制基本延续清代编制。北洋政府执政之初,就对八旗组织和事务进行了初步的梳理,并逐步接手八旗的相关事务。1912 年 8 月,北洋政府铨叙局咨文值年旗和八旗各都统衙门,要求所有在京八旗满、蒙、汉军、世爵按固定表册填写表格,以便进行核办。咨文说:"所有在京八旗满、蒙、汉军二十四固山各佐领下,现有各项世爵应向各都统衙门分别行查,以便汇总列表备案,相应刷印八旗满、蒙、汉军世爵表二十四册,咨行贵值年旗,请烦分别转送各旗都统衙门。"①铨叙局隶属国务院,掌管"荐任官以上任免及其履历事项、文官考试事项"等事务,②作为北洋时期官员任免的行政机关,其对京师八旗组织及成员的核办,表明值年旗、八旗都统衙门及京师八旗二十四固山建制被北洋政府认可与保留,而八旗人事事务已被纳入北洋政府有关部门的管辖范围。

---

① 《铨叙局咨值年旗请八旗满、蒙、汉军世爵表册转送各都统衙门按式填注送局核办文》,《政府公报》1912 年 8 月第 94 号。

② 参见钱端升:《民国政制史》(上),上海世纪出版集团 2005 年版,第 28 页。

　　作为清代管理八旗相关事务的八旗管理机构——值年旗首先被原封不动地保留下来。值年旗公署,始设于乾隆六年(1741 年),"原为八旗满洲、蒙古、汉军二十四固山汇总处所,内而各部院等处,外而各省会、府、县,凡八旗事件,咨行值年旗办理或监督者,无不迅速举办,且遇事必取诸公决,无轻重偏倚等弊,是京旗及各驻防总机关处,诚八旗之重要衙门也"①。清代值年旗大臣的任命,"旧例每届岁暮由兵部咨取满、蒙、汉都统、副都统衔开名单,请旨,每旗简派一员充值年大臣。如遇调补外省以及奉差等事,则由值年旗衙门随时奏请改派接充。"②北洋时期,值年旗作为一个八旗管理机构,至少在名义上依然承担着管理八旗事务的职能,并被保留至北洋政府统治的结束。1912 年 12 月 6 日,值年旗按照惯例咨呈陆军部,"请岁暮更换值年都统、副都统",这表明北洋政府的陆军部代替清代兵部承担了相关职能。同月 19 日,陆军部复文要求值年旗"将现充值年之都统、副都统衔名并转传八旗满洲、蒙古、汉军,将应列衔名汇文造册"送交陆军部,从而"以凭缮单"简派值年大臣,同月 22 日,值年旗将相关名册抄送陆军部,名单如下:③

镶黄旗满洲

　　都　　统　　那彦图　　　　　　　现充值年

　　副都统　　溥侊 、衡永

镶黄旗蒙古

　　都　　统　　载涛

　　副都统　　广绮、景麟

镶黄旗汉军

　　都　　统　　载瀛

　　副都统　　恽宝惠、铁忠

正黄旗满洲

---

① 中国第二历史档案馆藏:《北洋简派八旗都统、副都统管理值年旗事务》,陆军部,全宗号 1011,案卷号 3367。

② 中国第二历史档案馆藏:《北洋简派八旗都统、副都统管理值年旗事务》,陆军部,全宗号 1011,案卷号 3367。

③ 参见中国第二历史档案馆藏:《北洋简派八旗都统、副都统管理值年旗事务》,陆军部,全宗号 1011,案卷号 3367。

都　　统　江朝宗　　　　　　　现充值年

副都统　杭锦寿、衡光

正黄旗蒙古

都　　统　恩泽

副都统　松椿、文龄

正黄旗汉军

都　　统　鹤春

副都统　卓凌阿、都凌阿

正白旗满洲

都　　统　贡桑诺尔布

副都统　兜钦、阔普通武

正白旗蒙古

都　　统　文年

副都统　溥俌、良揆

正白旗汉军

都　　统　麟光　　　　　　　　现充值年

副都统　庆绵、宗培

正红旗满洲

都　　统　志钧

副都统　延康、衡桂

正红旗蒙古

都　　统　畿禄　　　　　　　　现充值年

副都统　羲傑、雲书

正红旗汉军

都　　统　　色楞额

副都统　　希璋

署副都统　　恩沼

镶白旗满洲

都　统　瑞丰　　　　　　　　　现充值年

副都统　敬昌、崇文

镶白旗蒙古

　　都　统　良泰

　　副都统　阳仓扎布、伊绵阿

镶白旗汉军

　　都　统　毓朗　（未到任）

　　副都统　德茂、崇山

镶红旗满洲

　　都　统　定成　　　　　　　现充值年

　　副都统　乌拉喜春、庆禄

镶红旗蒙古

　　都　统　治格

　　副都统　载光、倭和

镶红旗汉军

　　都　统　奎芳

　　副都统　松寿、嵩云

正蓝旗满洲

　　都　统　志锜　　　　　　　现充值年

　　副都统　讷钦泰、赵凌雲

正蓝旗蒙古

　　都　统　范一惠

　　副都统　载昌、文徵

正蓝旗汉军

　　都　统兼署副都统　奎顺

　　副都统　隆凯

镶蓝旗满洲

　　都　统　巴哈希

　　副都统　连福、容贤

镶蓝旗蒙古

　　都　统　端绪　　　　　　　现充值年

　　副都统　常英、胡寿庆　（未到京）

镶蓝旗汉军

　　都　　统　　王九成

　　副都统　　占凤、毓隆

上述名册显示，民国建立之初，原有的八旗体制得到比较完整的保留。一些档案资料显示，至少在 1920 年以前，每至岁暮，陆军部基本按照清朝惯例简派值年大臣，下表是 1913 年至 1920 年陆军部简派值年大臣情形，借以佐证。

表 4.1　1913—1920 年陆军部简派值年旗大臣官员一览①

| 时间 | 简派值年大臣人员 |
|---|---|
| 1913 年 7 月 4 日 | 张德彝 |
| 1914 年 1 月 19 日 | 那彦图<br>江朝宗<br>鹤　春<br>巴哈布<br>宝　熙<br>治　格<br>志　锜<br>占　凤 |
| 1914 年 6 月 8 日 | 志　锜 |
| 1914 年 12 月 29 日 | 载　功<br>载　润<br>毓　秀<br>色楞额<br>魁　斌<br>溥　伦<br>奎　顺<br>巴哈布 |
| 1918 年 12 月 28 日 | 载　涛<br>江朝宗<br>麟　光<br>色楞额<br>瑞　丰<br>治　格<br>志　锜<br>张德彝 |
| 1920 年 6 月 8 日 | 江朝宗 |

---

① 参见中国第二历史档案馆藏：《北洋简派八旗都统、副都统管理值年旗事务》，陆军部，全宗号 1011，案卷号 3367。

　　1920 年以后,虽然政局动荡,八旗制度也逐步走向最终的消亡,但值年旗大臣任命情形依然存在。事实上,北洋政府对值年旗大臣的任命直至北洋政府统治的末年,民国"十六年十二月三十一日,风雨飘摇中的北洋政府还任命那彦图、张广建、恩泽、衡永、乌拉喜春、费毓楷、载攄、端绪管理值年旗事务。是时,那颜图为镶黄旗满洲都统,张广建为正黄旗汉军都统,恩泽为正白旗蒙古都统,衡永为正红旗满洲都统,乌拉喜春为镶白旗满洲都统,费毓楷为镶红旗汉军都统,载攄为正蓝旗汉军都统,端绪为镶蓝旗蒙古都统"。①

　　北洋政府对新、旧营房大臣及官房大臣的任命也基本沿袭清朝。清代,管理新、旧营房大臣、管理官房大臣与值年旗大臣,均由八旗都统、副都统特派,共同办理八旗事务。"管理旧营房大臣,满、蒙各一人,其属有营总章京、骁骑校。新营房大臣、官房大臣,满蒙汉军各八人,其属与旧营房同。"②管理新、旧营房大臣与官房大臣皆从都统、副都统中简派,岁终更代。自民国建立直至北洋统治的结束,这些官员的任命仍然存在。1913 年 3 月 29 日,临时大总统令:"任命贡桑诺尔布、溥伦、载功、毓秀、奎芳、德茂管理新旧营房、城内官房事务。"③此后,管理新旧营房、城内官房事务大臣均时有任命,仅就所见到的档案史料罗列如下,以资说明④。

　　1913 年 5 月 14 日,志钧、治格被任命管理新旧营房、城内官房事务。

　　1913 年 8 月 16 日,秀吉被任命管理新旧营房、城内官房事务。

　　1914 年 3 月 5 日,江朝宗、志锜被任命管理新旧营房、城内官房事务。

　　1914 年 6 月 8 日,巴哈布被任命管理新旧营房、城内官房事务。

　　1915 年 4 月 3 日,阿穆尔灵圭被任命管理镶蓝汉新营房事务。

　　1915 年 10 月 19 日,华桂芳被任命管理正蓝蒙新营房事务。

　　1917 年 10 月 17 日,广绮被任命为管理镶黄蒙新旧营房、城内官房事务。

　　1921 年 4 月 6 日,文年被任命管理正白旗蒙古新旧营房城内、官房事务,

　　①　佟佳江:《清代八旗制度消亡新议》,《民族研究》1994 年第 5 期。

　　②　赵尔巽:《清史稿》(上),卷 117,天津古籍出版社 2007 年版,第 601 页。

　　③　中国第二历史档案馆藏:《北洋政府简派八旗都统管理新旧营房及拨用旗产有关文书》,陆军部,全宗号 1011,案号 3368。

　　④　参见中国第二历史档案馆藏:《北洋政府简派八旗都统管理新旧营房及拨用旗产有关文书》,陆军部,全宗号 1011,案卷号 3368。

兜钦被任命管理正红旗汉军新营房、城内官房事务。

除了值年旗等机构外，北洋时期大量八旗官职也得以保留，包括八旗都统、副都统、各驻防将军、副都统、城守尉等。1913—1915 年，陆军部对京师八旗各营都统统领及各驻防职官进行了调查，并汇总列表，造送"印铸局"办理登记。其中，1915 年 12 月间，陆军部造送的"前锋统领、护军统领、都统、副都统册"显示，民国初年的八旗一般官职也基本保留了前清体例。

**表 4.2　1915 年间京师八旗及各驻防职官表①**

| 左　翼 | | |
|---|---|---|
| 镶黄旗 | 前锋统领 | 秀吉 |
| | 满洲都统 | 那彦图（署理乌理雅苏台将军） |
| | 副都统 | 溥佶　英信 |
| | 蒙古都统 | 载功 |
| | 副都统 | 德麟　景麟 |
| | 汉军都统 | 贝勒载瀛 |
| | 副都统 | 恽宝惠　文绮 |
| | 护军统领 | 卓凌阿 |
| 正白旗 | 满洲都统 | 贡桑诺尔布 |
| | 副都统 | 兜钦　鹤春 |
| | 蒙古都统 | 毓秀 |
| | 副都统 | 景厚　溥倬 |
| | 汉军都统 | 成章 |
| | 副都统 | 麟光　庆绵 |
| | 护军统领 | 棍布扎布 |
| 镶白旗 | 满洲都统 | 睿亲王 |
| | 副都统 | 达赉 |
| | 蒙古都统 | 敬昌 |
| | 副都统 | 祺诚武 |

---

① 参见中国第二历史档案馆藏：《陆军部行查八旗及各营都统统领等衔名咨文——1912 年至 1915 年》，陆军部，全宗号 1011，案卷号 3369。

续表

| | 汉军都统 | |
| --- | --- | --- |
| | 副都统 | 清茂　颜黄 |
| | 护军统领 | |
| 正蓝旗 | 满洲都统 | 公桂祥 |
| | 副都统 | 丰深　宗室崇荫 |
| | 蒙古都统 | 讷钦泰 |
| | 副都统 | 常山　成安 |
| | 汉军都统 | 奎顺 |
| | 副都统 | 额勒春　福寿 |
| | 护军统领 | 敬昌 |
| **右　翼** | | |
| | 前锋统领 | 兜钦 |
| 正黄旗 | 满洲都统 | 礼亲王 |
| | 副都统 | 秀吉　公志钧 |
| | 蒙古都统 | 景丰 |
| | 副都统 | 公桥椿　文龄 |
| | 汉军都统 | 贝勒载涧 |
| | 副都统 | 卓凌阿　都凌阿 |
| | 护军统领 | 常山 |
| 正红旗 | 满洲都统 | 恭亲王 |
| | 副都统 | 文年　延康 |
| | 蒙古都统 | 达赉 |
| | 副都统 | 继禄署　马龙标 |
| | 汉军都统 | 色楞额 |
| | 副都统 | 公希璋　文年(兼署) |
| | 护军统领 | 宗室占凤 |
| 镶红旗 | 满洲都统 | 段芝贵 |
| | 副都统 | 吉陞　乌拉吉春 |
| | 蒙古都统 | 治格 |
| | 副都统 | 陆建京　载光 |
| | 汉军都统 | 张动　奎芳(署) |

续表

| | 副都统 | 松寿 |
|---|---|---|
| | 护军统领 | 公克钧 |
| 镶蓝旗 | 满洲都统 | 博迪苏 |
| | 副都统 | 瑞启　文瑾 |
| | 蒙古都统 | 张德彝 |
| | 副都统 | 胡寿庆　兜钦（兼署）　常英 |
| | 汉军都统 | 良泰 |
| | 副都统 | 宗室明启　宗室占凤 |
| | 护军统领 | 公希璋 |
| | 步军统领 | 江朝宗（署理） |
| | 奉天都督兼管三省将军事务 | 赵尔巽 |
| | 盛京副都统 | 宗室清裕 |
| | 金洲副都统 | 宗室清裕（兼署） |
| | 兴京副都统 | 恩泽 |
| | 西安将军 | |
| | 左翼副都统 | 承燕 |
| | 右翼副都统 | 克蒙额 |
| | 宁夏将军 | 常连 |
| | 副都统 | |
| | 江宁将军 | |
| | 副都统 | 双福 |
| | 京口副都统 | |
| | 杭州将军 | 德济（署理） |
| | 乍浦副都统 | 嵩志 |
| | 荆州将军 | 连魁 |
| | 左翼副都统 | 舒清阿 |
| | 右翼副都统 | 松鹤 |
| | 凉州副都统 | 恩志 |
| | 青州副都统 | 熙钰 |
| | 广州将军 | |
| | 满洲都统 | 文泰 |

| | | |
|---|---|---|
| | 汉军副都统 | 文泰（兼署） |
| | 福州都统 | |
| | 汉军副都统 | 胜恩 |
| | 成都将军 | |
| | 副都统 | |
| | 绥远城将军 | 堃岫 |
| | 归化城副都统 | 麟寿 |
| | 察哈尔都统 | 冯国璋　何宗莲（署） |
| | 副都统 | 姜桂题　昆源（署理） |
| | 热河都统 | 盛桂 |
| | 密云副都统 | 王赓 |
| | 山海关副都统 | 儒林 |
| | 伊犁镇边使 | 广福 |
| | 副都统兼参赞 | 毕桂芳　文琦（署） |
| | 副都统 | 希贤 |
| | 保定城守尉 | 防御云鹏署理 |
| | 太原城守尉 | 防御松寿署理 |
| | 德洲城守尉 | 奎垡　国祥（署理） |
| | 河南城守尉 | 德敬 |
| | 庄浪城守尉 | 倭和 |
| | 右卫城守尉 | 荣福 |
| | 广宁城守尉 | 协领恩祺（署理） |
| | 復洲城守尉 | 协领王鹏举（署理） |
| | 岫岩城守尉 | 协领博明（署理） |
| | 凤凰城守尉 | 音德布 |
| | 开原城守尉 | 协领王明（署理） |
| | 义州城守尉 | 载椿（署理） |
| | 辽阳城守尉 | 长庆 |
| | 盖州城守尉 | 宗室多寿 |
| | 古城城守尉 | 佐领忠阳（署理） |
| | 呼伦贝尔左翼总管 | 巴当阿 |

续表

| | | |
|---|---|---|
| | 呼伦贝尔右翼总管 | 协领多隆阿（署理） |
| | 呼伦贝尔左翼巴尔虎总管 | 博矛格勤恩 |
| | 呼伦贝尔右翼巴尔虎总管 | 车和札 |
| | 拉林协领 | 连科 |
| | 察哈尔镶黄旗总管 | 多普沁多尔济 |
| | 察哈尔正白旗总管 | 策伯克多尔济 |
| | 察哈尔镶白旗总管 | 拣噶尔布 |
| | 察哈尔正蓝旗总管 | 革龠克巴图 |
| | 察哈尔正黄旗总管 | 东登瑞多克 |
| | 察哈尔正红旗总管 | 巴雅斯呼朗 |
| | 察哈尔镶红旗总管 | 副参领们都巴雅尔（署理） |
| | 察哈尔镶蓝旗总管 | 沁巴 |

　　根据表4.2,北洋时期八旗组织的存在状况应当表现为这样几个方面:第一,广州、西安、江宁、杭州、京口、成都等驻防八旗基本建制已不复存在,但北洋政府却在名义上予以保留。例如,上述材料中的杭州将军德济、乍浦副都统嵩志、荆州将军连魁、江宁副都统双福依然在职。第二,京师八旗、畿辅驻防及东三省驻防八旗体制基本保留,其中,京师和东三省地区相对比较完整。第三,都统、副都统等八旗官员基本由晚清八旗官员袭任。清末朝廷任命的多数八旗官长,除了个别官员以外,在民初的多年间依然担任原有的官职,并统辖各旗事务。例如,上表中的镶黄旗满洲都统那彦图、镶蓝旗满洲都统博迪苏、正红旗蒙古都统达赉、正白旗护军统领棍布扎布、正红旗汉军副都统卓凌阿、都凌阿等。此外,比较1912年和1915年的八旗官员任职情况,不难发现,八旗官员的任职状况在北洋时期的多年间也未有多少变化。

　　除了八旗官员任命保留着旧例以外,八旗都统及护军统领官署地址也暂时得以保留。根据1912年至1915年间陆军部对八旗的行查情况,满洲八旗都统及护军衙署地址的基本情况如下。

　　内左二区

　　　　正白旗满洲都统署在老君堂胡同

　　　　正白旗蒙古都统署、汉军都统署俱在报房胡同

镶白旗满洲都统署在灯市口大街

镶白旗蒙古都统署在王府大街甘雨胡同

镶白旗汉军都统署在灯草胡同

镶白旗护军统领署在礼士胡同

正蓝旗满洲、蒙古、汉军三都统署皆在本司胡同

正蓝旗护军统领署在崇内乾麵胡同

内左三区

镶黄旗满洲都统署在安定门交道口

镶黄旗汉军都统署在安定门大街

内左四区

镶黄旗蒙古都统署在北新桥南大街

镶黄旗护军统领署在东直门内金太监胡同

正白旗护军统领署在东四十条胡同

内右一区

镶蓝旗蒙古都统署在西单太仆寺街移绒线胡同

镶蓝旗汉军都统署在西单堂子胡同宽街

内右二区

镶蓝旗满洲都统署在华嘉寺胡同

镶蓝旗护军统领署在北闹市口屯绢胡同

镶红旗满洲、蒙古、汉军三都统署俱在石驸马大街

镶红旗护军统领署在西单报子街

正红旗满洲都统署在阜成门内锦石什街

正红旗蒙古都统署在阜成门内水车胡同

正红旗汉军都统署在宣武门内卧佛寺街

内右三区

正黄旗蒙古都统署在德胜门内石虎胡同

正黄旗满洲都统署在德胜门桥南

内右四区

正黄旗汉军都统署在西直门内丁家井

正黄旗护军统领署在西直门内宽街

正红旗护军统领署在西四北受璧胡同①

除了八旗机构与官制以外,八旗制度的原有弁兵构成体系也有保持。清代,八旗旗兵主要有骁骑校、亲军校、领催、亲军、马甲、披甲、随甲、养育兵等构成,民国初年,这些兵种继续存在。根据曾任正红旗满洲都统的王衡永所藏《北京正红旗满洲民国七年七月份弁兵饷银津贴表》,1918 年间北京正红旗依然保持原有弁兵体系。

表 4.3　1918 年间正红旗满洲旗员构成表②

| 名　称 | 人　数(人) |
| --- | --- |
| 骁骑校 | 86 |
| 亲军校 | 11 |
| 觉罗亲军 | 7 |
| 领催 | 420 |
| 亲军 | 145 |
| 弓匠长 | 7 |
| 通州领催 | 1 |
| 马甲 | 1534 |
| 随甲 | 77 |
| 弓甲 | 73 |
| 通州仓马甲 | 19 |
| 清河仓马甲 | 6 |
| 备鞍马甲 | 4 |
| 锻匠马甲 | 4 |
| 镟匠马甲 | 1 |
| 鞍匠马甲 | 1 |
| 铇头匠 | 9 |
| 箭匠 | 6 |

---

①　中国第二历史档案馆藏:《陆军部行查八旗及各营都统统领等衔名咨文——1912 年至 1915 年》,陆军部,全宗号 1011,案卷号 3369。

②　参见中国科学院民族研究所、辽宁少数民族社会历史调查组:《北京满族调查报告》(一),载《满族社会历史调查报告》(下)第 5 辑,1963 年版,第 31 页。

| 名　称 | 人　数（人） |
|---|---|
| 铁匠 | 2 |
| 各处拜唐阿 | 130 |
| 有米养育兵 | 1116 |
| 无米养育兵 | 579 |
| 原品休致 | 4 |
| 库　使 | 5 |
| 皇史宬守更 | 5 |
| 随印笔贴式 | 5 |
| 各处门甲 | 33 |
| 各处坟甲 | 13 |
| 算学生 | 2 |
| 鞍匠 | 8 |
| 铁匠 | 1 |
| 光禄寺传事 | 3 |
| 看守坟 | 20 |
| 鞍子手 | 3 |
| 会同馆小吏 | 1 |
| 孀妇 | 315 |
| 週年孀妇 | 37 |
| 孤女 | 239 |
| 宗室 | 66 |
| 宗室孀妇 | 39 |
| 觉罗 | 664 |
| 觉罗孤女 | 4 |
| 等俸 | 1 |
| 孤寡 | 2194 |
| 共计 | 8441 |

## 三、北洋时期八旗组织的特点

北洋时期八旗组织虽然得以残留，但由于特定的社会背景，这一时期的八旗组织不能完全等同于清代的八旗组织。

松散的旗人行政组织。民国建立以后，八旗组织原有的军事职能不复存在，八旗组织成为单一的行政组织。民国时期，即使作为一介行政组织，八旗组织也难以发挥有效的职能，对于八旗行政事务的管理，留存的八旗传统管理机关如值年旗、八旗都统衙门等，也往往无实权处置。民国时期的八旗事务最重要的莫过于八旗生计问题，八旗组织与八旗生计相始终，因此，北洋时期的八旗组织虽然基本保留了原有的编制，但它仅为八旗社会群体存在的行政外壳，八旗体制实际成为旗人松散的行政组织。20 世纪 20 年代以后，随着自由入籍政策的实施，诸多旗人逐渐脱离旗籍，走上了社会，八旗组织的行政职能也渐渐萎缩。

八旗事务管理混乱。清代，八旗原隶属兵部，按照旧制，八旗组织理应归隶陆军部。但在北洋时期，八旗事务的管理涉及多个部门，管理相对混乱。1913 年 11 月，陆军部发表咨文，称"满洲旗各都统所属旗职，各参领、佐领、骁骑校、护军校、防御、守御等统系原属陆军部"，从前各都统请补员缺，应首先行文陆军部，由陆军部审核，再呈请大总统任命。[①] 咨文实际明确规定八旗所属各旗职统属陆军部管理。此后，在一些八旗的相关事务上，如值年大臣的任命、各旗营官员的病故、升补及世职接替、闲散旗籍军人的任用及旗饷的筹措发放上，陆军部起着主要管理作用。陆军部军衔司作为军官的任免部门，承载着旗职官佐的任免、转补等相关职能。以旗佐的升补为例，在 1914 年至 1922 年间，军衔司对各旗营官员病故、升补及世职接袭等事宜进行了审核及办理。例如，1914 年 7 月 27 日，军衔司接受并核准镶蓝旗蒙古荣锡等旗人的申请，补授荣锡为参领，隆佑为副参领，凤旭为公中佐领。1921 年 6 月，军衔司任官科又一次审核了镶白旗汉军都统、正红旗满洲都统、正白旗满洲都统等各旗所属 12 名旗员的病故登记，并对正红旗满洲世管佐领元肇等 12 人进行了出缺补授。[②]

但是，北洋时期管理八旗事务的部门并不限于陆军部，铨叙局、内务部等

---

① 参见《政府公报》1913 年 11 月。
② 参见中国第二历史档案馆藏：《军衔司关于各旗营官员病故、升补及接袭世职等项行知咨付——1914 年至 1922 年》，陆军部，全宗号 1011，案卷号 3374。

部门也参与八旗事务的管理。根据现存档案和相关资料显示,国务院直辖机关铨叙局作为人事行政机关,涉及了八旗人事事务管理。1914 年 5 月,总统府政事堂函文陆军部,令"嗣后都统、副都统缺出,悉由政事堂开单请简。"①铨叙局即为政事堂下属人事行政机构,应当视为相关管理机关。内务部作为管理公共团体、行政、经济、贫民赈恤、贫民习艺所、国籍、户籍、土地、警政、土木、礼俗及卫生的重要管理机构,更是广泛涉及了旗民生计,包括旗民户籍变更、旗地管理、旗丁俸饷、旗民救济、旗民教育、旗产处理等各项事务。例如,自 1912 年至 1919 年间内务部接受了大量各地旗人要求更名、冠姓、改籍的呈文申请,仅以 1913 年 1 月至 11 月为例,内务部批准各地旗人冠姓、更名、改籍的事例多达 100 余人。② 此外,某些旗务的管理权属也屡有更改。清代,左、右翼前锋、八旗护军及内各府三旗护军均为京师禁卫兵,主要负责京城守卫警跸事宜,根据《清室优待条件》,清帝退位以后,"原有之禁卫军归中华民国陆军部编制",明确规定禁卫军归属陆军部。不久以后,北洋政府便将禁卫军划归内务部管辖,并对之进行了改组工作。1912 年 4 月 23 日,北洋政府公布《改组护军办法》和《内务部拟订护军执行清廷警察章程》,成立护军管理处,直属内务部,"清代原来的左、右翼前锋、八旗护军均归管辖,内务府三旗护军亦由兼理。原有十营统领裁撤,一切旗务均归管理处处理,内务府护军统领亦裁。"③自此,原京师左右翼前锋、八旗护军、内务府三旗护军事宜及旗务筹划归内务部护军管理处管理。

　　八旗事务管理的混乱与北洋时期政潮迭起、政局动荡不稳、政权更易频繁、各部职能不明的历史境状相呼应。清代始终有一个相对统一的中央政府,八旗组织兵民合一,旗民易于集中管理,北洋时期是中国由传统社会向现代社会的转型时期,北洋政府统治机构职能和法规变易频繁,在八旗组织管理上的混乱也就见怪不怪了。

---

　　① 中国第二历史档案馆藏:《关于都统、副都统出缺悉由政事堂开单请简行知公函——1914 年》,陆军部,全宗号 1011,案卷号 3370。

　　② 参见中国第二历史档案馆藏:《一九一三年各地旗人请求冠姓更名改籍有关文书——1913 年 1 月至 11 月》,内务部,全宗号 1001,案卷号 1294。

　　③ 钱实甫:《北洋时期的政治制度》(上册),中华书局 1984 年版,第 180 页。

## 第二节　北洋时期的涉旗事务

北洋时期，八旗组织的性质、社会地位和社会角色已不可与前清同日而语，但作为一介社会行政组织以及旗民群体存在的主要载体，涉旗事务依然存在，一定程度反映了旗民群体的生存状态。

### 一、八旗官员的任职、升补与世职接袭

北洋时期，八旗官员的任职、升补与世职接袭现象依然存在。清代，旗人官职选任、升转等任官制度方面，朝廷均制定了特殊的政策，除了八旗宗室王公依赖尊贵身份以外，异姓公、侯、伯、子、男以及轻车都尉、骑都尉、云都尉、恩骑尉等，也可凭借世袭的贵族身份而任官，或者荫子为官。民国成立以来，八旗"弁兵缺额照旧序补"，官员的升补和世职接袭方式一如清制旧例。

北洋时期的八旗官佐遴委遵照一定的程序。大致是各旗在官佐职位出缺的基础上，各营先在本旗内部"根据八旗旧例"，"公同栋选"出相应人选，再由本旗都统咨报陆军部军衡司考任科，并转呈大总统核覆批准任命。需要强调的是，根据清制旧例，除参领以下官职基本来自各旗本身外，各都统、副都统委派时并不考虑其本人旗籍，北洋时期亦基本遵循此等旧例。参领以下官员升补均由本营内部产生，升补人员相应具有一定的履历及学历，升补也通常是由低级职位到高级职位层层递升。

北洋时期，除了刘永庆、冯国璋、王士珍、段祺瑞等少数汉人曾经出任八旗都统以外，八旗高级官吏大都仍由前清八旗都统、副都统等八旗高级官员继续留任。如镶黄旗满洲都统那彦图、镶黄旗蒙古都统载功、镶黄旗汉军都统贝勒载瀛等。各都统、副都统的留任均需向陆军部咨报衔名身册，以便登记造册、接受管理。例如，1912 年 2 月，根据陆军部要求，镶黄旗满洲都统那彦图向陆军部咨报衔名身册，其内容表明旗籍官员不仅大多出身于前清八旗宗室、贵胄，身份背景比较显赫，而且担任世职多年，对八旗组织十分熟悉，他们的继续留任有利于八旗组织的暂时运行。

镶黄旗满洲都统那彦图衔名身册
管理镶黄旗满洲都统事务喀尔喀扎萨克和硕亲王

年四十六岁

同治十三年六月承袭亲王

光绪九年十二月奉

旨　赏戴三眼花翎并挑在

御前行走

是年派出偹引大臣

十年三月奉

旨　补授前引大臣

十一年正月授为县主额驸

十五年正月

旨　充尚书房总谙达

二十六年二月补授正黄旗领侍卫内大臣

二十七年正月管理御鸟枪处事务

二十九年三月调补镶黄旗满洲都统

同日补授掌卫事大臣

三十四年十月管理健锐营事务

是年十一月奉

旨　赏食双俸

宣统二年六月管理圆明园事务

系镶黄旗蒙古王①

　　北洋时期,上述八旗高级官员不仅大多留任,而且任职往往多年不变,有的直至八旗制度的最终消亡,镶黄旗满洲都统那彦图就是其中的代表之一,这是由于北洋时期八旗组织的性质所决定的。前清,八旗要职如将军、都统等手中均握有重要权力,如将军"镇守险要,绥和军民,均齐政刑,修举武备",都统和副都统也"掌八旗政令,宣布教养,厘诘戎兵,以赞旗务"。② 民国时期,八旗组织沦为纯粹的行政组织,将军、都统等职官,既无兵权、行政权,也无多少财

　　① 中国第二历史档案馆藏:《镶黄旗满洲都统咨报衔名身册及副都统出缺就职日期——1912 年至1918 年》,陆军部,全宗号 1011,案卷号 3383。
　　② 赵尔巽:《清史稿》(上),卷 117,天津古籍出版社 2007 年版,第 601—602 页。

权,只是伴随八旗组织的存在,暂时管理八旗事务,相较其他官职,其官位的重要性相形见绌。

民国建立以来,参领以下八旗官佐的升补亦不鲜见,尤其是在京师各旗营中。仅镶蓝旗蒙古在1914年间就有荣锡等13人升补参领各缺。以镶黄旗满洲为例,自1912年至1919年间,先后大概有29人升补各官缺,大致情形统计如下。

表4.4　1912年至1919年间镶黄旗满洲所属官佐遴委情况表①

| 时间 | 姓名 | 原职位 | 升补职位 | 备注 |
|---|---|---|---|---|
| 1912年12月5日 | 双　惠 |  | 印务章京 |  |
|  | 荣　连 |  | 骁骑校 |  |
|  | 瑞　山 |  | 世管佐领 |  |
|  | 讷　钦 |  | 世管佐领 |  |
| 1913年10月31日 | 果勒敏 | 副参领 | 参领 | 原参领隆秀病故 |
|  | 锤　寿 | 印务章京 | 副参领 |  |
|  | 德　荣 | 公中佐领 | 印务章京 |  |
|  | 崑　源 |  | 公中佐领 |  |
|  | 英　惠 | 印务笔贴式 | 骁骑校 |  |
| 1916年2月 | 富　昌 |  | 公中佐领 |  |
| 1918年11月12日 | 裕　隆 |  | 印务参领 |  |
|  | 松　立 |  | 参领 |  |
|  | 德　贵 |  | 参领 |  |
|  | 常　山 |  | 副参领 |  |
|  | 保松龄 |  | 副参领 |  |
|  | 熙　斌 |  | 印务章京 |  |
|  | 堡　恒 |  | 印务章京 |  |
|  | 立　顺 |  | 印务章京 |  |
|  | 钟　寿 |  | 公中佐领 |  |

① 中国第二历史档案馆藏:《镶黄旗满洲都统咨报遴委所属官佐——1912年至1919年》,陆军部,全宗号1011,案卷号3385。

| 时间 | 姓名 | 原职位 | 升补职位 | 备注 |
|---|---|---|---|---|
| 1919 年 11 月 10 日 | 春　生 | | 印务章京 | |
| | 增　桂 | | 参领 | |
| | 富　昌 | | 副参领 | |
| | 崑　源 | | 副参领 | |
| | 福　山 | | 印务章京 | |
| | 绍　龄 | | 印务章京 | |
| | 德　璋 | | 印务章京 | |
| | 双　惠 | | 公中佐领 | |
| 1919 年 12 月 1 日 | 文　荃 | 领催 | 委骑校 | 补放良乡驻防 |
| | 福　山 | | 公中佐领 | |

　　与前清不同的是,北洋时期八旗官佐的升补主要缘于某一世职病故出缺,需要旗员接袭,闲散或下级官佐的升补就成为可能。1914 年 11 月,镶蓝旗满洲参领文绅等十四人病故,乌升杭阿、斌秀等十人被补授参领、副参领、公中佐领各职。[①]

　　荫子为官也是北洋时期各旗营旗人获得职位的一条途径。清代荫子为官是旗人升任的一条重要途径,能够荫子为官的大多是公、侯、伯、子、男等世爵高官的子弟,类似的情况在民初各旗营中仍然存在。1914 年 11 月,镶红旗满洲都统咨报了彝勋等三人接袭父辈世职的情况:"二等男爵文熙病故,以伊子勋旧佐领彝勋接袭;三等男爵联英病故,以伊子世管佐领崇勋接袭;雲骑尉桂福病故,以过继子全禄接袭。"[②]这一时期,侄子等亲属接袭世职也被认可。1914 年 11 月 26 日,正黄蒙旗人文鑑以侄子的身份接袭了病故叔叔思杰的骑都尉一职。[③] 此外,一些闲散旗人也通过接袭世职获得相应职位。

　　① 参见中国第二历史档案馆藏:《军衡司关於各旗营官员病故升补职等项行知咨付——1914 年至 1922 年》,陆军部,全宗号 1011,案卷号 3374。
　　② 中国第二历史档案馆藏:《军衡司关於各旗营官员病故升补职等项行知咨付——1914 年至 1922 年》,陆军部,全宗号 1011,案卷号 3374。
　　③ 参见中国第二历史档案馆藏:《军衡司关於各旗营官员病故升补职等项行知咨付——1914 年至 1922 年》,陆军部,全宗号 1011,案卷号 3374。

除了较高级别的官吏以外,普通弁兵的序补也时有进行。八旗弁兵向有一定的缺额,而且八旗兵丁职务名目繁多,八旗弁兵体系的存在,为八旗兵丁的序补提供了基础。辛亥革命以后,除了少数南方旗营以外,北方旗营的兵丁缺额并未有较大变化。在京城,各八旗的缺额甚至自光绪初年至民国十几年,都没有变化。[①] 以镶黄旗满洲为例,其在北洋时期基本保持了前清的旗兵缺额,具体各缺额情况如下[②]。

| | | |
|---|---|---|
| 领催　428 名 | 锻匠　4 名 | 粘杆拜唐阿　2 名 |
| 马甲　1562 名 | 镟匠 1 名 | 使箭拜唐阿　3 名 |
| 随甲 86 名 | 鞍匠 1 名 | 陆军部承差　3 名 |
| 养育兵 2227 名 | 鲍头匠 9 名 | 使晏马甲　5 名 |
| 亲军校 11 名 | 箭匠 9 名 | 通州仓甲　19 名 |
| 亲军　158 名 | 铁匠 2 名 | 通州领催　1 名 |
| 弓匠长 7 名 | 网户拜唐阿 8 名 | 清河仓甲　6 名 |

以上共兵 4552 人。

此外,笔帖式等文职官员递补现象甚至延续至北洋末期。1923 年 12 月 2 日,正黄旗满洲都统江朝宗向陆军部咨报了新补笔帖式桂年的有关情况,并要求相应发放俸饷。其咨文道:"本旗四甲喇印务参领德斌等呈,据佐领德海等呈,本旗印务笔帖式一缺,於民国十二年一月二十六日,经管理本旗都统等拣选得闲散桂年堪以补授,业经咨行铨叙局查明注册在案。再查京旗印务笔帖式月支银二两,岁支米二十一石二斗。本身别有钱粮者不兼支。令将德海佐领下闲散桂年应领粮米自民国十二年三月份起入档支领。"[③]本咨文表明,文官笔帖式在北洋时期不仅存在,而且时有新补,并且享受一定俸饷待遇。

北洋时期的八旗官员铨选、任用,依然存在着京旗、驻防之差异及"各省

① 参见中国科学院民族研究所、辽宁少数民族社会历史调查组编:《北京满族调查报告》(一),载《满族社会历史调查报告》(下)第 5 辑,1963 年版,第 5 页。

② 参见中国科学院民族研究所、辽宁少数民族社会历史调查组编:《北京满族调查报告》(一),载《满族社会历史调查报告》(下)第 5 辑,1963 年版,第 4 页。

③ 中国第二历史档案馆藏:《正黄旗满洲都统江朝宗检送饷银米粮清册咨文——1915 年 2 月至 1924 年 3 月》,陆军部,全宗号 1011,案卷号 1941。

驻防官缺,向有旗翼之别"的现象。针对此种情况,1913 年,吉林都督陈昭常
呈请变通旗属官缺补用办法,要求"补放协、参、佐领等缺,由通省人员内不分
满、蒙、汉旗翼,按级一体补放,务期官得其人,人得其用。"①北洋时期的八旗
体制只是历史遗留问题,作为一种过渡,其最终的消亡已然为时不远,陈昭常
提出变通八旗旗属放缺补用办法,对于民国时期的八旗组织并无多少实际
意义。

　　总的来说,对于八旗官佐的升补与接袭,北洋政府基本沿袭清朝旧制,但
并未对其严格掌握。通常经过程式化的步骤完成了相关事务的处理,各旗营
的官兵也并不像前清那样频繁调防,这种十分松散的管理方法,表明八旗体制
在民国政治社会中已无足轻重。

### 二、八旗俸饷的支放

　　民国建立以后,依据《关于满、蒙、回、藏待遇条件》,旗民生计未筹定以
前,八旗俸饷照旧支放,虽然财政捉襟见肘,北洋政府还是在一定程度上支放
了八旗俸饷,只是各处额度多少不等。

　　京旗俸饷的发放一直优于各直省驻防,北洋时期亦然。除了米饷仅发两
年以外,京师八旗饷银的发放断断续续持续至 1924 年左右。1912 年至 1924
年间,八旗各都统包括正黄旗满洲都统江朝宗、镶黄旗满洲都统那彦图、正黄
旗蒙古都统恩泽、正黄旗汉军都统载润等,每年都有关于各旗官兵饷银米粮清
册的咨文。② 咨文表明,京旗饷银的支放持续了比较长的一段时间。总的来
说,民国初年至民国十二年(1923 年)间,是一个逐步递减的过程。以 1912 年
9 月份镶黄旗满洲五个甲喇及各营饷银的发放情况为例分析,民国初年,京师
八旗俸饷的支放基本得到了保障,参见表 4.5。

---

① 中国第二历史档案馆藏:《陆军部核议吉林都督陈昭常呈请变通旗属官缺补用办
法——1913 年》,陆军部,全宗号 1011(2),案卷号 713。

② 参见中国第二历史档案馆藏:《关于 1915 年至 1924 年间八旗各都统检送官兵饷银米粮
清册咨文》,陆军部,全宗号 1011,案卷号 1941—1964。

表 4.5　1912 年 9 月份镶黄旗满洲五个甲喇及各营饷银发放表①

| 单位 | 人数 | 所领饷银 |
|---|---|---|
| 五甲剌 | 8403 | 174646 两 2 钱 |
| 前锋营 | 133 | 551 两 |
| 内火器营 | 387 | 1306 两 5 钱 |
| 护军营 | 1117 | 4603 两 |
| 外火器营 | 359 | 1219 两 5 钱 |
| 圆明园 | 599 | 1949 两 5 钱 |

民国四五年(1915—1916 年)间,京师旗营的发放已常常愆期,但经各营及值年旗屡加催促,饷银通常可以在每月月底得以解决和支放。表 4.6 是 1915 年 5 月份至 12 月份前锋左、右翼饷银的发放日期,可以说明相关事实。

表 4.6　1915 年 5 月至 12 月前锋营饷银发放时间表②

| 发放时间<br>月份 ＼ 旗营 | 左翼 | 右翼 |
|---|---|---|
| 五月份 | 二十八日 | 二十九日 |
| 六月份 | 二十九日 | 三十日 |
| 七月份 | 二十九日 | 三十日 |
| 八月份 | 三十日 | 三十一日 |
| 九月份 | 二十八日 | 二十九日 |
| 十月份 | 二十九日 | 三十日 |
| 十一月份 | 二十九日 | 三十日 |
| 十二月份 | 二十九日 | 三十日 |

民国六年(1917 年)以后,京师旗饷虽然开始减成,但各旗营饷银发放的情况是存在的。表 4.7 是 1920 年 8 月份镶黄旗蒙古骁骑营弁兵饷银发放

---

①　参见中国第二历史档案馆藏:《镶黄旗满洲都统那彦图检送官兵饷银米粮清册咨文》,陆军部,全宗号 1011,案卷号 1942。

②　参见中国第二历史档案馆藏:《值年旗通知颁发各旗营饷银有关文书——1915 年 6 月至 1923 年 12 月》,护军管理处,全宗号 1010,案卷号 34。

情况。

表 4.7　1920 年 8 月份镶黄旗蒙古骁骑营弁兵饷银发放数目表①

| 应食饷银数（每名） | 弁兵类别 | 人数（名） | 共领饷银数 | 实际约领饷银（每名） |
|---|---|---|---|---|
| 5 两 | 骁骑校 | 28 | 98 两 | 3.5 两 |
| | 亲军校 | 4 | 14 两 | 3.5 两 |
| | 恩锋前锋校 | 2 | 7 两 | 3.5 两 |
| 4 两 | 领催 | 140 | 389 两 2 钱 | 2.78 两 |
| | 亲军 | 51 | 142 两 8 钱 | 2.79 两 |
| | 弓匠长 | 1 | 2 两 8 钱 | 2.5 两 |
| | 长号连 | 1 | 2 两 8 钱 | 2.2 两 |
| 3 两 | 马甲 | 496 | 1041 两 6 钱 | 2.1 两 |
| | 随甲 | 28 | 58 两 8 钱 | 2.08 两 |
| | 长号 | 6 | 12 两 6 钱 | 2.05 两 |
| | 锼匠 | 2 | 4 两 2 钱 | 2.06 两 |
| 3 两 | 苑甲 | 2 | 4 两 2 钱 | 2.06 两 |
| | 承差 | 1 | 2 两 1 钱 | 2.06 两 |
| | 墙甲军 | 22 | 46 两 2 钱 | 2.1 两 |
| | 首领 | 1 | 2 两 1 钱 | 2.06 两 |
| 2 两 5 钱 2 两 | 遇饷霜妇 | 3 | 5 两 2 钱 5 分 | 1.7 两 |
| | 太监 | 5 | 7 两 | 1.4 两 |
| | 蓝甲 | 14 | 19 两 6 钱 | 1.38 两 |
| | 传事兵 | 1 | 1 两 4 钱 | 1.25 两 |
| | 唐古忒学生 | 3 | 4 两 2 钱 | 1.37 两 |
| | 托忒学生 | 1 | 1 两 4 钱 | 1.25 两 |
| | 印务笔贴式膏火 | 2 | 2 两 8 钱 | 1.4 两 |
| | 永食孀妇 | 32 | 44 两 8 钱 | 1.39 两 |
| | 遇饷孀妇 | 18 | 25 两 2 钱 | 1.39 两 |

①　参见中国第二历史档案馆藏:《镶黄旗满洲蒙古都统载涛检送官兵饷银米粮清册咨文——1917 年至 1920 年》,陆军部,全宗号 1011,案卷号 1944。

| 应食饷银数（每名） | 弁兵类别 | 人数（名） | 共领饷银数 | 实际约领饷银（每名） |
|---|---|---|---|---|
| 1两5钱 | 有米养育兵 | 452 | 474 两 6 钱 | 1.05 两 |
| | 无米养育兵 | 138 | 144 两 9 钱 | 1.048 两 |
| | 算学生 | 1 | 1 两 5 分 | 1.05 两 |
| | 永食孀妇 | 727 | 815 两 8 钱 5 分 | 1.049 两 |
| | 孤　子 | 7 | 7 两 3 钱 5 分 | 1.026 两 |
| | 孤　女 | 75 | 78 两 7 钱 5 分 | 1.046 两 |
| | 週饷孀妇 | 6 | 6 两 3 钱 | 1.03 两 |
| 1两 | 鞍　匠 | 6 | 4 两 2 钱 | 0.68 两 |
| | 拜唐阿 | 14 | 9 两 8 钱 | 0.7 两 |
| | 亭子兵 | 1 | 7 钱 | 0.43 两 |
| 1钱5分 | 週饷孀妇 | 4 | 2 两 1 钱 | 0.51 两 |
| 共计 | | 2379 | 3554 两 6 钱 | 1.494 两 |
| 办公银 | | | 35 两 5 钱 4 分 6 厘 | |

各直省驻防的旗饷发放，并不像京旗持续较长时间，但发放的情况是存在的。总的来说，各地俸饷的发放程度不一，总体上旗饷发放的状况与北洋时期八旗体制的境状相呼应。京旗保存相对完整，旗饷的支放断断续续直至其最后崩溃，其他各驻防因自民国初年始旗制已不完整或迅即裁撤，旗饷发放也就时断时续。

### 三、旗地纠葛的处置与旗地的全面整理

作为土地问题之一的旗地问题不仅关系到国家利益，也与旗民生计问题息息相关。民国建立以后，旗地纠葛大量出现。在处置旗地纠葛的过程中，北洋政府旗地整理工作全面展开。

19 世纪后期，由于旗地典卖和旗、民交产现象的出现与增多，八旗土地制度逐渐崩溃，旗地形态日形混乱。民国建立初期，国家政权的更替、社会的动荡不安，加上旗民生计的困顿，旗地管理未能形成稳定的制度和秩序，旗地情形紊乱的现象有增无减。辛亥革命后，原有政治经济特权的丧失，导致旗民政

治、经济生活加速没落,为维持生计,许多旗人只得以卖地为生。额图洪额,原系镶蓝旗松海佐领下人,"因俸饷不足,度日维艰,加以每年所取租项入不敷出,糊口尚难"。1915 年 10 月 18 日,额图洪额呈文内务部职方司,恳请批准其委托代表阎鹏,将所授"地处保定府安县赵口村一带",旗地"六顷二十亩",典买于各佃户,并声称,"各佃户均愿买为己业",认为"税契、报粮、升科,与旗、民两有裨益"。①

除了依照政府法规"遵章变卖"的情况以外,旗地被私卖私典的现象常常发生。在旗地私典私卖的过程中,地亩册、佃户册的遗失,旗地界址的含混不清,导致庄头和八旗官长乘机中饱私囊等现象频频出现。清王朝覆灭后,政权更替造成的旗地管理失控及旗人权势的衰微,庄头等借机肥己、私吞旗地的现象日益增多,宗室的土地也不例外。1912 年 10 月,睿亲王函文内务部职方司,恳请"饬追在直隶旗圈地亩欠租",函文陈述道:"敝府向有田庄私产坐落在香河县,庄头名南宫德,自领办以来,历年陈欠已多。延至去岁,竟一文不交。不意本年由敝府派人往催,南宫德竟云国体更易,庄头交租一节概不承认,解劝再三,置若罔闻,实不可以理喻。若再容忍,非特此后田租不能再行征取,且此项地亩亦将为南宫德所私有矣。"②除了皇室、宗室的庄田外,一般旗地情况尤其复杂。清代,一般旗地的地亩总册、佃户总册均存于各都统衙门,但业主手中握有龙票,俗称租照。民国以后,一般旗人社会地位急转直下,对旗地等财产的控制能力进一步减弱,即使龙票在手,亦不能完全掌控旗地租收,多数庄头见有机可乘,为牟取私利,采取种种手段,隐匿租收,旗人为此常向官府要求追究的案件层出不穷。1919 年 9 月 12 日,镶红旗满洲德恒佐领下人吉海,向内务部职方司指控庄头董子仁,自民国元年(1912 年)始,侵吞其祖遗圈地租收,并藉辞继续拖延。③ 除了庄头以外,佃户拒缴租税的现象也多有发生。1915 年 4 月 24 日,滦县某旗地庄头高福顺呈诉佃民王荫堂等贿赂

① 中国第二历史档案馆藏:《核办清宗室王公售租在直隶境旗圈地亩有关文件——1914年 12 月至 1918 年 12 月》,内务部,全宗号 1001,案卷号 4448。

② 中国第二历史档案馆藏:《清宗室王公请饬追在直隶各县旗圈地亩欠租有关文件——1912 年 12 月至 1921 年 6 月》,内务部,全宗号 1001,案卷号 4444。

③ 参见中国第二历史档案馆藏:《清宗室王公请饬追在直隶各县旗圈地亩欠租有关文件——1912 年 12 月至 1921 年 6 月》,内务部,全宗号 1001,案卷号 4444。

书吏,填写空白串票,意图抗租,后查证属实。1915 年 5 月 25 日,两起同样的案件发生,一是直隶青县庄头杨玉恒控诉佃户徐三元霸地抗租,二是清河县镶红旗庄头姜玉喜控诉佃户姜百川等霸地抗租。①

旗产纠葛的复杂性大大增加了旗地梳理与处置的难度。1912 年 8 月至1914 年 3 月间,宗室崇厚指控庄头刘廷如、刘春学、佃户邢聘三等人"霸产抗租"一案发生,此案是民国初旗地管理迷失的典例案例,案件审理时间之长,案情之迂回曲折,突出反映了民初旗地问题的复杂性。崇厚,原正蓝旗满洲三甲喇缚彩佐领下领催,1912 年 8 月 30 日,其以《为清理界址以维旗产而谋生计由》为名,具文呈内务部,称有祖遗旗地数处,"共计六顷三十余亩,均坐落在直隶天津府青县属邢家码头、周家庄、柳河等处",而庄头刘廷如、刘春学,伙同佃户"屡年拖久租项","任意抗租不交",提出"现在时局维艰,无可生活,虽有祖遗分产,竟被庄佃等霸占,实出理法之外",要求"派差弹压"该庄、佃等人,并将上述旗地归还业主"另佃,以免霸产、抗租之弊"②。同年 9 月,内务部将此案转咨直隶都督冯国璋核查办理。然而,就在案情尚在核查之时,是年 11 月 30 日,崇厚再次呈文内务部职方司,声称家人吉升勾串讼棍陈大有,私往各处诈收租项,并将"祖遗执照、府票并租帐留存不还",要求严查此案。大概估计到案件胜诉的困难,崇厚不久又呈文内务部,恳请备案,愿将部分祖遗地亩包括青县兴济码头、周家庄等处旗地,"报效两翼八护生计研究会经费"。1913 年 1 月 18 日,作为八旗团体之一的两翼八护生计研究会也恳请内务部立案批准。其后不久,在案件审理过程中,两翼八护生计研究会和直隶知事发现,关于所诉称旗地,"崇厚不意年陈日久,失於究查,兼之揽头漫不经心,任各佃户背主推佃,头绪紊乱",而其所握执照并无明确的旗地"四界地址",致使案情十分迷离。由于诉讼日久,内务府只得于 1913 年 9 月致函宗人府,调取崇厚谱系及地亩清册,并由族长钟秀等人提供崇厚谱系并具结保证,从而使该案得以于 1914 年 3 月间结案。其谱系及保结如下:

---

① 参见中国第二历史档案馆藏:《清宗室王公请饬追在直隶各县旗圈地亩欠租有关文件——1912 年 12 月至 1921 年 6 月》,内务部,全宗号 1001,案卷号 4444。

② 中国第二历史档案馆藏:《本部批崇厚禀清理旗产界址》,内务部,全宗号 1001,案卷号6383。

正蓝旗第八旗族长钟秀等为出具保结事,前因本族内已故宗室宜珍之子宗室崇厚与普振地亩一案,本族内查明此项地亩实系已故宗室宜珍之子宗室崇厚之地亩,为此出具保结是实

具保结人　族长　钟　秀

　　　　　学长　宝　荣

　　　　　　　　普　振

谱:

饶余敏亲王阿巴泰之四世孙

明瑞——兴德——亨普——庆安——宜珍——崇厚——绪明①

崇厚案件的曲折反映出民初旗地问题的复杂。基于旗地所产生的巨大利益,政府、旗主、庄头、佃户等相关各方形成了错综复杂的利益关系,使得旗民在维护土地利益方面困难重重。庄头、佃户甚至家仆肆意隐匿租收,霸产抗租,种种不法行为表明民初旗民社会控制力的丧失和社会地位的总体下降。

在旗地纠葛处置的同时,北洋政府的旗地清理工作也在逐步展开。对于旗有公产尤其是旗地,历届北洋政府均成立专门机构,制定相关制度章程,集中进行整理。清朝覆灭以后,北洋政府从清廷手中接受了数十万公顷的旗地。1914 年 9 月,北洋政府成立"清理官产总处",旗地整理工作开始提上议事日程。1915 年始,北洋政府开始专门处理八项旗租地问题,要求各相关部门整顿八项旗租地"租册,按月将清理出者,造册移交财政厅,令各县政府从事经收"。②为处理好旗地事务,北洋时期,各地政府制定了相应的处分章程。在旗产集中的京兆、直隶地区,处分旗产章程被不断制定、修改和推行,如,1916 年的《京兆清查官产处处分八项旗租章程》、1918 年的《直隶处分八项旗租章程》。1919 年 7 月,官产处撤销以后,直隶和京兆财政厅分别管理相关旗地的整理工作。1920 年 6 月 15 日,旗产官产清理处成立,旗地清理全面进行,同年,《直隶全省旗产官产清理处处分旗产章程》和《京兆区旗产官产清理处处

---

　　① 中国第二历史档案馆藏:《本部批崇厚禀清理旗产界址》,内务部,全宗号 1001,案卷号 6383。

　　② 萧铮编:《民国二十年代中国大陆土地问题资料》,(台北)成文出版社有限公司、[美]中文资料中心合作 1977 年版,第 39678 页。

分旗产章程》相继出台实施。

南方驻防消亡较快,旗地旗产的清理整顿工作展开相对较早,江宁驻防是一个典型的例子。南京光复以后,旗产管理机关随之设立。北洋时期,南京旗产管理机关名称屡有变易,自 1911 年 12 月至 1928 年 2 月,南京旗产管理机构先后设有:

| | |
|---|---|
| 1911 年 12 月 11 日 | 清查江宁驻防旗营财产处 |
| 1912 年 4 月 4 日 | 南京府清查旗产处 |
| 1913 年 2 月 23 日 | 江宁清产事务所 |
| 1913 年 7 月 1 日 | 江宁县附设清理旗产处 |
| 1914 年 4 月 | 旗民生计善后处 |
| 1927 年 10 月 | 南京特别市旗民生计处 |
| 1928 年 2 月 | 旗产清理处 |

自 1912 年至 1914 年间,南京旗产的清理工作一直没有间断,主要内容是"从事调查,出示准民领回或承租,分别发给执照、租照,并将皇城内高、矮园旗地,逐垗丈量绘图。"经过民初数年的颇具规模的清理工作之后,清理之事逐渐减少。1914 年 4 月以后,"大率循例发照、收租而已。"①

北洋政府还制定具体的处分方法,对旗地实行丈放。1914 年 4 月,内务部拟订《官地收放条件》,条例对官地进行了具体的界定,主要分为"甲种地"和"乙种地"两种,具体规定如下:

甲种地

一、国家使用及其他经政府许可之官用地

二、政府许可公用之官地

三、道路田原及其他非民有土地

四、历史遗留非民有之古迹名胜地

五、人民丧失所有权之地

乙种地

一、江海湖河山林新涨及旧废未经开垦之地

二、各省内地熟荒或未垦之地

---

① 万国鼎:《南京旗地问题》,正中书局民国二十四年(1935 年版),第 18 页。

三、各省大段边荒①

　　条例虽然未具体规定旗地事宜,但对于官地的各项规定,无疑包含了旗地尤其是公有旗地在内。根据《官地收放条例》第八条之规定,"甲乙两种官地除认为有特别使用之目的外,均由内务总长开放之",第十一条详细规定了开放的方法,"为卖却、让与、交换、租借"。以上述两项规定为原则,北洋政府对旗地整理主要采取丈放、原租佃户缴价留置的方法,具体则根据旗圈地和旗租地的不同分别予以规定。其中,关于旗圈地亩,"一律按现年租之十倍出售,如有租额过重,超出一元者,统以一元为额;其不及一元者,仍照原租额计算;如十倍原租仍不及一预案者,统作一元记。但遇有特殊情形者,佃户所交留买地价超过原租年额十倍者,其浮多之数,概归国库收入。"②关于八项旗租地,"售租价格定为原租额五倍,价银一次缴清","逾期增租后,如在逾限三个月以内,照原租额加二倍交纳,逾限半年以内,照原租额加两倍交纳,半年以外,悉照增租后之租额加三倍交纳。"③

　　北洋政府对旗地的整理,一定程度上维持了旗地秩序,对于解决旗人生计问题也有所裨益,但是由于北洋时期政局动荡,政府更迭频繁,旗地管理政策既无连续性,对旗地管理的管理和组织实施亦缺乏连贯性和计划性,导致北洋时期旗地管理过程中弊端百出,旗地纠葛始终存在。

　　在对旗地进行整理的同时,北洋政府也在一定程度上维护旗民尤其是王公贵族的私产利益。1912 年 6 月 4 日,袁世凯发出通令:"凡八旗人民私有财产应按照待遇条件,仍为该本人所保有,其公有财产应由地方官及公正士绅清查经理,以备筹划八旗生计之用。倘有借端没收侵害者,准有该本人或有关系人按法提起诉讼,地方官吏应即分别查核发放,切实保护,以示廓然大公之至意。"④通令向社会昭示了北洋政府对保护旗民公、私财产的立场。针对民国初年旗地册籍紊乱、租收拖欠和旗地被霸占的现象,北洋政府在旗地集中的直

---

　　①　中国第二历史档案馆藏:《内务部拟定官地收放条例及有关文书——1914 年 4 月》,内务部,全宗号 1001(2),案卷号 1488。
　　②　河北省档案馆藏:《直隶旗圈售租章程》,北洋政府政务档案,全宗号 656,案卷号 580。
　　③　河北省档案馆藏:《直隶处分八项旗租章程》,北洋政府政务档案,全宗号 656,案卷号 1144。
　　④　《临时大总统令》,《政府公报》1912 年 6 月 4 日第 35 号。

隶、京兆各地进行了旗产地亩清查和执照的核发工作。直隶、京兆地区素为宗室旗地集中之地，旗地为数甚多，1915 年 1 月 7 日，京兆尹沈金鑑呈请北洋政府设立"王公府第清理田产事务所"，并制定相关章程以清查保护王公府第旗地。章程主要内容如下：

　　……

　　第二条　本所设地安门外鸦儿胡同广化寺庙内，每月开常会六次，拟阴历逢一、六日，准五刻开会。

　　第三条　各王公门上派公正职员二员到所，声明职衔、姓名、年岁，以便缮具表册，为该府全权代表，不得无故撤换。

　　第四条　本所事务长六员，拟以创办提倡之人充之。

　　第五条　本所事务长得派书记常住所内，以达尽善效果。再派夫役二人以应奔走，均酬以相当之薪资。

　　第六条　本所在所人员均有维持全所义务，其所举之员定明所中责任，以免遇事诿却。……

　　第七条　各王公府第房产地亩多寡不一，办法未必一律，本所有改良维持之责。拟以查办数目清理、坐落为入手要义。

　　第八条　本所先将各该王公府所有庄田等产详细调查、列表，以备研究一律相当办法。

　　第九条　前庄头名目一律取消，业经各府拟定办法，改庄头为催头，不准再行干预租款。惟必须责成该催头就近看管界址，稽查不肖地佃、盗佃、盗卖情势。各王公府委届时自行直接地亩缴纳，如征收租务时，即将庄头前领之地指对清楚，造具清册，并将前领之照撤回，再行换给催头执照，就近稽查地亩数目……清填照内，勿漏勿遗，再经本所盖用图记，以昭遵守，并将清册报所以便汇总送部，今将各府所有地亩坐落各州县列表，先行报部立案，以备考察。

　　第十条　各府委员该王公不得派太监往各州县办理地亩等事，亦不得派行止不端之人为府委，以致牵及地租务等件，倘经本所调查确实，本所有撤回该委之权，该王公另派公正妥员。

　　第十一条　凡在所之员均应振刷精神，务须秉公办理各府所有产业。然宗支繁衍，授分必多，各理授分之产乃系正当，若有同宗在外出名典卖或立字借租并非自有之产,甚或任用不肖之委员,难免盗典、盗卖情事,本所既无从代为调查,亦不负完全责任。

　　第十二条　本所成立后诸端就绪,再为定立地亩清册,并换给印表及造具各等详细表册续行报部立案。

　　第十三条　各王公府第所有之产,或与同族公共,或未分受清晰者,得介绍,以便共保守之。

　　……①

上述章程表明,各宗室王公试图通过联合成立"王公府第清理田产事务所",以共同维护旗地利益。同年4月初,事务所的成立与相关章程均得到北洋政府的认可,并且允许王公府第地亩应缴公费在"应给俸饷下分年抵扣","以示体恤,而符优待"条件。

由于北洋派系与清王朝之间千丝万缕的联系,袁世凯、冯国璋等北洋军阀对于旗民利益保护态度积极。1915年7月16日,冯国璋逗留北京期间,呈文总统府政事堂,要求政府采取措施维持王公地亩利益,并提出了具体的办法。呈文说:"窃维共和议成,清廷退位,协商优待条件,皇族王公世爵概仍其旧,仁彰义(显),昭着宇内。清皇族之源承隆遇三载,於兹固己同深感戴矣。"考虑到王公贵族的长远生活,加上某种程度的感戴之情,冯国璋提出王公"原有地亩一项……系有皇室指拨给久属个人,前国务院内务部通咨有案,保护私产,并经载在优待条件",应当保有王公恒产,留为王公谋生之源。冯国璋认为,鉴于王公"欠领银米,养赡已属无资"的状况,除了地亩照费由应支俸饷银内摊扣外,对于王公地亩国课一项,应作试办,在他看来,"王公地亩既系私产,自应同免国税义务",即使不能全免,也应在现有的基础上实行减免。冯国璋还指出王公地亩的处置应当与"民地一律",原因在于:"各王公地亩多在京兆、奉、直,统属个人私产,则其典卖、转移自为其所有权,官府未便再加限制。查京兆地亩已随时发给执照,交由业主收管,不致再有纠纷。近闻直隶规定实施地亩办法,只准卖租,不准卖地,所卖租仅以十倍年租为限。……虽王公承受分产确与八旗地亩性质不同,惟名称款似,难免弄混。……(若)各王

---

　　①　中国第二历史档案馆藏:《直隶京兆清查旗产地亩暨征租各项办法及有关文件——1913年1月至1926年3月》,内务部,全宗号1011(2),案卷号1541。

公对于原有房业无自由直接处理之权,未免群怀疑惧。"①

除了在照费、课税等方面予以优待以外,对于旗民地亩执照的补遗也是给予诸多便利。例如,1923年10月,隆普、荣俊、暴唐佳氏等23名旗人,因坐落京兆、直隶各处旗租地契据遗失,向有关部门申请补领地亩执照,后经财政部核准,隆普等人重新获得旗租地契据。但由于上述旗人散居各处,"迁徙靡常,住址莫明,无法投递",内务府职方司遂指令京兆尹查明相关旗人的现有住址,以准确发放地亩执照。②

## 第三节　八旗组织的残留对旗民社会生存的影响

北洋时期,八旗组织的残留对旗民社会生活和发展变化均造成了一定的影响。

### 一、积极影响

从积极的层面来看,八旗制度的留存有利于旗民社会群体的平稳过渡,为旗民的社会转型提供了一定的时间和空间。作为前清的遗民,在新的国家政权建立以后,社会制度与社会生活的重大变革,使得旗民不得不在社会关系和社会角色剧烈的时空转换中尽快地进行调适,以适应新的生存环境。一般说来,人们对于新的制度和新的社会角色的接受往往需要一定的过程。旗民,尤其不同于一般的社会群体,他们不仅是前清的遗民,而且是有着特殊身份背景的独特的社会群体,他们的存在与清代的政治制度、军事制度、社会经济生活密不可分,并处于国家统治的中心地位。从一般意义上来说,推翻清王朝的专制统治的同时,就应该让与其统治密切相关的八旗制度,从历史舞台上彻底消亡。但是,任何一个剧烈的社会行动,不仅不利于旗民社会群体的平稳过渡,也不利于国家和社会的和谐发展,作为人口数量比较庞大的社会群体如果整体被抛向社会,不仅旗民自身社会命运面临多种变数,而其对社会和国家造成

---

① 中国第二历史档案馆藏:《直隶京兆清查旗产地亩暨征租各项办法及有关文件——1913年1月至1926年3月》,内务部,全宗号1011(2),案卷号1541。

② 参见中国第二历史档案馆藏:《核发直隶、京兆各地旗产地亩执照有关文件》,内务部,全宗号1001,案卷号4443。

的影响也是难以预料的。对此,有人担心说:"旗民坐食成性,一旦停止饷金,大有坐以待毙之势。"①

辛亥革命以后,八旗粮饷的部分支放,对于部分甚至是多数旗人生活的暂时延续,起了积极作用。以京旗为例,粮食虽然在民国二三年(1913—1914年)后就不再发放了,但俸饷却一直发放到1924年左右。袁世凯死后,京城饷银有了逐渐拖欠的现象,至1923年年底,京旗兵饷积欠才逐渐增多。据档案记载,截至1923年年底,除欠兵饷四百余万元,余皆发放。对于京城旗饷的发放,"中法新报云:……照发俸米等事,骤视觉无谓,然当此大局大定,若辈得此必可少安,不致铤而走险,亦未雨绸缪之道也。"②俸饷的发放虽然有限,但对稳定京旗的生活无疑有益的。其他驻防俸饷的发放时间虽然长短不一,但在北洋政府统治的初期,多少扶助了旗民的生活,为部分旗民寻找新的生存方式提供了一丝喘息的机会。

旗地的部分清丈留置,也从一定程度上稳定了旗民的生活秩序。一些能够继续拥有一定土地的旗人,通过土地的清丈留置、升科纳税,暂时得以聊生,既有生活水平得到保障。据调查,辛亥革命以后,河北易县周家庄的旗户所占有的旗地,"由县政府来人,进行清丈留置,清丈留置后的旗地就升科纳粮,其负担也和一般民地相同"③。虽然普通旗人的土地占有量并不算多,负担也不算轻,但旗地的留置,使得一些旗人能够依靠耕种土地,满足生活的大部分需要。有些地方的旗地所有权甚至并未发生改变,旗民生活状态暂时和前清几乎没有什么变化。河北青龙县肖营子村的旗民,原为清代正白旗汉军包衣后裔,"辛亥革命以后,在北洋军阀的统治下,这里满族人民的生活,还是和清朝一样,没有什么差别。民国三四年时,曾清丈过一次土地,发过地照,但只是依据清时千总处存册的土地亩数发地照,并未真正经过清丈。清丈后的土地所有权也并发生变化,过去是谁家的土地,现在仍归谁家所有。……那次土地清丈以后,也并没要求满族农民交纳国库,满族农民依旧要向北京皇宫内交纳野

---

①　《袁总统体恤旗人》,《申报》1912年4月8日。

②　《袁总统体恤旗人》,《申报》1912年4月8日。

③　中国科学院民族研究所、辽宁少数民族社会历史调查组:《河北省青龙县肖营子满族社会历史调查报告》,载《满族社会历史调查报告》(下册)第6辑,1963年,第31页。

鸡差钱,直到民国十三年才停止交纳。"①肖营子村的旗地情况虽然只是个别情况,但也代表了其中的一种现象。值得一提的是,部分旗人还在农闲时节,外出兼业贴补生活。例如肖营子村旗人,在秋冬两季农闲时流入城市,兼营小买卖、摇煤球、拉洋车以维持全家生活。在外出兼业的过程中,一些旗人渐渐谋得一技之长,开始不再依赖土地,慢慢地脱离八旗体制,走上自食其力的道路。

八旗制度的保留还对稳定旗民社会秩序起了一定的作用。光复以后,一些流落异地的旗人被改编重新归旗,这在某种程度上稳定了流散旗人的生活。辛亥革命以后,许多荆州驻防旗民流亡北京,秩序一时混乱。1913 年 3 月 17 日,北洋政府总统府秘书厅对流散京师的湖北荆州驻防八旗官兵的出身、简明履历及丁口进行登记,结果显示"时流散北京荆州旗人人口总计 241 名、口",考虑到"改建共和以后,先后来京之荆州驻防八旗官兵人等流寓日久,衣食无资"的状况,袁世凯命令陆军部、内务部对流寓荆州旗人"会同筹酌改编京旗,俾免失所。"②随后,内、陆两部对这部分旗人进行了改编,并归入京师八旗,大致改编情形如表 4.8。

表 4.8　1913 年流寓京师荆州驻防旗民改编情况一览③

| 旗　别 | 人　数(人) |
|---|---|
| 镶黄旗满洲 | 12 |
| 镶黄旗蒙古 | 4 |
| 正黄旗满洲 | 3 |
| 正黄旗蒙古 | 1 |
| 正白旗满洲 | 15 |
| 正白旗蒙古 | 2 |
| 正红旗满洲 | 18 |

①　中国科学院民族研究所、辽宁少数民族社会历史调查组:《河北省青龙县肖营子满族社会历史调查报告》,载《满族社会历史调查报告》(下册)第 6 辑,1963 年,第 31 页。

②　中国第二历史档案馆藏:《关于流寓北京之荆州驻防丁口改编京旗洽办文册》,陆军部,全宗号 1011,案卷号 3380。

③　参见中国第二历史档案馆藏:《关于流寓北京之荆州驻防丁口改编京旗洽办文册》,陆军部,全宗号 1011,案卷号 3380。

续表

| 旗　别 | 人　数(人) |
|---|---|
| 镶白旗满洲 | 13 |
| 镶白旗蒙古 | 12 |
| 镶红旗满洲 | 18 |
| 镶红旗蒙古 | 4 |
| 正蓝旗满洲 | 23 |
| 正蓝旗蒙古 | 6 |
| 镶蓝旗满洲 | 22 |
| 镶蓝旗蒙古 | 5 |
| 总　计 | 168 |

### 二、负面作用

民初八旗组织的残留也对旗民群体的发展带来了负面作用。

首先,残留的八旗组织,保留了传统的旗佐编制,使原有的贪污腐败现象不可遏制。北洋时期,八旗体制虽然只是一种残留的社会体制,八旗组织也仅仅是旗民的一种行政组织,但八旗制度的原有弊端也被延续下来,制约着旗民社会群体的健康发展。清末以后,八旗组织中贪污腐败是公开的现象,上自都统,下至领催,几乎无官不贪,如都统除了按一品官支正俸外,还有养廉银等,"但这些钱仍不够他们开支。他们在陋规、旗租、房租等名目下收入的钱,常和正俸收入差不多。至于他们克扣兵饷,吞没军费的数字就无法计算了,自都统而下,参领、佐领、领催,没有不贪污的。"①民国建立以后,贪污腐败现象仍然存在,对此,前清花翎、同知衔、河南候补通判徐乃堃于1914年指出,"八旗编制纯用兵制组合,以都统统率全旗,以两副都统分领两翼,迨相沿既久",民国以后,"旧制全废,都统、副都统遂为办事之官,近年来,……各旗长官仍系三员循例,……无事可办,不肖者视勒索陋规为故,常贤者处兹冷官,亦不啻投背置散。"徐乃堃认为,其时俸饷中被"侵吞之款不下正饷之三四",在他的眼

---

① 中国科学院民族研究所、辽宁少数民族社会历史调查组:《北京满族调查报告》(一),载《满族社会历史调查报告》(下)第5辑,1963年,第8页;中国第二历史档案馆藏:《关于变通旗制改善旗民生计各项条陈——1914年12月至1916年9月》,内务部,全宗号1001(2),案卷号545。

中，"各旗长官虽不乏明达政事、长於经验之员，然庸迈顽固实居多数，自好者袭故，蹈常无动为大，其向以陋规资养赡者，则视弊薮为命源，与属官表里为奸，以遂其侵渔之计，至各旗印务参领均由旗署各官递升、充任，侵蚀欺蔽，竟同家学，数其弊端更僅难终语，以清釐整理，不啻与虎谋皮，即有良法善政，决无实力奉行之望。"①

　　旗营不公开贪污的现象依然存在。前清，"旗营不公开贪污的办法，主要是在养育兵和寡妇名额上捣鬼，一个没有妻室的士兵死后，在这士兵名下，增添一名寡妇，这种不存在的寡妇常常可以活到一百多岁，没有儿子的旗兵名下常会增添出两三个养育兵，佐领和领催就靠这种办法来吃空额。"②北洋时期，这种吃空额的现象表现为，"各旗食饷兵丁多有虚额，大抵佐领、领催瞻徇族戚，遇有病故出缺，匿不呈报，以便家属永远承领。或竟其人早经病故，家属亦已报缺，仍由佐领等捏领分肥。"③更有甚者，孀妇、週年孀妇、寡孤、孤女四孤的俸饷常被冒领，有人指出民初俸饷支放中，"四孤一项更为弊薮，确有其人者不过十三四，册内所注年岁逐年减少，若核实计算，寡女、孤女已有百余岁或二百岁者，似此任意朦混，虚耗国帑，言之堪痛恨。"④1919年11月至1920年1月间，正红旗续办事参领丰绅泰与空衔花翎崇谦互控索贿与冒领饷银案件发生，突出反映了北洋时期八旗体制的腐败。护军管理处司法科侦察股档案对此案的发生与处理进行了较为详细的记载，原文如下：

　　　　前据正红旗续办事参领丰绅泰禀称，空衔花翎崇谦索要银圆，并据崇谦禀称丰绅泰匿缺不报冒领饷银各等情，当批交司法科传讯究辨，兹据司法科呈称，当以丰绅泰与崇谦互禀各节究竟有无确据，非确切查明不足以资考证，函致公署领辨查明，见覆讯辨。嗣据覆称，崇谦索要银圆、丰绅泰纵容办事员等冒领饷银各节，从各方面考证皆出於误会，实无确据……查

<hr>

　　①　中国第二历史档案馆藏：《关于变通旗制议善旗民生计各项条陈——1914年12月至1916年9月》，内务部，全宗号1001(2)，案卷号545。
　　②　中国科学院民族研究所、辽宁少数民族社会历史调查组：《北京满族调查报告》(一)，载《满族社会历史调查报告》(下)第5辑，1963年，第9页。
　　③　中国第二历史档案馆藏：《关于变通旗制改善旗民生计各项条陈——1914年12月至1916年9月》，内务部，全宗号1001(2)，案卷号545。
　　④　中国第二历史档案馆藏：《关于变通旗制改善旗民生计各项条陈——1914年12月至1916年9月》，内务部，全宗号1001(2)，案卷号545。

空衔花翎崇谦对於护军瑞泰、文隆是否病故并未查明,率行扣留饷银,禀控本管佐领、参领,殊属冒昧。至索要银圆五百圆,既出诸崇谦之口,即属跡近挟索,本应以重惩办,姑以查无确据,著从宽记大过一次。续办事参领丰绅泰对於七个甲喇皆有管辖职权,於办事员及档色人等,平日办事漫无考核,致招物议,亦属咎有难辞,著传令申斥。至办事员及档色人等,责成该管参领认真考查,如实有当差不力,即应随时更换,勿得瞻徇。嗣后对於旗务务当秉公办事,尽心整理,以重职权而肃营务。①

丰绅泰、崇谦互控案件虽终以"误会"而结案,但表明八旗事务的管理中,官员贪污腐败的现象时有存在。对于八旗官长贪污腐化之现象,民国政府洞知其故,所以凡有副都统出缺,多以都统兼署,不再轻易进行升补。

民初八旗多数组织机构人浮于事,不但"徒拥虚名",而且白白耗费国家大量经费。值年旗值年事务大臣"向每旗一员,共八员,每届一年,由陆军部呈请更换一次",而值年旗机构"不过为传达八旗普通事务机关"。前清时代,值年旗事务机关"尚有年终汇办,八旗世爵世职引见",民国以后,"均由各旗随时直接办理",值年旗并无多少实权,想要整顿八旗事务,尤其筹划八旗生计,根本"无从著手"。值年旗"各员权限平等,互相牵制,办事章京又皆调自各旗"②,并不能有效地处理各旗事务,值年旗遂成为一个可有可无的机构,徒靡国家经费。其他一些八旗机构如八旗各都统衙门,因为既无军权,又无财权,日常事务只是对八旗人员进行松散管理。不仅如此,这些机关,还常以财政支绌为由,任意提扣兵饷,侵吞旗民俸禄。北洋时期,对于各旗办公经费,政府规定统一由"财政部具领一成",如饷银一万,则另给办公费用一千两,然而,饷银最多之旗,亦不过一百余两,办公费常常难以敷用,在兵饷内摊扣就成为常有的事,致使"不肖长官及印务参领等乃得假公济私,任意提扣,以膏贪吻"③。1914 年,旗营事务会议"议决满、蒙、汉各定划一成数",以充办公费

①　中国第二历史档案馆藏:《侦察参领丰绅泰与空衔花翎崇谦互控索贿及冒领饷银案件——1919 年 11 月至 1920 年 1 月》,护军管理处,全宗号 1010,案卷号 47。

②　中国第二历史档案馆藏:《关于变通旗制改善旗民生计各项条陈——1914 年 12 月至 1916 年 9 月》,内务部,全宗号 1001(2),案卷号 545。

③　中国第二历史档案馆藏:《关于变通旗制改善旗民生计各项条陈——1914 年 12 月至 1916 年 9 月》,内务部,全宗号 1001(2),案卷号 545。

用,但遭到镶黄旗满洲、正白旗满洲的强烈反对,最终原议被迫取消。对此,徐乃堃气愤地指责道:"以中央支绌万分之财政,竭蹶应付之旗饷,而供若辈之侵蚀不平之事,孰有甚於是者。"①

其次,残留的八旗组织阻碍了旗民向新生活迈进的脚步,对民初旗民群体发展也带来种种不利的影响。

第一,俸饷的照旧支放,使得部分旗民长期赖"铁杆庄稼"为生而养成的惰性一时难以根除,从而长期游离于"四民"之外。民初以来,虽然有部分旗人已经开始从事各种职业,但仍有相当部分旗人习惯以俸饷为生。旗人籍《清室优待条件》向政府索饷的事情时有发生。1914 年 4 月,保定等九处驻防旗丁代表、保定城守尉荣荫在索饷的呈文中讲道:"照发八旗俸饷,原系体会八旗兵久困兵籍,不准别谋营业,一旦失饷无法生活,等蒙优待之条,凡属旗兵无不同深感仰。"旗饷的照旧支放,不仅使得一些旗人惰性难除,甚至俸饷一旦减少或停止发放,便惶恐不安,更不惜以"威胁"的手段索要饷项。1914 年 3 月,吉林省召开财政会议,拟将"吉省兵饷由三年度起核减五成,内外各城旗逖听之下惶恐万状"。吉林旗族生计会随即呈文内务部,请求"仍旧照支旗饷,以维旗丁生计"。其理由不仅强调"其官员兵丁素以当差为急务,既无恒产又鲜蓋藏,每年仅持所得俸饷以资糊口",所以"旗饷一项万难遂减",而且声称如不照旧支放俸饷,恐生激变。呈文说,"吉林各旗兵丁贫苦者十居八九,倘因此原有之饷不能照数支发,艰窘所迫,激成他故,或而亡他,或变而为匪,岂不负大总统一视同仁优待旗人之至意乎? 在谬诩理财者流鲜,不谓旗兵年饷若再减一半一岁,所节为数甚钜,谅今各旗兵无不服从,焉敢暴动,殊不知涸辙渔奄奄待毙,与其贻害於异日,何如防患於未然。"②对于习惯于赖以为生的旗人来说,一旦失去俸饷,便"忧惶恐怖"、"寝食难安"。民初旗饷的照旧支放虽然暂时安抚了旗民的生活,但八旗制度所养成的这种不劳而获的寄生性长久制约了旗人向自食其力的转化。对于旗人依然赖旗饷为生的习惯思维,

---

　　①　中国第二历史档案馆藏:《关于变通旗制改善旗民生计各项条陈——1914 年 12 月至1916 年 9 月》,内务部,全宗号 1001(2),案卷号 545。
　　②　中国第二历史档案馆藏:《吉林旗族生计会请仍照支旗饷以维旗丁生计有关文件》,内务部,全宗号 1001,案卷号 1948。

军政府就曾发出批评之声:"各国人种未有永久受他族养食之例。"①因此,民初旗人生活的贫困固然与民初财政困窘以及民族歧视密切相关,但从根本上讲,坐食成性的懒惰习性严重制约着广大旗人由坐食俸饷向自食其力的转化。

第二,有限的利益使得部分旗人久久不愿脱离八旗体制,阻碍了旗民群体的健康发展。民国建立以后,京师八旗以及各处驻处屡有旗民申请接袭世职,一个已经走向崩溃并即将走向历史终点的组织,之所以还为其成员所热衷,除了对其存有的深厚的族群情感以外,其特有的利益是他们不愿轻易离开八旗组织的根本原因。北洋时期,一些旗人依然积极维系八旗身份,自 1913 年至 1923 年间,各处屡有旗民申请过继、立嗣以接袭世职职位。所谓过继立嗣,指已故的旗丁无直系子女继承衣钵,子侄等旁系申请过继承嗣,其目的除了延续香火以外,旨在接袭世职,享受旗民优待政策所赋予的利益。桂福,原系镶红旗满洲五甲喇宗绪佐领下人,任云骑尉一职,1914 年 4 月病故,其母业佳氏呈文恳请"将族侄已故马甲常山之次子、闲散全禄,过继与伊子桂福为嗣,接续香火,以承宗祧"。② 全禄过继给桂福为子,可以为桂福承接香火,更主要的可以在"合族相商,均属情愿"的情况下承袭云骑尉一职,从而获得相应待遇,于双方均为有利。

有些因为种种原因暂时脱离了其族属的旗人,不惜打上经年累月的官司,以求认祖归宗。旗妇富王氏要求将子女六人重新载入镶蓝旗满洲奎门旗籍档册一案,就是其中的一个典型案例。该案自 1914 年 8 月至 1920 年 7 月,历时六年多,时间之长,情节之复杂,为民初多年之罕见。富王氏,镶黄旗满洲同临佐领下人,1914 年 8 月 28 日,其呈文至内务部民治司,恳请将子女六人载入其夫所属奎门档册,其呈文如下③:

　　　　具呈人旗妇富王氏,年三十三岁,系镶蓝旗满洲同临佐领下人,为恳恩令行本旗都统入册事。窃氏,前清光绪二十八年,氏祖妾奎李氏艮託清

---

① 中国第二历史档案馆藏:《关于太原驻防旗民向山西都督呈述辛亥九月以后太防变化情形并要求解决生计抄件——1912 年至 1913 年》,陆军部,全宗号 1011(2),案卷号 711。

② 中国第二历史档案馆:《八旗各都统咨报旗人过继立嗣有关文书——1913 年 12 月至 1923 年 3 月》,内务部,全宗号 1001,案卷号 1328。

③ 参见中国第二历史档案馆藏:《各都统陈报蒙旗官员承袭世职之咨文——1912 年 8 月至 1920 年 10 月》,内务部,全宗号 1001,案卷号 1327。

寿为媒，聘氏为伊兼祧孙富忠为室，氏过门后已入奎门旗籍档册，即随夫富忠赴山东盐大使差次，至今十有余年。生有子女六人，长子奎崇茂，年十岁；次子奎崇芬，年六岁；长女奎崇煜，年二十二岁；次女奎崇煜，年十一岁；三女奎崇焕，年七岁；四女奎崇祈，年三岁。现在民国成立，氏夫富忠赴德留学，因携眷不便，遣氏回京。於今春，氏带回子女来京。至京后，氏与祖妾奎李氏谈及氏所生子女，实因京寓并无妥靠亲友，祖妾奎李氏又年迈无能，氏又远在山东，故因循至今尚未将子女报旗入册。迨至本年六月，氏亲赴本旗都统公署请入册，蒙都统巴大大传氏进署而讯，以氏之子女本应生时即报，因何迟误至今始行呈请，氏当已将情形回明确，因随夫赴山东差次未在京中，是以稍迟。复蒙面谕，现时民国大定政事，颇有更章，此事尔先赴部呈谈，俟等部令到旗，再行入册等谕，用敢冒昧陈明，叩恳

　　大部恩施俯准入册，并饬本旗都统将氏子女载入奎门档册，实为恩公两便，则感戴大恩於万代矣，谨呈。

　　谨将奎门三代列后

　　曾祖　吉　明

　　　祖　奎　训

　　　父　熙　寿

　　　夫　富　忠

　　　子　奎　崇　芬、茂

　　　子　奎　崇　炘、焕、煜、煜

　　　中华民国三年八月

　　　具呈人　旗妇富王氏 押

　　对于富王氏子女六人入旗籍档册一案，1914 年 9 月，镶蓝旗满洲都统以"不合承嗣编档之向例"为由，拒绝了富王氏的要求。其后，富王氏多次呈文内务部、镶蓝旗都统衙门等相关部门进行申诉，直至 1920 年 7 月，富王氏所诉相关内容才被基本查实认同，并由内务部行令镶蓝旗都统查核办理。富王氏一案的复杂性在于其案件不仅涉及旗人入籍问题，更涉及家仆赵立昌冒袭世职侵吞财产、丈夫富忠另有妻室、富王氏的婚姻是否有效等诸多问题。从表面来看，案件主要为继承问题，但实则反映出民初部分旗人对八旗制度的依赖性

一时难以摆脱的基本事实。

民初部分旗民依然热衷于过继立嗣的现象表明,八旗制度还时时影响着旗民的社会经济生活,它的残留使得部分旗民久久徘徊于四民之外,阻碍了旗民对新的社会环境的适应和接受,制约了他们向近代社会的转身。

最后,八旗组织的残留阻碍了满汉隔阂的消除,不利于旗民与其他社会群体的交流和融合。有清一代,旗、民畛域始终存在的根本原因在于旗人所拥有的各种特权。民国建立以后,《清室优待条件》关于"王公贵族,概仍其旧"和"八旗俸饷照旧支放"的规定,在强调民主、共和的民初时代,给旗人们贴上了特定的标签——那就是他们仍然是一个寄生阶级。虽然俸饷等并没有得到真正意义上的照旧支放,但长期形成的满、汉隔阂却因此更加难以消除。例如,在甘肃,直到国民党统治时期,还有不少人"误认为满兵都是吃'双粮'、'双饷',过着寄生生活的,没有生产技能,因而讽刺与歧视他们,特别是统治阶级对他们的讽刺与歧视更为厉害,因此好些满人外出之后,为了不受歧视与讽刺,便掩瞒了自己的民族出身,改为汉名汉姓。"①在绥远,旗人也常被称为"穷吃俸禄的"、"干点心",等等。② 由此可见,八旗组织的残留对于满汉隔膜的彻底清除有害无益。

---

① 中国科学院民族研究所、辽宁少数民族社会历史调查组:《甘肃省满族社会情况调查》,载《满族社会历史调查报告》(下)第 7 辑,1963 年,第 32 页。
② 中国科学院民族研究所、辽宁少数民族社会历史调查组:《内蒙古自治区满族历史调查报告》,载《满族社会历史调查报告》(下)第 7 辑,1963 年,第 3 页。

# 第五章　旗民生计的贫困与北洋时期的旗民生计筹划

八旗组织的残留并未能遏制旗民生计恶化的趋势,北洋时期,旗民生计普遍贫困。面对旗民生计问题,北洋政府、旗民团体、各地旗营以及社会人士均提出种种解决旗民生计问题的方案,试图筹划旗民生计,但由于财政支绌、社会动荡等诸多主客观因素的影响,旗民生计问题始终没有得到根本的解决。

## 第一节　北洋时期旗民生计普遍贫困

### 一、北洋时期旗民生计普遍贫困

民国三四年(1914—1915 年)以后,旗民普遍生活困窘,生存状态更为恶化。

京师地区,除了少数王公贵族尚能维持一段时间的奢华生活以外,大多数的普通旗人,尤其是旗下兵丁和闲散最困苦。辛亥革命后,这些人"除了当兵外,一部分当警察、当消防队员、勤杂人员,大部分则是做小生意、蹬三轮、拉洋车、做泥水匠、瓦工、厨工、小工等职业。……京旗妇女在这个时候出外给人做佣工的也很多。此外,更有一些临时性的工作,如红白日厨工、子弟和尚(不出家而随着和尚给人家做法事,混饭吃的人)、打执事(在婚丧嫁娶中的典礼中,跑腿司仪的一些人)等,也是由这个阶层出身的占大多数。当警察、士兵还算是有固定收入的职业,是被人羡慕的差事!"这些当好"差事"的人生活也很难,旗人伊振东回忆幼年当警察时的情况说,"穿的是有窟窿的破鞋,掉毛的破皮袄,帽子也没有。平时还得经常巴结巡官,给他送烟敬酒,吃饭时还得孝敬些酱菜,就这样低三下四地侍候,还常受欺负!"①做小商贩者生活也很破败,有些小商贩常常既急买不到货,也急卖不到钱,更急买不到粮,"这些人当时的家庭情况,经常少吃没穿,有的连炕席都没有"。② 20世纪20年代以后,随着俸饷的减少与停支,京师旗民的困苦状态前所未有。1925年8月,时任香山慈幼院院长熊希龄在一则要求改善旗民生活状态的呈文中,描述了京师旗民自民国五年(1916年)以后日渐困窘的状况:"自民国成立以后,天灾人祸,相逼不绝,老弱死亡不可统计,据警署调查北京城乡内外,极贫之户约十余万人,即以希龄近数年来隐居香山,目睹西郊各营村之旗民困苦之状,尤为可悯。民五以后,旗饷久不发给,旗民既无生计,冻饿难堪,有将衣服典尽而以报纸围其下体者,有父母自杀而仅留弱小、全家投河而子女同尽者,有将所居官房折卖而数家归并一室、人满致疫者死亡日多、户口减少、迄今尚有孑遗者,即恃每年春、夏、秋三季之游客与冬季官绅所设立粥厂,贫民得以资生。"③

密云驻防始建于清乾隆四十五年(1780年),一直是清朝皇帝驻屯"亲兵"的营房。民国以后,除了副都统等大小官员以外,97%左右的兵丁差役如马甲、步甲和养育兵等,只能领取微薄的一份钱粮,以维持数口之家。迫于生活压力,驻防兵丁不断有自杀逃亡的现象发生。除了官僚贵族以外,占全村绝大多数的兵丁家口,生活完全陷入绝境,恶劣的生活环境迫使他们只有"拆当典卖,死走逃亡,卖儿卖女,妻离子散"。④ 据一些老人回忆:"从民国三年开始至解放前,大约有6500(4600)人前后逃亡在外(大批逃亡是在民国九至十五年),其中约二千余(1430)人流浪各地……当时留下来的不足二千人(1650)人,多数人肩不能担担,手不能提篮,有些年轻力壮的就开始揽地种,扛上长工的都算是很幸运的事。其余的人则每日挣扎在饥饿死亡线上,有三分之一左

---

① 中国科学院民族研究所、辽宁少数民族社会历史调查组:《北京满族调查报告》(一),载《满族社会历史调查报告》(下)第6辑,1963年,第14页。

② 中国科学院民族研究所、辽宁少数民族社会历史调查组:《北京满族调查报告》(一),载《满族社会历史调查报告》(下)第6辑,1963年,第14页。

③ 中国第二历史档案馆藏:《香山慈幼院长熊希龄以京师旗民困苦请令各部罢免官产地租有关文件——1925年8月至12月》,内务部,全宗号1001,案卷号4451。

④ 中国科学院民族研究所、辽宁少数民族社会历史调查组:《北京满族调查报告》(二),载《满族社会历史调查报告》(下)第5辑,1963年,第87页。

右沦为乞丐，以至于这个村成为附近出名的'花子村、花子店'。"①由于贫病交加，旗民死亡日增，"仅民国六年和十年两年就死亡六百余口（520 人），一天最多的死三十余口（10 余人）。"其中"有冯大纯父子三人，冬天抱着火盆过夜，全家人都活活冻死在火盆边上，不少妇女在卖掉子女后精神失常，不久也被折磨死去"。②

　　京师以外，旗人生活的困顿有过之而无不及。绥远驻防始建于雍正十三四年，由于路途遥远，士兵通常长期驻守于此，眷属一般随同驻扎，官兵连同眷属人数最多时达一万二千余人左右。清朝末年开始，由于官吏腐化、军饷常被克扣，军费开支增加，俸饷逐渐得不到保障，尤其是下级士兵饷银微薄，不但不能赡养家属，自身生活也通常难以为继。宣统年间，清廷将库存二三十万银两连同供应军粮的大黑河耕地分与绥远旗人，但旗人疏于生产劳动，耕地收入不能满足当地旗人的生活需要。清末时候，绥远旗人已普遍陷入贫困的境地。民国初年，除一部分旗人仍然从事农业生产外，大部分被改编。1924 年，绥远满族士兵组织被全部解散，军饷停止发放。失去依靠的旗人，稍有积蓄的做点小买卖，大部分则倾家荡产，沿街行乞或外逃谋生。据记载，北洋时期，因饥饿受冻而死的绥远旗民连年不断。③

　　宁夏驻防自建成以来，曾发生过多次巨大的变故。辛亥以后，原有营制一度保留，俸饷照旧。宁夏满营解散时，"不分官兵，每人发给生活费银五十两，步兵每人发给生活费银二十五两，当时被解散的官兵共为二千二百余人，还有妇女老弱二千四百余人，除少数孤寡酌予救济外，其中绝大多数并未发给生活费用，仅拨给湛恩渠附近部分荒地，使着开荒谋生，但因农具畜力全无，并且人心涣散，又不能合力经营，以致无法耕种，成为空谈，至 1919—1920 年间，除少数素有积蓄和已谋得职业者，约有十分之六的人民，遭到饥寒交迫的惨境，因

---

　　①　中国科学院民族研究所、辽宁少数民族社会历史调查组：《北京满族调查报告》（二），载《满族社会历史调查报告》（下）第 5 辑，1963 年，第 87 页。

　　②　中国科学院民族研究所、辽宁少数民族社会历史调查组：北京满族调查报告》（二），载《满族社会历史调查报告》（下）第 5 辑，1963 年，第 87 页。

　　③　参见中国科学院民族研究所、辽宁少数民族社会历史调查组：《内蒙古自治区满族社会历史调查报告》，载《满族社会历史调查报告》（下）第 7 辑，1963 年，第 3 页。

而出卖儿女与流为乞丐者很多,分离四处各奔生活者亦为数不少。"①

甘肃凉州驻防旗人因俸银发放不足而生活倍显艰苦。1914 年,甘肃凉州副都统在一份咨报陆军部的呈文中说道:"查凉、庄二满营,俸饷旧例岁支银捌万余两,除庄浪由城守尉迳行请额外,有闰之年,凉防岁支银柒万两以下,无闰之年约陆万余两。甲午庚子以还,各省协饷解不足额,旗饷亦因之递减。宣统元年,经前资政院核定,凉防俸饷,岁以伍万壹佰两为定额。改革之初,各省自顾不暇,甘库亦愈加空虚。民国一二两年,凉旗所领俸饷尚不及定额之半。"因而"兵丁槁饿"、"小孩赤身跣足"者随处可见。满营撤销以后,满兵生活普遍无着,"拆卖房屋,甚至卖妻子和儿女是普遍现象,最后连城墙上的砖也被拆卖了。不少人沦为乞丐,情景十分悲惨。"②

西安驻防向为清代规模较大的驻防之一,辛亥时期,西安旗民生命财产损失严重,战后旗人大部分从满城迁出,其生活多数"颠沛流离"。③ 辛亥以后,西安旗人除了部分充当士兵、警察和教员以外,大部分加入了经营小贩、出卖零工的行业,也有不少人失业,流浪街头。④ 在广州,有人指出,广州"旗民困苦流离,因而自尽以毙者,不可胜计,惨状难言,人道丧尽,不料桀纣虐民之惨,复见於民国共和年代,亦奇矣"。⑤

山西驻防旗民的困苦状况也不亚于他处。1914 年 11 月,山西同武将军巡按使金永呈文总统府政事堂,详述了晋防旗民生计困苦的状况:"晋防旗民共一千四百数十丁口,食饷者仅六百余名……数口之家若求日饱一餐无不可得,故卖妻鬻子女之惨状,时有所闻。"⑥

---

① 中国科学院民族研究所、辽宁少数民族社会历史调查组:《宁夏回族自治区银川市满族历史概况》,载《满族历史调查报告》(下)第 7 辑,1963 年,第 40 页。

② 中国科学院民族研究所、辽宁少数民族社会历史调查组:《甘肃满族社会情况调查》,载《满族历史调查报告》(下)第 7 辑,1963 年,第 31 页。

③ 参见中国第二历史档案馆:《会核陕省维转旗民生计请拨官产地价变通办法销稿——1915 年 11 月》,内务部,全宗号 1001,案卷号 4475。

④ 参见中国科学院民族研究所、辽宁少数民族社会历史调查组:《陕西省西安市满族社会历史调查报告》,载《满族历史调查报告》(下)第 7 辑,1963 年,第 48 页。

⑤ 中国第二历史档案馆藏:《筹画(划)粤省驻防八旗生计事项有关文件——1914 年 6 月至 1917 年 11 月》,内务部,全宗号 1001,案卷号 1853。

⑥ 中国第二历史档案馆藏:《山西省办理驻晋旗民生计拨给仓谷及赈恤等有关文件》,内务部,全宗号 1001,案卷号 1850。

民国以后,东三省旗民整体生活水平与前清相比已不可同日而语,衰败的趋势也是很明显的。具体来说,一些拥有土地的旗人生活水平相对较好一些,衰败得较为缓慢,如沈阳东陵一带的旗人,如黄红带子、三户赵,他们绝大部分原先是贵族统治阶级。其中,黄带子为努尔哈赤父辈以下的近支族人,是皇室的近支,红带子是努尔哈赤父辈以上的远支族人,系皇室远亲,而三户赵据称为努尔哈赤的三门穷亲戚,地位虽不如黄、红带子,但也占有一定量的土地和财产,有一定的特权。辛亥革命后,除部分权贵以外,随着政治经济特权的丧失,相当多的旗人,不得不变卖土地以维持生计。"如小里沟的赵前奎(黄带子),出卖土地达 38 亩之多。"①而三户赵则分化严重,有的买进土地,成了地主,大部分沦为雇工。

除了沈阳地区以外,东三省其他地区的旗民生活也大都每况愈下。以吉林省为例,辛亥以后,吉林"披甲每名原饷年计银二十四两,除搭票减成扣平外,仅领银十有余两,已照原数减去一半",1914 年,吉林省拟再核减二分之一,则"每兵每月只得吉钱二三吊"。由于大多数官兵毫无积蓄,所以"饥不能以自食,寒不能以衣,老者转於沟壑,壮者流为寇盗的现象时有发生"。当时,"钱根奇紧,百物价昂,小米每斗约值钱十二吊,枝柴每束约值钱五六百文⋯⋯"旗人有限的俸饷根本无法支付高昂的物价,所以吉省旗民多数"朝不得夕,枵腹堪虞"②,贫困几达极点。

民国四年(1915 年)以后,旗民社会群体整体衰败。多数王公贵胄的生活也难以为继。1915 年 7 月 16 日,冯国璋在有关维持王公地亩的呈文中描述了相关情形:"此次国璋入都以后,兹办理贵胄学堂,⋯⋯清皇室王公有来见者,备述生计情形,大抵素有积蓄者,仅居少数,而谋生乏术困苦无告者为最多,各王公经常岁入厥维年俸,银米自壬子后虽经发放俸银二三次,惟均为数甚微。较前清减成,所支相去甚远。俸米自改银元后从未发给,在政府库储支

————————

①　中国科学院民族研究所、辽宁少数民族社会历史调查组:《辽宁省沈阳市满堂乡七个村的满族社会情况调查报告》,载《满族社会历史调查报告》(上)第 1 辑,1963 年,第 7 页。

②　中国第二历史档案馆藏:《吉林旗族生计会请仍旧照支旗饷以维旗丁生计有关文件——1914 年 3 月》,内务部,全宗号 1001,案卷号 1848。

绌不得不先其所急,而各王公则食是,则乏事蓄之资。"①为谋生计,一些宗室不得不转卖名下旗产。1915年7月7日,镇国公全荣"因用款支绌,殊难为计",委托世戎轩、张富宽、郭子秀、邓凤等人,赴奉天"价卖"坐落奉天省沈阳辽海城盖平县、兴京、本溪等县的原受赏各项田亩。同年7月,宗室载儒也因生计所迫,开始出卖奉天祖遗地产。② 清室王公出卖祖产现象的发生,表明了旗人社会群体的整体衰败。旗人的急剧衰败不仅体现在王公贵族的破落,甚至连从前足不出户的旗人妇女也因生计所迫不得不从事各种"不体面"的营生,以贴补家用。1921年6月10日的《晨报》报道了一位北京旗人妇女拉车的情形:

　　　话说前天午后九时许,有一张某由德胜桥坐车到后鼓楼院,走至三座桥前,车夫喘吁吁的蹒跚难前,张某因有要事,催其速行,车夫说:"要快呀,您另雇一辆车罢。"说着呜呜咽咽地痛哭起来。张某一听好像是女子的声音,仔细一看,果然是一个半老妇人,头上用旧布包着。张某见了这种情形,着实惊讶,忙问她的来历。妇人答着:"我姓阿,我在旗,家在旧鼓楼大街,今年四十五岁,我丈夫正月病故,我有两个儿子,大的叫寿全,在外当兵,一年多没有给家来信,还不定这贼小子是塞了炮眼,或遭了枪排呀,哼! 先生,一头里我只靠着我二儿海全拉车,挣几个大,吃点窝窝头杂活面。谁知现时什么都贵了,饷钱又领不到手,又赶上我二儿病了半个多月,还下不得炕,您瞧这话该不活该呢。我没有法子,只好拿命去拼罢,白天没做点活,晚上凭车来拉,挣一个、两个大,买点吃食,富余的给我儿子买药。唉! 这都是我没法子才来现眼,让先生笑话啊。"张某听了这番伤心话,十分难过,觉得在车上坐着不安,连忙跳下车来,给了铜元五十枚,妇人含泪收下,深深道谢而去。③

## 二、北洋时期旗民生计贫困的原因

旗饷的愆期与停发。辛亥初期,南方驻防旗人俸饷发放数月后就已基本

---

　　① 中国第二历史档案馆藏:《直隶京兆清查旗产地亩暨征租各项办法及有关文件——1913年1月至1926年3月》,内务部,全宗号1011(2),案卷号1541。
　　② 参见中国第二历史档案馆藏:《清宗室王公申请变卖奉天旗地有关文件——1915年6月至1916年4月》,内务部,全宗号1001(2),案卷号1551。
　　③ 《晨报》1921年6月10日。

停止,如荆州、成都、杭州、京口、广州等地。南北和谈以后,北方驻防旗人在优待条件下,多少领得一些俸饷。但好景不长,民国三四年(1914—1915 年)间,包括京师在内的北方旗营饷银渐有拖欠现象。民国七八年(1918—1919 年)以后,旗民俸饷成为北洋政府一大财政问题,旗饷的发放逐渐停止。

俸饷发放情况相对较好的京师旗营,1916 年以后,各旗俸饷逐渐有了拖欠的现象。1917 年起,饷银逐渐减成,各营所领饷银数多为应食饷银的七成左右。自 1920 年秋天起,即使减成的俸饷,也不能正常发放了,几乎每逢饷银发放,值年旗都得咨催财政部"希速发放,以济兵艰",以致后来经常有二十四个都统联合起来向总统府索饷的事发生。1920 年以后,旗饷支付更加困难。"一些旗兵只能在三大节(正月、五月、八月)领些钱,饷银成了变相的救济费,到了最后只能领十几个铜元而已。"[1]1923 年,值年旗在给护军管理处的一份文件中,记述了 1920 年以后各旗俸饷愆期的大致情形:"查各旗营官员俸禄,本征自政改共和十有二稔,应支季米养廉早经停领,讵意减成岁俸,亦复愆期。计自九年领过秋俸后,屈指又经二载,竟致不名一钱。"[2]

相较京师,各直省驻防俸饷更不尽如人意,畿辅地区的俸饷在民国一二年(1912—1913 年)间尚能坚持发放,至 1914 年以后就基本停止。以保定、沧县、雄县、宝坻等九处驻防为例,民国三年(1914 年)前,俸饷还基本能够发放,但至 1914 年春始,北洋政府拟发给三个月恩饷,停止发放九处驻防旗饷,"俾各自谋生计"。为维系生计,争取照旧支放俸饷,1914 年 4 月,保定城守尉荣荫等人呈文总统府,恳请政府"俯念旗兵困苦","官兵俸饷照旧支放"。1914 年 6 月,内务总长朱启钤批示,拒绝了保定等九处驻防照旧发放俸饷的恳请。6 月 4 日,管理值年旗事务、镶黄旗满洲都统那彦图,管理值年旗内、外火器营、圆明园、健锐营事务、正黄旗满州都统署步军统领陆军中将江朝宗,管理值年旗事务、镶白旗汉军都统宝熙,管理值年旗事务、镶红旗蒙古都统治格,管理值年旗事务、正蓝旗满洲都统志锜,管理值年旗事务左翼总兵、正白旗满洲都

---

① 中国科学院民族研究所、辽宁少数民族社会历史调查组:《北京满族调查报告》(一),载《满族社会历史调查报告》(下)第 5 辑,1963 年,第 8 页。

② 中国第二历史档案馆藏:《值年旗通知颁发旗营饷银有关文——1915 年 6 月至 1923 年 12 月》,内务部,全宗号 1001,案卷号 34。

统陆军中将鹤春,管理值年旗事务、镶蓝旗汉军副都统占凤等七人联合呈文总统府政事堂,恳请将保定、沧县、雄县、定垬、霸县、固安、东安、采育、良州等九处驻防仍旧照发原饷,请求"大总统俯念旗兵并无别项营业……未筹生计以前,仍祈照发原饷。"①在这些八旗高级官吏的共同努力下,北洋政府作出一定让步。1914 年 8 月,内务、财政、陆军三部达成一致意见,关于九处驻防俸饷,"唯是库藏支绌,仍难照全数追加,而俸饷停发又恐别无生计,唯有比照东三省成案,於未筹生计以前,先行按照六成发给",1914 年"一月到六月,俸饷仍照原支之数给领,另自七月一号起按照六成照支",由此通过减成发放的方法暂时解决了保定九处驻防的俸饷支放问题。

直隶驻防民国二三年(1913—1914 年)俸饷尚有发放,但并未足额,旗丁"每年共领饷银二万六千九百九十余两,内除扣租价银一千四百余两,净发银二万五千五百九十余两,合银洋三万六千五百五十元有零,又每年领官兵世俸等米八百六十余石"。1914 年年底,直隶驻防旗人俸饷停发。

东三省驻防旗饷在民初就已减为六成发放,而吉林省自民国三年(1914 年)起又被省财政会议在原有基础上裁减五成。凉州、庄浪驻防,自 1914 年正月始,"月粮无颗粒,饷无分毫",旗人"待哺嗷嗷,不可终日"。②

民国四年(1915 年)以后,各驻防俸饷发放基本停止。

多数旗民身无所长,谋生乏术。对于辛亥以后,粤省驻防旗人出现"食棲两绝"的情况,旗绅李家驹等曾一语中的地指出:"察其原因,由於向恃粮饷度日,遵守定制,不能出外营生。"③民国初年,除了一些上层旗人,因为家庭条件优裕,从小接受过比较良好的教育,掌握了一定的知识,凭借能写会画的本领,能够谋得较好的职业,其余一般的下层旗兵,由于多数没有生产技能,他们只能从事手工艺,成为戏曲艺人或人力车夫,或帮人看小摊、扛行李等。有些旗人即使能获得一些土地,由于生产技术的限制,地里草比庄稼高,"远看一片草,近看不

---

① 中国第二历史档案馆:《核发保定等九处驻防旗饷有关文书》,内务部,全宗号 1001,案卷号 1847。

② 中国第二历史档案馆:《凉州副都统咨陈凉旗艰苦及维持现状情形——1914 年》,内务部,全宗号 1001(2),案卷号 712。

③ 中国第二历史档案馆:《筹画(划)粤省驻防八旗生计事项有关文件——1914 年 6 月至1917 年 11 月》,内务部,全宗号 1001,案卷号 1853。

见苗",土地耕作收入十分微薄。新疆满营解散后,有的旗人"在奇台西北部的北部,西湾原来的'皇宫地'中分得一块土地,可是这些人因为不习劳动,不久就卖掉土地"①,到军阀手下当兵谋生,有的只好学些小手工艺。旗人官员除谋得一官半职以外,其余的则坐吃老死。② 成都旗民光复以后,旗人居住的房屋划归旗人私有,"但是,由于旗民缺乏生产技能,为维持一时的生活,不久,一些人就被迫把房屋卖掉。"③江宁驻防旗人一向"赋性傲惰,平日不耕而食,不织而衣",光复后,该驻防旗民"无一技之长,顿致流离失所,嗟来乏食,困苦难堪"。④

为了谋生,向以当兵为生的旗民,除了部分着手开始学习农耕技术以外,也开始涉足多种行业,如做小商小贩等,但长期的养尊处优,制约着旗人顺利地经营买卖。定宜庄先生的《最后的回忆——十六位旗人妇女的口述历史》一书中记载了这样一个实例:有祁姓旗人,原为步营出身,步营散后,迫于生计,以小买卖为生,因为经营能力的缺乏和好面子而最终难以为继,其女儿后来回忆道:"步营散了,我父亲就做小买卖为生,做买卖也不容易,过去都讲究俸银俸米关着,皇上养着,到没地儿拿钱去的时候,喊也喊不出来,比如卖糖葫芦,叫不出糖葫芦的名儿来,顶好的也就在墙旮旯没人的地方喊一声,一有人又不喊了,嫌寒碜……"⑤

旗产的没收与充公。清朝覆灭后,东北、直隶等省的旗地数十万顷悉被北洋政府接收。浙江、江苏在光复之初就已采取切实际步骤,对旗营公产进行了清理与充公处置。广东驻防裁撤后,"财产尽提充公"。根据待遇条件,"八旗公有财产,应有地方官及公正士绅清查经理,以备筹画八旗生计之用。"⑥然而

①　中国科学院民族研究所、辽宁少数民族社会历史调查组:《新疆满族调查报告》,载《满族社会历史调查报告》(下)第7辑,1963年,第22页。

②　参见中国科学院民族研究所、辽宁少数民族社会历史调查组:《新疆满族调查报告》,载《满族社会历史调查报告》(下)第7辑,1963年,第22页。

③　中国科学院民族研究所、辽宁少数民族社会历史调查组:《四川成都市满族社会历史调查报告》,载《满族社会历史调查报告》(下)第7辑,1963年,第60页。

④　万国鼎:《南京旗地问题》,正中书局民国二十四年(1935年)版,第18页。

⑤　定宜庄:《最后的记忆——十六位旗人妇女的口述历史》,中国广播电视出版社1999年版,第7页。

⑥　中国第二历史档案馆藏:《广东省请将粤省八旗旧有公产拨充旗计要需有关文件——1916年4月》,内务部,全宗号1001,案卷号4476。

多数旗产被充公以后,所得利益并不能如数用于旗人生计,失去俸饷之后的旗人因而又失去一大生计来源。北洋时期,各处驻防旗人要求发还旗产的呼声依然不绝于耳。1914 年,成都旗人代表铭恒等呈文北洋政府,请求发还公产,"以救危急"。呈文对于俸饷停支、旗产充公后之成都旗人生计困顿情形,进行了详细的描述:

　　　　具呈代表人、成都旗人、前峨嵋知县铭恒,现住德胜门内草厂大坑廿七号,赞同人前典礼值院学士奎善、江宁将军清锐、江南常镇道荣恒、四川候补同知雅和春、秉英、知县全福、良俊等,谨呈为成都旗民生计中绝,恳请代呈,以救危急事:窃自共和肇造以来,我大总统本一视同仁之心,为五族共和之治,于满、蒙、回、藏毫无歧视之意,订有优待之条。曩者,大同会会员刘揆一等呈请保护旗人公私财产。曾奉大总统命令:据民族大同会会员刘揆一、吴景濂等呈称,民国肇造,五族一家,旗人公私财产,间被没收,现在五族共和,已无畛域之分。查关于满、蒙、回、藏待遇条件内载明保护其原有财产,又载有先筹八旗生计。我中华人民一律平等,方念八旗生计之艰难,岂有没收其财产之理?! 除近来迭据京外旗人呈报私产没收,已分别饬查外,亟应再行通令声明:八旗人民私有财产,统应按照待遇条件,该个人所保有。其公有财产应由地方官、公正士绅清查经理,以备筹划八旗生计之用。倘有藉端侵害没收者,准由该本人或有关系人按法提起诉讼,地方官应即分别查核发还,切实保护,以示廓然大公之至意。仰见我大总统体恤旗民,仁至义尽,惠声远播,薄海同钦! 伏查成都八旗原有马厂、田地、学校、庙宇、公园、戏院、铺房、菜园、公所等,岁入租钱约计数万元。阖城旗族约一万四千余人,其中能自立者不过十分之一二,余皆家无恒产,……恃俸饷及以上各项公产以为生活。近日马厂等项租钱,统归官收,原系遵令保护,以备筹划八旗生计之用。无如成都旗人已停饷一年,各项租钱复不能领取,官筹生计一时又无端倪,旗人困苦颠连,已有迫不及待之势。溯自军兴以来,旗族或不能尽明共和之义,稍一误会,即召衅端。而成都旗人在蜀二百余年,与地方绅、民久相往来,素敦交谊,用能于共和之际,彼此毫无冲突,亲睦居然一家。当道目击情形,是以民国成立之初,照旧发给旗饷,以示体恤。自旗务局成立,局长王德恒始议停止旗饷,于旗民中有住宅者,将住宅发给,准其自行售买。又筹款十万元,以三万元开办同仁工厂一所,收录旗人七十余名,以七万元分给八旗人民令其自谋生计……无如旗民类多狭小住宅,买价不过一二百元,己房既买,仍需出钱租房,……受困亦深。而家口较重之户,伯叔兄弟又需将房价按期均分,所得尤属几何。且旗人不必人人尽有住宅,有之者不过十之二三。成都旗族困苦不能自立者,不下一万二余人,分配七万元,每人不过六七元之谱。为商不足以作资本,为农不足以租薄田。况领款之时,停饷已七十余日,极贫之户所领之款尚不敷以偿停饷时之债。智穷计竭,有仰药自杀者,有将所领之款交付父母而投河死者。其家累稍轻之人,于万难之际,亦只能从事于负担提篮,各图小贸,以图暂时之快活。夫以五里之城,骤增无数之小贸,供多用少,无路畅销,终归解济! 当经呈都督严昌衡、付都督张培爵赏还各项公产,未蒙批准。旗人束手无策,呼诉无门,儿啼于旁,妻缢于室,甚至白头之父母不忍重累其子,因而自杀其身,其男女老幼中霄举家自尽者不可一、二数。凄惨之状,见之痛心,闻之酸鼻……此成都旗人一时尚不能自谋生活之实在情形也![1]

针对成都旗人"衣食日艰"、"生机将尽"的生活状态,铭恒等恳请"大总统简派公正大员,前赴四川,或饬四川都督、民政长,选派专员督饬旗律,审查成都地方情形,就成都八旗原有马厂、田地等各项公产,按照营利法人之组织之办法,明定管理财产之规则,使八旗人民为共同之劳动,享利益之分配"[2],以使旗族免予流亡。

政府的苛捐使困苦旗人雪上加霜。除了绝大多数公产被政府接受以外,尚未没收的官产如旗人世代居住的官房也多被限令缴租。张屈氏,静宜园旗人孀妇,时"年已八十一岁,孤苦零丁,并无儿女,自民国成立,该民养赡旗饷久未发给,仅恃所租静宜园之公产三间,以二房让租与人,月得二三元,以度生活"。1925 年 7 月,张屈氏被强令要求缴纳房租,不得已,张屈氏只得呈文京师警察厅,恳请"怜其困免,免令缴捐"。其呈文详细陈述了"屋漏偏逢连夜

① 中国科学院民族研究所、辽宁少数民族社会历史调查组:《四川省成都市满族社会历史调查报告》,载《满族历史调查报告》(下)第 7 辑,1963 年,第 70 页。
② 中国科学院民族研究所、辽宁少数民族社会历史调查组:《四川省成都市满族社会历史调查报告》,载《满族历史调查报告》(下)第 7 辑,1963 年,第 70 页。

雨"的悲惨际遇:"窃氏夫在日,充当静宜园园户,蒙前清皇室恩赏官房,世居十余年,向无租捐,因旗饷久不发放,生活日艰,不得已将住房出租,借以糊口,而延残息。不料天降凶灾,上月二十三日,狂风刮坏房屋、树株甚多,氏房亦被风揭顶瓦,屋内渗漏如筛,不能居住,幸遇住房人热心慈善,念氏孤苦可悯,自行出资觅人修理,将及动工,有第五警察公署巡警强止工人,不容修理,蛮横异常,又将工人赶散,即掷下认捐执照一纸,勒令纳捐后方准修理,经氏告之孤苦情,跪地哀恳,始终无效,并云如三日不去报销,必将房屋拆卸归官……恳……施仁宽免房捐……"①

社会环境的恶劣也是导致旗人生活日艰的重要原因。北洋时期,时局动荡,军阀混战连连,影响了包括旗人群体在内社会各阶层的社会生存。河北省承德肖营子村的旗人为清代正白旗汉军包衣后裔,民国以后,肖营村地区相继遭受军阀混战,变成了一个"光山秃岭草不长、土地瘠薄不打粮"的穷山沟。直奉战争时,肖营子村被军阀盘踞,成了兵站,"附近都成为战场,由于抽壮丁,拉牲口,无所不为,当时全村一百四五十户人家,大都逃亡出外,这时全村仅四五户是汉族,其他全是满族,只剩下三四户老弱病残的没有出走。到军阀混战结束、大家返家时,地里的庄稼因为没有及时收割,以及兵丁的践踏,都糟蹋了,房屋也屋倒墙塌,屋内东西被抢得精光。"②由于军阀连连混战,许多人流离失所,无法生活,只能铤而走险,沦为盗匪,到处抢掠,旗人财物亦未能幸免。

民族歧视使旗人在择业、就学、升迁时困难重重。由于民族歧视的存在,不少旗人只好隐瞒自己的民族成分与籍贯,如广州满族"为了避免歧视与压迫,不得不将自己的民族成分隐瞒起来,甚至更名改姓,当时一家人出外工作的改几个姓。……有的将自己的籍贯汉为番禺、南海,但又怕碰见那些地方的人",并且"族人之间不敢联系,唯恐被人发现"。③ 学校里旗民子弟遭受排斥

---

① 中国第二历史档案馆藏:《香山慈幼院院长熊希龄以京师旗民困苦请令各部罢免官产地租有关文件——1925 年 8 月至 12 月》,内务部,全宗号 1001,案卷号 4451。
② 中国科学院民族研究所、辽宁少数民族社会历史调查组:《河北省青龙县肖营子满族社会历史调查报告》,载《满族社会历史调查报告》(下)第 6 辑,1963 年,第 5 页。
③ 中国科学院民族研究所、辽宁少数民族社会历史调查组:《广东省广州满族社会历史调查报告》,载《满族社会历史调查报告》(下)第 7 辑,1963 年,第 75 页。

的现象也时常出现。1912 年 11 月,陆军第一预备学校学生为反对前"贵胄学生"入学而掀动学潮,并两次驱逐由陆军部送来的"附课学生"出校,造成了比较大的影响。该校校长、教育长等学校官长,"对于此事既不能防患于未然,又不能维持於临事,而事经允许,未见呈报滋事首要学生,尤见姑息因循,漫无觉察",对此,陆军部发出咨文斥责该校官长,"长此疲玩军学,前途何甚设想",同时"著将该校长、教育长、连长、排长各记大过一次,以示薄惩",并"确切查明"两次"首事学生",以图"振刷精神,力图进步"。① 第一预备学校学生两次驱逐前贵族子弟入校就学及学校长官的姑息行为,体现了民初民族歧视与偏见的普遍存在,旗人子女的升学与就业的困难可见一斑。

## 第二节　北洋时期的旗民生计筹划

为了解决旗民生计问题,北洋时期,上至政府,下至旗人团体、旗人代表及社会有识之士均给予不同程度的关注,提出了种种筹划旗民生计的解决方案与措施。

### 一、筹办八旗生计处的设立

民国建立伊始,八旗生计机关就开始筹建。1912 年 7 月,满族同进会会长熙颜、副会长魁斌呈请设立"生计执行机关",得到北洋政府的同意。同月,袁世凯批准设立筹办八旗生计处,内务总长赵秉钧遂"开具熟悉八旗情形人员",并由袁世凯亲自点派宝熙、三多、治格、陆金章、蔡金台、祝瀛元六员办理八旗生计②,组织成立八旗生计处机关,同时由内务部刊刻"木质关防一颗,发给该处使用,以资信守"。③

筹办八旗生计处"附属於内务部之下",主要负责筹划旗民八旗生计等有关八旗事宜,但几年间"鲜有成绩"。筹办八旗生计处成立以后,遭遇重重困

---

① 中国第二历史档案馆藏:《陆军部处理第一预备学校学生反对前贵胄学生附入肄业掀动学潮咨文——1912 年》,陆军部,全宗号 1011(2),案卷号 549。

② 参见《政府公报》1912 年 7 月 24 日第 85 号。

③ 中国第二历史档案馆藏:《筹办八旗生计处关于办理旗民生计事宜有关文件——1914 年 3 月至 1918 年 3 月》,内务部,全宗号 1001,案卷号 1845。

难。首先,筹办八旗生计处"设立以来,其组织内容及开支经费,均未陈报"内务部,导致"无案可稽",作为"政治大事之一端"的旗民生计筹划及八旗生计处并未受到特别重视。筹办八旗生计处并非"完全国家机关","该处之设,逾时虽久,徒以令运用之机能,无确定之权限",其"官制未定,不成为国家之机关,遂以演成此无声无臭、若有若无之现象",造成"八旗生计四字亦等虚泡幻影"。① 据此,满族同进会会长增韫认为应将筹办八旗生计处"特定"为国家完全机关,设定明确权限,筹定旗民生计,从而彻底废除八旗制度,但该提议最终未能付诸于实践。其次,经费有限。该处设立之后,其经费有几处筹集而成,总共不过万余洋元。据档案记载,该处"元年七月开办时,由赵(秉钧)前总长交豫丰银号存款洋伍仟元,八月又接收前清变通旗制处别存期款银伍仟两,分期收回本利洋柒仟捌拾肆元,十月由筹办陆建章於军政执法处拨去洋壹仟元,三年五月复拨去洋二仟元,民国五年三月由总朱启钤总长於本部拨借洋壹仟元,以上共计收入洋壹万陆仟捌佰肆拾元"。② 1914 年 2 月,京师首善工厂移交筹办八旗生计处办理,该工厂实际也成为筹办八旗生计处的一个经费来源。虽然有上述几笔款项,但由于支出繁多,入不敷出时有显现。因为经费有限,筹办八旗生计处不仅难以运转,反而成八旗生计筹划的负累。该处开办时,每月支出"洋肆佰余元",1914 年 5 月始,每月减至 300 余元。1916 年起,每月开支不及 200 余元,至当年八月份,"所有收入堵塞,已开支殆尽",只得到处"挪借支用"。最后,由于经费竭蹶,人员变动频繁。筹办八旗生计处设立不久,宝熙、蔡金台、三多就先后辞职。1914 年 4 月间,祝瀛元、陆建章调任他往处。同年十月间,朱启钤接任该处督办,不久以后,也去职他往。其间,巴哈布、志錡先后被任命具体筹办八旗生计事宜,但也无法长久任职。该处其他在职人员也逐年减少,按照"正常组织内容,自督办、筹办以下,并分署司员,设文书、调查、庶务等科及司书、司帐等共十四员",③然而到了民国三四年

---

① 中国第二历史档案馆藏:《筹办八旗生计处关于办理旗民生计事宜有关文件——1914 年 3 月至 1918 年 3 月》,内务部,全宗号 1001,案卷号 1845。

② 中国第二历史档案馆藏:《筹办八旗生计处关于办理旗民生计事宜有关文件——1914 年 3 月至 1918 年 3 月》,内务部,全宗号 1001,案卷号 1845。

③ 中国第二历史档案馆藏:《筹办八旗生计处关于办理旗民生计事宜有关文件——1914 年 3 月至 1918 年 3 月》,内务部,全宗号 1001,案卷号 1845。

(1914—1915 年)间,迭经裁减、改组,仅留"文牍、调查、会计、庶务各一员",薪水多为 20 元至 40 元之间,而"督办、襄办各员,均尽义务,不领薪水"。筹办八旗生计处的运行与绩效可想而知。

虽然如此,筹办八旗生计处设立以后,对于八旗生计,该处也多有呼吁与计划。如志锜任职督办时,提出先从"开源入手,援照日本撤藩办法,开设银行,先植基础,然后逐渐推行"。具体"由国家担保,借债集股,专设银行,俾兴农、工、商种种实业,收束旗民,进能艮废,并以营业之视察,督视旗民之窳情,得有子利,备瞻孤媚,总期渐而施,推近及表"。①朱启钤接任督办以后,向北洋政府提出了一个筹办八旗生计的计划,并得到政府批准。其计划认为,"以筹办生计与改革旗饷并筹兼顾,庶为正当办法,且须审度生计发达之迟速,以定旗饷递减之时期,乃足以服八旗之心,而塞众议之口。故此次计划拟将旗饷逐年递减,十年裁清。在旗人方面得此极宽之时间,可以各谋其生计。"②同时相应提出了一些具体方案,如兴办工厂、学习技艺、调查旗民人口及财产、变卖八旗官产以筹旗民生计等。对于八旗生计的筹划,1914 年 12 月,筹办八旗生计处谘议隆凯提出的筹划八旗生计的措施则几乎包括了八旗生计的所有方面,具有一定的代表性。具体内容如下:

一、确定机关以资进行也。从来国家每举一政,必设健全之机关而形成,兹拟确定正式衙署以为筹备之先声,宜於八旗都统衙署择其宽大适中、足敷办公者作为督办之所。

二、酌改名称以新耳目也。查八旗生计处名称范围较隘,对于旗务一切断难概括,兹拟先从整顿旗务入手,以便逐渐推行,宜改名称曰督办旗务处。庶权力得以推行,筹画(划)易于着手。

三、酌定官制以专责成也。办事之要,职掌为先,阶级分明,权限乃定,此然之势也。八旗生计手续繁难,恐非三五年所能观成,尤非三五年职员筹画(划)所能周备,自应酌定官制……可顾名思义,各尽厥职。

---

① 中国第二历史档案馆藏:《筹办八旗生计处关于办理旗民生计事宜有关文件——1914 年 3 月至 1918 年 3 月》,内务部,全宗号 1001,案卷号 1845。

② 朱启钤:《蠖园文存》,转引自张寿崇:《有关满族的社团组织回顾》,载《辛亥革命后的北京满族》,北京出版社 2002 年版,第 419 页。

四、请铸关防以昭信守也。

五、八旗俸饷宜保持信用也。……督办会商政府,每月兵饷确定准期,无论如何筹措,届期必放,使穷苦之旗丁不致冻馁,以恤生活而昭大信。

六、每月兵饷宜由督署开放也。

七、八旗公产宜据实查报也。向来各旗营於本旗及校场地界均置有公产。……宜行文八旗满、蒙、汉都督、内外火器营、健锐营、圆明园、前锋、护军营,切实查明本旗公产数目……详细造册,限日咨覆,每月租银,仍由各营派员收取,仅数咨缴督办旗务处,以凭支配。

八、扣项划一饷银一致也。各旗营开放饷银均系自为风气,因之数目多寡不同,甚至同一旗之佐领下饷数多寡互异。……宜将扣饷切实规定,……除以酌扣外,各旗营均须实领实放,不得再扣。

九、旗营经费宜分别规定也。(旗营经费)应由督办旗务处酌量规定,满洲若干,蒙古若干,汉军若干,每一营都分别支配。

十、包衣兵饷应核实开放也。

十一、事权归一以资整顿也。从前定制,各旗营兵丁均系教练枪操,演习技艺,所有军政事宜向属陆军部管理。今者国体更新,八旗军政非复从前可比,宜将陆军部所掌旗务一切划归督办旗务处管理,俾事权统一。

十二、办事官员宜酌给薪俸也。……每月每员酌给薪俸若干,庶可责其尽心旗务。

十三、各处驻防宜切实调查也。共和后,各处驻防旗丁困苦情形较之京旗尤甚,亟应一律筹备,以免流离失所。

十四、扩充工厂教养兼施也。……亟宜谋教养之方,以作将来之预备。

十五、各省边荒宜先分饬调查也。……亟宜先事调查(边荒),以为筹划之预备。……我国幅员辽阔,不乏荒田,今以穷苦无业之旗兵分布於有地无人之区域,实於国计民生两有裨益。

十六、调查户口以求实在也。

十七、调查贫富以分等第也。按旗丁众多,筹画(划)生计事难一时普及,应以贫富之等级作安插之预备,次第施行。

十八、徙户开垦退旗归农也。

十九、就工就商听其请愿也也。

二十、立教养院以恤四孤也。按八旗丁户将来安插就绪,则旗制当然不能存在,原食饷之四孤孑然一身,穷无所依……宜设立教养院,专收四孤旗民,严定章程,官为养赡。①

除了提出旗民生计筹划的一些方案以外,旗民生计处也为争取旗民利益做了一些具体的工作,尤其是在俸银的催促发放方面。例如,1914 年 11 月,时任内务总长的朱启钤督办八旗生计事宜,部分世爵世职代表呈文朱启钤,称"前清庚子后,爵职俸糈减成发放,年来百物腾贵,生活渐至困穷。政革而后,京师复遭兵灾,金融不便,典鬻皆空",请求"转呈大总统,设法维持将爵职等本季俸银饬部先行开放,或别筹补救之术以济眉急",22 日,朱上书总统府政事堂,以"八旗世袭爵职异常清苦"为由,要求北洋政府酌发当季俸银以资生活,30 日,总统府政事堂转发大总统批令,命令财政部迅即筹拨款项,发放当季世袭爵职俸银。②

八旗生计处试图在其他发面作出更多的努力,但"始终奄奄一息,毫无生机",以至八旗人士日益不满,呼声渐成鼎沸之势。在八旗人士以及其他一些有识之士看来,零星饷银的争取并不能从根本上解决八旗问题,当务之急是寻求根本的办法彻底结束八旗制度。1914 年 7 月,增韫在一份呈文中指出:"窃以为共和时代,八旗制度实为政治上一大障碍物,苟欲去障碍,势就速筹生计不可。但机关不备,官制不定,欲活动则不可,言能力则不见,长此以往,不特生计之事难期政效,其饴害於国家政局者"有"数端"。其一,"八旗兵制为终身兵制,久已成为弊政,其不容存在于共和制度之下,自不待应,特以历史关系安插手续略为繁杂耳,然以繁而遂不为之筹,则此等弊制将永存而无廓清之一日。"其二,"八旗饷额为数额钜,即以京旗而论,每年不下八百余万人民,既困于负担,国库亦苦于支应","年费巨万置之无用之地,蠹国病民莫此为甚。"其

① 中国第二历史档案馆藏:《关于变通旗制改善旗民生计条陈——1914 年 12 月至 1916 年 9 月》,内务部,全宗号 1001(2),案卷号 545。

② 参见中国第二历史档案馆藏:《筹办八旗生计处关于办理旗民生计事宜有关文件——1914 年 3 月至 1918 年 3 月》,内务部,全宗号 1001,案卷号 1845。

三,"八旗兵丁向恃饷项为活,不事生产,等於遊民,倘不急于筹划,再逾数年,生齿益繁,从此将更难以收拾,历观各文明国莫不以提倡农、工、商业为国家植富强之基础,以此旗丁之众,苟利用之,不惟直接有益於财政,且间接有裨於经济,如不然者则利害且全相反。"①1920 年 6 月,议员白常文对旗民生计处的活动也提出了强烈的责问:"迄今九年,未闻该生计处对于八旗生计之前途有何等筹划之披露。或谓国家多事,财政困难,剜肉补疮之不暇,遑顾其他? 此就国家现状而言,故如是也。若论行政责任,近报载旗民因生计窘迫,卖儿鬻女自缢投河者日不绝书。该生计处漠不相关,亦可谓渎职之甚。若言无米为炊,巧妇无所措手,假定政府筹有(该)款,该生计处及各旗都统研究有素,对八旗生计是否有最适当之计划举以示人。倘国家始终无力及此,该生计处暨各旗都统有无为国家保持履行待遇条件之信用,减轻将来人民负担之变通办法?"②

筹办八旗生计处自设立直至北洋政府统治结束,一直处于"筹办"之中,始终未能成为一个正式的特定机关,也无明确的权限和组织机构。由于经费短缺,其对于旗民生计的筹划不仅无足轻重;相反,因为需要多处罗掘经费,反而成为政府和旗民社会新的负担。

## 二、社会各阶层对于旗民生计的多种考量

自民国建立,旗民生计筹划便贯穿了北洋政府统治的始终。对于如何改善旗民生计,不同阶层人士尤其是八旗人士分别提出了不同的看法,并拟定了具体的施行方法,主要为以下几个方面。

变通旗制。民国建立以后,一些八旗人士继续要求从变通旗制着手,以切实改善旗民生计。他们认为,民初以来,"旗务废弛,渐如闲散,且各旗自为独立机关,不相统属","理应"统筹全局,以"去积旧之弊,谋统一之制"。旗民文实权对旗人"日陷于饥寒困苦"的原因进行分析说:"推其缘故,一由于制度之未善。旗人向归都统统辖,生计处虽有筹划之责而无管理之权。凡有筹办之

---

① 中国第二历史档案馆藏:《筹办八旗生计处关于办理旗民生计事宜有关文件——1914年 3 月至 1918 年 3 月》,内务部,全宗号 1001,案卷号 1845。

② 《晨报》1920 年 6 月 19 日。

事,必先得各旗都统同意,都统苟不谓然,即足以干涉而牵制之,俾不能进行,此所以筹备数年毫无成效可观也。今欲实行筹备生计,当自改革制度入手。"对此,有旗人提出详细方案,"拟设一总理八旗事务公署,所有满、蒙、汉二十四固山、三山十营,统归管辖,设督办一员督理全署事务,设会办一二员以为辅助,其二十四固山暨三山十营各级长官一员,各设机关於公署,同署办公,以便接洽。公署拟设参议若干员,以分设四科:曰文牍;曰会议兼办庶务;曰调查编制;各设科长员、科员若干,分治各事……"①对于旗制的变通,军政执法处调查员旗人文芳也提出了类似的看法,认为"自清初以来,分置八旗……在当日虽皆有用意,在今日则未免虚设。值此筹款拮据之时,似未便长此冗滥,徒耗饷项",应将"八旗二十四固山并为八旗,每旗并满、蒙、汉为一处,设立旗长一人总揽,旗务长之下,满、蒙、汉各设参领一员,以资佐理","八旗护军、两军前锋、内外火器等营长官一一酌量裁并",裁撤内火器营专司炮铳、外火器营、健锐营、圆明园等职,从而节省费用以"专筹办八旗生计。"②

清理旗营积弊。民国以后,八旗组织中长官欺蒙敷衍现象比比皆是。对此,有些旗人提出应"酌定划一办法","除公署暨各该旗办事机关应需经费外,其余款储为筹办生计之用",并且"嗣后官兵出缺不复挑补"。同时,强烈要求剔除四孤各项积弊。为清理四孤钱粮之积弊,"饬知各旗另造四孤清册,并严定期限,切实查报",从前冒领饷银者,"准其於限内自赴本旗报明,一概免究",嗣后关于四孤钱粮一概禁止禁补,并妥定四孤兵丁领饷办法,以根除冒领之弊。③ 针对民国以后旗人充任巡警、陆军后,仍在本旗食饷的现象,文芳认为应当"一面行文陆军部、警察厅及步军统领衙门","一面行文各旗双方,协力澈底清查所有支领双饷者","将其旗下钱粮取消,以便提存备用。"

清查八旗户口。民国以后,八旗俸饷归陆军部及财政部管理发放。然而"立法之初,……名责实无,日久弊生,有以粮缺出、佐领等不行呈报侵吞入

---

① 中国第二历史档案馆藏:《关于变通旗制改善旗民生计条陈——1914 年 12 月至 1916 年 9 月》,内务部,全宗号 1001(2),案卷号 545。

② 中国第二历史档案馆藏:《关于变通旗制改善旗民生计条陈——1914 年 12 月至 1916 年 9 月》,内务部,全宗号 1001(2),案卷号 545。

③ 参见中国第二历史档案馆藏:《关于变通旗制改善旗民生计条陈——1914 年 12 月至 1916 年 9 月》,内务部,全宗号 1001(2),案卷号 545。

已;或食饷人之家属不行呈明、仍复冒领,乃至佐领等查知,则……两厢均分;又有汉人冒入旗籍顶已故旗丁之名,朦混领食者,以致报部户口兵丁之数,既非真实,其所领兵丁之饷亦多浮冒。於是,豪强者日事惰游、身兼数人之饷,贫弱者愈被剥蚀,反无糊口之资"。① 对此,文芳等人呈请陆军部,要求调取各旗名册,同时行文各旗,命令各佐领将兵丁户口"造具实册呈报",对两份名册进行比较,对不相符者一概"免究既往",倘再捏报,则严惩不贷。同时将兵丁姓名、住址、年龄、家产、职业详细调查登记造册,并加强"监视、考问",以"廓清数百年积弊"。

清查旗产。民国以后,不断有旗人代表提出对旗产实行清查、变价,以求筹划旗民生计。文芳提出,"二十四旗每旗皆有营房隔数百间","八旗所属畸零官产以及八旗工厂、值年旗各项公共官所、房地甚多",除旧有"学堂一项暂留作教育旗丁之用外",其余衙署、档房、学堂、箭场、教场等旗产管理徒有虚名,"致使庄严齐整之营房渐变而为朽败不堪之荒土"。由于生计所迫,有些营房被旗人"私相授受",拆毁变卖之事时有所闻。据此,文芳认为"各署所有附属之房地皆系官产、官房,每月出租所得有限,徒使经手者得以借端舞弊","各项无用之官署,若漠然置之,不但坍塌可惜,亦且盗卖堪虞"②,应将上述旗产"一律变卖以应要需,"以"归作筹备八旗生计之用"。

重用八旗有用之才。在一些有识之士看来,八旗中不乏许多可用之才,其中包括"曾在各学校毕业得有文凭者,有曾在各衙署当差著有成绩者,有精於图书者,有娴於会议者。或文理优长可办文牍,或书法端楷足供缮写,或於军警操练学有专长,或於竹木制造习有专业者。"③他们认为,凡有一技之长旗人均为可造之才,如果不对他们加以重用,将使"有用之材置之无用之地"。因此在筹划旗民生计的时候,除了让"老幼废疾"者各得其所外,应当使聪明才智之人各展其长,这样,"八旗之中少一失业之人,即少一坐食之人",其家庭

---

① 中国第二历史档案馆藏:《关于变通旗制改善旗民生计条陈——1914年12月至1916年9月》,内务部,全宗号1001(2),案卷号545。

② 中国第二历史档案馆藏:《关于变通旗制改善旗民生计条陈——1914年12月至1916年9月》,内务部,全宗号1001(2),案卷号545。

③ 中国第二历史档案馆藏:《关于变通旗制改善旗民生计条陈——1914年12月至1916年9月》,内务部,全宗号1001(2),案卷号545。

生计亦可"藉资食赡"，从而达到事半功倍的效果。其具体办法可以经"试验合格"，"分类存记备用"，行文学校、警厅、军队、工厂，要求各机关如有需要，随即咨行筹办八旗生计处，经试用合格，进行录用。如此种种，则"人无废材，款无虚糜"。

开办工厂、实业，实施垦殖，教养兼施。对于一般身无所长的旗人，一些旗籍人士认为，从前筹划旗民生计方法，"或请移民开垦，或请开矿兴利，或谓广育人才，或谓教以工作"，但"发言盈廷，终无实际"。有效而易行的办法是，"先由存留余款，开办工厂，教养兼施"，设立各种慈善机构，收养孤寡。设立中小学堂，教育青年子弟。清查"无粮黑地"。针对"各府圈地多由庄头、佃户持地已久，租银并不能按期交纳，其闲散世爵无力催租，常致兴讼"的现象，"通传各旗转知各府，凡有此项圈地不能收租者，准其将坐落何处、顷亩若干、庄头何人、佃户何人暨上赏年、月，册籍证据，详细呈明，由官代为传饬该庄头，将原地如数交出，惟交出之后须以一半归公，招致旗户前往承种，其余一半，即给予凭照，作为该世爵永远为业。"[①]对于垦殖一事，文芳认为，京畿地区，如圆明园、东西陵、归、绥一带、河套之间荒地以及吉奉一带旷野等，尤适宜安插旗丁耕种，使荒地变为熟地，不仅可以"照例升科"，减少"从前之支出"，而且可以永久解决部分旗民生计之需。文芳等人以"收束"旗人、鼓励进行"垦殖"的发放，与从前移民实边政策如出一辙。

除了上述种种措施和办法，官员养廉也为筹划旗民生计者所关注。文芳强调，八旗长官要慎为选择，因为"八旗长官即为辅佐筹画（划）生计之人，自宜严加选择，以防滥竽"。在八旗长官的选择过程中，应当不拘满、汉，量才擢用，以严格的奖惩措施考核八旗官员，从而达到整顿旗务、臂助筹划生计之目的。

上述各种筹划八旗生计方法，除了清查旗营财产以外，其许多内容与清末新政时期的诸多改良措施并无多大出入。由于复杂动荡的社会形势和时代背景，通盘解决整个旗民生计问题绝非易事，许多相关措施只能是纸上谈兵，画饼充饥。

---

① 中国第二历史档案馆藏：《关于变通旗制改善旗民生计条陈——1914 年 12 月至 1916 年 9 月》，内务部，全宗号 1001（2），案卷号 545。

### 三、各地旗民生计救济与筹划活动

民国以后,针对旗民生计恶化与旗民普遍贫困的状况,在旗籍人士的多方呼吁以及旗民生计问题的压力下,各地程度不等地开展了一些旗民生计筹划与旗民救济的具体工作。

开办旗民工厂和慈幼院等相关机构。民国时期,既有的一些旗民工厂继续开办。京师地区,首善工艺厂是当时影响比较大的旗人工厂,吸纳了一定数量的旗丁。首善工厂"开办之初,原以旗民生齿日繁,亟宜筹教养之方,故由大慈善家捐拨钜款,缔造经营,俾人各有技能自谋食,洵善举也,惟是从前办法,本为传习性质,费用浩繁,鲜收实效"。① 辛亥以后,该厂"款无所出,残局零星,已难收拾"。② 1916 年 3 月,生计处接管首善工厂,由于其"资本有限、接济毫无,虽极力撙节动用,而计算全年经费,仍属亏折"。③ 除了首善工厂和两个宗人府工厂,京城还开设了接济贫困旗人的孤儿院、养老院以及粥厂等慈善机构,香山慈幼院就是其中的一个。香山慈幼院供养着数百旗籍儿童,还另设有附属小学校,教养当地"孤苦贫民子弟八十名"。香山慈幼院除了对贫困旗籍儿童实施教化以外,还为改善旗民生计经常呼吁奔走。1925 年 8 月,慈幼院院长熊希龄就"中央各部署均设有官产处张贴告示,饬令往居官房、耕种官产者缴纳产租,否则限令迁移"一事,呈文执政府,要求政府"特下明令,将北京城乡所有各旗民现居之客房及所种官产,仍照习惯,免其缴纳"。④ 请求获得了批准。这些慈善机构也常得到一些爱心人士尤其是旗籍人士的捐助。1916 年 5 月,密云驻防镶黄旗满洲马甲鹤鸣,将其坐落在"山海关永平府属临榆县娘娘庙、古城子、景家坨等处"200 余顷的祖遗圈地,捐给北京普济贫民教

① 中国第二历史档案馆藏:《关于变通旗制改善旗民生计条陈——1914 年 12 月至 1916 年 9 月》,内务部,全宗号 1001(2),案卷号 545。
② 中国第二历史档案馆藏:《关于变通旗制度善旗民生计条陈——1914 年 12 月至 1916 年 9 月》,内务部,全宗号 1001(2),案卷号 545。
③ 中国第二历史档案馆藏:《关于变通旗制度善旗民生计条陈——1914 年 12 月至 1916 年 9 月》,内务部,全宗号 1001(2),案卷号 545。
④ 中国第二历史档案馆藏:《香山慈幼院院长熊希龄以京师旗民困苦请令各部罢免官产地租文件——1925 年 8 月至 12 月》,内务部,全宗号 1001,案卷号 4451。

养院。①

辛亥以后,各直省驻防陆续开办了一些旗民工厂和教养机构。1912 年 12 月 15 日,南京善后工艺厂开业,工艺厂以旧都统府为基址,初次接受男女工人 200 余人,小学生 100 余人。其中,"男工学造革货、竹货,女工学习织布,每日给工资银八分。"②1913 年,善后工艺厂进行了改组,缩小了培养规模。1915 年 12 月,为使善后工艺厂经营有章,南京地方政府还制定了《宁省善后工艺厂开办章程》,章程强调工厂"以传习难民手艺,免得依人坐食,能得永久生计为宗旨",并对工厂组织、工作时间、工额、培训期限、工资、休假及职员责任等方面均作出了详细规定。章程特别规定产品余利"分作十成,以五成为公积留备扩充工艺之用,以二成五拟作厂中各职员酬劳之资,余二成五奖励技师、技手加给得力艺徒工食等用"。1916 年以后,工厂规模有所扩大,除了增加收容旗民人数以外,资金额也从每年的 2400 元增至 5172 元。1927 年,由于战事的影响,旧都统府为士兵驻扎,工厂机器几乎全被损坏,工厂只得停办,但南京特别市旗民生计处仍然以原有名额照旧发给"米折"。据记载,1935 年间,"旗民工厂米折,每日领八分者一百四十六名,月共洋三百五十四元四角;领两分者三十二名,月计洋十九元二角……全年共计四千九百七十二元六角八分。"③善后工艺厂的开设及米折的发放,解决了南京部分贫困旗民的生存问题。为对贫困旗民子弟实施教养,自民国成立,南京地方便开设了教养院和养济院。教养院主要对学龄旗民儿童实施教养。贫民教养院建立于 1912 年,位于旧都统署内,接受院生额定 200 人,年龄自 6—14 岁间,在校学生可获得一定的膳金。教养院的资金来源于财政拨发,年度预算在一千八九百元,例如,1914 年为 1800 余元。此后两年不仅财政预算略有增加,而且学生人数也增加至 300 人。教养院以外,养济院也是一个重要的救济机关,主要收留老弱病残旗民。1912 年,南京东城善后养济院首先成立,并由旗民生计处办理。养济院成立之初,名额仅有 100 名,每人每日发给八合食米,十文盐菜柴薪钱。养济院成立后的多年内,在收容贫困旗人方面,作出了一些努力,维持了部分

---

① 参见中国第二历史档案馆藏:《京直各地旗民捐献北京普济贫民教养院地亩有关文件——1916 年 5 月至 11 月》,内务部,全宗号 1001,案卷号 4449。

② 《南京善后工艺厂开厂志盛》,《申报》1912 年 12 月 18 日。

③ 万国鼎:《南京旗地问题》,正中书局民国二十四年(1935 年)版,第 68—71 页。

旗人的基本生计。表5.1是1912年至1925年间养济院贫困旗民收容状况，可以窥知一二。

表5.1　1912年至1925年间南京旗民养济院待遇发放情况一览①

| 年份 | 人数(名) | 待遇发放情况 | 备注 |
|---|---|---|---|
| 1912 | 100 | 日给八合食米,十文盐菜柴薪钱 | |
| 1916 | 100 | 日给八合食米,十文盐菜柴薪钱 | |
| 1919 | 200 | 日给八合食米,十文盐菜柴薪钱 | 增加的100人散居院外,待遇一致 |
| 1920 | 200 | 日给八合食米,十文盐菜柴薪钱,夏令给席一床,冬季给草毡一床 | |
| 1925 | 250 | 日给八合食米,十文盐菜柴薪钱,夏令给席一床,冬季给草毡一床 | |

以原有旗产安插贫困旗人。以广东驻防为例,辛亥以后,驻防旗丁迅速被改编,粮饷也很快停绝,旗籍贫困人口多时达到二万数千余人。1912年5月左右,广东筹划八旗生计处成立,陈任平担任生计处委员长,正红旗汉军旗人于辅臣以及广东人许念谟、陈滁寰担任委员。成立之初,广东政府"饬令调查八旗公款、公产以充经费,如不足则由政府担任",八旗原有财政机关一律取消,统交生计处管理。其后,于辅臣等人也努力调查粤防八旗公产,并"拟定工艺、工程、屯田、牧植、恤养各办法"呈请批准实施,但"自点交后迄至年余,未见施行"。1912年9月,李家驹、柏税等旗籍人士不断奔走呼吁,恳请将"原有财产分别支配保存,以拯死亡而重人道"。9月底,李家驹等人的呈请得到内务部批准。粤防原有财产包括"先后发交盐、典两商生息,本银三十余万两,所得息银专为养育兵、余兵及养赡孤苦等项之用",李、柏等人请将此项财产,"按月分提本银二三万两,确查人数,分别支放以救目前之急",同时"迅筹生计"。根据相关呈文,粤防时有财产数目具体如下:

---

① 参见万国鼎:《南京旗地问题》,正中书局民国二十四年(1935年)版,第74页。

表5.2　粤防原有财产数目表①

| 财产项目 | 类别 | 数量 | 备注 |
|---|---|---|---|
| 公款 | 盐商生息纹银 | 126978 两 | 月息一分算,向由藩司代收给领,反正后未交息 |
| | 典商生息纹银 | 110000 两 | 月息一分算,由总商会汇缴旗库,反正后未交息 |
| | 现款纹银 | 36000 余两 | 各有细数 |
| 公产公地 | 大小各官署及操场、药库 | | |
| | 八旗公产、公地 | 550 所 | 月租一千余元 |
| | 旗兴公司房屋 | 34 所 | 月租二百余元 |
| 公租 | 将军、都统署外群房地租 | 201 余两/月 | |
| | 公用房租地租 | 150 余两/月 | |
| | 裁汰房租地租 | 30 余两/月 | |
| | 燕塘、菜濠、桃源各地租 | 300 余两/年 | |
| | 军工厂、红庙、凤凰岗各处地租 | 500 余两/年 | |
| | 其余各项余房 | 3000 余两 | 前由八旗右司清查给照管业,所俱未起征 |
| 八旗工艺厂所存银货数目 | 现银 | 2420 余元 | |
| | 铜仙 | 8400 枚 | |
| | 存货约值银 | 12248 元 | |
| | 源丰润票 | 2000 两 | |
| | 交通银行纸币 | 36 两 | |
| | 次银 | 4 两 | |

　　关于安插旗民生计之具体办法,于辅臣等人提出五种方法:(一)先兴工艺、安插游民;(二)派充力役,以工寓赈;(三)遣往屯田,以期无旷土、无游民;(四)种植畜牧,以济土地之不足;(五)设恤举院,以周穷民。想要实施上述计划,存在诸多困难。粤防旗产中,公款等确计"三十三万七千九百三十四两六钱零六厘,另银牌火耗四十四两零一银三分五厘",加上工艺厂各项款目,总计在三十五万余两,对于筹划粤防生计,实在寥寥。时广州旗籍人口,据调查,

　　①　中国第二历史档案馆藏:《筹画(划)粤省驻防八旗生计事项有关文件——1914 年 6 月至 1917 年 11 月》,内务部,全宗号 1001,案卷号 1853。

计"旗民数,男、女共约 24894 人",其中,"旗籍殷商富不过百分之二三,余皆贫民。"①如果按旗籍人口分配旗籍财产,人均仅为纹银 1 两多。于辅臣等人的计划最后未能实施。1916 年 4 月,广东省巡按使张鸣岐再次提请将旧有官产、公产,一律拨充"旗计要需",并咨请财政、内务部各部批准,依然没有下文。辛亥以后,广州满族除上层得以安插以外,多数旗人生计未能筹定。

计口授田、旗丁归农。民国建立以后,各地驻防陆续采取措施,将原有田亩公产进行计口授田,以安插部分旗民。直隶沧县驻兵旗兵,原设"满、蒙四固山员弁甲兵五百二十三员","数十年后生齿渐蕃,额饷银有定制,俸糈以外,别无营谋"。② 民国初年,直隶沧县旗籍人口尚存"丁计四旗官弁、甲兵、男女老幼三千六百余口之谱",而原有田产光复以后即被"抄没"。1914 年 12月,沧县城守尉及四旗防校等联名上书沧县知事李良瑛,要求将"原有之地,划分四旗官员、甲兵、世职、闲散孤寡等丁口,按名分配,实行务农,俾各尽力耕种"。以计口授田的方法使旗丁解甲归田,图谋永久解决沧州驻防旗民生计。其呈文认为,"计口授田,改归农业,虽未能丰衣足食,而数千人生命尚可保全,且与大总统保护八旗公产,以备筹划生计之命令亦属相符。"具体方法为,旗人自行领种,"所有段落细数,缮造地册,由县印发契据,按名过粮,各凭营业"。③ 1914 年 12 月,李良瑛将相关呈文禀呈直隶巡按使朱家宝。12 月 29日,朱家宝提出了"筹划沧县驻防生计请留公产以资养赡办法",对旗营领种土地作出了具体规定:

　　一、旗营领种地。此地应按照从前官员、兵丁人等俸饷之多寡均分配,计名授田。城守尉应领种、顷,防御、骁骑校八员每员领种、顷,委骁校领催甲兵种、顷,其闲散幼丁、妇女、孤寡老幼每名领、种备亩,以照公允,而免争执。

　　二、此项地亩拨给旗族领种。按照肥瘠拟定押租及租额外,负担之多

　　① 中国第二历史档案馆藏:《筹画(划)粤省驻防八旗生计事项有关文件——1914 年 6 月至 1917 年 11 月》,内务部,全宗号 1001,案卷号 1853。

　　② 中国第二历史档案馆藏:《关于筹划直隶沧县旗民生计有关文书——1914 年 11 月至1916 年 5 月》,内务部,全宗号 1001,案卷号 1846。

　　③ 中国第二历史档案馆藏:《关于筹划直隶沧县旗民生计有关文书——1914 年 11 月至1916 年 5 月》,内务部,全宗号 1001,案卷号 1846。

寮,计上地一亩应交押租银一元,中地一亩应交八角,下地一亩应交六角。又上地一亩,每年每亩应纳租银一角,中地一亩应纳租银八分,下地一亩应纳租银六分,以昭公允。

三、此次拨给之地,既饬改为一律纳租,所有从前原定地粮、旗租、概予豁除,俾免重征。

四、领种之地,每年应完租额分上、下两忙,向县公署完纳,以重国课。

五、旗族领种之地,准予推典,不准私租买卖,违则分别追销罚惩。①

上述旗营领种土地的具体办法,比较切实可行。1914 年年底,朱家宝将所拟旗民计丁授田办法,同时咨陈财务部、陆军部、筹办八旗生计处等相关部门,并恳请大总统批准施行。1915 年年初,方案得到内务部、财政部、筹办八旗生计处等部门的批准,朱家宝命令直隶财政厅等相关部门着手办理。然而想在短时间内落实这个方案绝非易事,原因在于,"该旗营经管多年,从未清丈,其中头绪纷繁纠葛歧出,非旦夕间所能清理。"直至 1916 年 8 月,沧州驻防勘拔旗地工作才告一段落。同年 8 月 11 日,直隶省长朱家宝将实施情况汇报内务部民治司,根据呈文,其时沧州"各处地亩,业经一律勘改,分饬正、镶黄满四旗,各造具清册七份",核计地亩总数为"五百四十四顷三十亩九分五厘九毫零九忽九微三纤",地亩"已经照数分配","其城守尉及四旗防御应得随任地四顷七十七亩一分三厘一毫一丝。"②分配结果随后送交内务、财政等部备案。

直隶沧州驻防计口授田的办法,其他驻防也有实施。在陕西,为解决西安驻防旗人的生计问题,陕西地方政府除了设立养济工厂,教养旗民,主要实施"计口授粮"。1915 年 11 月,陕西巡按使吕调元具文内务部,要求将满城遗址约千亩土地,变价全数拨给旗民。呈文指出,西安满城遗址共约千亩,如果以三十元计算,变价可得十五万元,时西安旗人约在"三千三百七十余人",如按大口平均分配,"小口减半,每人约可给银币五十元"③。相关办法得到批准。

①　中国第二历史档案馆藏:《关于筹划直隶沧县旗民生计有关文书——1914 年 11 月至 1916 年 5 月》,内务部,全宗号 1001,案卷号 1846。

②　中国第二历史档案馆藏:《关于筹划直隶沧县旗民生计有关文书——1914 年 11 月至 1916 年 5 月》,内务部,全宗号 1001,案卷号 1846。

③　中国第二历史档案馆藏:《会核陕省维转旗民生计请拨官产地价变通变法销稿——1915 年 11 月》,内务部,全宗号 1001,案卷号 4475。

在张家口,首先由旗民公推旗绅,创设了官田处。官田处创立后,"先后数载,不惟生计事宜毫无成效,且公家年糜俸饷七万元左右,无人裁减。"①1915 年夏,官田处被改为八旗生计会。此外,张家口地区还设立同益粮店和同益工厂,以教养旗民。1919 年 2 月,察哈尔都统田中玉拟定筹划八旗生计办法十八条,主要内容大致为:第一,将原有田亩按户平均分配,划给耕种,并分别升科;第二,清查所有在张家口及其附近属于八旗的房产、地基、田园,除分给各户居住及公用以外,其余投标变价,发给旗民以为生计之谋;第三,同益粮店设为旗人公共粮店,由旗人公分所得。同益工厂仿照同益粮店办理,并收隶旗人子弟入店学习,培养技艺,以谋生活自立;第四,清查旗民户口,以贫富等次,分别考核给予财产;第五,旗民中当兵条件具备者,由各旗汇造名册,"选充陆、防各营,备补兵额。"②办法中还特别指明察哈尔其他驻防包括独石、千家店等处旗人生计,仿照张家口生计办法办理。

一次性发放银两、地亩予以遣散。至 1914 年左右,新疆旗人"男妇约共二千余人,饷少丁多,生计因之日蹙"。1914 年以前,新疆旗人"每岁满支俸饷、米粮、马乾湘平银七万一千三百六十余元"。1914 年经财政部核定,新疆旗饷"按六成减成发给,年支湘平银四万二千八百一十六两余"。1914 年 8 月,新疆巡按使杨增新致电北洋政府,提出"我国国体既经变更,财政又维艰窘,合省旗营均须妥筹生计",其方法则为"发款遣散",将新疆"古城满营旗兵饷银两年并发",一次性发放银两,予以遣散新疆旗人。③杨增新遣散新疆旗人的计划很快得到北洋政府批准实施,1914 年 10 月起,杨增新下令遣散新疆旗人,每人分发几十两银子,少数旗人则分得一小块土地。

辛亥以后,甘肃庄浪、凉州和宁夏三处旗民生计,由于"款钜事艰",一直未能妥为筹划。1914 年 3 月,张广建就任甘肃省巡按使,马福祥被任命为宁夏护军使兼满营将军,他们随即对庄浪、凉州及宁夏等地旗民及旗地状况进行

　　①　中国第二历史档案馆藏:《陆军部核议密云、察哈尔都统拟设筹办旗防张家口满蒙八旗生计处办法——1919 年至 1920 年》,内务部,全宗号 1011,案卷号 3379。

　　②　中国第二历史档案馆藏:《陆军部核议密云、察哈尔都统拟设筹办旗防张家口满蒙八旗生计处办法——1919 年至 1920 年》,内务部,全宗号 1011,案卷号 3379。

　　③　参见中国第二历史档案馆藏:《新疆筹办古城满营旗民生计事项有关文件——1914 年 9 月至 1916 年 1 月》,内务部,全宗号 1001(2),案卷号 546。

调查,并着手处理两省旗民生计问题。同年,甘肃、宁夏两地对所属旗人进行了最后一次银两、地亩的发放工作,"办结旗民生计"。根据 1915 年 5 月马广建对庄、凉、宁三地地亩、银两发放情况的报告,三地银两及地亩发放情形如表 5.3。

表 5.3　1914 年甘肃、宁夏旗民银两、地亩发放表

| 地区 | 人员类别 | 人数(人) | 发放银两 | 发放地亩 |
|---|---|---|---|---|
| 庄浪 | 官兵 | 245 | 每名银五十元 | 每名荒、熟地八亩四厘七毫四丝六忽二微 |
| | 鳏寡孤独 | 23 | 共另给银二百五十元 | |
| | 总计 | 278 | 一万二千伍百元 | 荒地一千九百七十一亩六分三厘 |
| 凉州 | 官兵 | 1513 | 每名五十三元 | 荒地三十亩 |
| | 孤贫 | 74 | 共给银一千五十三元 | |
| | 总计 | 1587 | 八万一千二百四十二元(包括 1914 年春季五成饷银六千二百七十二两五分二厘三毫) | 荒地四万五千四百二十亩 |
| 宁夏 | 官兵 | 2499 | 每名银六十七元七角 | 每名荒、熟地二十亩 |
| | 孤独幼稚 | 357 | 每名银四十五元 | 每名荒、熟地二十亩 |
| | 总计 | 2856 | 一十八万五千二百九十八元一分(包括开支筹办费银五十七元七角一分) | 五万三千五百四十亩 |

1914 年 3 月,甘肃武威、永登也成立了"善后局",发给每名旗人 40 两生计银子,两地旗民生计筹划以一次性发放银两、地亩而了结。1916 年 5 月 24 日,国务院对甘、宁三地旗人旗民生计银两地亩的发放情况进行了审核,同意马广建等对甘肃、宁夏旗民生计办法以及所发银两、地亩实数的核销请求。同时强调"该省旗营官兵坐糜饷需,习成游惰。现既按名发饷,并各给予地亩,应仍饬该管镇道认真督饬,以所发饷银,实行垦种,俾裕生计,切勿徒託空言"[①]。

---

① 中国第二历史档案馆藏:《甘肃省办结庄、凉、宁三处旗民生计已发过银两、地亩有关文书——1915 年 5 月》,内务部,全宗号 1001,案卷号 1851。

批令敏锐地认识到了地亩、银两发放以后的旗民永久生计问题。事实上,其担心并非毫无道理,由于旗人不习生产,缺乏生产资料,加上多数地方政府没有很好的组织生产,旗人也逐渐离开所分得的土地。

北洋政府试图通过计口授田、垦田归农、设厂办学等多种方式解决旗民生计问题,其解决路径与清末基本类似,并未有多少新意,效果也远未达到旗民群体的期许。

## 第三节　影响旗民生计筹划的多重因素

民国成立以后,旗民生计筹划便贯穿了北洋政府统治的始终,受多重因素的影响,虽经多方努力,旗民生计问题始终无法彻底解决。

### 一、相关政策稳定性的缺乏与财政的支绌

持续、稳定的相关政策的缺乏是民初旗民生计问题难以根本解决的重要原因。北洋时期是中国近代历史的转型时期,由于新旧交替,矛盾重重,北洋政府一直难以形成一个长效的、权力相对集中的中央政权,造成了社会动荡、政潮迭起、战争连绵不断的历史境状。各大军事派系集团根据自己的经济、政治需要和军事实力,交替地控制着中央和地方的政权,权力重心经常围绕着军事实力发生游移,"中华民国"成为军人刺刀上的玩物。在这种军人独裁专政下,终北洋时期,最高权力不能固定地隶属于某一集团。权力重心的经常游移,严重影响北洋政府政策的持续性,旗民生计政策自然包括在内。《清室优待条件》只是提出了筹划旗民生计的大致框架,对于旗民生计筹定的具体时间、步骤、目标、方法都未有明确的规定。对于旗民生计问题,北洋政府始终没有一个稳定、持续的政策。各地旗民生计的解决通常带有临时的救济性质,有些地方旗人的某次申请也许能得到中央政府的临时拨饷,但政府没能拿出彻底解决问题的良策。不同的阶段,旗民生计筹划的程度也不尽相同。袁世凯统治时期,旗民生计筹划还相对比较积极,除了特设筹办八旗生计处,《清室优待条件》中关于旗民生计的优待条件也得到一定程度的遵守,如八旗的俸饷有额度不等的发放。但自袁世凯以后,国家陷于极度的混乱之中,政权更迭频繁,各省各自为政,当政者根本无暇顾及民生,更遑论前清所遗留的这样一

个特殊的社会群体。即使有心为之,分裂割据的状态致使政府也无法有效地施行统一的政策。在这种情形下,作为一个专门的旗民生计筹划组织——旗民生计处也长期处于筹办之中,最终未能成为一个权限明确、效能突出的行政机关,正如曾担任八旗生计处筹办的志錡所言,"徒以机关未经法定,款月无所措施,陈议虽宏,统未一济",有"筹办之名而无筹办之实"。①

北洋政府财政极为拮据,这从根本上影响了北洋政府对八旗生计的筹划。由于西方列强在华势力的增强和地方封建军阀的控制、掠夺,北洋政府财源枯竭。首先,田赋遭到截留。田赋历来占据中央财政收入的重要部分,民国以后,由于军阀连年混战,中国农村自然经济遭受严重的破坏。由于中央政府无力操控地方,田赋收入遭到地方越来越多的截留。田赋一项,在北洋政府的中央财政收入中慢慢地丧失了许多的份额。仅旗地而言,由于旗地清丈、旗地纠葛等相关问题的复杂性,其税收也不能保证完全被政府掌控。其次,关税主权丧失。辛亥以后,西方列强通过种种手段,牢牢把持了中国的关税收入,关税收入也不可能成为北洋政府财政收入的主要来源。再次,"关余"被抵押。由于大量外债的存在,北洋政府自关税一项所得甚为有限,"关余"(即扣除外债本息后所剩下的余款)也就成为北洋政府的各项支出来源。但1920年以后,"关余"几乎完全被抵押。中央政府唯一的一项重要财源也因此失去。最后,在西方列强的种种经济掳掠下,其他各项收入如盐税等也被掠夺殆尽。1913年,北洋政府与五国银行团签订"善后大借款"合同,盐税的征收权、开支权和保管权被用于外债抵押,由此,盐税主权也基本丧失。所剩的"盐余",由于截留和外债的增多,也剩余无几。此外,各省解款随着地方割据的日趋严重,也慢慢趋于消失,北洋政府的财政困窘日趋一日。

在财源枯竭的同时,北洋政府的各项支出却在逐步加大。北洋时期,战火连绵不断,国家财政经费绝大部分被用于军事开支,占据了大约70%以上的财政支出。地方军阀的财政开支更是远远高于这个比例。由于财政困难,军队俸饷也成为令人头痛的问题,俸饷拖延数月成为很平常的事,因此,北洋政府根本无力妥筹八旗生计。对此,各方人士对此均有着极为清醒的认识。

---

① 中国第二历史档案馆藏:《筹办八旗生计处关于办理旗民生计事宜有关文件——1914年3月至1918年3月》,内务部,全宗号1001,案卷号1845。

1914 年,时任直隶巡按使的朱家宝在筹划直隶沧县旗民生计的有关文书中说道,"现在国家财政,实在奇绌","驻防旗兵生计困难,尽人皆知,清造未季暨民国成立,首有妥筹八旗生计之议,然迟之又久未见实行。诚以八旗散处各省,人数众多,若均待国家代为之谋,实属无此钜款。"①对于因财政支绌旗民生计难以筹划的现实,旗籍人士也十分清楚。文芳指出:"筹办八旗生计,当以筹款为第一要义,惟自改革以来,大局甫定,百废待举,库空如洗,司农仰屋,财政之困难,固已尽人皆知……"②限于财力,旗民饷项逾期、减成发放或停止发放就成为常有的事。例如,甘肃、凉州、庄浪满营俸饷长期依靠协解款发放,自"甲午、庚子以还、各省协饷解不足额,旗饷亦因之递减……改革之初,各省自顾不暇,甘库亦愈加空虚,民国元、二两年,凉旗所领俸饷尚不及定额之半。"③1921 年,由于京旗俸饷支付逐渐困难,财政部不得不拟定京旗变通办法。相关文件指出了中央财政无力支付旗饷的状况:"民国成立以来,弁兵缺额照旧序补,京旗俸饷永无减少之日,现计在京旗俸谦饷项米折照定额计算,共须年支九百三十六万六千六百四十四元,内兵饷约五百五十余万元,俸廉米折杂项约三百八十余万元,自上年秋季以来,仅按月支放兵饷一项,为数也属不资,而俸廉米折等项既已停止,明文只能作为暂缓发给,截至本年底止已欠发四百余万……如仍旧一律支出,则中央岁出将及千万,亦属穷於应付。"④

由于经费短缺,各地生计筹划难以为继。1914 年,时任筹办八旗生计处督办的朱启钤对两年以来生计处的筹划情形进行了总结:"八旗生计载在优待条件之中,民国成立专处以总其成,派专员以司其事,经营擘画,两年来……款钜事艰,筹议迄无办法。"⑤在广州,为筹旗民生计,筹办八旗生计处筹设男

① 中国第二历史档案馆藏:《关于筹划直隶沧县旗民生计有关文书——1914 年 12 月至 1916 年 5 月》,内务部,全宗号 1001,案卷号 1846。

② 中国第二历史档案馆藏:《关于变通旗制改善旗民生计各项条陈——1914 年 12 月至 1916 年 9 月》,内务部,全宗号 1001(2),案卷号 545。

③ 中国第二历史档案馆藏:《甘肃省办结庄、凉、宁三处旗民生计已发过银两、地亩有关文书——1915 年 5 月》,内务部,全宗号 1001,案卷号 1851。

④ 中国第二历史档案馆藏:《财政部拟京旗俸饷变通办法说贴抄件》,内务部,全宗号 1001(2),案卷号 544。

⑤ 中国第二历史档案馆藏《筹办八旗生计处关于办理旗民生计事宜有关文件——1914 年 3 月至 1918 年 3 月》,内务部,全宗号 1001,案卷号 1845。

女工厂,招收艺徒,"俾男女老幼,赖以养生,益筹设因利借贷局,使青年壮丁复得假借微资自营生活",然而,"库帑支绌,博济难为"。① 直隶沧县驻防旗民生计处设立以后,旗人多寄予厚望,以为"凡属旗人均沾实惠",所以旗人"捧诵之下,罔不感激涕零",可由于"国步多艰,财政困难,筹务生计虽殚虑竭思",最终"苦无良策"。直隶巡按朱家宝不禁反问:"诚以无米之炊,何能为役?"②无奈之中,某些驻防旗人只好以变卖旗有公产的方式来筹措经费。镇江光复后,京口驻防旗人生活来源突然断绝,时任民政长的杨邦彦组织成立"旗民生计所"。他"用蒙旗祖制产业沿江滩田和旗营的公房地产(基本上是公廊、庙宇、校场)等为基金,以这些产业所生花利,作为旗民生活补贴,并计划创设一些小规模的手工生产事业,以从根本上解决旗人生计。可惜计划由于多方掣肘,不能实现,只好从消极性的救济着眼,而这种救济又是采取'杨柳水、大家洒'的平均摊派,只要是旗人,不问贫富,不分老幼,人人有份,每月发放,但每月所得之数,不过银二三角而已。另外对死亡和出生婴儿,略有一点津贴。这种救济,旗民个人所得甚微,但整个开支却是庞大的。"③

### 二、旗民工厂及救济机关的收效甚微

由于资金十分短缺,各地旗民工厂往往规模甚小,容纳的旗籍工人也为数甚少,对于整个旗民生存状态的改善,效果甚微。北京首善工厂的资金来源主要有三:旗租;各旗资助;王府捐助。辛亥以后,各旗和王府的命运自不待言,旗租当然不能随时保证,所以其资本十分缺短,对旗民"接济毫无"。1914年后,首善工厂由旗民生计处接管办理,成为生计处的主要经费来源,对旗民生计的帮助更加无从谈起。其余各地旗民工厂,限于规模和资金,对旗籍人员的教化和帮助十分有限。西安所设养济所工厂,由于"事事动需公款办理,究属权宜"。④

---

① 中国第二历史档案馆藏:《筹画(划)粤防八旗生计事项有关文件——1914年6月至1917年11月》,内务部,全宗号1001,案卷号1853。

② 中国第二历史档案馆藏:《关于筹划直隶沧县旗民生计有关文件——1914年12月至1916年5月》,内务部,全宗号1001,案卷号1845。

③ 王凝庶:《镇江"旗人"琐忆》,载《镇江文史资料》第7辑,镇江文史资料编委会1984年,第97页。

④ 中国第二历史档案馆藏:《会核陕省维转旗民生计请拨官产地价变通办法销稿——1915年11月》,内务部,全宗号1001,案卷号4475。

广州驻防的粤城旗民工艺厂"仅容艺徒数千,实同虚设",以至于广东驻防旗人于辅臣等建议"应即取消"旗民工艺厂,并"宜大加扩张范围,重新组织以容多数艺徒,庶於旗民生计方能有效"。① 辛亥以后,新疆旗人中调至省城"归入工艺学校学习工艺或归入中小学堂学习科学,不过数人、十数人,究於全体生计无甚益处"。② "成都旗务处"曾开设同仁工厂,收容旗民约 70 人左右,只占当时成都旗人总数的千分之五。③

慈幼院、恤养院等旗民救济机关的救济也是僧多粥少。广州驻防恤养院开办以后,广东旗籍孤苦认识"不少数千……筹办生计处月发给孤苦每人八角,此数太薄,救死不赡"。④ 民国五年(1916 年)以后,许多京师旗人生活常常难以为继,不得不时时依赖慈善和救济为生。京城救济机关收容和救济能力十分有限,而旗人依赖救济"所全活者尤众"。以慈幼院及四所附属小学为例,仅能收容 200 余名幼弱小孩,但"额满见遗,时来恳求者络绎不绝"。⑤ 南京自光复以后,"旗民贫困无告者三千五百六十余几",当时由各团体筹借仓米,"分为二十七所,每人每日给米六合"。同时设立筹备旗民生计局,由金峙生为临时总理主持日常工作,着手南京善后工艺厂及善后初等小学的创设,对旗人实行教养。由于需要时间筹集经费,直至 1912 年 12 月 28 日,南京善后工艺厂才正式运行,收容男女工人和学生共计 300 余人⑥,相较他处,南京善后工艺厂收纳旗人人数稍多一些,但对于 3500 余名贫困旗人来说,亦不过区区小数。

旗民工厂本为扶助旗民生计而设,其本身的设立与运转所需经费首先必

　　① 中国第二历史档案馆藏:《筹画(划)粤省驻防八旗生计事项有关文件——1914 年 6 月至 1917 年 11 月》,内务部,全宗号 1001,案卷号 1853。

　　② 中国第二历史档案馆藏:《新疆筹办古城满营旗民生计事项有关文件——1914 年 9 月至 1916 年 1 月》,内务部,全宗号 1001(2),案卷号 546。

　　③ 参见中国科学院民族研究所、辽宁少数民族社会历史调查组:《四川省成都市满族社会历史调查报告》,载《满族社会历史调查报告》(下)第 7 辑,1963 年,第 60 页。

　　④ 中国第二历史档案馆藏:《新疆筹办古城满营旗民生计事项有关文件——1914 年 9 月至 1916 年 1 月》,内务部,全宗号 1001(2),案卷号 546。

　　⑤ 中国第二历史档案馆藏:《香山慈幼院院长熊希龄以京师旗民困苦请令各部罢免官产地租有关文件——1925 年 8 月至 12 月》,内务部,全宗号 1001,案卷号 4451。

　　⑥ 参见《南京善后工艺厂开厂誌盛》,《申报》1912 年 12 月 28 日。

须解决,往往旗民生计没有得到改善,又凭空多出一笔负担。以江宁旗民生计处及教养院工艺厂为例,自开设以后,各项支出有增无减。1920 年 7 月至 1921 年 6 月份的江宁旗民生计处及教养院工艺厂的收支计算书和计算表显示,江宁旗民生计处等旗民救济机关常处于入不敷出的地步,见表 5.4。

表 5.4　1920 年 7 月至 1921 年 6 月江宁旗民生计处支出计算表①

| 时间 | 预算金额 | | 计算金额 | | 比较 | | | |
|---|---|---|---|---|---|---|---|---|
| | | | | | 增 | | 减 | |
| 1920 年 7 月 | 3381 元 | 20 厘 | 2495 元 | 99 厘 | 123 元 | 989 厘 | | |
| 1920 年 8 月 | 2445 元 | 20 厘 | 2472 元 | 913 厘 | 27 元 | 803 厘 | | |
| 1920 年 9 月 | 2384 元 | 870 厘 | 2373 元 | 469 厘 | | | 11 元 | 401 厘 |
| 1920 年 10 月 | 2384 元 | 870 厘 | 2373 元 | 469 厘 | 32 元 | 229 厘 | | |
| 1920 年 11 月 | 2364 元 | 870 厘 | 2322 元 | 442 厘 | | | 42 元 | 428 厘 |
| 1920 年 12 月 | 2504 元 | 110 厘 | 2498 元 | 295 厘 | | | 5 元 | 815 厘 |
| 1921 年 1 月 | 2463 元 | 710 厘 | 2501 元 | 169 厘 | 37 元 | 459 厘 | | |
| 1921 年 2 月 | 2297 元 | 190 厘 | 2293 元 | 755 厘 | | | 3 元 | 435 厘 |
| 1921 年 3 月 | 2464 元 | 710 厘 | 2468 元 | 172 厘 | 3 元 | 462 厘 | | |
| 1921 年 4 月 | 2412 元 | 870 厘 | 2400 元 | 673 厘 | | | 12 元 | 197 厘 |
| 1921 年 5 月 | 2464 元 | 710 厘 | 2492 元 | 528 厘 | 27 元 | 818 厘 | | |
| 1921 年 6 月 | 2436 元 | 870 厘 | 2457 元 | 188 厘 | 20 元 | 218 厘 | | |
| 合计 | 29004 元 | 240 厘 | 29192 元 | 42 厘 | 187 元 | 802 厘 | | |

根据上表,1920 年 7 月份至 1921 年 6 月份,江宁旗民善后生计处一直处于透支当中。其间,支出"共增支一百八十七元八角零二厘","除实领国家费共两万三千八百二十三元二角三分四厘,又旗租提拔共三千一百二十一元六角六分八厘,又七月份售出稻价三十六元九角四分三厘,一月份售出豆价十一元八角三分七厘尽,数抵支外,仍不敷两千二百零四元三角六分"。计算书对透支的原因进行了分析说明,主要原因在于"养济食米及药费增加,以致不敷",

---

① 中国第二历史档案馆藏:《江苏江宁旗民生计善后处计算书附属表》,审计院,全宗号 1066(11),案卷号 776。

所以提请再于"留备生计之旗租项下拨补"①。

生计养济以外的各项开支如职员薪酬、办公费用、各项杂支等费用占据了其支出的相当部分,有悖于善后旗民生计筹划的主旨。1920年3月份,江宁旗民善后生计处接受财政厅拨款,为"二千二百三十一元二角七分及旗产股二百五十三元一角三分六厘,共计二千五百六十三元四角零六厘"。根据相关计算书,其支出中,主要用于旗民生计的费用包括各所米折、养济盐米柴薪,约在1729元左右,占总支出的67%左右,其余各项包括薪酬,公共开支、杂支、力役等支出则占据了33%,表5.5为1920年3月份江宁旗民善后生计处支出细目表,可以说明相关问题。

表5.5　1920年3月份江宁旗民善后生计处支出细目表②

| 项目 | 实支数 | 备　注 |
|---|---|---|
| 职员俸给 | 266元 | 生计处、旗产、养济、垦务各股按月支给薪水 |
| 附属津贴 | 34元696厘 | 八旗调查、催征地租、养济股男女头、按月支给津贴工食 |
| 巡警薪饷 | 36元600厘 | 八卦洲租内动拨 |
| 附属公食 | 46元500厘 | 各股雇佣通报暨公役水夫、农师等工食费 |
| 垦丁公食 | 24元 | 因无地可垦,农忙时临时帮工所付工食费 |
| 文具支出 | 18元513厘 | 纸张、簿籍、笔墨、印刷等件 |
| 物品购置 | 7元670厘 | 办公物品购置,如巡警服、犁头等 |
| 附属消耗 | 88元620厘 | 火食、茶叶、煤炭、洋油、灯油等 |
| 附属杂支 | 138元 | 各股挑力、车费、杂支之款 |
| 各所米折 | 930元 | 大口1451名,每名日给二分洋,小口98名,每日给洋一分 |
| 养济食米 | 315元 | 男女老弱、残疾工200名,各日给米八合 |
| 养济盐米柴薪 | 44元928厘 | 分期散发,每人日给盐菜钱十文 |
| 教养膳费 | 379元440厘 | 包括贫儿膳费、毕业生膳费,每名日给洋四分 |
| 施　药 | 60元 | 诊治内外一切病症 |

---

① 中国第二历史档案馆藏:《江苏江宁旗民生计善后处计算书附属表》,审计院,全宗号1066(11),案卷号776。

② 参见中国第二历史档案馆藏:《江苏江宁旗民生计善后处计算书附属表》,审计院,全宗号1066(11),案卷号776。

　　表5.5中第一至九项支出项目，实为江宁旗民善后生计处运行的各项支出，每月达八九百元之多，而旗产收入每月也仅在250余元，其余大部开支则需动用财政款项。在诸多的开支和运行费用中，人员费用又占据近半数之多。

　　由于职位设置名目繁多，无形增加了生计处的经济负担。江宁旗民生计善后处的各种行政岗位多达二十多种，这在1920年3月的职员俸给表有明显反映（表5.6）。

**表5.6　1920年3月江宁旗民善后生计处俸给表①**

| 职别 | 姓名 | 月计定额 | 实支数 | 收据号数 | 备考 |
|---|---|---|---|---|---|
| 处长 | 锦山 | 60元 | 600元 | 处字第120号 | 月支马夫 |
| 文牍 | 张捷夫 | 10元 | 10元 | 处字第112号 | 办理文牍、月支马夫 |
| 会计 | 唐斐济 | 12元 | 12元 | 处字第113号 | 管理银钱账目事宜 |
| 庶务 | 赵庆生 | 12元 | 12元 | 处字第114号 | 办理庶务各事 |
| 总稽查 | 常少安 | 12元 | 12元 | 处字第115号 | 稽查一切事宜 |
| 调查 | 张埔 | 12元 | 12元 | 处字第116号 | 调查处内各事 |
| 办理报册 | 朱达夫 | 11元 | 11元 | 处字第117号 | 办理预算、计算又兼放养济钱米等事 |
| 錄事 | 凤仪卿 | 8元 | 8元 | 处字第118号 | 缮写文件等事 |
| 旗产处收发兼管卷 | 孙寿臣 | 12元 | 12元 | 处字第119号 | 收发兼管案卷等事 |
| 征收 | 夏富根 | 8元 | 8元 | 处字第120号 | 征收桥房地租 |
| 征租 | 王厚甫 | 8元 | 8元 | 处字第121号 | 征收园地租兼裁串等事 |
| 稽核征收 | 张子华 | 8元 | 8元 | 处字第122号 | 稽核征收事宜 |
| 造册錄事 | 郭厚卿 | 5元 | 5元 | 处字第123号 | 缮写旗民表册等事 |
| 稽查砖瓦 | 明星五 | 10元 | 10元 | 处字第124号 | 稽查公私砖瓦事宜 |
| 测绘 | 张梅先 | 15元 | 15元 | 处字第125号 | 丈量绘图等事 |
| 养济股稽查 | 陈亦圆 | 8元 | 8元 | 处字第126号 | 稽查院内一切事宜 |
| 散放米折 | 王金培 | 6元 | 6元 | 处字第127号 | 散放各旗米折事宜 |
| 散放米折 | 关保庆 | 6元 | 6元 | 处字第127号 | 散放各旗米折事宜 |

---

　　① 参见中国第二历史档案馆藏：《江苏江宁旗民生计善后处计算书附属表》，审计院，全宗号1066(11)，案卷号776。

| 职别 | 姓名 | 月计定额 | 实支数 | 收据号数 | 备考 |
|---|---|---|---|---|---|
| 錄事 | 赵季堂 | 6元 | 6元 | 处字第128号 | 缮写文件表册等事 |
| 医士 | 溥耀堂 | 12元 | 12元 | 处字第129号 | 诊治内外一切病症 |
| 垦务股督垦 | 程雨农 | 12元 | 12元 | 处字第130号 | 监督垦务事宜 |
| 帮垦 | 刘承甫 | 7元 | 7元 | 处字第131号 | 帮督垦务各事 |
| 书记 | 康庚杨 | 6元 | 6元 | 处字第132号 | 缮写文件表册等事 |
| 合计 |  | 206元 | 206元 |  |  |

除了表5.5所列行政人员,生计处还存在种种办事人员及杂役如八旗调查、内城总园头、催征地租人员、承催地租人员、男女棚头、公役、厨役、水夫、农师和临时帮工等,办公费用因此常常捉襟见肘。

经费短缺,经营不善,加上开支不断增加,旗民工厂及其他生计筹划机关经常无法正常运转。黑龙江旗民工艺厂设立于1910年10月间,"经前巡抚周树谟饬由旗务处於官兵……荒价项下拨银十万两创设",旨在"分科教授旗民子弟肄习工艺,原为振兴工艺,宽筹生计起见"。民国以后,其"官兵荒价发商生息一时难以归结",只得"先由商务总会拨出房屋一所,合价银四万五千余两,由民政先后垫银三万九千余两,并将省城原有工艺制造局器具一同并入,连同货品合银一万五千余两作为官股以资进行。"然而数年中,工艺厂"教授生徒","性质近似学校",导致有出无进,"赔累不堪"。1916年4月,"存房屋货品,约共值银五万五千余两,除去前项官垫所有资本,几於亏折殆尽……势成停歇。"①迫不得已,时任黑龙江巡按使朱庆澜只得具文内务、财政各部,拟将黑龙江旗民工艺厂改组,收归官办,改办为"女工厂","不论民旗妇女一律入厂工作","勿令失业,以期救济"②。

---

　① 中国第二历史档案馆藏:《黑龙江旗民工厂收归官办改组女工厂有关文书——1916年4月》,内务部,全宗号1001,案卷号1849。

　② 中国第二历史档案馆藏:《黑龙江旗民工厂收归官办改组女工厂有关文书——1916年4月》,内务部,全宗号1001,案卷号1849。

### 三、旗产纠葛与旗民问题上的利益之争

民初旗产纠葛不仅普遍存在,而且比较复杂。一般购置财产,其租典房地产及开垦荒地、田地,涉及旗产问题,往往都需特别谨慎小心,弄不好是涉讼经年累月,无法脱身。镇江旗民生计的基金主要来源为原京口驻防旗产,包括两大部分,一是房产、地皮,二是江滩。其中镇江、瓜洲间的征润州就是京口旗营的主要滩田。蒙籍救济院(旗民生计所后身)无力经营,就召人围垦,以收取押金。附近业主有优先承领及上价报领之权,而邻近的业主往往觊觎争夺,所以纠纷特多。即以已成滩五千亩的征润州而言,约有三千五六百亩可以开垦成田。① 在此过程中,围垦者所成立的垦业办事处与蒙籍救济院之间的争执时常发生,甚至演变成斗殴、兴讼。

各地在将旧有营产变卖以充旗用的过程中,公、私旗产往往无法辩明,以致纠葛不断。民国五六年(1916—1917年)间,广东驻防筹办旗民生计拟将八旗旧有官公各产变卖以充旗用。前粤防旗人白雄庆、高冠蘭、王懋官等93人呈文声称,旗民居住之官房,"系前清奏准赏给现任官兵作为恒产"的,所以"不得认为公产",并称筹办八旗生计官员于廷著等人"借以济旗之名,阴陷旗员於困境",如果将"奏赏房间混入公产","势必致立驱数十贫员,率同千数百家口,露宿於通衢",要求将"误入公产部分之奏赏官房一项,照案划还"。② 而另一方张粤华等旗民代表则针锋相对,称"粤旗旧官僚协、佐、防校等九十三人所有衙署九十三所,价值数十万金",是"名欲霸占作为私产"。③ 粤防双方对旧有官房公私产权的争论反映了旗民生计筹划中旗产纠葛的复杂,对旗民生计的解决形成较多的窒碍。

民初旗产的纠葛还表现在旗地民佃的纠纷上。清代旗地,尤其在东北地区,多数为招民开垦,旗人食租。民国建立以后,由于旗人社会地位下降,以"共和"、"改革"为名,要求旗人将所占之地归于民人的事情时有发生。1913

---

① 参见王凝庶:《镇江"旗人"琐忆》,《镇江文史资料》第7辑,镇江文史资料编委会1984年,第99页。

② 中国第二历史档案馆藏:《筹画(划)粤省驻防八旗生计事项有关文件——1914年6至1917年11月》,内务部,全宗号1001,案卷号1853。

③ 中国第二历史档案馆藏:《筹画(划)粤省驻防八旗生计事项有关文件——1914年6至1917年11月》,内务部,全宗号1001,案卷号1853。

年,吉林省阿城县旗地民佃纠葛案发生。据吉林省阿城旗务筹备分处咨称,阿城旗产,原为"京旗生齿日繁,或为迁拨京人谋生之地,委以旗人有当兵义务,占有多年,尚有余荒,力难成垦,是以招民开垦,旗人食租,其招佃办法,乃与一般招佃食租者无异,皆系双方立有契约,按年纳租,履行有年,并无纠葛,且已一律升科给照,纯系旗人己产,毫无疑义"。① 1913 年 1 月,佃民代表刘传经、孙英才等呈文称,阿城土地"除旗人己产外,均系汉人占垦官荒,披荆斩棘,血汗珠滴,开垦成熟,只因前清偏重於旗,如有汉人私种地亩,应逐出境,毁陇焚巢,垦民迫于无奈,祇得找旗人为东,以蔽驱逐之患",而"当此民国成立,皆系同胞,为民上者,何忍坐视鲸吞,使数万家流离失所,老幼啼哭,永为旗人牛马奴隶焉",恳请"派员勘放或归垦户价留,或先减定租项"。② 佃户魏慎修等人更是认为,"国体既经改革,从前阿域旗人所占土地均应归为民佃承领。"③为夺所争土地,阿城四五甲喇两处佃户甚至聚众抗租,"几酿暴动"。针对阿城旗产纠葛愈演愈烈的状况,1913 年 5 月,吉林省召开临时议会,议决认为阿城旗地"确为旗人己产,万无剥夺之理","旗人既有使用收益处分之权利,即旗人有完全所有权","讵得以畛域之见,辄起攘夺之心"。④ 6 月,内务部也核准吉林省临时议会决议,并批示刘传经等"不准再行晓凌",这一旗地纠纷才告一段落。

在旗民赈济的过程中,相关机构或个人为自身利益相互扯皮,从中渔利的现象也时有发生。以绥远为例,光复后"旗丁原有生计银十万两",本为"可靠之项",但此款项不久即被山西同武将军阎锡山等人借为"军事费备用",而财政部初次安插绥远旗丁之费为"商息本银七万八千余两",也被地方行政上"借用息本银三万余两",致使绥远旗丁生计无着。为索还借款,绥远都统咨请财政部,要求山西省归还借款,财政部批示:"既系晋省因战事挪用,应由晋

---

① 中国第二历史档案馆藏:《吉林省旗地民佃纠葛有关文书——1913 年 2 月至 1913 年 12 月》,内务部,全宗号 1001(2),案卷号 258。

② 中国第二历史档案馆藏:《吉林省旗地民佃纠葛有关文书——1913 年 2 月至 1913 年 12 月》,内务部,全宗号 1001(2),案卷号 258。

③ 中国第二历史档案馆藏:《吉林省旗地民佃纠葛有关文书——1913 年 2 月至 1913 年 12 月》,内务部,全宗号 1001(2),案卷号 258

④ 中国第二历史档案馆藏:《吉林省旗地民佃纠葛有关文书——1913 年 2 月至 1913 年 12 月》,内务部,全宗号 1001(2),案卷号 258。

省设法筹还"①，其结果可以想见。由于有利可图，一些部门或个人打着赈济的幌子，从中竭力达到个人或某个团体的目的，严重损害了旗民的利益。

旗民救济过程中的利益之争也时有所闻。1925年间，香山慈幼院院长熊希龄就曾被步军统领等人指控为，以"慈善美名，并佔营户"。指控者声称，熊所借枪厂设立感化院的所余空地，被其用来种树牟利，所借箭厂开办学校，"俱无租金"。熊希龄后来辩称说，所余空地并非种树，而是推广慈幼院之用，对于未交租金一事，熊反诘道："试闻公益事业，救济贫民，政府是否应予维持?"同时强调，"敝院用正式公文向该旗都统拨借不得谓为兼并，亦不得谓为佔用"，其个人并没有私购从中侵占营产之事。为洗脱嫌疑，熊希龄更指出步军统领与八旗都统具有种种盗卖旗产情节，并称"前见步军统领、八旗都统所属之官弁，诱惑旗民拆卖西郊官房，每一间仅得料价二十五元，旗民只得三元，其余二十二元则为官弁所中饱，迁移之老弱已流为乞丐，露宿荒郊，不知死所矣。"②熊希龄与步军统领、八旗都统等的相互指责，体现旗产利益中各方之争的激烈。旗民救济机关多涉及大量旗有公产，利益巨大，引起各方争夺的事件时有发生，在争夺的过程中，旗产日渐湮没。

由于各方的攘夺，旗产利益实际能用于旗民生计部分微乎其微。民初大多数的旗民救济机关的经营者往往所得不菲，而对贫困旗人的救济均极为有限。在镇江蒙籍救济院管理委员会担任过委员（或院长）的高慕庭等人，即使还不至"生于斯，食于斯"，至少他们从中所得远高于一般旗人。③

此外，主流群体的漠视与推诿也是旗民生计问题难以解决的一个原因。由于特殊的时代背景，北洋政府和相关部门在处理旗民生计问题时表现了较多的冷漠。民国建立伊始，袁世凯、黎元洪等人就已意识到解决旗民生计问题的困难，维持现状就成为当局者的目标，曾有旗人在"袁总统任内，曾面陈旗营积弊及生计问题，先从开源入手，援照日本撤藩办法，开设银行，先植基础，

① 中国第二历史档案馆藏：《山西省办理驻晋旗民生计拨给仓款赈恤等情形有关文件》，内务部，全宗号1001，案卷号1850。

② 中国第二历史档案馆藏：《香山慈幼院院长熊希龄以京师旗民困苦请令各部罢免官产地租有关文件——1915年8月至12月》，内务部，全宗号1001，案卷号4451。

③ 参见王凝庶：《镇江"旗人"琐忆》，载《镇江文史资料》第7辑，镇江文史资料编委会1984年，第100页。

然后逐渐推行,袁总统对此条陈颇有为难态度,屡以维持现状为词"。① 涉及旗民生计问题的相关部门也常常拖延了事。作为主持民初旗民生计的主要机关——筹办八旗生计处,长期未能正式处理旗民生计事宜,国家、政府和社会的轻视程度可见一斑。

　　需要指出的是,旗民生产技术的缺乏和八旗制度所赋予的寄生性也严重影响了旗民生存状态的改善。光复以后,一般旗人,即使借贷资金或分给他们土地以资谋生,但不久依然谋生无门的比比皆是。究其原因,主要为旗人不善经营,有些则因不习劳动,不久就卖掉土地,根本无法走上自力更生的道路。1916 年,甘肃省给满兵划拨了一部分土地,"大部分旗人不愿去,去了一部分由于生产上遇到困难,生活不惯,不久又有的跑回来,有的跑到他处"。② 虽然旗人所分得土地大多土质不好,有的距离很远,但旗人不耐苦劳也是一大原因。八旗制度长期形成的寄生性制约着旗人走上独立的谋生之路。民国建立后的多年间,旗人中不思改变、依然幻想以俸饷为生的不在少数。有些旗人纵然已有新的生活来路,也不愿放弃微薄的救济之款,如镇江旗民生计所每月发放旗民救济之款,因为人人有份,虽然所得甚薄,但谁也不愿放弃,包括死后隐瞒不报或冒报出生婴儿,等等。"有些正当职业、生活优裕的旗人,尽管自己无此需要,但宁愿给亲友代领,也视为应享权利,而绝不放弃。有些明智的人要放弃,但他们亲友也不允许这样做。旅沪的镇江旗人也每年造册来领取救济,这对旗人虽属杯水,但对经办人却是一笔可观的车薪。""可见虽是'鸡肋'之味,尝者终不肯易手。"③旗民救济中出现的这种弊端,严重影响了真正意义上的旗人赈济与生计筹划。

　　① 中国第二历史档案馆藏:《筹办八旗生计处关于办理旗民生计事宜有关文件——1914年 3 月至 1918 年 3 月》,内务部,全宗号 1001,案卷号 1845。
　　② 中国科学院民族研究所、辽宁少数民族社会历史调查组:《甘肃满族社会情况调查》,载《满族社会历史调查报告》(下)第 7 辑,1963 年,第 32 页。
　　③ 王凝庶:《镇江"旗人"琐忆》,载《镇江文史资料》第 7 辑,镇江文史资料编委会 1984 年,第 97 页。

# 第六章  八旗组织的最终消亡与
# 旗民社会的现代转向

筹划多年的旗民生计还未筹定,残留的八旗组织已经走到了历史终点。伴随北洋军阀统治的终结,八旗组织最终消亡。在八旗组织走向消亡的历史进程中,旗民社会群体在痛苦、迷惘中逐步完成了他们的现代转向。

## 第一节  《清室优待条件》的修正和旗产的彻底清理

### 一、《清室优待条件》的修正

北洋政府的历届首脑袁世凯、黎元洪、段祺瑞、冯国璋、徐世昌等皆对《清室优待条件》极力维护。1915 年 12 月,袁世凯还咨文约法会议,要求将《清室优待条件》载入约法,并进一步强调说:"满、蒙、回、藏待遇条件载在约法,将来制定宪法时,自应一并列入宪法,继续有用。"①袁世凯拟将《清室优待条件》列入宪法,旨在延长其寿命。冯国璋在位期间,也曾为将《清室优待条件》载入宪法而致函参议院,他说:"民国成立,惟优待条件为有史以来无上之光荣,允宜昭示来兹,传诸万世。现当制宪大法瞬告厥成,若将优待条件加以十分保障,实为全国人民心理所同。……共和肇造六年于兹,遗老不无故主之思,顽民尚有揭竿之举。所赖以杜祸萌者,惟此优待条件。中华民国日臻巩固,即清皇室常保其安富尊荣,而足以保障此条件者,莫如宪法。民国三年新约法见有不变效力之条,况属无疆之宪法,不独以答清皇室之请求,亦即以提倡言复辟者之反侧,此按诸治安之大计,亦应以宪法之保障者也。或谓优待条

---

① 韩信夫、姜克夫:《中华民国大事记》第 1 册,1915 年 12 月 18 日,中国文史出版社 1996 年版。

件系条约性质,不宜载于对内之宪法,岂不知国际条约,各有土地人民,我之优待条件并无两国形式之对待,且此项条件为民国宪法从出之来源,加以保障,期条件之效益彰,宪法之价值益重,全国人心于以大定,所谓质诸天地而不悖,质诸鬼神而无疑也。"①

在袁、冯等人为优待条件载入约法而努力的同时,清宗室的复辟活动却使得废除《清室优待条件》的呼声日益高涨。1912 年年初,以载涛、毓朗、良弼、铁良、溥伟为核心的清朝皇族宗室组织,成立了以"挽救宗社"为宗旨的"宗社党",在天津、东北、上海、青岛等地大肆活动,蓄谋恢复"大清社稷",宗社党在各处纠集党羽,募捐经费,其活动范围之广,甚至远及内、外蒙古一带。1913 年 1 月,陆军部所属哈尔滨谍报员,在内、外蒙古侦获一起肃亲王组织宗社党在蒙旗等地活动的案件,谍报员的报告大致描述了相关案情状况:"近有一于宝臣者,自称系北京某寺喇嘛,现充宗社党肃王参谋,前奉命赴内、外蒙旗劝令效顺皇室,援助宗社党,并经总司令德义源聘为顾问,许向各地自由募捐,又与凭照,凡认捐人家予以特别权利,已得各处赞同。今次奉谕至吉、江西省募集义捐,以充军饷,知此处满蒙旗族繁盛,且多富云。本埠自该喇嘛到后,谣诼繁兴,到处煽惑,闻被捐者,已有万余元之谱,并闻于某匪居德某在傅家甸开设之商店内,行踪颇为秘密云。"②除了宗社党外,广为人知的复辟活动,还有 1913 年的"济南复辟"、1916 年的"丙辰复辟"以及 1917 年的"丁巳复辟"等,清室复辟活力,"可以说从颁布退位诏起,到满洲帝国成之止,没有一天停顿过"。③

清室复辟活动使得《清室优待条件》成为众矢之的。冯玉祥及其所部对此尤为痛恨。"丁巳复辟"后,冯玉祥所属十六混成旅通电严厉声讨《清室优待条件》,提出四项主张:"一、取消《清室优待条件》,四百万优待金立即停付;二、取消宣统名义,贬溥仪为平民;三、所有宫殿、朝房及京内外清室公地、园府,尽皆收归国有,以为公共之用;四、严惩此次叛逆诸凶,以遏奸邪之复

① 中国第一历史档案馆藏:《冯国璋请参议院将优待清室条件制入约法函稿》,《清醇亲王府档案》。

② 中国第二历史档案馆藏:《关于满清肃亲王组织宗社党在蒙旗等地活动谍报——1913年》,内务部,全宗号,1011(2),案卷号 91。

③ 溥仪:《我的前半生》,群众出版社 1983 年版,第 85 页。

萌。"①1924 年,冯玉祥控制北京政府后,便着手修正《清室优待条件》。同年 11 月 4 日,黄郛摄政内阁会议议决通过修正《清室优待条件》,其主要内容为: "一、永远废除皇帝称号,与国民在法律上享有同等权利;二、每年补助清室家 用 50 万元,并特支出 200 万元开办北京贫民工厂,尽先收容旗籍贫民;三、清 室应按照原优待条件即日移出宫禁,自由选择住居,但民国政府仍负担保护责 任;四、清室之宗庙、陵寝,永远奉礼,由民国酌设卫兵,妥为保护,其一切公产 应归国民政府所有。"②次日,溥仪及其家眷被迫移出宫禁。再两日,北京政府 成立清室善后委员会,着手清理清室公产、私产。《清室优待条件》的修正和 清室公、私财产的清理,不仅意味着民国政府对旗民优待条件的取消,更预示 着八旗制度的最终消亡即将到来。

### 二、旗产的彻底清理

自民国成立,北洋政府就对旗产进行多种形式的整理工作。然而持续多 年的旗地整理、丈放及其他营产的清理工作,不仅没有能够完全改善旗民生 计;相反,由于种种弊端,致使旗地旗产纠葛日渐增多。随着《清室优待条件》 的修正,旗产的彻底清理提上了议事日程。旗产清理的过程正是八旗组织最 终消亡的历史过程。

《清室优待条件》修正以前,陆军部就加紧了营产的系统清查整理工作。 陆军部"营产种类繁多,实居普通官产之大半数",旗营营产是其中的重要组 成部分。为彻底清理营产,1922 年 12 月,陆军部咨请成立清理营产委员会。 1923 年 3 月,经北洋政府批准成立,陆军部清理营产委员会成立,《陆军部清 理营产委员会规则》同时得以批准通过。《陆军部清理营产委员会规则》规 定,委员会设于陆军部内,掌管清理陆军部所属官产事宜。具体掌管事务为三 项:"(一)审议关于已行、未行陆军所属官产各种规则;(二)调查以前及现在 陆军所属官产之现状;(三)讨论各项产业利用方法。"③关于具体的清查范围 及清查方法,陆军部制定了详细的《陆军部清理营产规则》:

---

① 冯玉祥:《我的生活》(上),黑龙江人民出版社 1981 年版,第 254 页。

② 罗元铮等:《中华民国实录》第 1 卷(下),吉林人民出版社 1997 年版,第 864 页。

③ 中国第二历史档案馆藏:《陆军部拟订修正清查营营产规则暨处分营产给照等条例及 有关文件——1922 年 12 月至 1924 年 10 月》,内务部,全宗号 1001(2),案卷号 1489。

第一条　清查营产以整理军政规画（划）营垒为主旨,其清查事宜应根据本规则办理。

第二条　陆军营产如前清绿、防各营或各旗所属及兵部所辖一切,凡含有营产性质土地、建筑物、营田、副产等,无论已用、未用,官有、公有,均应清查之。

第三条　陆军部派特派调查员,应会同财政厅长派员调查清理,但该管区内营产过多、认为必要时,得由陆军部分设清查营产处,其组织另由部令规定之。

第四条　清查营产附表应填四份,存财政厅一份,存该管军事长官二份,分报陆军、财政两部。

第五条　凡陆军营产与普遍官产或私有产、公有产发生纠葛者,应随时由调查员或分处报明陆军、财政两部核办。

第六条　近畿营产含有收入者,清查后由陆军部军需司经理之。

第七条　近畿以外营产含有收入者,清查后除有分设清查处者外,得委托附近军需课,会同财政厅经理汇解陆军部,照特别会计法行之。

第八条　前项之收入,该经理者应於收入后造决算表两份,分报陆军、财政两部。

第九条　陆军部在参事室内附设清查营产委员会,其关於清查及管理处罚之规则另定之。①

根据上述规则,陆军部所属各旗营营产均属清理之范围。同时制定的《陆军部营产登记条例》规定,清理的营产包括"已成之营产"和"待查之营产",由主管司科呈送营产委员会稽核后,咨送管理登记厅署登记,并填写营产登记底簿等相关表格报陆军部备案稽查。关于近畿营产登记,《陆军部营产登记条例》则特别强调呈送营产委员会直接办理。京兆外各省区等京外营产,"其登记,或由营产委员会,或由本部委托管理之机关"办理登记。

对于清查后的营产,1923年3月,陆军部制定颁布了《陆军部营产给照条例》,详细规定了营产的处分和部照的换发方法。《陆军部营产给照条例》规

①　中国第二历史档案馆藏:《陆军部拟订修正清查营营产规则暨处分营产给照等条例及有关文件——1922年12月至1924年10月》,内务部,全宗号1001(2),案卷号1489。

定,清查的营产,除留为军用者以外,其"曾经处分与继续处分"的部分都必须换发新照,因故遗失者,经查明属实后补发新照。相关的具体规定有:"……第六条,凡属营产未经本部查出由呈请人据实声明请领者查实后,给予优先权并免收照费。第七条,凡承租之营产无论期限长短,每届期满即须换照一次。第八条,凡属建筑物土地之转移,所在地方管理官署认为有营产之性质者应饬业主,行领部照并一面通知本部营产委员会以便核发……"①

根据《陆军部清理营产规则》、《陆军部营产登记条例》以及《陆军部营产给照条例》三项规则条例,陆军部不仅获得清理营产之大部分所得,还能在换领部照的过程中获得不菲的收入。对于旗产清理后的旗民安置,陆军部有所考虑,专门制定了《陆军部处分八旗营产优待旗民规则》,其具体规定如下:

第一条　本部为妥善旗丁生计,优待旗民起见,凡属八旗营房教场、箭厂、卫署,及自垦营田,经部处分时,得受本规则之优待。

第二条　上列各项营产,凡原住、原佃旗民,有优先请领权,得照现值收半价给予部照,永为私产。

第三条　上列各项营产,凡原住、原佃旗民,无力自领,愿让他人者,由卖价中,提给十分之四,为迁移生计费。

第四条　上列各项营产之住户、佃户,系长期租赁於原住、原佃旗民者,长期租赁人与原住、原佃同有优先请领权。

第五条　上项长期租赁人无力自领、愿让他人者,给予十分之二迁移费,提取十分之二为原住、原佃旗民生计费。

第六条　上列各项营产处分价款,以五分之二存储银行,为旗民工厂学校基金,以五分之二为本部军费,以五分之一办公。

第七条　本规则自公布之日施行。②

根据优待规则,旗民可以支付半价,优先承领原有旗地等旗产,而无力承领者,只能给予卖价十分之四的迁移生计费。表面看来,规定虽然在一定程度

---

① 中国第二历史档案馆藏:《陆军部拟订修正清查营营产规则暨处分营产给照等条例及有关文件——1922年12月至1924年10月》,内务部,全宗号1001(2),案卷号1489。

② 中国第二历史档案馆藏:《内务部关于处分旗产会勘八旗都统卫署隶存文件簿》,内务部,全宗号1001,案卷号5862。

上考虑了旗民生计问题,给予旗民包括优先旗地承领权在内的种种优待,但多数贫困旗人即使想继续承领原有土地,承领费的支付实在是一笔不小的开支。而十分之四的生计迁移费更无法彻底解决旗民的生存问题,长远的生活问题如旗民的就业和生活安置均没有得到妥善安置,实则是,失去财产后的旗民在得到零星的补偿后被抛向了社会。

除陆军部所接管、控制的旗产以外,其他旗产也被逐步清理。京畿地区是旗产相对集中的地区之一,20 世纪 20 年代以后,这部分旗产被逐步清理。《清室优待条件》被修正以后,京畿地区的旗产清理速度加快。1924 年后,冯玉祥在其控制的京师地区,成立"京兆区旗产官产清理处",继续负责清查办理旗地事宜。1925 年 5 月,直隶省成立"直隶全省旗产官地清丈局",对直隶全省旗地官产进行全面清丈,10 月份,清丈局裁撤,所有旗产事务划归直隶财政厅办理,由财政厅征榷科附设清理旗产事宜总处,各县则分别设立分处,负责各地管理旗地事务。随着《清室优待条件》的修正,"清室内务府机关关於缴纳地租各事"一概被取消,清室内务府旧管之旗地也被列入清理范围,其位于直隶各县各项亩地租的征收事项,由清室办理处委托内务部代征。其代征办法有三条:"一、清室办事处委托代收各项地租系专指清室私产而言,其各处营产由各该管机关办理,不在此限;二、内务部代征租款以五成留部办公,以五成拨充清室办事处;三、内务部代征租款由清室办事处合同办理。"清室"旗产范围以地亩为大宗","分别座落直隶地方……亩数甚钜。"[1]在被代征的过程中,代征部门——内务部受惠良多。由于利益可观,内务部职方司甚至有人提出:"如由部处分,出售收入较多,值兹部款奇绌之际,尚得此项现款,稍资腾挪自属,不无小补"[2],图谋出售清室旗产,以换取巨额收入。清室内务府旧管旗地的被接管,表明北京政变后的旗地清理力度和范围的逐步加大。

1926 年 7 月,北伐战争正式开始。为筹措各项费用,时任陆海空军大元帅的奉系军阀张作霖,在北京设立督办全国官产公署,开始对包括旗产、营产、

---

① 中国第二历史档案馆藏:《组织清理旗营及"讨贼"联军筹饷督办组织清理旗产等局处有关文件——1926 年 3 月至 8 月》,内务部,全宗号 1001,案卷号 4452。

② 中国第二历史档案馆藏:《组织清理旗营及"讨贼"联军筹饷督办组织清理旗产等局处有关文件——1926 年 3 月至 8 月》,内务部,全宗号 1001,案卷号 4452。

房租及一切黑地、荒地及清室之官产在内的所有官产进行督办与清理。

1927 年 8 月 1 日，为使"国库得以增收，而人民亦不烦扰"，张作霖命令设立督办全国官产公署，命令"所有京外向来设立管理官产、旗产、营产、房租库及一切黑地、荒地并清室之官产等机关一律裁撤，统归该处接收"①，并任命张济新为财政部全国官产处督办，负责相关事宜。督办全国官产公署的成立，意味着旗产的清理悉归其管辖。1927 年 11 月，督办全国官产公署《清理官旗营产通则》出台，《清理官旗营产通则》共分 20 章，126 条，包括总纲、清理机关、清理官产章程、清理营产章程、举报审核、估价、分拨产价等部分，对全国官产的清查工作制定了详细的章程和规则。《清理官旗营产通则》中有关旗产处置的内容有：

第一章 总纲

第一条 全国官旗营产及清室内务府官房田地等，统归督办全国官产公署管辖之。

第二条 全国官产营产及清室内务府房田地等，统依本通则清理之。

……

第五章 清理营产规则

第二十七条 凡属旗圈地亩，向系租佃分立，而无完全所有权者，依本章程清理之。

第二十八条 应行清理之旗产，如各项旗租、上赏圈地以及其他粗籽地亩，自本章程公布之日起，准由承种原佃留置，原本旗粗籽地，虽经投税升科，租佃仍旧分充者，仍由承种原佃留置。

第二十九条 凡地在城镇、商埠、房基以及菜畦园地，应有各该省区处、局酌量情形，照该地最低价格，拟具折衷办法，呈请本置核准后，仍归原佃留置。凡与佃户有增租夺佃之特约地亩另行办理。旧有王公园寝、旗族坟茔，以最近石椿界内为限，应由各该府报明所在县房产局，呈领部照，遵章升科，每亩缴价一元，即为完全民地，但界内如有别项纠纷仍归本主自理。各府暨旗族，向为打扫及看坟茔设置之祭田，至多以五顷为限，

---

① 中国第二历史档案馆藏：《督办全国官产公署成立及移交地安门大街两旁官地有关文件——1927 年 8 月至 11 月》，内务部，全宗号 1001（2），案卷号 1490。

得由租主比照佃户,取得佃权时之代价,向佃户买回佃权,报粮升科,不准佃户留置,其祭田如无老佃权者,亦应由本主呈明查实后,照章领照升科,但本主自愿出售者,不在此限。

第三十条　旗产地亩留置价格按照各省区情形酌量规定如左。

京兆区域每亩缴价三元,红契地亩加一元。

永遵十属暨口北各县,除涿鹿县,因有特殊情形另行规定外,均照原租额二十倍计算,如原租额二十倍不及二元者,一律以二元缴价留置。其红契地亩,照原租额三十倍计算,如不及三元者,一律以三元缴价留置。察哈尔全区暨其他各省区,应另案规定之。

第三十一条　各租主自本章程公布之日,二个月内由本府或本主自取租项之地,应开具地亩、坐落、处所暨佃户花名、承种亩数清册,连同其他各项证据;其庄头取租之地亩,应开具庄头确定住址、姓名、经营地亩、坐落处所、亩数清册并其他各项凭证,一并填具租主报告表,陈报本署登记,或所在县官产局登记,如逾限不报,即取消其租权,所有应得售地价款钱全数充公。

第三十三条　各佃户自本章程公布之日起,应填具佃户报告表,将地亩坐落处所、租主姓名、承种亩数,捡齐近三年交租租票以及其他各项证明地契,至所在县官产局陈报,遵章缴价留置。

在本署清理章程未经公布以前,业经缴价留置,领有执据或证书部照者,一律认为有效,其正在处分之际者,均依照本章程办理。

庄头养身地,如能提出确实证明文件,经审核相符者,准由庄头留置。

第三十四条　旗地租售,以原佃留置为原则,但原佃已将地转押或转倒他户者,应自本章程公布之日起,予限三十日,由原佃备价赎回,逾期即归现佃承领,原佃不得争执。

第六章　清理营产章程

第三十五条　凡各省区营产,除确有军事用途者外,均依本章程清理之。

第三十六条　凡前清京内外旗、绿防各营防署、陆军练兵机关,暨属於营产性质之土地或建筑物,除官产旗产外,概属之。

第三十七条　凡营产含有收入者,清查后,由本公署经理之。

第三十八条　营产与其他官产私产发生纠葛时,应由该管处局,呈由本署派员查明解决之。

第三十九条　凡营产认为可以标卖者,即行张贴布告於营产所在地方,该项营产之现租户或佃户,有承领之优先权,但须於布告后一个月内,具呈请领,逾期不领,即用投标法拍卖之。

第四十条　承领同一营产有数人时,以投票法行之,价额相同时,以抽签法定之。

第四十一条　营产价额应考查现在地势繁随、建筑情形,酌量核定。

第四十二条　营田如租佃分立者,照旗地章程处分。其租佃不分立者,由该管处局,查明情形,拟具价格,呈请核定后处分之。

第四十三条　清理营产,除本章程规定各条外,其余悉依官产章程处理之。①

……

第十五章　分拨产价

……

第九十四条　凡旗产变价,除提扣经费奖金各一成外,其余作为十成,以五成归租主,五成归公。

第九十五条　凡清室私产变价,以五成归清室,五成归公。②

上述规则几乎囊括了所有涉旗财产,不仅完全推翻了《清室优待条件》保护皇族私产和旗民私产的相关条例,也违背了修正后的《清室优待条件》有关条文。更为主要的,该规则关于旗产变价后的分拨规定,丝毫未涉及大多数旗民生计问题。旗地租主在旗地清理中获得的有限利润,也无法维持其长远生存的需要,全国官产督办公署的成立及其对旗产的彻底清理,使得八旗社会赖以生存的原有物质基础荡然无存。

纵观北洋政府统治时期,旗产清理并未取得包含筹划旗民生计的预期效

---

①　中国第二历史档案馆藏:《核签督办全国官产公署清理官旗营产通则条文意见与有关文书》,内务部,全宗号1001(2),案卷号1491。

②　中国第二历史档案馆藏:《核签督办全国官产公署清理官旗营产通则条文意见与有关文书》,内务部,全宗号1001(2),案卷号1491。

果;相反,旗民产业"或被民占,或为官收",尤其是北洋军阀统治的后期,"军阀当权,贪官舞弊,局申鲸吞,尽为中饱,上无补於国库之收入,下无裨旗民之生计"。① 北平旗籍代表金恒熙在一份给国民政府的呈文中甚至指出:"民元以后,历届财部设官清理,然以政权未能统一之故,致旗族败类与当地劣绅乘机勾结,军阀纷立机关,擅权处分,其照章应给旗民价款,悉被明分,无可告诉。"②他进一步责问当局道,历次的旗产清理,"每次皆有提成价款作为公益慈善之用等语",然而,"十余年来处理旗产不在少数,工厂学校果安在? 旗民流离载道果谁过问?"③

在旗产的清理过程中,旗产不断湮灭和消失,推进了旗民与旗产分离的历史进程,支撑八旗组织和旗民社会存在的经济基础基本消散,旗民社会的发展走到了历史的终点。

### 三、旗产清理中的利益争夺

在旗产清理的过程中,各部门、机关为争夺旗产利益而产生种种纠葛。由于职责和利益划分不明确,北洋政府的几大主要机构——内务部、陆军部、财政部及司法部为争夺相关利益各不相让。1924 年,步军统领衙门裁撤后,"该衙门所属营产及官产,经摄政内阁议决归财政、内务、陆军、司法四部分别接收"。其后,由于"执政府成立,暂时搁置"了相关议案,"前步军统领代部管理之京郊营产"。然而,在步军统领代理管理的过程中,纠葛"频频发生",究其原因除了"营产、官产性质区划不明,主权迄未确定以外"④,其所涉及的巨大利益则是纠葛发生的主要原因。

北洋时期,旗产利益涉及较多的为两大主要部门——陆军部和内务部,两部门对于旗产的争夺最为激烈。陆军部营产中包含各旗所属营产,负责官地

---

① 中国第二历史档案馆藏:《组设机构清理旗产——1928 年至 1930 年》,内政部,全宗号 001,案卷号 2097。

② 中国第二历史档案馆藏:《组设机构清理旗产——1928 年至 1930 年》,内政部,全宗号 001,案卷号 2097。

③ 中国第二历史档案馆藏:《组设机构清理旗产——1928 年至 1930 年》,内政部,全宗号 001,案卷号 2097。

④ 中国第二历史档案馆藏:《陆军部关于清查八旗旗产、营产及拨借变更有关文件——1913 年至 1925 年》,内务部,全宗号 1001,案卷号 67。

收放及民地调查的内务部毫无疑问也涉及了诸多旗地事宜。在两部所辖范围以外，尚有多种形式的旗营财产。因为利益关系，双方的矛盾和冲突时常发生。1924年，双方对于护军管理处所属旗产展开了激烈争夺。1915年，北洋政府通过护军改组办法，成立护军管理处，隶属内务部。在内务部看来，"护军一项系根据清室优待条件及议定善后办法七条改编而设，其性质以护卫宫廷为专责，属于警察行政范围，因系改军为警，故由本部主稿"，认为"护军管理处隶属於内务部"。八旗十营、衙署、箭厂虽沿用原字样，由于呈准已由护军管理处接管，所以当属内务部管辖。内务部强调上述旗产"殊非普通营产可比，应不在陆军部清查营产规则范围"。① 而在陆军部看来，护军管理处虽隶属於内务部，但其主管机关应为陆军部。陆军部认为护军改组办法，"并非会拟护军营产管理办法，其中小营衙署、官产等项，一并由管理处接收保管、分别核办，以此变通办理，於改弦更张之中仍寓兼筹并顾之意等语。所谓一并由管理处接收保管，系指左右翼、前锋、八旗护军、内务府三旗护军之衙署官产一并由管理处接收，以专责成，并将本部应管之营产事务亦交管理处接收保管。"②根据护军改组办法第九条，内务部主管警察行政事务，护军管理处所督管支衙署、箭厂、器械及一应旗产，并非警察行政事务范围，相关旗产应在陆军部营产清查范围之内。此后，陆军部加强了京师旗营财产的清查工作，1926年12月，陆军部发布文告说："本部於民国十四年九月二十三日奉临时执政指令，裁撤之护军营产既系照章办理，毋庸再议，其他各项旗营之产，仍由部照章认真清查，并招集各旗都统会议，务求有益旗民生计等因在案，兹本部派员先将西郊附近之圆明园八旗、包衣三旗、外火器营、健锐营等营产着手清查，以凭核办"，宣称"崇文门外、齐化门外、宣武门外、阜成门外、京西等处营房均属"陆军部保管③，并派员清查京城西北郊营产。在对护军管理处所管营产加快清理的同时，陆军部还不断插手清室私产事务，如安次、武清、永清三县之清

① 中国第二历史档案馆藏：《陆军部拟订修正清查营产规则暨处分营产给照等条例及有关文件——1923年12月至1924年10月》，内务部，全宗号1001(2)，案卷号1489。

② 中国第二历史档案馆藏：《陆军部拟订修正清查营产规则暨处分营产给照等条例及有关文件——1923年12月至1924年10月》，内务部，全宗号1001(2)，案卷号1489。

③ 参见中国第二历史档案馆藏：《陆军部关于清查旗产、营产及拨借变更有关文件——1913年至1925年》，陆军部，全宗号1011，案卷号67。

室私产,包括跑马场、操场等,认为这些财产均属于陆军部修正清查营产规则第二条范围。① 显然,在这场内务部、陆军部双方关于旗产利益的争夺中,有着军事背景的陆军部占据了上风。

为协调矛盾,争取共同的利益,1925 年冬,内务部、陆军部两部合商共同设立办事机关,共同清理旗营各产。1926 年 4 月,"内、陆两部清理旗营各产联合办事处"成立,由两部共同遴派参、司人员,包括陆军部孙以骧及内务部龚维疆在内的八名成员组成本处工作人员。办事处成立以后,双方共同制定了联合办处简章,对旗产的清理处置作了具体规定:"……第三条凡旗产营产性质不易区别者,由本处清理之;第四条前项旗营产经本处派员查明,或由庄头佃户等举报所得者,就地亩之高下酌定价值招佃承租;第五条承领人缴价以后,由内、陆两部给予会印执照,以凭管业,所有执照存根由内、陆两部各存一份以各备稽核……"②除简章以外,双方还约定了具体的利益划分方法。内、陆两部清理旗营各产联合办事处的成立,主要目的是双方联合起来共同争夺两部掌控以外的旗产。双方强调,该办事处要清理的旗营,应"以未经认照属於旗官产或营产者为限",也就是说,"原属於内务部之官产及陆军部之营产俱不在内。"受益也由双方平分,其中除"收入地价应以十分之二为公积金,备查本处各项开支",其余"应平均分支两部与地方长官及地主","每届年终公积金须清算一次,除开支外所余之款应平均呈缴两部。"③

除了内、陆两部以外,其他各方对于旗营财产利益的争夺也从来没有停止过。内、陆两部清理旗营各产联合办事处成立以后,由于国内政治、军事局势复杂多变,数月间,联合办事处旗产清理工作几乎陷于停顿,但各方对于旗产的清理活动一直在进行当中。据其时内务部职方司的一分密呈陈述:"现在时局情形已有变更……目查京内外旧属清室内务府之各项旗产,除已由京兆财政厅分别清理外,如直隶、保、大、永、遵等处均有设立机关,着手清查售卖情

---

①　参见中国第二历史档案馆藏:《陆军部关于清查旗产、营产及拨借变更有关文件——1913 年至 1925 年》,陆军部,全宗号 1011,案卷号 67。

②　中国第二历史档案馆藏:《陆军部拟订修正清查营产规则暨处分营产给照等条例及有关文件——1923 年 12 月至 1924 年 10 月》,内务部,全宗号 1001(2),案卷号 4452。

③　中国第二历史档案馆藏:《陆军部拟订修正清查营产规则暨处分营产给照等条例及有关文件——1923 年 12 月至 1924 年 10 月》,内务部,全宗号 1001(2),案卷号 4452。

事,虽未据一律报部,而广告章程,属登报纸,自必成为事实。"①这一情形表明,对于旗产清理、售卖,不仅内、陆两部绝不放手,京兆财政厅及各地方也多加染指。1925 年 4 月 16 日,内务部职方司第三科收到京兆尹呈文,称"据京兆财政厅长曹寿麟呈称……查京兆财政积亏甚巨,现状岌岌不能维持……详细筹思,所可资为整理救济者,惟有旗地升科一项"。② 呈文要求将旗地利益作为解决财政危机的主要手段,设立京兆直隶旗产地亩清理局,对两地旗地予以清理。其后出台的《京兆旗产地亩清理简章》,提出京兆旗产清理办法十三条,核心内容如下:

第一条　京兆各项旗产地亩凡租权、佃权分立,而无完全所有权者,无论已、未投报升科,应依据本建章规章,一律由佃户留置。

第二条　佃户留置前项旗产地亩除仍发给部照外,应由财政厅制备留置证书,印发各县转给收执,概不另行立契投税。

第三条　佃户於留置时应尊缴左列各项

一、证书按亩计算共分五等。

(子)每亩原租在铜元十枚以下者一元

(丑)二十枚以下者一元五角

(寅)四十枚以下者二元

(卯)六十枚以下者三元

(辰)超过六十枚者照原租额之十五倍

二、部照费每亩一律二角

三、注册费每亩一律三分

……

第九条　本简章所收之证书照费、照册费,除支付左列各款外,其余之款以五成解部,五成留厅供京兆庶政整理扩张之用。

一、租主应得售租价额照原租十倍

二、财政厅办公费及奖金百分之一

---

① 中国第二历史档案馆藏:《陆军部拟订修正清查营产规则暨处分营产给照等条例及有关文件——1923 年 12 月至 1924 年 10 月》,内务部,全宗号 1001(2),案卷号 1489。

② 中国第二历史档案馆藏:《直隶京兆清查旗产地亩暨征租各项办法及有关文件——1926 年 3 月至 8 月》,内务部,全宗号 1001(2),案卷号 1546。

三、名县办公费及奖金百分之四

四、地方公益基金百分之五①

根据上述简章,京兆此次旗产清查的主要目的,旨在为解决地方财政等各项支出之用。简章中关于"无论已、未投升科"之旗地应一律由佃户留置的规定,与此前直隶、京兆地区旗圈、旗租章程关于"旗圈售租以原佃留为原则,如原佃无力留置时,准租主指租借债"之规定相比更为严厉,其目的无非是寻求利益最大化,以供"京兆庶政整理扩政之用"。

旗产清理的巨大利益也引起封建军阀对旗产的觊觎。1926 年间,由于"军务猝兴",各派军阀轮流坐庄,控制北方政局,军阀对方旗产的争夺无休无止。京兆、直隶等地方旗产清理事宜,在军阀势力的逼迫下,也慢慢陷于"停辍"。1926 年 5 月以后,吴佩孚和张作霖控制北方政局,吴佩孚主要控制直隶地区,张作霖主要控制东北地区,双方对所控制辖区的旗产也逐步染指。1926 年 6 月,"讨贼联军总司令"吴佩孚以"前敌需饷万急,非多方筹措施不足以裕饷源"为由,核准其所属"讨贼联军筹饷督办公所",特设"清理旗产事务局",派遣张殿玺任"直隶保大清理旗产事务总局"督办,负责办理旗产清理事务。"清理旗产事务局"总局设于保定,各县相应设立分局。根据同时制定的《清理旗产事务局组织大纲》规定,清理旗产事务总局"清理旗产,除有特别规定外,援照直隶省旗圈售租章程、直隶省处分八项旗租章程及其他有关于旗产各种规则办理,但以上各该章规内有财政厅字样均暂向本局,呈由筹饷督办分别办理,其应呈报省区长官暨该管各部者,均暂改归本局呈由筹饷督办,转呈现讨贼联军司令部总部核准备案"。对于"处分旗产所收款项,除照章分配各方外,报解筹饷督办公所"。② 另据大纲《附则》,除上述规定外,所有"前关于旗圈售租及旗地清丈各条文一律废止"。通过《清理旗产事务局组织大纲》及《附则》,军阀吴佩孚牢牢控制和掌握了直隶旗地清理事宜。

出于种种原因,旗产湮没或遭侵吞的现象也不时出现。长期的管理不善,

---

① 中国第二历史档案馆藏:《直隶京兆清查旗产地亩暨征租各项办法及有关文件》,内务部,全宗号 1001(2),案卷号 1546。

② 中国第二历史档案馆藏:《组织清理旗营及"讨贼"联军筹饷督办组织清理旗产等局处有关文件——1926 年 3 月至 8 月》,内务部,全宗号 1001,案卷号 4452。

使得许多旗营营房"因年久失修,不无坍塌倒坏之事",①一些旗地也逐渐荒芜,甚至有些地方旷废日久,无法进行有效的管理与生产。在这个过程中,旗产被私售、侵吞的现象时有发生。1926 年 12 月间,陆军部就先后接到两起关于旗产被私售、侵吞的案情报告。一是陆军部西苑营产分处向陆军本部呈报说,"圆明园、外火器营、健锐营各营房,有奸人私售情事",要求陆军部严密防查;二是"西郊蓝靛厂村外火器营八旗营房被正蓝、镶黄、白等旗办事员私折变价",后被"西郊警察分所盘获"。② 再以清室东西两陵林木为例,民国以后,被盗伐私售的情况层出不穷,大批林产不断消失。清室东西两陵原先"林木业茂,绵延百里。东陵在直隶遵化县,西陵在直隶易县。就中林产丰富,尤以西陵为最,在前清时代虽禁樵采,然守陵者往往假冒雷火为名,私行採伐,缘陵寝所价之地不过一小部分,其余皆系森林"。③ 民国成立以后,"清室者私采既多,人羡其富"。因而窥视者不乏其人。民国六七年(1917—1918 年)间,直隶省长曹锐干脆"派兵驻守,据为己有"。据时人猜测,曹锐"自是所采之木材益多,获利愈厚,虽局外人不得其详,大致每年约百万之谱"。④ 北京政变后,这百里森林之产业就为各方所觊觎,民国 1924 年 12 月,教育部提出以东西两陵剩余材产拨充教育基金,引起内、财、农等其他部门的关注与争夺。1925 年年初,临时执政府谕令内务、财政、教育、农商四部派员会同调查东西两陵林业盗伐状况。最后的调查报告说,历经民国十多年的时间,东西两陵部分地域,"余树仅存十之二三,然犹伐之不已,闻每年仍可得价八九十万之谱,如不停止,恐至三五年内即将告罄。"调查人员分赴各山查勘,发现"未经砍伐者,其树亦属无多,遍地余根,不堪入目"。⑤ 东西两陵林业利益甚厚,然守陵旗丁却

---

① 中国第二历史档案馆藏:《陆军部关于清查旗产营产及拨借变更有关文件——1913 年至 1925 年》,陆军部,全宗号 1011,案卷号 67。

② 中国第二历史档案馆藏:《陆军部关于清查旗产营产及拨借变更有关文件——1913 年至 1925 年》,陆军部,全宗号 1011,案卷号 67。

③ 中国第二历史档案馆藏:《关于教育部拟将清室东西两陵林产拨充教育基金之提议——1924 年至 1925 年》,内务部,全宗号 1001,案卷号 5480。

④ 中国第二历史档案馆藏:《关于教育部拟将清室东西两陵林产拨充教育基金之提议——1924 年至 1925 年》,内务部,全宗号 1001,案卷号 5480。

⑤ 中国第二历史档案馆藏:《关于教育部拟将清室东西两陵林产拨充教育基金之提议——1924 年至 1925 年》,内务部,全宗号 1001,案卷号 5480。

贫困不堪。守陵旗丁向恃饷为生,民国以后,生活日渐困苦,至民国十三四年(1924—1925 年),两陵守陵"旗丁员役尚有二万余人,均在各陵附近圈屋而居",生活"穷而无告"。为解决守陵旗丁的生存,1924 年守陵长官拟将两陵林地中"大西河一带东西荒地三百余顷,全数放垦",奈何旗丁无力缴纳每亩三元的租押金,"至不果行",而与此同时,"河西已被私垦七十余顷矣"。①

在各方对旗地清理的利益争夺过程中,旗民生计筹划早已被抛到九霄云外。《清室优待条件》修正以前,清理旗产以用于旗民生计筹划的呼声不绝于耳,所得款项也能部分涉及旗民生计筹划费用,《清室优待条件》修正之后,各方对于旗地清理的章程及规则,除陆军部对于旗民生计略有考虑之外,余皆几乎均未涉及旗民生计筹划。旗产的清理、湮灭和消失,加剧了旗民与旗产的剥离,加速八旗组织的消亡。

## 第二节　旗营的相继消亡

八旗组织的消亡经历了一个长期而复杂的过程。民国以后,八旗组织虽然残留下来了,但其已失去其原有的特权地位和军事意义,八旗组织仅仅作为旗民社会群体的行政组织而存在,对旗民来说,仅是某种程度的精神象征。在新旧交替、进步与保守、现代与传统的激烈交战中,落后而不合时宜的八旗体制,随着各地驻防和京师旗营的相继裁撤,完成了消亡的历史过程。

各地旗营的消失与社会政治局势和各地形势的发展密切相关。在不同的局势背景下,各地旗营消亡不仅时间不一,而且消亡的过程也不尽相同。从时间先后顺序方面来看,大致是南方较早,北方较晚,其中畿辅和京师地区残留至北洋政府统治的结束,而东北地区由于特殊的历史原因,消失最晚,有些驻防甚至延续到国民政府统治的多年时间里。从旗营的裁撤过程来看,一种方法是在一次性发放旗民生计费用的基础上,直接裁撤和解散旗营;另一种是虽未直接裁撤,但随着旗营的拆除和改造,旗产的清理、湮灭,八旗组织的"物质遗存"逐步丧失,旗营名存实亡,以致自然消亡。

---

① 中国第二历史档案馆藏:《关于教育部拟将清室东西两陵林产拨充教育基金之提议——1924 年至 1925 年》,内务部,全宗号 1001,案卷号 5480。

### 一、南方旗营的裁撤

受辛亥革命形势的影响,南方驻防旗营在民国初年就逐步消亡。

广州驻防是较早裁撤的旗营之一。据 1912 年 9 月广州旗绅李家驹等人对光复以后的广东驻防旗人命运的记载,广州旗营于 1912 年 6 月被正式裁撤。相关呈文大致记述了广州旗营的裁撤过程:"粤省驻防兵丁自民国肇立,一律改编民籍,上年光复,虽经改编十四营,旋於本年五月奉裁八营,六月奉裁三营。"①随后,粤防八旗原有财政机关被取消,统交八旗生计处接受管理,而八旗原有财产也基本归公,广州旗人生计交由广州筹办八旗生计处筹划,广州驻防因此消亡。

福州驻防随着福州的独立而迅即裁撤。光复时期,新政府要求福州旗人全部服从新政府命令,裁撤满汉区域。福州独立后,旗民"甲饷丁粮全裁",八旗街也被改称光复街。关于旗产,光复时期,福州警察厅便出示告示,宣称"光复街一带土地概归官产",将"衙署、局所、箭道、操场、庙宇、园池、旷地收为官产",并开始征收地租,相关旗产基本被征收,此后"旗界已无痕迹"。时任政务院参议兼福建警察总监的彭寿松,还拟将旗民住房"门道钉以小木牌,载官有产业字样",以收归官有,遭到旗民的强烈反对。彭寿松离闽后,都督孙道仁因为"旗人甲饷已裁,丁粮俱截,悯其穷困",暂时停止将旗民住房收归官有,另外,"犹勉给月费每人乙元"。② 但不久以后,月费被裁除,福州驻防由此不复存在。

杭州驻防"旗营社区"在辛亥革命后可谓"骤然消失"。③ 光复以后,杭州驻防旗兵不仅武器尽数上缴,旗民从此改入民籍,而且通过消灭旗营计划和旗营善后计划,杭州驻防多种营产包括旗营、旗地被充分处置。汪利平先生对光复以后的杭州旗人命运和旗营消失的过程进行了大致的描述:"据迎升的指控,以军纪松懈著称的新军士兵进入旗营抢掠奸淫。不少手无寸铁的旗人被

①　中国第二历史档案馆藏:《筹画(划)粤省驻防八旗生计事项有关文件——1914 年 6 月至 1917 年 11 月》,内务部,全宗号 1001,案卷号 1853。

②　中国第二历史档案馆藏:《福州八旗街旗民请免征住房地租有关文件——1914 年 12 月》,内务部,全宗号 1001,案卷号 4474。

③　[美]汪利平:《杭州旗人和他们的汉人邻居:一个清代城市中民族关系的个案》,《中国社会科学》2007 年第 6 期。

迫自杀。在承认是旗人就会遭至侮辱和伤害的情况下,许多人不得不逃离旗营以'消失'来掩盖自己的旗人身份。一些人投奔了他们在郊区的汉人亲戚,另一些则远走他乡。正是通过以暴力驱逐旗人,辛亥以后的新政权轻而易举地获得了紧靠西湖的一块宝地。褚辅成很快就将这个地区规划改造成一个名为新市场的商业中心,这也就是今天人们游览杭州必到的湖滨。这个以旧旗营变新市场为关键的城市空间变化,不仅把 20 世纪杭州的社会和经济生活引向了一个全新的方向,也使清代杭州驻防的物质遗存消灭殆尽。"①

　　光复初期,江宁驻防和京口驻防也基本名存实亡。从旗营建制来看,江宁旗营和京口旗营在光复初期就已不复存在。江宁驻防旗营在辛亥革命中损坏极为严重,旗民伤亡也较大,而流散各地的也不在少数。辛亥以后直至北洋军阀统治的结束,江宁旗民生计善后处在名义上一直负责贫困旗民的善后工作,江宁旗营早已名存实亡。京口旗营光复三个月以后,旗产被处置,旗营悉被占住,负责旗民生计的"旗民生计所"随之成立。在北洋军阀统治时期,"旗民生计所"对京口旗人进行了微薄的救济工作。"一九二七年,国民党统治时,认为'八旗'、'旗营'、'旗人'等,早已随辛亥革命而成历史名词,不应继续沿用,就把'旗民生计所',改为'蒙籍救济院'。"②从"旗民生计所"到"蒙籍救济院",旗营、旗民等历史名词日渐消失,京口旗营的逐步消亡由此可见。从物质遗存来看,两处的旗产一直处于不断的淹没之中。北洋时期,江宁驻防和京口驻防所拥有的苏皖旗产湮灭迅速,"查满清当政,旗民侨居苏皖者不下数千余家,而计其产业在苏皖者亦逾二千余顷,都市屋宇更属不资计其种类。"③辛亥以后,"苏皖旗人离居荡析",旗产以各种各样方式的迅速消失,如镇江京口旧旗营内的房地产,每年必定要出卖几处,年复一年,糟踏甚多。就在旗产湮没的过程中,江宁和京口旗营早已物是人非,旗营在无声无息中走向了消亡。

　　①　[美]汪利平:《杭州旗人和他们的汉人邻居:一个清代城市中民族关系的个案》,《中国社会科学》2007 年第 6 期。
　　②　王凝庶:《镇江"旗人"琐忆》,载《镇江文史资料》第 7 辑,镇江文史资料编委会 1984 年,第 98 页。
　　③　中国第二历史档案馆藏:《组设机构清理旗产——1928 年至 1930 年》,内政部,全宗号 001,案卷号 2097。

除了上述几处旗营以外,成都、西安、荆州等地旗营在辛亥革命时期或光复初期就已基本消亡。按照和平解决协议,在辛亥初期,成都旗营基本解散。光复以后,四川军政府发给每个满族旗兵三个月俸饷,并成立"旗务处",处理成都旗民生计问题,旗营营制随之不复存在。辛亥革命中,西安驻防旗营财产损失严重,战后遗留下来的旗人大部分从满城迁出,开始了新的生活,1915 年1 月,陕西巡按使以"为旗民永久生计"为由,奏请内务部职方司,将满城遗城及相关旗地数千亩变价出卖,得到内务部的"极表同意"。① 满营的彻底处置意味着西安驻防实质消亡。荆州驻防,自光复以后,原有公田公产,一律没收,而所剩"满人男女老幼不下二万余人",自共和宣布后,饷糈停止,生活无着,流散各地旗人甚多,据记载,"鄂垣举义之初,颇持宗族观点,故旅居满人无贵无贱,逃亡殆尽。"②1912 年 9 月,留荆者剩有万余人③,湖北军政府对于荆州旗人中"愿居北方或愿往北投靠亲友者",发给凭照,鼓励他们北上,留荆旗人越来越少。至此,荆州驻防旗营已无存在之必要,1914 年,荆州驻防正式裁撤。④

### 二、部分北方旗营的裁撤

南北议和以后,受《清室优待条件》制约,北方旗营暂未受多少影响。但在民国三四年(1914—1915 年)间,西北及北方的部分旗营在一次性分发地亩、银两以后,相继宣告解散、裁撤。

宁夏、甘肃、新疆满营均于 1914 年间裁撤。1914 年,甘肃庄浪、凉州和宁夏驻防旗民生计以一次性发放银两地亩办法而"办结",驻防旗营器械、印信和官署等一律呈缴,旗兵被悉数解散,甘肃、宁夏两地的旗营从而裁撤。辛亥革命后的一段时间内,新疆旗人依然能从当地财政部门领到一定数量的俸饷银子。1914 年 9 月,新疆巡按使杨增新提出从"农田生计下手",将"奇台县属之青松建湖教场、梁二马厂等处划拨荒地,开通渠道",分给旗人一定地亩,使

① 中国第二历史档案馆藏:《会核陕省维转旗民生计请拨官产地价变通办法销稿——1915 年 11 月》,内务部,全宗号 1001,案卷号 4475。
② 《申报》1912 年 4 月 1 日。
③ 参见《申报》1912 年 9 月 25 日。
④ 参见佟佳江:《清代八旗制度消亡新议》,《民族研究》1994 年第 5 期。

之"俾务农业",各谋生计。① 在筹划旗人生计的同时,杨增新解散了新疆满人的军事组织,新疆旗营自此不复存在。

保定、沧县、雄县、宝坻、霸县、固安、东安、采育、良乡九处畿辅驻防的裁撤事宜于1914年4月左右,被提上了议事日程。1914年年初,直隶省民政长向北洋政府呈请批准保定等处九驻防删除办法。办法规定,自1914春季开始,保定等九处驻防发给"三个月恩饷,希各自谋生计"②,九处驻防应相应裁撤,此后,九处驻防在俸饷减成发放数月后相继裁撤。其中,直隶沧县驻防于1915年7月正式裁撤。"共和成立,政体改革"后,直隶沧县驻防遗有"官弁甲兵男女老幼共三千六百余名之谱兵众",因生活困窘,请求"垦地归农者屡有所闻"。1914年12月,内务部发布命令,直隶驻防"发给三个月恩饷,俾各自筹生计"。沧县驻防守尉等人恳请以驻防地亩筹划旗民生计,从而"卸甲归农"。对于沧县旗人卸甲归农的请求,直隶巡按使朱家宝也表示赞同:"查此项地亩与约法命令保护之公产义意相符,且归农者已有先例",应当"俯从众愿,会商全体公共议决,就原有之地划分四旗,官员、甲兵、世职、闲散孤寡各丁按名分配,实行务农,俾各尽力耕种"。③ 1914年12月19日,朱家宝将所拟定旗族领种地亩条例造具清册,送交内务部核准,同月26日,内务部核准了朱所拟条例办法。1915年3月,朱家宝分饬各县"赶紧遵照办理",将沧县驻防公产地亩分给旗族,按亩纳租,当年"六月以前拨发清楚,并自七月一日起,停支驻防俸饷",④直隶沧县驻防由此裁撤。

山西驻防裁撤于1917年9月。民国建立,山西驻防尚有"旗民共一千四百数十丁口"。旧例,山西驻防旗民俸饷和俸米主要来自藩库划拨款项与大盈仓存穀。清末,为解决旗民生计,政府开办山西旗丁工厂,"以为该旗民等谋生计",但该工厂并不能完全满足山西旗人之需要,呈现出"供不应求之

①　参见中国第二历史档案馆藏:《新疆筹办古城满营旗民生计事项有关文件——1914年9月至1916年11月》,内务部,全宗号1001(2),案卷号546。

②　中国第二历史档案馆藏:《核发保定等九处驻防旗丁俸饷有关文书》,内务部,全宗号1001(2),案卷号1847。

③　中国第二历史档案馆藏:《关于筹划直隶沧县旗民生计有关文书——1914年12月至1916年5月》,内务部,全宗号1001,案卷号1846。

④　中国第二历史档案馆藏:《关于筹划直隶沧县旗民生计有关文书——1914年12月至1916年5月》,内务部,全宗号1001,案卷号1846。

势"。民国建立以后,旗粮即刻废止,而饷项也逐年递减。1914 年,山西驻防旗地丈放活动开始,然而晋防旗民生活却日益不济。是年 11 月,时任太原城守尉的双凌呈文山西同武将军阎锡山、巡按使全永,恳请政府临时发放二千石仓谷,"以作一时赈济"。阎锡山、全永遂具文总统府政事堂,在要求拨放二千石仓谷的同时,承诺从速清理阳曲、太原等县原有旗地,"以谋旗民永久生计"①。不久,总统府即批准了相关呈文,随后,山西驻防旗地的丈放工作加速进行。1917 年 9 月,山西驻防旗地基本清丈完毕,旗民获得四个月"恩饷"之后,太原城及右卫城守尉同时裁撤,山西驻防历史由此终结。

热河驻防旗营的裁撤始,自 1916 年开始 4 月开始,至 1919 年 8 月结束,历时三年方才完成。1916 年 4 月,内务部职方司根据热河都统姜桂题申请,批令热河驻防变售庄地,以所得款项拨作旗丁生计。批令指出了热河驻防旗营裁撤的必要性:"热河驻防旗营每年应给俸饷为数颇钜,在国家岁费不赀,在旗丁艰谋久计"②,应当尽快裁撤。按照姜都统之所提办法,将热河驻防所属"庄地售款项下,提出四十万二千九百六十元,配拨旗丁,作为生计",在"自筹拨生计后,将差缺一律裁撤,永停俸饷"。③ 由于庄地售数当年"仅能收解五十万元,业已列入预算,指定用途",若将民售庄地款项用于一次性解决热河驻防旗丁生计,"则部款几将无著",姜都统提出将"四十万余元之数,分三年拨给,每给一年,即减俸饷三分之一,俟给清后,再将俸饷永远停止"。④ 根据上述办法,1916 年 5 月,热河都统姜桂题派遣委员分赴承德、隆化、滦平、平泉、密云等县勘丈地亩,进行分配。1916 年 10 月 24 日,在热河道尹、财政厅的"监视"下,"各该官兵制籤领职执照,先行持往认地。"1917 年 11 月 30 日,部照被陆续发给各该官兵,具体分配情况如下表:

① 中国第二历史档案馆藏:《山西省办理驻晋旗民生计拨给仓穀赈恤等情形有关文件》,内务部,全宗号 1001,案卷号 1850。

② 中国第二历史档案馆藏:《热河办理圆廷官兵生计地亩分配情形有关文件——1916 年 4 月至 1919 年 8 月》,内务部,全宗号 1001(2),案卷号 547。

③ 中国第二历史档案馆藏:《热河办理圆廷官兵生计地亩分配情形有关文件——1916 年 4 月至 1919 年 8 月》,内务部,全宗号 1001(2),案卷号 547。

④ 中国第二历史档案馆藏:《热河办理圆廷官兵生计地亩分配情形有关文件——1916 年 4 月至 1919 年 8 月》,内务部,全宗号 1001(2),案卷号 547。

表6.1　1917年11月热河驻防旗丁地亩分配情况表①

| 人员 | 人数（人） | 地亩共计 |
|---|---|---|
| 五品苑丞 | 5 | 五顷一十亩零六分二厘 |
| 六品苑副千总 | 20 | 十七顷八十九亩六分七厘 |
| 七品副千总 | 32 | 二十六顷五十一亩一分八厘 |
| 八品副千总 | 28 | 十五顷六十七亩二分六厘 |
| 兵 | 719 | 一百九十九顷五十亩零五分七厘 |
| 苏拉 | 177 | 四十九顷二十六亩七分八厘 |
| 幼丁 | 141 | 三十四顷四十一亩五分六厘 |

　　孀妇的分配情况为，"正额孀妇一百五十户，每户发给大洋一百元；又新故孀妇有子嗣者七户，每户发给大洋一百五十元；又候补孀妇，该坟夫子嗣均无生计者，每户发给大洋五十元；又候补孀妇，仅该坟夫无生计者八户；每户发给大洋十八元七角五分"②。在勘丈地亩、实行分配的同时，热河驻防官兵的裁撤工作相应开始。1916年11月1日，"因具报生计地亩制籤分配妥协，经指令，热河都统即将所有南北两路行宫及宫仓各官兵俸饷，一律停止发放，官弁裁缺，兵丁退伍"③。1917年6月1日，热河园庭事务公所陈设处一并裁撤，并被改组为管理园廷事务所，旗丁生计未完成事件，由该处接管管理。1919年2月，热河驻防旗丁园廷官兵生计地亩"分配完竣"。1919年2月20日，热河都统姜桂题以"热河园庭官兵生计地亩分配完竣一律给照管业办理，全案结束"为由，要求"择优请奖"，并自己表功曰："成始成终，心力交瘁，辛勤三载……兵皆退伍。"④历时三年，热河园庭驻防旗丁最终全部退伍，热河驻防从而裁撤。

_____

①　参见中国第二历史档案馆藏：《热河办理圆廷官兵生计地亩分配情形有关文件——1916年4月至1919年8月》，内务部，全宗号1001（2），案卷号547。

②　中国第二历史档案馆藏：《热河办理圆廷官兵生计地亩分配情形有关文件——1916年4月至1919年8月》，内务部，全宗号1001（2），案卷号547。

③　中国第二历史档案馆藏：《热河办理圆廷官兵生计地亩分配情形有关文件——1916年4月至1919年8月》，内务部，全宗号1001（2），案卷号547。

④　中国第二历史档案馆藏：《热河办理圆廷官兵生计地亩分配情形有关文件——1916年4月至1919年8月》，内务部，全宗号1001（2），案卷号547。

青州驻防是辛亥以后延存时间较长的驻防之一。青州光复后,时任青州驻防城副都统吴延年率八旗兵民接受诏书,拥护共和,此后青州驻防八旗马步联军的编制一直保留下来,直至 1925 年。青州驻防得以保留的原因,一方面是因为"当时青州地方官为了借助驻防营兵力,维持地方治安,也愿保留这支军队,于是报请省批准,在地方赋税附加款内,拨给一定数量的补助费,来维持八旗兵民的生活";另一方面,"自民国元年以来,北洋政府委派的历任山东军政大员,武官如都督周自齐、靳云鹏,督军张怀芝、田中玉、郑士琦等,文官如民政长(即省长)田文烈、蔡儒楷,省长孙发绪、沈铭昌、屈映光、齐跃琳、韩国钧等,都是清朝旧臣,或间接与清朝有关系,对清朝皇帝尚有崇拜的人",[①]他们对青州驻防给予了较多照顾。1925 年,张宗昌把青州驻防八旗兵改变为旗兵团,副都统吴延年被任命为旗兵团团长。1928 年春,国民党的北伐军进至鲁南,张宗昌控制下的旗兵团被迫与北伐军交战,不久溃败,大部逃回青州,旗兵团仍然驻扎北南城。1928 年年底至 1929 年年初,旗兵团卷入青州南北城各派势力的混战,1929 年 2 月 20 日,旗兵团在交战中溃败缴械投降,随之,旗兵团彻底瓦解,驻防协领、佐领相继出走,青州驻防八旗由此彻底解体。

### 三、京旗的消亡

京旗的裁撤,是一个比较复杂的过程。由于京旗人口众多、地位一向特殊,京旗俸饷发放时间较他处更为长久,故京旗俸饷成为民国成立以来旗饷费用之大宗。由于"穷于应付",20 世纪 20 年代以后,财政部不得不考虑京旗裁撤事宜。1921 年,财政部决定对京旗人口先行清查,要求值年旗咨行各旗将并兵丁花名、年岁、住址等个人信息,按统一表格填写,造送财政部,另编清册。同时决定裁撤八旗衙门,对京旗俸饷发放方法实行变通,逐步以其他方法安插旗丁,具体为:"覆查明确后,即会同内务部具呈将八旗衙门裁撤,凡弁兵已有生计及虽无生计尚足自给者,俸饷一律裁停,其花名、年貌、住址不符者,并予汰除,惟确无生计贫苦无以自给,各弁兵仍旧给予俸饷,设由各巡警区领发",其"年力方强,各旗丁造册,报由内务部於清道队、游民习艺所等各处,仅先设法安插。凡经安插即停支饷项,如指定安插某处而不愿就者亦同,此外,老病

---

① 李凤琪等:《青州旗城》,山东文艺出版社 1999 年版,第 115 页。

旗丁及孀妇等仍旧给饷,但缺出不补"。① 通过分类安插,分别裁撤的办法,逐步减少在旗人员,达到"逐渐减,以至於无"的效果,财政部所拟变通京旗俸饷的变通办法,实则是通过不同的渠道分流,解散旗籍人员,达到裁撤京旗的目的。

京旗的真正裁撤应当始于步军统领的裁撤。1924 年 11 月 5 日,步军统领奉命裁撤。② 步军统领裁撤后,经摄政内阁会议议决,该衙门所属营产及官产由财政、内务、陆军、司法四部接收,自此步军营不复存在。1925 年 9 月 23 日,护军管理处也正式裁撤。③ 护军管理处的裁撤意味着京师护军营的消失。护军管理处裁撤以后,1926 年年底,陆军部对其所属旗营、衙署、箭厂以及其他营产,包括圆明园、八旗包衣三旗、外火器营、健锐营等处营产进行了彻底清理。④

1927 年 11 月,督办全国营产公署成立以后,根据《清理官旗营产通则》,"从前一切官旗营产机关,均行裁撤",归并督办全国官产公署接办,"所有各该机关",也"均行裁撤",一并由督办全国官产公署接办。⑤ 自此以后,京几官旗营产的大规模清理工作开始进行,各都统衙门成为清理的主要目标,其办公场所被计划变卖,京旗由此走向全面裁撤。为使八旗都统衙门得以继续保留,1927 年 9 月间,八旗各都统那彦图、江朝宗、载涛、乌拉喜春、毓璋、绍曾,副都统德茂、讷钦泰、广祥等人联合呈文,要求保留各都统衙门,提出"现在机关尚存,官呈依旧,兵丁未裁,虽公事稀简,而此项衙署确与在京各部院地位相等,同为国家办公重地,岂有官署未废,而遂变卖办公屋社之理",⑥恳求国民政府"俯念旗艰,撤销变卖各旗衙署及各营房暨外三营营房之举"。对于各旗

① 中国第二历史档案馆藏:《财政部拟京旗俸饷变通办法说帖抄件》,内务部,全宗号 1001 (2),案卷号 544。

② 参见佟佳江:《清代八旗制度清亡时间新议》,《民族研究》1994 年第 5 期。

③ 参见中国第二历史档案馆藏:《陆军部关于清查旗产、营产及拨借变更有关文件——1913 年至 1925 年》,内务部,全宗号 1001,案卷号 67。

④ 参见中国第二历史档案馆藏:《陆军部关于清查旗产、营产及拨借变更有关文件——1913 年至 1925 年》,内务部,全宗号 1001,案卷号 67。

⑤ 参见中国第二历史档案馆藏:《核签督办全国官产公署清理官旗营产通则条文意见与有关文书——1927 年 11 月》,内务部,全宗号 1001(2),案卷号 1491。

⑥ 中国第二历史档案馆藏:《内务部关于处分旗产会勘八旗都统卫署录存文件簿——1927 年至 1928 年》,内务部,全宗号 1001,案卷号 5862。

都统衙门的存废问题,军事、内务两部也一致同意暂时保留,并恳请国民政府公决同意。1927 年 12 月 28 日,国民政府国务院发出公函:"迳启者,准军事、内务两部提议,各旗都统衙门应予保存,拟由部会同督办全国官产公署,派员查勘,嗣后无论任何部署,不经全体同意,不得任意处分。请公决一案,现经国务会议议决,应准保存。"①1928 年年初,内务部、军事部及值年旗都统衙门,开始着手各旗都统衙门的会勘工作,1928 年 3 月 5 日,内务部派遣科长张之兴、科员石崇斌,陆军部军需监岳熙珍、陆军署技士雷树声会同督办全国官产公署视查胡尔玉、谘议遲春荣、技术员贝寿同等专员,在内务部一同举行相关会议。会议最终形成如下决议:第一,当月九日会同赴值年旗接洽会勘事宜;第二,会勘范围以二十四旗都统衙门为限;第三,每署绘图说明,呈复备案,三衙门三十三日下午九点齐会内务部,会勘左翼四旗十二衙署,十五日会勘右翼四旗十二衙署。② 对于各旗都统衙门会勘及保存,内务部行知警察厅,要"予以保护",八旗都统衙门得以暂时保留。

### 四、东三省驻防的消亡

　　相较其他地区,东三省驻防保留时间最长,有些甚至延存至国民政府统治的多年时间内。东三省为满族发祥地,八旗体制根深蒂固。辛亥革命自南而北,对东三省的影响远不及南方和中原地区。清末以来,东三省处于奉系军阀张作霖的统治之下,张作霖虽为绿林出身,但一直与清王朝有着千丝万缕的关系,其旗人政策相对宽松。北洋政府时期,东三省各驻防八旗旗官的升补一如旧制。以吉林省为例,民国元年至民国十四年(1912—1925 年)间,东北各驻防八旗官佐的升补频繁出现。仅举数例如下:第一,1914 年 6 月,和绷额补布尔图库边门防御③;第二,1918 年 9 月,北洋政府对阿勒楚喀、吉林、三姓、宁古塔四城八旗佐领进行升补④;第三,1920 年 3 月,乌拉、珲春、伯都讷、吉林各驻

---

　　① 中国第二历史档案馆藏:《内务部关于处分旗产会勘八旗都统卫署录存文件簿——1927 年至 1928 年》,内务部,全宗号 1001,案卷号 5862。

　　② 参见中国第二历史档案馆藏:《内务部关于处分旗产会勘八旗都统卫署录存文件簿——1927 年至 1928 年》,内务部,全宗号 1001,案卷号 5862。

　　③ 参见佟佳江:《清代八旗制度消亡新议》,《民族研究》1994 年第 5 期。

　　④ 参见《政府公报》1918 年 9 月第 954 号。

防升补协领,佐领、防御等旗员的升补活动也正常进行①。直至 1925 年 3 月,吉林省依然对吉林、双城堡、三姓、珲春、拉林、伯都讷、阿勒楚喀、宁古塔、乌拉等地的某些旗官职位进行了升补工作。② 东北易帜前,吉林省八旗组织仍然相对完整,存在的旗务组织"有旗务工厂,省城十旗协参领,乌拉、乌常、拉林旗务分处,宁古塔、伯都讷、三姓、阿勒楚喀、珲春、双城堡协领,伊通、额穆赫索罗佐领,四边门防御"。③ 其他地方,如奉天、黑龙江等地的旗官升补也时有进行。

东北易帜后,国民党政府虽然在形式上统一了中国,但由于日本侵略势力的渗透,使得东三省很快成为日本的势力范围,日本政府为了欺骗世界舆论,一直策划建立傀儡政权,这种侵略野心与清朝末代皇帝溥仪的复辟之梦不谋而合。1932 年 3 月 8 日,溥仪到达长春,受到了满清旧臣和众多旗人的欢迎,其中,主要代表人物满州正蓝旗人,时任吉林省主席张作相参谋长的熙洽以及肃亲王善耆的儿子金璧东等。伪满洲国建立以后,东北旗人社会组织的消亡脚步有所缓慢。

东北驻防体制的消亡伴随着旗地的清理丈放过程。民国初年,奉天省财政拮据,为扩大税源,增加财政收入,就把目光盯向了为数不少的旗地。1912年,奉天省在原清三陵衙门设立清理皇产处,对皇产开始着手清理。1913 年 1 月 16 日,奉天省设立丈放官地总局,负责丈放八旗民兵的随缺、伍田等旗地。1915 年 1 月,奉天省成立了奉天全省官地清丈局,开始丈放原盛京内务府官庄地。1913 年至 1925 年间,奉天省陆续颁布了《奉省丈放内务府庄地章程》(1913 年 5 月)、《奉天全省官地清丈局章程》(1913 年 10 月)、《查丈王公庄地章程》(1913 年 11 月)、《改订丈放王公庄地章程》(1921 年 9 月 8 日)、《丈放省有三陵内务府各种官地房基章程》(1925 年 8 月 8 日)等旗地清丈章程。1915 年至 1924 年间,奉天省丈放王公地亩达 190 多万亩。1913 年至 1924 年年间,丈放随缺伍田等旗地达 170 万亩。伴随大规模的旗丈放工作,奉省官庄、王庄旗地的土地占有形式基本被废除。

① 参见《政府公报》1920 年 3 月第 1467 号。
② 参见《政府公报》1925 年 3 月第 3204 号。
③ 《吉林公报》1928 年 5 月第 3765 号。转引自佟佳江:《八旗制度消亡新议》,《民族研究》1994 年第 5 期。

　　除了奉天省以外，吉林、黑龙江等各地方当局也在 1915 年后通过定章收价，先后丈放皇庄、王庄和随缺地、伍田地。1915 年 4 月 17 日，吉林省巡按使呈请设立吉林全省土地清丈局，吉林道尹王树翰被委任为该局局长，全省旗民新、旧各旗地统归该局"照章清丈"。1914 年以后，黑龙江旗地清丈工作也逐步开始。1914 年 1 月 3 日，原北京政府实业司司长金纯德被委任为黑龙江清丈兼拓垦总局名誉局长，龙江县知事杜荫田为局长，同年 3 月，黑龙江省制定《黑龙江省清丈兼招垦章程》、《黑龙江省清丈规则》等相关章程，包括旗地在内的官、荒土地逐渐被丈放出售。至九一八事变前，东北旗地丈放工作基本完毕。东北大规模的旗地丈放工作，"其结果使官庄、旗地"在法律上失掉一切封建性，"变成纯粹私有地"。[①] 东三省曾经占据主导地位的旗地制度彻底瓦解。随着官庄旗地向民地的转化，东三省旗制逐步消亡。

　　东三省驻防的裁撤也伴随了东北行政体制的变革过程。1907 年 4 月 20 日，清政府颁布谕令，改革东北官制，裁撤盛京、吉林、黑龙江三将军，设置奉天、吉林、黑龙江三个行省，旗民两系，一统于省，行省建置初具规模。中华民国成立以后，东北行政建置进一步发展。省、道、县三级制的行政体制逐步建立起来，旗、民双重管理体制被行省的单一管理体制所取代。在这个过程中，许多原有的重要驻防如宁古塔、伯都讷、三姓、珲春、阿勒楚喀、瑷珲、齐齐哈尔、墨尔根、海拉尔、布特哈、呼兰等旗屯、旗镇的原有意义不复存在。其中，宁古塔驻防为清代吉林的一大重要驻防，康熙元年（1662 年）设宁古塔将军，康熙十五年（1676 年），宁古塔将军移驻吉林乌拉（今吉林），以副都统镇守此地。光绪三十三年（1907 年），裁宁古塔副都统，1910 年此地改置宁安府。1913 年，改设为宁安县。1914 年 6 月，宁安县隶属吉林省正吉道。1929 年 2 月，道的建制被撤销，改为吉林省直辖。珲春驻防向归宁古塔将军管辖。1909 年清廷裁撤珲春副都统，1910 年设置珲春厅，隶属东南路道，1913 年，改珲春厅为珲春县，1929 年，吉林省政府训令裁撤珲春协领、佐领等一切旗官、旗署，珲春驻防随之消亡。黑龙江驻防的西布特哈和呼伦贝尔驻防，在民初以来仍然保持清末的政治体制，实行总管管理体制。1915 年 3 月，金纯德开始署任西布特哈总管兼筹备西布设治事宜，其任职直至九一八事后的 1932 年，1932

---

　　① 章有义：《中国近代农业史资料》第 2 辑，三联书店 1957 年版，第 52 页。

年该驻防被裁撤。呼伦贝尔在民国初年发生分裂祖国的叛乱,恢复清末撤销的呼伦贝尔副都统,直至1932年,呼尔贝尔驻防才最终被裁撤。

旗营的裁撤和相继消亡,意味着存在时间长达二三百年之久的八旗制度彻底终结。

## 第三节　旗民社会群体的现代转向

伴随着八旗制度的消亡,旗民社会群体被迫走上平民化的道路,旗民社会群体完成了他们的现代转向。

### 一、旗民社会团体的出现

旗民社会团体的出现是旗民社会群体向现代转型的重要标志。民国建立以后,旗民社会团体相继出现。旗民社会团体出现在旗民政治特权丧失、社会地位骤降的时代背景下,一方面旨在联合旗人力量,筹谋八旗生计之解决;另一方面则努力在政治上融入"五族共和"之民初社会。正如睿亲王魁斌在呈请满族同进会立案的呈文中所言:"共和成立,五族同等,满族分居京外各省,向乏团体,势如散沙。现在国是初易,民智未开,亟宜鼓其爱国精神,促其自立性质。俾成完全之国民,第无机关为之提,但恐国家对於满族虽有善良之政,而意识或未融洽,实行必致参差,况八旗生计为最难解决之问题,设非群力辅助政府,共谋长策,行将长此锢蔽,终贻国累於无穷。"为实行自立自强,使旗人成为"完全"的国民,所以一定要"齐满人心志,使知共和真理"。①

民初社会团体的出现,是经历社会巨变后的旗民社会努力适应新的社会体制的体现。一方面,他们深知专制政权已然推翻,八旗制度必定最终消亡;另一方面,充分认识到八旗体制下旗民惰性及旗制积弊对重整旗民生计的影响。对此,满族同进会建立的宣言书有着真实的反映:

> 二十世纪民权渐张,研究国是者,已群知专制政权将绝迹於全球,是
> 以武昌事起,各省从同,振臂一呼,全国响应。改四千年君主之专制,成五

---

① 中国第二历史档案馆藏:《前睿亲王等设立满族同进会立案有关文件——1912年4月至11月》,内务部,全宗号1001(2),案卷号948。

十族民主之共和,岂不漪欤? 独是族分为五,而满居其一,天赋人权,讵可自暴自弃,惟我八旗人士向处於最困难之阶级,见形相绌,似勿庸为我同胞讳也。考八旗制度,凡我父老子弟,世隶兵籍,以饷糈为生活,以官吏为权利,以作工商为例禁,以不耕织为当然,遂致生计日穷,而知识亦愈陋重,遗民困,复累国家,养兵之效未收,赡民之弊已见。虽罄古今中外之历史,未有若我八旗制度之国拘物蔽者也。乃我数百万同胞陷於此地位者,几二百七十年,习与性成,每惮改革,虽有贤者,受近世潮流之激刺,委徒抱屈蠖之思,而狃於多数之锢习,致蹈沦胥,而罔救往者不可谏矣,来者犹可追马。於共和宣布,易辙更弦,汉蒙同胞互结团体,均以保种保国为前提,惟我八旗士民何尚泄沓如旧,自贴散砂之讥?①

宣言书呼吁八旗人士要群策群力,"促共和之精神",为八旗生存而努力。宣言书的内容实则包括三层含义:第一,专制时代已然结束,共和权权开始建立;第二,八旗积弊影响旗民生计,只有进行改革,才能有所改变;第三,旗人不仅要同心同力谋划旗民生计问题的解决,还要竭力争取较高的社会政治地位。

民初,旗民社会团体遍及各地,相对集中于北京地区。各旗民社会团体规模大小不一,成员人数多则数千人,少则数十人。主要团体如表6.2。

表6.2　民初部分八旗团体一览

| 名称 | 时间 | 创办人 | 人数(人) | 地址 |
|---|---|---|---|---|
| 满族同进会 | 1912年5月15日 | 斌魁 | 400 | 灯市口迤北三巷余园首善第一工厂内 |
| 筹办八旗生计会 | 1912年4月21日 | 殷炳继 | 216 | 阜成门大街白塔寺庙内 |
| 两翼八护生计研究会 | 1912年8月16日 | 松联 | 2230余 | 西四牌楼广济寺 |
| 三旗共和协进社 | 1912年9月12日 | 赵庆宽 | 240余 | 箭厂胡同三旗学校内 |
| 旗族生计研究会 | 1912年10月21日 | 庆泽等 | 180 | 德胜门草场大坑北沿正黄蒙学堂 |
| 驻防八旗同乡自治会 | 1912年12月1日 | 关雎 | 41 | 中一区北河沿 |

① 中国第二历史档案馆藏:《前睿亲王等设立满族同进会立案有关文件——1912年4月至11月》,内务部,全宗号1001(2),案卷号948。

续表

| 名称 | 时间 | 创办人 | 人数（人） | 地址 |
|---|---|---|---|---|
| 八旗世爵世职生计联进会 | 1913 年 3 月 | 志钧、锡明 | / | / |
| 清室五处生计维持会 | 1926 年 3 月 26 日 | 李定全 | 119 | 北新桥北箍筲胡同 24 号 |

资料来源:中国第二历史档案馆藏:《北京清室五处职员生计维持会组织立案有关文件》,内务部,全宗号,1001(2),案卷号 1035;中国第二历史档案馆藏:《前睿亲王等设立满族同进会立案有关文件》,内务部,全宗号 1001(2),案卷号 948;于彤、袁凤华辑:《北洋政府时期北京社团一览》,《北京档案史料》,1991 年第 1—3 期;秦同经:《逊清皇室轶事》,紫禁城出版社 1985 年版,第 12—18 页。

　　民初八旗团体建立以后,在征集旗民意见、救助贫困旗人、扶助旗人生计以及旗人政治权力的呼吁等涉及旗民事务方面做过一些努力。满族同进会在其宗旨中明确指出:"本会为谋画(划)八旗生计及教育起见,以养成其生计能力、政治能力,对外则适於之竞争,对内则力求五族之融化,期以共和、自由、幸福为宗旨。"①民初旗民社会团体的具体纲领涉及生计、教育、政治权力、社会活动等多个方面。以教育为例,满族同进会则努力建立起比较完整的旗民教育体系,包括:第一,筹设各种专门学校;第二,筹设贫儿学校及徒弟学校;第三,筹设图书馆;第四,其他关于教育上一切筹办事项。②

　　在具体的日常活动中,民初旗民团体也做了一些有益于旗民生计的工作。如满族同进会曾向京旗各营兵丁发放赈款,并竭力维持旗人一般物质利益。成立于 1926 年 3 月 26 日的清室五处职员生计维持会,在维持清室旧有都虞司、会计司、掌礼司、营造司、钱粮衙门五处旗民之生计的同时,设立庄园地亩清理处、贫民工厂以及筹办各种公益事业,积极为一般旗民谋划生计。

　　除了满族同进会、两翼八护生计研究会等少数影响较大的团体以外,多数旗民团体由于规模较小,经费很少,宗旨也很狭窄,其影响也较少。虽然如此,旗民团体提出的多种纲领及为之所进行的努力对旗民思想理念的转化起了一

---

　　① 中国第二历史档案馆藏:《前睿亲王等设立满族同进会立案有关文件——1912 年 4 月至 11 月》,内务部,全宗号 1001(2),案卷号 948。

　　② 参见中国第二历史档案馆藏:《前睿亲王等设立满族同进会立案有关文件——1912 年 4 月至 11 月》,内务部,全宗号 1001(2),案卷号 948。

定的推动作用。民初旗民社会团体的出现,反映了旗民社会的身份变化,表明了旗民向现代社会转身的努力,是旗民社会现代转向的重要体现。

### 二、旗民流动与人口变化

辛亥以后,旗民逐渐走出了封闭的满城,旗民人口流动加快,导致民初旗民人口不断流动的原因是多方面的。

战争的影响。辛亥革命中,各地旗人为逃避战争灾难纷纷外逃。镇江旗人在"光复之前,人心惴惴不安,以为地方必遭糜烂,蒙族举家迁往苏北的很多,一时满街车马塞途,昼夜喧嚣不绝"。① 上海城被占领后,镇江旗人"人心益形惊恐,迁徙者因之更多,旗妇改装逃避,男子则剪发"避往他处。② 辛亥革命后,南京旗人逃往江北者也有很多。京师旗人则纷纷离京逃往外省。同时期各地逃往"扬子江各省"的旗人越来越多。③ 荆州旗人大部分流亡各地,湖北军政府对荆州旗人迁往他处采取鼓励的态度,1912 年 4 月 1 日的《申报》报道说:"自黎都督任事后,力主人道主义……昨有二满妇,因匿居民家已久,今闻黎公资贵之德政,特自赴都督府,愿随众系狱者北归。黎公查各满人已经派员照料启程,特赏银三十元,令其雇车船,作投奔他方之计,并给护照二纸,以免沿途阻滞,该二妇即在二门之内据地叩谢,欣然持照而出,闻者无不感叹黎公之宽厚云。"④在西安,辛亥革命后,满人大部分都从满城迁出,开始了新的生活。

旗营的裁撤和相继消亡。民初以来随着旗产的大量没收和清理,旗民赖以生存的物质基础丧失,许多旗民不得不离开了原先的居住地,开始了其流动的过程。杭州旗营旗墙撤除以后,旗人被逐步"遣散"。各直省驻防被裁撤以后,各地旗人也纷纷流往他乡。由于多数地方旗人生计并未完全筹定,旗人因为生活所迫只得四处流散。如银川旗营于 1914 年被解散以后,其时遭解散的官兵及老弱妇孺 4000 余人,其中约有十分之六生活十分凄惨,"出卖儿女与流

---

① 王凝庶:《镇江"旗人"琐忆》,载《镇江文史资料》第 7 辑,镇江文史资料编委会 1984 年,第 96 页。

② 参见《镇江现象记》,《申报》1911 年 9 月 19 日。

③ 《专电》,《申报》1912 年 6 月 29 日。

④ 《鄂省旗人之近状》,《申报》1912 年 4 月 1 日。

为乞丐者很多,分离四散各奔生活者亦为数不少。"①

职业的多元化。辛亥以后,由于"铁杆庄稼"的丧失,使旗人失去了传统的生活来源,旗人再也不可能完全依赖旗饷度日,另觅生计是必然的趋势。除了一些积蓄雄厚的旗人权贵以外,普通旗人为了生活而不得不四处谋生,旗民人口的流动也因此加快。以江宁为例,民国建立以后,江宁旗营旗人"多数谋食於四方,故在乡村教读者有之,作小本经营者有之,拉车劳力者有之,或服务军警者亦有之"。② 由于经商和谋生的需要,青州旗人流向各地的现象频繁,最初旗人由北城迁居南城,1919 年以后,青州满人开始大规模移居其他地方,其中移居青岛的人数尤其多,最初移居青岛的旗人总数达六七千人。③ 他们在青岛从事纺织、巢丝、卷烟、机械等多种行业,因而分布比较广泛。1929 年,青州八旗组织彻底废除以后,北城人口开始大量外流。据统计,"这一时期,北城人口外流 3500 余户,约 8300 余人,留下的 1000 余户,约 2300 余人"。④

此外,民族歧视的存在也迫使部分旗人背井离乡。例如,广州部分旗人因为不堪忍受民族歧视,"有的逃往香港,有的返回北方"。⑤

民初旗民人口流向多种多样。总的来说,南方各直省旗营因为直接受到辛亥革命的影响,一些旗营破坏较深,旗产的清理也比较迅速,所以旗民人口流动现象出现较早,京师和东北地区出现较晚。具体来看有下述几个基本特点:第一,从满城流往汉人居住区。民国建立以后,由于居住限制的蠲除、旗营的解散和生活所迫,旗人纷纷流往汉人居住区域,离营成为一种普遍的现象。第二,从京师流往郊区和其他城市。一般来说,前者均为贫困的旗人,对城市的选择具有不确定性,后者则为实力雄厚的前清贵族,他们往往移居于经济和交通均十分发达的大城市。第三,个别驻防旗人流寓京师,最典型的为荆州旗人。第四,一些驻防旗人流向大城市的现象比较普遍,如镇江旗人大多流往上

---

① 中国科学院民族研究所、辽宁少数民族社会历史调查组:《宁夏回族自治区银川市满族历史概况》,载《满族社会历史调查报告》(下)第 7 辑,1963 年,第 40 页。

② 中国第二历史档案馆藏:《南京市处理旗产事项——1927 年 10 月至 1933 年 1 月》,内政部,全宗号 001,案卷号 2098。

③ 李凤琪等:《青州旗城》,山东文艺出版社 1999 年版,第 258—263 页。

④ 李凤琪等:《青州旗城》,山东文艺出版社 1999 年版,第 255 页。

⑤ 中国科学院民族研究所、辽宁少数民族社会历史调查组:《广东省广州市满族社会历史调查报告》,载《满族社会历史调查报告》(下)第 7 辑,1963 年,第 75 页。

海,青州旗人多往青岛。除了距离较近,主要原因在于,近代以来上海、青岛等大城市经济发展迅速,就业机会相对较多,吸引了诸多旗人前往谋生。值得注意的是,东北旗人人口流动的现象并不及关内普遍。东北为满州的发祥地,旗人具有一定的故乡情结,加上地广人稀,谋生机会相对较多,其他驻防旗人流往东北的现象不时出现。

在人口流动加快的同时,旗民人口数也发生了显著的变化。旗民人口变化的原因,除了人口外流、战争死亡、病故等因素以外,民初旗民冠姓、更名、改籍现象的频繁出现,也是旗籍人口大量丧失的重要原因。生存方式的改变,也致使旗民人口数逐步减少。总的来看,辛亥革命前夕,根据光绪三十四年(1908年)至宣统年三年(1911年)间,民政部对全国各地旗籍户口进行的一次调查,全国旗人总数在250万至260万之间。[①] 至北洋时期末期,旗人人口下降为原来的十分之一左右。1928年12月,金璧东以"旗族民众二十六万六千三百四十人"代表之名义发表电文,由此可知,至1928年年底,全国旗民人口数约为26万余人。[②]

京师地区,辛亥革命前夕有"满州、蒙古、汉军二十四旗118783户,内务府三旗4571户,京营10965户,共134319户,每户以5口计,共计671595人,约占全市总人口的40％。"[③]辛亥革命以后,京师地区旗人大幅度减少。1919年间,京城及四郊旗人大约为30万左右。[④] 至1925年间,据"警署调查,北京城乡内外,极贫之(旗)户约十余万人"[⑤],加上其他旗人在内,大概也就在20万左右。至1949年,北京满人总数为下降为31012人。[⑥]

其他驻防旗民人口数也在逐年递减中。辛亥时期镇江旗人有7000余人左右,辛亥后,因散往各地谋生,留镇江者日趋减少,多年间,大约保持在2000

---

①　参见《民政部户口调查及各家估计》,《社会科学杂志》,第4卷。

②　参见中国第二历史档案馆藏:《组织机构清理旗产》,内政部,全宗号001,案卷号2097。

③　阎崇年:《北京满族的百年沧桑》,《北京社会科学》2002年第1期,第16页。

④　See Sindey D. Gamble, M. A, *Peking: A Social Surey*, New york: Geogle H. Doran Company, 1921. pp. 97 - 99.

⑤　中国第二历史档案馆藏:《香山慈幼院院长熊希龄以京师旗民困苦请令各部罢免官产地租有关文件——1925年8月至12月》,内务部,全宗号1001,案卷号4451。

⑥　参见中国科学院民族研究所、辽宁少数民族社会历史调查组:《北京满族历史调查报告》(二),载《满族社会历史调查报告》(下)第5辑,1963年,第41页。

人左右。四川成都的旗人在辛亥革命前约有 2 万余人,辛亥革命以后大约为 14000 余人。① 清末新疆旗人最多时达 4000 余人,1914 年,新疆旗人剩有 2000 余人。② 广州旗人在辛亥以后也不断减少。1914 年间,根据当时的户口调查统计,广州旗民有 24894 人,"其中丁壮老弱,自十六岁以上四十岁以下男约 5547 人,女约 4963 人,十一岁以上十五岁以下男女共约 2700 人,自四十以上五十岁以下男女共约 2500 余人,其余老赢男女不能谋生之人仍占三分之一,约共 9000 有奇。"③1914 年,福州旗人约有"三百四十余户",以一户五口计算,人数约在 1700 人左右。④ 1914 年 6 月,甘肃旗人大小人口大约在 4000 余人⑤,至 1916 年,甘肃庄浪、凉州旗民"大口数为 1800 余人"⑥。北洋时期,宁夏旗人人口数一直处于下降之中,辛亥革命时期,宁夏旗人大概在 500 余户左右,约4752 人,到 1914 年解散时,旗人官兵加上妇女老弱约在 4600 余人。⑦ 到 1916 年 6 月,宁夏旗人剩有"旗官九十九员,额兵二千四百名,孤独幼稚三百五十七名"⑧,总数也就在二三千人左右。1931 年前后,银川城内仅剩 300余户,约在 1500 余人。⑨ 在西安,清末旗人人口达到 30000 余人⑩,1915 年 11

　　① 参见中国科学院民族研究所、辽宁少数民族社会历史调查组:《四川省成都满族社会历史调查报告》,载《满族社会历史调查报告》(下)第 7 辑,1963 年,第 60 页。
　　② 参见中国第二历史档案馆藏:《新疆筹办古城满营旗民生计事项有关文件——1914 年 9 月至 1916 年 11 月》,内务部,全宗号 1001(2),案卷号 546。
　　③ 中国第二历史档案馆残藏:《筹画(划)粤防八旗生计事项有关文书——1914 年 6 月至 1917 年 11 月》,内务部,全宗号,1001,案卷号 1853。
　　④ 参见中国第二历史档案馆藏:《福州八旗街旗民请免征住房地租有关文件——1914 年 12 月》,内务部,全宗号 1001,案卷号 4474。
　　⑤ 参见中国第二历史档案馆藏:《凉州副都统咨陈凉旗艰苦及维持情形现状》,陆军部,全宗号 1001,案卷号 712。
　　⑥ 中国第二历史档案馆藏:《甘肃省办结庄、凉、宁三处旗民生计已发过银两地亩情形有关文书》,内务部,全宗号 1001,案卷号 1851。
　　⑦ 参见中国科学院民族研究所、辽宁少数民族社会历史调查组:《宁夏回族自治区银川市满族历史概况》,载《满族社会历史调查报告》(下)第 7 辑,1963 年,第 40 页。
　　⑧ 中国第二历史档案馆藏:《甘肃省办结庄、凉、宁三处旗民生计发过银两地亩情形有关文书》,内务部,全宗号 1001,案卷号 1851。
　　⑨ 参见中国科学院民族研究所、辽宁少数民族社会历史调查组:《宁夏回族自治区银川市满族历史概况》,《满族社会历史调查报告》(下)第 7 辑,1963 年,第 40 页。
　　⑩ 参见中国科学院民族研究所、辽宁少数民族社会历史调查组:《陕西省西安市满族社会历史调查报告》,载《满族社会历史调查报告》(下)第 7 辑,1963 年,第 46 页。

月间,陕西旗人人数只剩 3370 余人。[①] 1914 年,保定旗丁人口约在 3000 余口,[②]直隶沧县旗人人口数为 3600 余人。[③] 1919 年,热河圆廷旗民官兵人数剩有 1122 人。[④] 太原驻防,辛亥革命前,"旗丁男女老幼原额 1500 余口",辛亥以后,"存一千三百数十有余"。民国初年,绥远旗人约有 8000 余人,1930 年,仅剩 4000 余人。江宁旗营原为江南一大驻防,辛亥以后,由于受战争影响较大,死亡和流散四处者甚多,旗民人数大为下降,至 1920 年 3 月份,江宁旗民"大口 1451 名","小口 98 名",共计 1549 人。

旗民的社会流动和旗民人口的消减,是旗民社会走向消亡的具体体现。

### 三、旗民职业的多元化

民国建立以后,旗人再也不能依赖俸饷为生,开始涉足多种行业,开辟新的生存之道,旗民职业多元化。

民初以后,一些王公贵族凭借雄厚的资产,开始投身经济活动,如开办古玩铺、饭店、茶肆和钱庄等,有的因此摇身转变为金融界、企业界的个中翘楚。据记载,"总管内务府大臣之后(察存者之父)在辛亥革命后两年(1913 年),就在天津开办了三个当铺(二个独资,一个集股),每年利润就收入三万元(银洋),当铺后发展到 40 余个。庆亲王之后不久,在天津独办龙泉澡堂,其子民国十七年间在天津劝业场及交通旅馆等投资 30 万银元,北京动物园的前身也是他搞起来的。曾任军机大臣的那桐之后成了北平银行的董事,并经营三个规模相当大的当铺,成为北京有名的富翁之一。"[⑤]当然,除了成功的案例以外,投资失败的也不在少数。

---

① 参见中国第二历史档案馆藏:《会核陕省维转旗民生计请拨官产地价变通办法销稿——1915 年 11 月》,内务部,全宗号 1001,案卷号 4475。

② 参见中国第二历史档案馆藏:《核发保定等九处驻防旗丁等有关文件》,内务部,全宗号 1001,案卷号 1847。

③ 参见中国第二历史档案馆藏:《关于筹划直隶沧县旗民生及有关文件》,内务部,全宗号 1001,案卷号 1846。

④ 参见中国第二历史档案馆藏:《热河办理圆廷官兵生计地亩分配情形有关文件——1916 年 4 月至 1919 年 8 月》,内务部,全宗号 1001(2),案卷号 547。

⑤ 中国科学院民族研究所、辽宁少数民族社会历史调查组:《北京满族调查报告》(二),载《满族社会历史调查报告》(下)第 7 辑,1963 年,第 80 页。

一般旗人职业的选择受到多种因素的制约,包括文化程度、资历、人际关系、技术水平等。一般说来,文化水平越高,其就业的机会就多,职业选择也相对较好。受过较高程度文化教育的旗人,通常有机会进入政府机关,成为政府部门的工作人员或管理人员。德安,原系镶红旗满洲英桂佐领下,毕业于北洋警务学堂。民国初年,先充任保定警察东区署长。1916 年以后,担任察哈尔警察厅稽查员。① 曾经就读过各类专门学堂的旗人,如法政专门学堂、武备学校巡警传习所、医学馆等,因为受过专业的培训,毕业后得以进入司法、军警、政府等各相关部门。王凯,原系前清奉天省盖平县驻防正黄旗满洲柏祥佐领下人,1906 年考入奉天法政学堂,1908 年毕业后,历任前清奉天旗务司练习员、总务科科员、知县补用、天津劝业道工艺科科员。1912 年 9 月后,先后充任官山余地总局收支委员、採木局收支委员等职,1919 年,官至高等检察厅代理书记官。② 托克津布,镶白旗满洲连永佐领下人,1906 年考入陆军部医学馆,1909 年毕业。1912 年 6 月,被派充陆军第一师步队第四团第二营医生。海外留学归来的旗人大都谋得了较好的职位,有的甚至担任政府的高级官员。富尔逊,前清荆州汉军旗人,光绪甲辰进士、翰林院庶吉士,1906 年毕业于日本政法大学。1913 年起,担任北京商税征收局科员。③ 柏山,原籍广州驻防镶白旗满洲人,1904 年由京师译学馆派俄国,留学森彼得堡帝国大学校法政科,1911 年毕业,1912 年任职于司法部。④ 王凯、富尔逊、柏山等人,他们的学历和文化知识水平为他们迅速适应剧变后的民初社会奠定了良好基础。

旗人进入政府部门尤其是政府重要职能部门的大多有着丰富的从政经历。桂福,原系正白旗满洲下人,民国以后由“第三届知事试验保免分发云南”,后“咨调贵州,任命为铜仁县知事”,1912 年,分发山西任用县知事。旗人

① 参见中国第二历史档案馆藏:《一九一六年各地旗人请求冠姓更名改籍有关文书——1916 年 1 月至 12 月》,内务部,全宗号 1001,案卷号 1297。
② 参见中国第二历史档案馆藏:《一九一六年各地旗人请求冠姓更名改籍有关文书——1916 年 1 月至 12 月》,内务部,全宗号 1001,案卷号 1297。
③ 参见中国第二历史档案馆藏:《一九一三年各地旗人请求冠姓更名改籍有关文书——1913 年 1 月至 11 月》,内务部,全宗号 1001,案卷号 1294。
④ 参见中国第二历史档案馆藏:《一九一四年各地旗人请求冠姓更名改籍有关文书——1914 年 1 月至 11 月》,内务部,全宗号 1001,案卷号 1295。

国璋,从政经验丰富,人际关系较广,在民初政界十余年,"历充盐务、税务、军警、地方各要差缺"。他于1917年4月间呈缴的一份履历,真实反映了他的职业生涯。履历内容如下:

> 国璋,现年四十六岁,北京旗籍,驻防开原。由附生中式,光绪丁西科顺天乡试举人。於光绪三十一年报捐分省试用知县;於三十三年十月十八日蒙奉天度支司使张札委大孤山税捐局委员;三十四年十一月二十九日蒙东三省总督徐、奉天巡抚唐札委东三省督练处委员;於宣统元年八月十五日蒙东三省总督锡、奉天巡抚程奉保以知县留奉补用;於九月二十三日蒙奏办东三省盐务总局札委调查员;於宣统二年七月十九日又蒙奏办东三省盐务总局札委沙河盐釐补征局委员;於宣统三年八月初一蒙奉天盐云司使熊札委总办安凤官滩事宜;於十一月初三日蒙东三省总督赵札委署理法库厅同知, 於民国元年七月二十八日交卸; 於民国三年五月二十日蒙山海关盐督沈饬委蒙家屯常关税务局长, 旋以交通不便, 改驻锦西县; 於民国四年元月十二日蒙山海关监督曲改委喜峰口常关税局长; 於十一月二十日蒙吉林省王函招赴吉, 於民国五年四月初一蒙吉林警务长赵饬委吉林警务处考核科一等科员; 於五月初十日丁父艰回奉, 於七月初二日蒙沼遼镇守使吴函招到署, 即委任剿匪前敌转运委员。①

然而,由于特定的时代背景,能够进入军政、法政、政府部门的旗人毕竟凤毛麟角,大部分有文化的人开始涉足其他行业,如教育、艺术行业等。镇江光复后,有文化的多从事教育工作。在北京,有文化的除从事教育工作以外,还从事如画画、唱戏等艺术行业。在西安,少数有文化的旗人充当了职员或教员。

民国以后,相当一部分旗人仍然以军警为业。以1912年8月间的陆军第一师步队第一团第二营为例,其来自各旗的人数达到21人,见表6.3。

---

① 中国第二历史档案馆藏:《一九一六年各地旗人请求冠姓更名改籍有关文书——1916年1月至12月》,内务部,全宗号1001,案卷号1297。

表6.3　1912年8月间陆军第一师步队第一团第二营旗人充任各职务表①

| 职务 | 姓名 | 来源 |
|---|---|---|
| 督队官 | 正　顺 | 外火器营正蓝蒙伊倡阿佐领下 |
| 军需长 | 长　顺 | 内务府正黄旗多桂佐领下 |
| 医生 | 福隆阿 | 正满旗世管佐领下 |
| 司书生 | 文　通 | 青州正红满金山佐领下 |
| 五连连长 | 玉　禄 | 健锐营镶红满伊铿额佐领下 |
| 排长 | 延　喜 | 圆明园镶蓝满忠顺佐领下 |
| 排长 | 如　升 | 正蓝汉庆绥佐领下 |
| 六连连长 | 启　芳 | 圆明园正红满满荣佐领下 |
| 排长 | 德　顺 | 圆明园镶黄满文翰佐领下 |
| 司务长 | 阿立哈 | 外火器营正白蒙恩瑞佐领下 |
| 七连连长 | 恩　保 | 镶黄蒙全佑佐领下 |
| 排长 | 广　成 | 圆明园正蓝蒙铁山佐领下 |
| 排长 | 恩　瑞 | 正红满承厚佐领下 |
| 司务长 | 麟　舒 | 镶红满寿龄佐领下 |
| 第一团第三营 | | |
| 九连连长 | 立　敬 | 正白汉海泉佐领下 |
| 排长 | 玉　库 | 正红汉玉增佐领下 |
| 司务长 | 恩　庆 | 镶黄满景琪佐领下 |
| 十连排长 | 奎　斌 | 正黄满庆运佐领下 |
| 十一连排长 | 铭　勋 | 青州驻防正白满景福佐领下 |
| 骑兵十二连排长 | 倭　和 | 健锐营镶蓝满崇祥佐领下 |
| 辎重一连排长 | 扎克丹 | 镶红满双斌佐领下 |

同样充任军警,状况却各有不同,文化层次高的旗人一般依然在军、警界

---

① 参见中国第二历史档案馆藏:《一九一二年各地旗人请求冠姓更名改籍有关文书——1912年1月至11月》,内务部,全宗号1001,案卷号1293。

中担任较高的职位。如贵宣、祥安、明海、连距、瑞亮、文厚、常善均毕业于高等巡警学堂,1918 年前后,分别充任京师警察厅署员、一等巡官、二等巡官、二等巡官、三等巡官、二等巡长、委长各职。① 对于一般文化基础较差的贫困旗人如闲散、旗下兵丁而言,他们只能充当普通士兵或警察。1914 年的陆军第一师工程第一营的各连官兵中,来自旗籍的军人达 268 人之多,他们多为旗民社会下层,包括护军、枪甲、委前锋、养育兵、闲散、幼丁、敖尔布等。具体情况如表 6.4。

表 6.4　1913 年陆军第一师工程第一营旗籍官兵统计表②

| 原旗籍身份 | 人数(人) |
|---|---|
| 委前锋 | 33 |
| 护　军 | 27 |
| 枪　甲 | 8 |
| 披　甲 | 17 |
| 马　甲 | 31 |
| 敖尔布 | 10 |
| 幼　丁 | 14 |
| 养育兵 | 64 |
| 闲　散 | 64 |
| 总　计 | 268 |

一部分毕业于陆军学校、中学堂的旗籍学生,也积极向陆军部投效。1912 年 8 月,日本东京高等商业学校毕业生陈全福等 13 人因"南省旗饷源绝,投奔京师",呈文恳请陆军部"设法安置"。经陆军部、内务部等相关部门讨论批准,将 13 人分别安置于陆军各部门。表 6.5 为安置清单。

---

① 中国第二历史档案馆藏:《一九一八年各地旗人请求冠姓更名改籍有关文书——1918 年 4 月至 12 月》,内务部,全宗号 1001,案卷号 1299。
② 参见中国第二历史档案馆藏:《一九一四年各地旗人请求冠姓更名改籍有关文书——1914 年 1 月至 11 月》,内务部,全宗号 1001,案卷号 1295。

**表 6.5　1912 年部分旗籍学生安插陆军部清单①**

| 陈全福 | 前湖南中路巡防第六营管带官、陆军速成学堂毕业生 |
|---|---|
| 萨彬图 | 前湖北陆军步队第三十标队官、将弁学堂毕业生 |
| 金　善 | 前湖北陆军步队第三十标队官、武备学堂毕业生 |
| 永　在 | 前湖北荆州新军炮队管带、武备学堂毕业生 |
| 钟　灵 | 年 29 岁，荆州正蓝旗人，湖北将弁学堂毕业生，曾充湖北二十九标三营队官 |
| 吴金文 | 年 24 岁，荆州正红旗人，陆军学堂毕业，曾充荆州新军营队官 |
| 永　代 | 年 22 岁，荆州正蓝旗人，陆军第三中学堂毕业，曾充荆州常务军队官 |
| 良　德 | 年 26 岁，荆州镶黄旗人，湖北武备学堂毕业，曾充第九镇三十三标附属机关枪队队官 |
| 广　霈 | 年 28 岁，荆州镶白旗人，湖北将弁学堂毕业生，曾充陆军部二十九标管带 |
| 金　喜 | 年 31 岁，荆州正蓝旗人，湖北武备学堂毕业，曾充源北三十标队官 |
| 金　秀 | 年 37 岁，杭州正红旗人，历充杭防武备学堂提调、浙江巡卫队管带 |
| 金　璋 | 年 29 岁，荆州镶蓝旗人，湖北陆军特别小学堂测绘科毕业生 |
| 福　雲 | 年 30 岁，荆州镶白旗人，湖北武备高等学堂毕业生，曾充陆军步队二十九标督队官 |

　　选择以军警为业的旗人来自各个旗营。1914 年的陆军第一师工程第一营中的旗籍士兵，分别来自圆明园内务府健锐营、吉林驻防、喜峰口驻防、正红汉、正白汉、镶黄满、正蓝满、冷口驻防、镶白满、镶红汉、密云驻防、清东陵、青州驻防、外火器营、罗文峪驻防等，广泛涉及京师各大旗营、畿辅驻防，甚至东三省驻防。② 其他各直省驻防旗人也多有选择军警为业的，如镇江旗人中"无甚文化的多在本城或上海等地当警察"。③ 在西安，旗人中也有一部分入伍当兵或当警察。绥远驻防士兵在光复以后，大部分被改编，依然以当兵为业，直

---

　　① 参见中国第二历史档案馆藏：《一九一二年闲散军人向陆军部投效》（三），陆军部，全宗号 1011，案卷号 2875。

　　② 参见中国第二历史档案馆藏：《一九一四年各地旗人请求冠姓更名改籍有关文书——1914 年 1 月至 11 月》，内务部，全宗号 1001，案卷号 1295。

　　③ 王凝庶：《镇江"旗人"琐忆》，载《镇江文史资料》第 7 辑，镇江文史资料编委会 1984 年，第 97 页。

至1924年以后,才被全部解散。①

除了上述职业以外,大多数没有文化也无一技之长的下层旗人只能从事一些临时性的工作,如小商小贩、人力车夫、打短工等,这种情况实则占据了旗人的绝大多数。广州、西安、北京等一些大城市里,做小商小贩、人力车夫和打短工的旗人占据多数。在北京,从事小工业的、小商小贩的拉洋车的加上当兵的占据了京旗的绝大部分。在西安,旗人"大部分加入了经营小贩,出卖零工"的行列,"旗人赵永禄,在战后得到汉族亲友的资助,开始做起挑担贩卖杂货的小商贩,晁文则学会了做油条的技术,卖油条,后又开面食小铺,长达二十年之久"②。在镇江,"等而下者做小贩、买苦力……为数不少"③。

民国以后,旗人也开始逐步进入工厂,成为工人。清末,八旗工厂和习艺所相继出现,北京首善工厂、江宁八旗工厂、西安驻防工艺传习所等,都吸纳了一些旗人进厂作工,部分旗民由此开始向工人转化。旗人在这些工厂的学习和做工的过程中逐渐掌握了一定的技术,为向产业工人的转化提供了有利的条件。20世纪20年代以后,越来越多的旗人选择学徒做工。在北京,"初步掌握一些生产技术的人逐渐多起来"。一些旗人子弟为了生存,甚至从十三十四岁左右开始进入工厂学徒做工。例如,1923年,13岁的关忠林和15岁的崔荫昌皆进入了北京地毯厂学徒,成为工人;吉洪义,1926年进入北京地毯厂学徒做工,时年14岁;崔爽义同年也进北京地毯厂学徒,时年12岁。④ 20世纪20年代末期以后,外资势力在中国日益扩大,部分旗人进入外资工厂做工。20年代,日本人在青岛大办工厂,青州旗人青少年结伴去青岛,成为日商大唐纱厂、钟渊纱厂、大英烟草公司等外资公司的养成工。⑤ 1929年,青州八旗组织彻底解散以后,数千旗人被迫到青岛四方机车车辆厂和沧口多家日本纱厂

---

①　参见中国科学院民族研究所、辽宁少数民族社会历史调查组:《内蒙古自治区满族社会历史调查报告》,载《满族社会历史调查报告》(下)第7辑,1963年,第3页。

②　中国科学院民族研究所、辽宁少数民族社会历史调查组:《陕西省西安市满族社会历史调查报告》,载《满族社会历史调查报告》(下)第7辑,1963年,第48页。

③　王凝庶:《镇江"旗人"琐忆》,载《镇江文史资料》第7辑,镇江文史资料编委会1984年,第97页。

④　中国科学院民族研究所、辽宁少数民族社会历史调查组:《北京满族调查报告》(一),载《满族社会历史调查报告》(下)第5辑,1963年,第19页。

⑤　参见李凤琪等:《青州旗城》,山东文艺出版社1999年版,第264页。

做工,许多青州旗人转化成纺织工人、卷烟厂工人和机械工人。1914 年新疆奇台满营被解散以后,旗人大多前往乌鲁木齐、独石子等地做石油工人。

旗丁归农是民初旗民社会发展的一大趋势。由于旗地主要集中在北方地区,所以这种现象在北方尤为明显。清末,旗民农民化的趋势就开始出现,沈阳东陵地区满营的部分旗人在鸦片战争以后,就逐渐转向农业,辛亥革命前更有一部分成为地主,而更多的人则成普通农民,走向农业了生产,"估计到辛亥革命前,上满堂的黄带子已有百分之二十从事农业劳动了"①。民国时期,由于政治、经济特权的丧失,有些只有少量土地或者无地的贵族,沦为贫农、雇农。至于一般旗人,成为贫农和雇农就更多了。辽宁凤城地区旗人务农素有传统,清初满州旗人来此"当差"时,凤城地带"还是一片未开垦的处女地,兵丁及其家属在此安农落户后,开发土地,成为占山户,清政府对这里也采取"轻赋薄敛"政策②,所以这里的自耕农现象比较突出。辛亥革命后,部分土地集中在满族中农手里,但自耕农依然存在,此外,旗人贫雇农也占据相当一部分,达到 90 余户。③

北洋时期,计丁授田办法的实行,使得一部分驻防旗人完成了向农民的转化。1919 年至 1920 年间,察哈尔都统为筹划张家口旗民生计事宜,提出将"原有旗地不论是否开熟,划归(旗民)耕种,以资养赡"④,八旗随缺地亩被均匀分给旗民耕种。1914 年至 1916 年间,直隶沧县筹划旗民生计办法也将原有旗产计口授田,改归农业。新疆满营解散以后,伊犁的旗人大部分到伊宁县二区苏拉宫乡从事农业生产。除了各驻防以外,守卫清代园寝的旗人也有相当部分转向耕地为生,成为农民。1914 年,清室守陵长官因旗丁生计困苦,

---

①　中国科学院民族研究所、辽宁少数民族社会历史调查组:《辽宁省沈阳市满堂乡七个村的满族社会情况调查报告》,载《满族社会历史调查报告》(下)第 1 辑,1963 年,第 6 页。

②　参见中国科学院民族研究所、辽宁少数民族社会历史调查组:《辽宁省凤城县红卫星人民公社后营子作业区满族社会历史调查报告》,载《满族社会历史调查报告》(下)第 2 辑,1963 年,第 16 页。

③　参见中国科学院民族研究所、辽宁少数民族社会历史调查组:《辽宁省凤城县红卫星人民公社后营子作业区满族社会历史调查报告》,载《满族社会历史调查报告》(下)第 2 辑,1963 年,第 16 页。

④　中国第二历史档案馆藏:《陆军部核议密云察哈尔都统拟设筹办驻防张家口满蒙八旗生计处办法——1919 年至 1920 年》,陆军部,全宗号 1011,案卷号 3379。

"请准将后龙陵荒九百四十余顷,定为陵地旗租,分给宗人府、礼工部、八旗内务府、绿营五项旗丁,各一百四十四顷三十亩作为津贴,由该旗丁自由佃种"①,得到核准,部分守陵旗丁由此开始以耕地为生。

　　旗人职业多元化的过程中,整个旗民社会群体从社会的上层走向了社会的下层,旗人的生存方式和社会地位深刻变化。表6.6是一份关于辛亥革命前后北京部分旗人家世和职业的调查,显示了多数旗人社会身份的深刻变化。

表6.6　辛亥革命前后部分京师旗人职业一览②

| 姓　名 | 性　别 | 旗　别 | 辛亥革命前家世和身份 | 辛亥革命后职业 |
|---|---|---|---|---|
| 金子开 | 男 | 黄带子 | 月领俸银6两 | 小工 |
| 刘开泰 | 男 | 镶黄汉 | 父当马甲 | 印刷工人 |
| 赵乐安 | 男 | 正白满 | 父每月领银20两 | 拉洋车 |
| 薛德成 | 男 | 镶黄汉 | 先人为兵,本人养育兵,出身1904年,任领催、巡警 | |
| 赵金昌 | 男 | 镶黄汉 | 父为马甲 | 印刷工人 |
| 郎春年 | 男 | 镶红满 | 父为领催、本人为护军警察 | 银行职员 |
| 刘绪刚 | 男 | 镶黄汉 | 父为世袭二等男爵 | 父当警察、本人织袜子、制乐器 |
| 佟权勋 | 男 | 正白满 | 父为圆明园旗兵 | 邮差 |
| 赵继昌 | 男 | 镶白满 | 父为马甲禁卫军 | 摊商 |
| 关海华 | 女 | 满 | 父领钱粮 | 保姆 |
| 赵伯禹 | 男 | 正白满 | 父做过扎蓝益都 | 手工业 |
| 那双义 | 男 | 镶蓝满 | 父为旗兵 | 地毯工人 |
| 崔荫昌 | 男 | 满 | 父为旗兵 | 地毯工人 |
| 邬仲衡 | 男 | 镶白满 | 高祖至祖先为汉文译泽举人和税官 | 银行工作 |
| 周兆熊 | 男 | 镶黄满 | 幼为养育兵 | 送煤球、摆小摊 |
| 许佐臣 | 男 | 镶黄汉 | 父为奉臣院笔贴式 | 行医 |

---

①　中国第二历史档案馆藏:《关于教育部拟将清室东西两陵核拨充教育基金之提议——1924年至1925年》,内务部,全宗号1001,案卷号5840。

②　参见中国科学院民族研究所、辽宁少数民族社会历史调查组:《北京满族社会历史调查报告》(一),载《满族社会历史调查报告》(下)第5辑,1963年,第29页。

续表

| 姓　　名 | 性　别 | 旗　别 | 辛亥革命前家世和身份 | 辛亥革命后职业 |
|---|---|---|---|---|
| 曹振林 | 男 | 镶黄满 | 祖父为内务府勤杂 | 小商贩三轮车夫 |
| 苏宝仁 | 男 | 镶红满 | 曾祖为第一镇国将军后代、世袭其职 | 画画 |
| 那福厚 | 男 | 满 | 父为护军 | 本人小商贩、拉洋车 |

从以当兵为业到以多种职业为生,旗人完成了向四民的转化。旗人职业的多元化,正是他们由传统向现代转化的过程。

## 四、居住方式和婚姻观念的变化

民国以后,旗民居住和旗民不通婚的限制完全被打破,旗人居住方式和婚姻观念均发生了深刻变化。旗民居住方式的改变主要缘于旗民生存状态的改变,满营的消亡使得旗人不得不离开原有的居住地域。经过辛亥革命,一些满城早已面目全非,杭州、西安、南京等驻防旗人很早就迁居他乡。在多种职业的选择过程中,旗民逐渐移居他处,与汉族和其他民族共同杂处,满营或满城逐渐成为历史。辛亥革命以后,江宁驻防旗营多数被毁,旗人流散各地。民国五年(1916 年)左右,南京地方当局集资修建旗民栖息所,包括"平屋三处六所,各十五间,共计二百七十间",①专供旗民居住,但不久,即有不少房屋被租与非旗籍居民居住,旗、民杂居成为常态。在京城,由于旗营的消散,旗人多数走出旗营,迁居民间,以致旗务管理机构常常难以联系他们。1923 年 10 月,隆普等 23 名旗人获得旗租地补立契据,但隆普等人已脱离原有住址,契据一时难以投递,不得已,京兆尹刘梦庚只得要求清室内务府代为寻找。寻找结果显示,隆普等人早已散居各处,其住址清单罗列如下,以窥知一二。

隆普　观音寺门牌二号

宁同　史家胡同门牌二十五号

隆锴　东四牌楼十条胡同门牌六十四号

---

① 万国鼎:《南京旗地问题》,正中书局民国二十四年(1935 年)版,第 67 页。

善豫　教厂胡同门牌三号

善宝　表背胡同门牌五十二号

已故镇国将军善彦之妻暴唐佳氏　崇文门内遂安伯胡同门牌七号

已故宗室祥品之女继蘭英　东单牌楼水磨胡同门牌八号

已故宗室继增之妻继农氏　东单牌楼水磨胡同门牌八号

荣复　东四牌五条铁匠营牛圈门牌六号

毓室　东安门外左一区属梯子胡同五号

已故宗室式毂之妻舒穆鲁氏　东四牌七条胡同门牌三十二号

崇禄　东直门内左四区属柳树井门牌一百七十号

福明　内四区北新桥东新太仓门牌五十号

毓连　东直门内北小街颂年胡同路南门牌四十号

宗彬　西单牌楼报子街印祖胡同路北胡同五号

荣欣　锦什坊街小贫胡同门牌九号

爱仁　内右二区锦什坊街内大乘寺十号

恒年　内右四区官门口内弓匠营一号

瑞年　内右四区官门口内弓匠营一号

预萃　地安门外宝钞胡同内净土寺门牌三号

毓简　右四区界内东观音寺门牌八号①

　　居住方式的改变在一定程度上影响着旗人的婚姻方式,旗、民杂处为旗民通婚提供了可能,在与包括汉民族在内的其他民族杂处的过程中,增进了彼此的了解和情感,为双方通婚奠定了基础。对民初旗民婚姻观念变化影响至深的重要因素,依然在于旗民社会政治地位的变化和与辛亥之前截然不同的生活状态。由于生活水平的低下和民族歧视的存在,旗人希望借助于婚姻改变生存状态的现象开始出现。例如,景双玉的母亲身为旗人,不仅嫁给了汉人,而且还做了填房,景双玉分析说:"可能因为我父亲开着毯子房,比较有钱,又

　　① 中国第二历史档案馆藏:《核发京兆各地旗产地亩执照有关文件——1912 年 6 月至1924 年 6 月》,内务部,全宗号 1001,案卷号 4443

是嫁到城里头吧。"①

　　北洋时期,旗、民通婚尤其是旗、汉通婚的现象越来越普遍。旗人妇女赵秀英回忆说:"改了大清国的时候,咱俩满洲人姑娘都给了农村的,我三叔的两个孩子就是我那两个姐姐,就都给了农村的汉人。"②在各驻防,满营解散后,满汉通婚的现象日渐普遍。"西安市的满族原来与汉族是不通婚的","辛亥革命以后,满汉通婚已没有任何限制了。据对西安 155 户旗人的调查,没有一家是纯满族人的家庭。"③居民方式的改变和婚姻观念的变化显示,旗民已从一个高高在上的拥有特权的社会阶层完成了向平民化的转变。

　　民初以来,旗民人口流动的加剧、职业的多元化、居住方式的改变和婚姻形态的变化表明,传统的旗民社会已然走向了消亡。旗民新的生存方式的出现和职业的多元化虽然是被迫选择的结果,但旗民社会却由此完成了他们的现代转向。上述多种变化不仅有利于旗人走出狭小封闭的小圈子,走向广阔的社会,学会以独立自主的方式生存,也有助于他们与包括汉民族在内的其他各民族的沟通、理解与相互交融,对于旗民群体本身和民族国家的发展无疑是积极的。

---

① 定宜庄:《最后的记忆——十六位旗人妇女的口述历史》,中国广播电视出版社 1999 年版,第 143 页。

② 定宜庄:《最后的记忆——十六位旗人妇女的口述历史》,中国广播电视出版社 1999 年版,第 185 页。

③ 中国科学院民族研究所、辽宁少数民族社会历史调查组:《陕西省西安市满族社会历史调查报告》,载《满族社会历史调查报告》(下)第 7 辑,1963 年,第 55 页。

# 余　论

　　清末民初旗民社会的演变是近代中国社会变迁的一个缩影,而旗民生存状态的变化则深深呼应了近代中国社会发展的轨迹。自其形成直至消亡,旗民社会经历了漫长的三百余年,作为一个特殊的社会群体,旗民生计始终是社会一大民生问题。不同历史时期,由于社会地位的不同,旗民社会生存呈现出不同的历史态势。

　　自入关以后至19世纪中叶的二百年时间内,旗民社会始终占据清代社会生活的主体,其社会生存状态也远优于其他社会群体。鸦片战争以后直至清末时期,是近代中国社会急剧变革的历史时期,内外交困和财力支绌,使得清朝国家"恩养"整个旗民社会的政策受到严峻挑战。更为主要的是,19世纪中叶以后,随着西方资本主义文明势力的侵入,中国社会近代化因素积极生长,传统的社会结构和社会组织逐渐被打破和解体,新的社会组织与群体开始出现。在这种历史的嬗变中,新的商人群体、近代军人群体、新兴知识分子群体逐步发展成社会的精英集团,由边缘逐渐地走向社会的中心,并越来越多地控制着社会生活的主要话语权。与此相反,一向居于主导地位的旗民群体日渐式微、凋零,社会边缘化趋势日益明显。晚清旗民生存状态的恶化正是这种"大历史"的深刻反映。

　　清末旗制变革是清末新政的重要内容,在晚清统治者试图改善旗民生存状态的努力中,旗民社会变迁悄然进行,平民化趋势的出现、职业的多元化、婚姻观念和居住方式的某些改变,为旗民社会的现代转型奠定了一定基础。

　　辛亥革命显然彻底改变了旗民的历史命运,使其社会身份发生了深刻的转变,但辛亥革命带给旗民社会痛苦生活的同时,也推进了旗民的平民化进程。辛亥革命时期的南北和谈和《清室优待条件》的签订,延缓了旗民社会走向消亡的步伐,为旗民融入新的社会生活赢得一定的时间。中华民国的建立,从政治、经济、社会生活等方面构建了中国现代国家的雏形，"一律平等，无种族、阶级、宗教之区别"的"五族共和"基本原则的确立，从理论上为旗民社会的现代转型争取了足够的空间。民初以后，虽然真正的民族平等并未完全实现，旗人遭受歧视的现象普遍存在，但从民族关系的发展方向来说，"五族共和"思想所提倡的平等的民族精神有利于旗人社会的长远发展和现代转型；长远来看，也有益于旗人跳出经年生活的狭小圈子，以现代国家和社会中平等一员的身份，准确定位其在现代国家中的社会角色，寻找最为恰当的社会生存方式。

　　北洋时期的旗民生活状态实则为北洋社会的缩影，北洋时期，旗民生存之艰难前所未有，反映出这一历史时期社会的动荡与不安。北洋军阀统治的黑暗是毋庸置疑的，民初以后，大大小小的军阀轮番上台，他们割据称雄、连年混战，国家政潮迭起、政治腐败，给人民生活带来的是无尽的艰难。但北洋时期是近代中国社会的重要的转型与过渡时期，同样，这一历史时期，也是旗民社会重要的转型与过渡时期。从表面上看，由于这一历史时期的整个社会充满矛盾、混乱、冲突与战争，人民无以聊生，旗民生存尤其艰难，但是加以冷静的观察与分析，出现这样的现象并不奇怪，因为北洋时期身处历史的转折和社会变迁时期，它"正在经历着中国几千年的手工劳动为基础的小生产向近代化社会的迈进与过渡，从一家一户为单位的小农业、家庭手工业相结合的自给自足的自然经济形态，向近代商品经济形态的迈进和过渡；从君主专制政治向军事分权政治、民主共和政治的迈进与过渡；从世袭政治权力、家庭、血缘、宗法关系向竞争政治权力、'法制'名义下的'自由'、'平等'、'独立'的社会秩序的迈进与过渡；从迷信、封闭到科学、开放，从地域联系、'本省人治本省'到世界性联系、政党政治的迈进与过渡；从'以礼治国'到'中体两用'、'以体为主'、'体用结合'的迈进和过渡。北洋政府所经历的这种迈进与过渡，是一种大变动时代的由旧质向新质的迈进和过渡"。① 在这种迈进和过渡中，旗民社会失去君主专制政治的庇护，失去了世袭的政治权力，失去了封闭狭窄的旗营和旗民社会圈子，也失去了悠然、自得的生活。但这种"失去"正是他们迈进"民主"、"自由"、"共和"、"平等"、"独立"的现代社会生活秩序的代价，是社

---

① 郭剑林：《中国近代社会的转型与过渡——北洋政府时代》，《历史教学》2001 年第 2 期。

会大变动时代的新旧交替所不可避免的。

与其他任何社会群体不一样的是,旗民社会群体的命运还与特定的体制——八旗体制紧密相关。特定的社会体制决定特定社会群体的历史命运,清末民初旗民社会的发展趋势与生存状态正是这种关系的体现。清代前期,旗民社会的主体地位和种种社会特权均益于八旗体制的存在,但八旗体制带给旗民社会世袭地位的同时,也养成了长久影响旗民社会群体的寄生性和腐朽性,最终制约旗民社会群体的积极发展。由于长期处于"四民"之外,旗民缺乏竞争性和流动性,除了依赖于国家的恩养,他们早已无法离开八旗体制的庇护而独立生存与发展。18世纪中叶起,清朝国家实力已开始走向衰退,政府在竭力包养整个旗民社会的同时,也越来越感到这一负担的沉重,旗民生计问题逐渐发展成为社会的一大民生问题。至鸦片战争前,八旗体制内在的结构性矛盾严重影响到了旗民的社会生存,旗民社会生存的窘境已日渐显露。鸦片战争以后,中国经济和社会日渐崩溃,清朝中央政权急剧削弱,社会控制力日益下降,国家政治体制对社会各阶层的影响力衰退,竞争力和创造力成为影响社会各阶层生存的重要因素。在这激烈的社会变革时期,各社会阶层力量深刻变化,社会群体的生存与发展也呈现出不同的态势。凭借较强竞争力崛起的新式商人、新式军人、新兴知识分子等新的社会阶层,日益走向社会的中心。与此同时,伴随清朝国家同步衰亡的八旗体制已无力继续庇护的旗民群体的社会生存,而长期形成的依赖性和寄生性导致了旗民群体社会竞争力的严重缺乏,其生存状态的恶化成为必然。辛亥革命虽然推翻清朝政权,但八旗体制对旗民社会生存所产生的消极影响却远未消除。南北和谈使得八旗体制在北方的多数地区得以延存,俸饷的照旧支放和八旗官佐的照旧序补,使得诸多旗民久久不愿离开"铁杆庄稼"的供养。造成的后果是,民主共和的国家机制虽然初步建立,但旗民民主平等、自主的思想却未形成,从根本上阻碍了旗民社会向自食其力的转化,影响了旗民社会的健康发展。当财力支绌的北洋政府无力照旧支放俸饷时,旗民就只能任凭命运的摆布了。国家无力供养和个人生计乏术的双重因素影响之下,旗民社会的现代转向之路极其艰难,而其生活状态则因此极其贫困。

辛亥以后八旗体制对旗民社会的消极意义还在于心理层面的影响。一是部分旗人久久不愿意脱离八旗体制,长久地留恋传统的旗民生活,无法适应民初复杂、多变的社会生活；二是由于地位和社会身份的巨大落差以及社会歧视的存在，使得多数旗人产生一定的自卑心理，旗人冠姓更名改籍现象就是这种状态的真实反映。上述种种，不难得出这样的结论，特定的八旗体制决定了清末民初特定的旗民社会生存状态。

但是，任何社会制度往往具有两面性。八旗体制对后期旗民社会生活的消极意义不言而喻，然而，八旗体制在民初的残留与延存却又具有一定的合理性。北洋时期八旗体制的残留存在着合适的土壤与条件。北洋政府时代是一个由半殖民地半封建社会形态走向近代化的转型和过渡的时代，呈现出新旧交替、古今并存的复杂状况，就政治体制而言，辛亥革命打破了"天赋王权"、皇帝偶像、君主尊严以及八旗体制的权威，资产阶级革命党人建立了具有资产阶级性质的中华民国政治体制，实现了中国历史上几千年来第一次从"皇权"到"民权"的转化，但是封建体制的残余并未从根本上肃清。出于保全自身的本能和需要，从袁世凯到张勋，北洋政府的统治者们所依赖的背后的社会势力，总是驱使它收回已经作出的让步，保存自己的封建性质。封建军阀与旧制度、旧王朝皆有着千丝万缕的联系。北洋时期的一些大员如袁世凯，冯国璋、段祺瑞、王士珍、徐世昌等多是清代一手提拔起来的汉将，张作霖、吴佩孚、曹锟等后起的官吏也曾担任清朝的官职。自光绪末年明令提倡满汉通婚之后，袁世凯等一些汉人官僚家庭选择了与满族通婚，联姻最能消除民族间的隔阂，加上旧日的隶属关系，这些人除争夺政权外，对民族界限比较淡薄，很少有仇满，排满之意。在这些封建军阀的统治下，八旗体制并没有被急切地根除，尤其在袁世凯当政时期，旗民生计筹划还得到相当程度的重视。在张作霖控制的东北地区，自民国建立后的多年时间内，旗民的社会生活方式并没有得到多大的改变，主要在于张作霖并没有在"革命"口号的幌子下，对东北八旗的产业进行抢劫、掠夺。据调查，直至解放前，东北的许多陵寝、园寝、坟地，仍归旗人自管，旗民传统的社会生活方式得以相对完整的保存。① 由此看来，八旗体制的延存有利民初旗民社会群体的平稳过渡，为旗民社会的现代转型争取了一定的时间和空间。

需要肯定的是，北洋政府对旗民生计问题的筹划，对于民初旗民的社会转

---

① 参见金启琮：《北京郊区的满族》，辽宁民族出版社1989年版，第117页。

型起了积极作用。辛亥革命后签订的《清室优待条件》,对于旗民生计筹划作出的相关规定,在北洋政府统治的时间里得到一定程度的实施。旗饷在各地得到不同程度的发放,给了部分旗民喘息的机会。旗地的清理、丈放虽然不乏多种利益之争,但因含有筹划旗民生计之初衷,其对于旗民生计之积极意义是毋庸置疑的。清丈旗地的部分所得,用于旗民之生计也是不争的事实。此外,北洋政府还给旗人从警、从军、从政、从文、从医提供了一定的机会和舞台,如禁卫军的改编、护军营的改组等。北洋政府在京畿、东北等北方旗地集中地区计丁授田、劝旗归农的实践,也使得部分旗人成功转化成为农民,使他们觅得了一息生机。20世纪10—20年代民族工业得到长足发展,年轻力壮的旗人进入工厂,成为工人,旗人职业多元化趋势在这一时期进一步凸显,结束了旗人长期徘徊于四民之外的历史。尽管北洋政府作出了种种努力,但旗民生计始终未能筹定,饷银发放时断时续,渐至于无,多数旗人生计日益贫困,反映了北洋政府在旗民生计问题上的力不从心。然而作为弱势群体的旗民群体的生存困难并不是特异困难,其生计始终受到程度不等的关注,表明这个群体有着其他弱势群体不能拥有的某种程度的幸运。纵观北洋时期,贫困群体及下层民众人口众多,其中,"汉民贫苦者亦多矣,不闻赖于救济若斯之久且众也"①。从这个角度看来,北洋政府关于旗民生计筹划的努力应当予以充分肯定。

清末民初旗民生存状态的演变与旗民生计问题的多种考量、实践,能够给予民生问题多种启迪与思考。

首先,清末民初旗民生存状态表明,稳定的、连续的、符合特定社会群体特点的民生政策是一切民生问题解决的关键。

鸦片战争以后,晚清政府意识到旗民生计问题的重要性,试图制定一系列政策改善旗民生计,包括设厂办学、劝农归田、编练新军等,一定程度上促进了旗民的自谋生计。辛亥革命的爆发,中断了清政府在旗民问题上的努力,旗民社会被猝不及防地推向复杂、动荡的民初社会生活。北洋政府建立以后,此前晚清政府所制定的相关政策并未得到有效的延续,虽然《关于满、蒙、回、藏各族待遇之条件》和《保护旗人公私产财产文》等文件相继出台,但其保护旗民财产、维护旗民一般生存的目的并未达到。北洋时期政权更迭频繁,上述政策

---

① 万国鼎:《南京旗地问题》,正中书局民国二十四年(1935年)版,第80页。

的实施时断时续,有些涉及旗民利益的具体问题,如旗地的清丈等,常常由于涉及不同集团的利益,其政策往往屡遭更改。此外,不同派系的统治之下,旗民政策各有不同,重视程度也不尽相同,尤其在北洋政府统治的后期,旗民的社会生存状态则是基本到了自生自灭的地步。旗民生计问题是一个系统的社会民生工程,需要国家和政府制定稳定而连续的政策,逐步引导他们走上健康发展的道路,而这一点是动荡的北洋政府所无法给予的。

其次,清末民初旗民社会生存情形还充分表明,正确的民生认知是解决一切民生问题的基础。在旗民生计问题上,晚清开明官员的认知远优于北洋时期的多数军阀、官僚。不管基于什么样的目的,清末最后十年,晚清政府在大力推行政治、经济、军事、文化方面改革的同时,竭力倡导以满汉通婚、司法同一、旗民一体为主要内容的旗民社会改革,努力弥合满汉畛域,顺应了中国历史与社会的发展要求,不仅改善了旗民生计,更为主要的,使旗民能够逐渐接受民族平等的理念和实践。然而,民国建立以后,以"五族共和"为基本内容的平等的民族关系的原则虽然确立,但在其后的中国实际政治生活和思想进程中并没有对旗民社会发展起到正向的推进作用。具体地说,对于民初旗民生存的政治环境没有能够进行正确的舆论导向。相反,长期以来,由于激进的资产阶级革命党人在民族问题上的认识思想有失偏颇,造成新的民族歧视,这恶化了民初旗民的社会生存环境。北洋时期当政的封建、军阀、官僚既未意识到民族平等理念的倡导对于旗民民生的重要性,也不可能对民众进行普遍的民族平等思想的宣传和教育,其结果是,民族歧视的现象愈演愈烈,并在辛亥革命以后长期弥漫,对旗民社会生存造成了恶劣的影响。由此看来,只有以平等的姿态对待社会民生,尤其是弱势群体的民生,才能以正确的态度看待和解决一切民生问题。

最后,对于一切民生来说,自食其力是各社会群体,尤其是弱势群体赖以生存的根本。1912年9月,孙中山先生在北京西山广济寺会见北京各界旗人代表时,就曾强调说,解决旗民生计问题,主要靠旗人自食其力。而如何实现自食其力呢? 对于旗人自身来说,是要转变思想观念,变革生存方式,自觉脱离国家和社会的供养,积极从坐享其成向自食其力转化。事实表明,民国建立后,那些较早失去俸饷供养的旗人,融入现代社会生活的速度相对较快。对于国家和政府来说,要使旗民能够自食其力,除了正确的引导以外,应当给予他们更多的就业机会,只有实现充分就业才能促使他们实现自养自立。对此,孙中山先生曾经指出,要"使各旗人均有生计",应"免致失业"。① 然而北洋时期,旗人失业现象比比皆是。就业问题是社会民生的根本问题,它涉及了国家政治改良、经济社会发展、政府执政水平、教育普及程度、思想观念变化等社会生活的各个领域。民初旗人不仅在就业中遇到多种歧视和排斥,而且国家和社会赋予他们的就业机会也是十分有限的。北洋时期,中国的民族工业虽然得到长足的发展,但还不足以给社会提供全面的就业机会,受到歧视的旗人在与其他社会群体竞争有限的岗位时,其劣势是显而易见的。旗民工厂虽然给予部分旗民以就业机会,但由于其资金不足、数量有限和寿命短暂,对旗民生计而言,根本无足轻重。此外,由于缺乏一技之长,政府也未能提供系统的就业培训,加上教育程度有限,旗人在向"四民"的转化中遇到了诸多困难,生计问题也未能得以最终解决。旗民作为清末民初一个特殊社会群体,其生计问题涉及民初社会生活的多个层面,临时的赈济和零星的饷银无法根本解决嗷嗷待哺的旗民之需。

　　清末民初旗民生计问题的解决实质是一个浩大的社会工程,国家和政府以及主流社会群体不仅要给予他们更多的包容、关注和诸多的社会保障,还应着力于实现他们从坐享其成向自食其力的转化,而这一切是社会动荡、财力奇绌的晚清和北洋政府及社会所无法保证的,从这个意义上说,一个繁荣、稳定、富强的民族国家才是一切民生问题解决的基础。

---

　　① 参见孙中山:《在北京广济庙与旗人的谈话》,载广东省社会科学院历史研究室、中国社会科学院近代史研究所中华民国史研究室、中山大学历史系孙中山研究室合编:《孙中山先生全集》(二),中华书局 2006 年版,第 469 页。

# 参考文献

一、档案、档案丛编、报刊

1.《北洋时期内务部档案》,中国第二历史档案馆藏。

2.《北洋时期陆军部档案》,中国第二历史档案馆藏。

3.《北洋时期审计院档案》,中国第二历史档案馆藏。

4.《北洋时期护军管理处档案》,中国第二历史档案馆藏。

5.《国民政府时期内政部档案》,中国第二历史档案馆藏。

6.《清朝陆军部(兵部)档案》,中国第一历史档案馆藏。

7.《八旗都统衙门全宗档案》,中国第一历史档案馆藏。

8.《北平市政府业务会报笔录及首善工厂、平民农牧场沿革》,北京市档案馆藏。

9. 故宫博物院明清档案部编:《清末筹备立宪档案史料》,中华书局1979年版。

10. 中国第一历史档案馆编:《清代档案史料丛编》,中华书局1982年版。

11. 中国第二历史档案馆编:《中华民国史档案资料汇编》,江苏人民出版社1981年版。

12.《政治官报》,1907—1911年。

13.《东方杂志》,1907—1911年。

14.《申报》,1898—1927年。

15.《大公报》,1902—1920年。

16.《盛京时报》,1906—1920年。

17.《政府公报》,1912—1928年。

18.《晨报》,1920年。

19.《民国日报》,1916—1920年。

20.《民立报》,1910—1913 年。

21.《中国新报》,1907 年。

## 二、典籍

1.《清世祖实录》,中华书局 1986 年影印本。

2.《清圣祖实录》,中华书局 1986 年影印本。

3.《清太祖实录》,中华书局 1986 年影印本。

4.《清太宗实录》,中华书局 1986 年影印本。

5.《清高宗实录》,中华书局 1986 年影印本。

6.《清穆宗实录》,中华书局 1986 年影印本。

7.《清文宗实录》,中华书局 1986 年影印本。

8.《清德宗实录》,中华书局 1986 年影印本。

9.《宣统政纪》,中华书局 1986 年影印本。

10. 沈桐生等辑:《光绪政要》,江苏广陵古籍出版社 1991 年影印本。

11. 赵尔巽等撰:《清史稿》,天津古籍出版社 2007 年版。

12. 刘锦藻编:《清朝续文献通考》,浙江古籍出版社 2000 年版。

13. 朱寿朋编:《光绪朝东华录》,中华书局 1958 年版。

14.《清朝文献通考》,浙江古籍出版社 1988 年版。

15. 康熙《大清会典》,(台北)文海出版有限公司 1993 年版。

16. 光绪《大清会典》,(台北)文海出版有限公司 1993 年版。

17. 光绪《大清会典事例》,(台北)文海出版有限公司 1992 年版。

18. 王钟翰点校:《清史列传》,中华书局 1987 年版。

19.《钦定中枢政考》,嘉庆朝武英殿本。

20.《清朝通典》,浙江古籍出版社 1988 年版。

21.《清朝通志》,浙江古籍出版社 1988 年版。

22. 鄂尔泰:《八旗通志》(初集),东北师范大学出版社 1985 年版。

23. 李洵等主校:《钦定八旗通志》,吉林文史出版社 2002 年版。

24.《钦定八旗则例》,乾隆朝武英殿本。

25.《钦定回疆则例》,光绪三十四年(1908 年)本。

26. 马甫生等标校:《八旗文经》,辽沈书社 1988 年影印本。

27. 关嘉录译:《雍乾两朝镶红旗档》,辽宁人民出版社 1987 年版。

28. 贺长龄等编:《皇朝经世文编》,中华书局 1992 年版。

29. 葛士浚编:《皇朝经世文续编》,清光绪十四年(1888 年)图书集成局排印本。

30. 邵之棠编:《皇朝经世文统编》,(台北)文海出版有限公司 1980 年版。

31. 钱实甫:《清季重要职官年表》,中华书局 1959 年版。

32. 钱实甫:《北洋政府职官年表》,华东师范大学出版社 1991 年版。


三、史料集、文集

1. 齐思和等编,中国史学会主编:中国近代史资料丛刊《鸦片战争》(第 1—6 册),上海人民出版社、上海书店出版社 2000 年版。

2. 翦伯赞等编,中国史学会主编:中国近代史资料丛刊《戊戌变法》(第 1—4 册),上海人民出版社、上海书店出版社 2000 年版。

3. 柴德庚等编,中国史学会主编:中国近代史资料丛刊《辛亥革命》(第 1—8 册),上海人民出版社、上海书店出版社 2000 年版。

4. 张宗平、吕永和译:《清末北京志资料》,北京燕山出版社 1994 年版。

5. 张枬、王忍之:《辛亥革命前十余年间时论选集》,三联书店 1977 年版。

6.《袁大总统书牍汇编》,上海广益书局 1914 年铅印本。

7. 章福荣:《旗族存亡一大问题》,1922 年铅印本。

8. 万国鼎:《南京旗地问题》,正中书局民国二十四年(1935 年)版。

9. 徐珂:《清稗类钞》,中华书局 1984 年版。

10.《清代碑传全集·碑传集三编》,上海古籍出版社 1987 年影印本。

11.《锡良遗稿》,中华书局 1959 年版。

12. 金梁:《变通旗制三上书》,清宣统铅印本。

13. 金梁:《光宣小记》,民国二十二年(1933 年)铅印本。

14. 金梁:《瓜圃述异》,1936 年铅印本。

15. 奉天旗务司编:《奉天旗制变通案(甲乙二类)》,清宣统铅印本。

16. 福格:《听雨丛谈》,中华书局 1984 年版。

17. 吴振棫:《养吉斋丛录》,中华书局 1984 年版。

18. 端方:《端忠敏公奏稿》,(台北)文海出版社 1982 年版。

19. 魏源:《圣武记》,中华书局 1984 年版。

20. 昭梿:《啸亭杂录》,中华书局 1980 年版。

21. 谈迁:《北游录》,中华书局 1960 年版。

22. 汤志钧编:《康有为政论集》,中华书局 1981 年版。

23. 刘晴波主编:《杨度集》,湖南人民出版社 1986 年版。

24.《梁启超全集》,北京出版社 1999 年版。

25. 徐一士:《一士类稿》,山西古籍出版社 1996 年版。

26. 苑书义等编:《张之洞全集》,河北人民出版社 1998 年版。

27. 湖南省社会科学院编:《黄兴集》,中华书局 1981 年版。

28. 天津图书馆、天津社科院历史出版社研究所编:《袁世凯奏议》,天津古籍出版社 1987 年版。

29. 章伯锋、荣孟源、顾亚等编:《近代稗海》,第 1—13 辑,四川人民出版社 1985—1988 年版。

30. 汤志钧编:《章太炎政论选集》,中华书局 1977 年版。

31. 周秋光主编:《熊希龄集》,湖南人民出版社 1985 年版。

32. 汤志钧编:《冯玉祥选集》,中华书局 1977 年版。

33. 广东省社会科学院历史研究室、中国社会科学院近代史研究所中华民国史研究室、中山大学历史系孙中山研究室合:《孙中山全集》,中华书局 2006 年版。

## 四、地方志、文史资料及其他

1. 长善:《驻粤八旗志》,辽宁大学出版社 1990 年点校本。

2. 张大昌辑:《杭州八旗驻防营志略》,辽宁大学出版社 1994 年版。

3. 贻谷修:《绥远志》(《绥远旗志》),光绪三十四年(1908 年)刻本。

4. 钟瑞编:《京口八旗志》,光绪五年(1885 年)刻本。

5. 王树楠、吴廷燮:《奉天通志》,民国二十三年(1934 年)铅印本。

6. 朱颐修、宗庆熙纂:《密云县志》,民国三年(1914 年)铅印本。

7. 徐世昌等编纂:《东三省政略》,吉林文史出版社 1989 年版。

8. 李厚基:《福建通志》,民国二十七年(1938 年)刻本。

9. 杨虎城、邵力子:《续修陕西通志稿》,民国二十三年(1934 年)铅印本。

10. 宋哲元等:《察哈尔省通志》,民国二十四年(1935 年)铅印本。

11. 张伯英等修:《黑龙江志稿》,民国二十一年(1932 年)北京排印版。

12. 王焕镳:《首都志》,正中书局民国二十四年(1935 年)版。

13. 吴廷燮等编:《北京市志稿》,北京燕山出版社 1989 年版。

14. 尚秉和:《辛壬春秋》,辛壬历史编辑社民国十三年(1924 年)版。

15. 中国社会科学院民族研究所、辽宁少数民族社会历史调查组:《满族社会历史调查报告》,1963 年编印。

16. 北京市政协文史资料委员会编:《辛亥革命后的北京满族》,北京出版社 2002 年版。

17. 佟靖仁:《塞北新城的满族》,内蒙古大学出版社 1997 年版。

18. 金启琮:《北京郊区的满族》,内蒙古大学出版社 1989 年版。

19. 金启琮:《北京城区的满族》,辽宁民族出版社 1998 年版。

20. 汪宗猷:《广州满族简史》,广东人民出版社 1990 年版。

21. 中国人民政治协商会陕西省委员会文史资料研究委员会编:《陕西辛亥革命回忆录》,陕西人民出版社 1982 年版。

22. 中国人民政治协商浙江省委员会文史资料研究委员会编:《浙江辛亥革命回忆录》,浙江人民出版社 1981 年版。

23. 浙江省辛亥革命史研究会:《辛亥革命浙江史料选辑》,浙江人民出版社 1981 年版。

24. 中国人民政治协商会议全国委员会文史资料研究委员会编:《辛亥革命回忆录》(全八集),北京文史资料出版社 1981—1982 年版。

25. 中国人民政治协商会议全国委员会文史资料委员会编:《辛亥革命在各地——纪念辛亥革命八十周年》,中国文史出版社 1991 年版。

26. 阮瀛涛、赵清主编:《四川辛亥革命史料》,四川人民出版社 1981 年版。

27. 江苏省政协文史资料委员会编:《江苏文史资料选辑》,江苏古籍出版社 1981 年版。

28. 上海社会科学院历史研究所编:《辛亥革命在上海史料选辑》,上海人民出版社 1981 年版。

29. 扬州师范学院历史系编:《辛亥革命江苏地区史料》,大东图书公司

1980 年版。

30. 江苏省镇江市委员会文史资料研究委员会:《镇江文史资料》,第 7 辑,镇江文史资料编委会 1984 年。

31. 汤志钧:《乘桴新获——从戊戌到辛亥》,江苏古籍出版社 1990 年版。

32. 骆惠敏编:《清末民初政情内幕》,知识出版社 1986 年版。

33. 韩信夫、姜克夫:《中华民国大事记》,中国文史出版社 1997 年版。

34. 罗元铮等:《中华民国实录》(第一卷),吉林人民出版社 1998 年版。

35. 老舍:《正红旗下》,人民出版社 1987 年版。

36. 郑怀义、张建设:《中国末代皇叔》,中国人事出版社 1997 年版。

37. 溥仪:《我的前半生》,群众出版社 1983 年版。

38. 贺觉非、冯天瑜:《辛亥武昌首义史》,湖北人民出版社 1985 年版。

39. 冯玉祥:《我的生活》,黑龙江人民出版社 1981 年版。

40. 吴景洲:《故宫五年记》,上海书店出版社 2000 年版。

41. 秦国经:《逊清皇室轶事》,紫禁城出版社 1985 年版。

42. 蒋芃苇、隋鸿跃:《爱新觉罗氏的后裔们》,上海人民出版社 1997 年版。

**五、相关专著**

1. [韩]任桂淳:《清朝八旗驻防兴衰史》,三联书店 1994 年版。

2. 定宜庄:《清代八旗驻防制度研究》,天津古籍出版社 1992 年版。

3. 定宜庄:《最后的记忆——十六位旗人妇女的口述历史》,中国广播电视出版社 1999 年版。

4. 定宜庄:《满族的妇女生活与婚姻制度研究》,北京大学出版社 1999 年版。

5. 定宜庄等:《辽东移民中的旗人社会:历史文献、人口统计与田野调查》,上海社会科学院出版社 2004 年版。

6. 刘小萌:《满族的社会与生活》,北京图书馆出版社 1998 年版。

7. 中国人民大学清史研究所、中国人民大学档案系中国政治制度史教研室编:《清代的旗地》,中华书局 1989 年版。

8. 阎崇年:《满学论集》,民族出版社 1999 年版。

9. 刁书仁:《满族生活掠影》,沈阳出版社 2002 年版。

10. 李林:《满族宗谱研究》,辽沈书社 1992 年版。

11. 支运亭主编:《八旗制度与满族文化》,辽宁民族出版社 2002 年版。

12. 李凤琪、唐玉民、李葵:《青州旗城》,山东文艺出版社 1999 年版。

13. 杨学琛、周运廉:《清代八旗王公贵族兴衰史》,辽宁人民出版社 1986 年版。

14. 滕绍箴:《清代八旗子弟》,中国华侨出版公司 1989 年版。

15. 杜家骥:《八旗与清朝政治论稿》,人民出版社 2008 年版。

16. 李燕光、关捷主编:《满族通史》,辽宁民族出版社 1991 年版。

17. 赵展:《满族历史纲要》,承德地区行政公署民族事务委员会 1983 年印行。

18. 王钟翰:《王钟翰学述》,浙江人民出版社 1999 年版。

19. 王钟翰:《清史杂考》,人民出版社 1957 年版。

20. 王钟翰:《清史新考》,辽宁大学出版社 1997 年版。

21. 王钟翰:《清史补考》,辽宁大学出版社 2004 年版。

22. 王钟翰主编:《满族史研究集》,中国社会科学出版社 1988 年版。

23. 冯尔康、常建华:《清人社会生活》,沈阳出版社 2002 年版。

24. 阎崇年:《燕史集》,北京燕山出版社 1998 年版。

25. 章开沅:《辛亥革命与近代社会》,天津人民出版社 1985 年版。

26. 费孝通:《中华民族多元一体格局》,中央民族学院出版社 1989 年版。

27. 蒋廷黻:《中国近代史大纲》,东方出版社 1996 年版。

28. 萧一山:《清代通史》,中华书局 1985 年版。

29. 茅海建:《天朝的崩溃——鸦片战争再研究》,三联书店 2005 年版。

30. [美]费正清:《剑桥中国晚清史(1800—1911)》,中国社会科学出版社 1993 年版。

31. [美]费正清:《剑桥中华民国史》,上海出版社 1998 年版。

32. [英]埃里克·霍布斯鲍姆著,李金梅译:《民族与民族主义》,上海人民出版社 2000 年版。

33. [美]马丁·M.麦格:《族群社会学》,华夏出版社 2007 年版。

34. [英]安东尼·史密斯:《民族主义》,上海人民出版社 2006 年版。

35.［美］杜赞奇著,王宪明译:《从民族国家拯救历史:民族主义话语与中国现代史研究》,社会科学文献出版社 2003 年版。

36.［美］费正清、赖肖尔:《中国:传统与变革》,江苏人民出版社 1996 年版。

37.［澳］冯兆基:《军事近代化与中国革命》,上海人民出版社 1994 年版。

38. 张宪文等编:《中华民国史》,南京大学出版社 2006 年版。

39. 孙文:《建国方略》,上海民智书局 1924 年版。

40. 王淑珍:《中华民国实录》,东北师范大学出版社 1997 年版。

41. 朱育和、欧阳军、舒文:《辛亥革命史》,人民出版社 2001 年版。

42.［美］周锡瑞:《改良与革命》,江苏人民出版社 2007 年版。

43. 朱英主编:《辛亥革命与近代中国社会变迁》,华中师范大学出版社 2001 年版。

44. 王晓秋、尚小明主编:《戊戌维新与清末新政》,北京大学出版社 1998 年版。

45. 熊月之:《西学东渐与晚清社会》,上海人民出版社 1994 年版。

46. 汤志钧:《戊戌变法史》,上海社会科学院出版社 2001 年版。

47. 夏笠:《第二次鸦片战争史》,上海书店出版社 2007 年版。

48. 郑天挺:《清史探微》,北京大学出版社 1999 年版。

49. 韩光辉:《北京历史人口地理》,北京大学出版社 1996 年版。

50. 熊志勇:《从边缘走向中心——晚清社会变迁中的军人集团》,天津人民出版社 1998 年版。

51. 沈渭滨:《孙中山与辛亥革命》,上海人民出版社 1993 年版。

52. 陶绪:《晚清民族主义思潮》,人民出版社 1995 年版。

53. 林惠祥:《中国民族史》,商务印书馆 1998 年版。

54. 林家有:《辛亥革命与民族问题》,中山大学出版社 1992 年版。

55. 乔志强:《辛亥革命前的十年》,山西教育出版社 1987 年版。

56. 王先明:《中国:1911 年》,天津人民出版社 2000 年版。

57. 南开大学近代中国研究中心、南开大学历史学院:《近代中国社会、政治与思潮》,南开大学出版社 2000 年版。

58. 李剑农:《戊戌以后三十年中国政治史》,中华书局 1965 年版。

### 六、相关论文

1. 定宜庄：《辛亥革命后的八旗驻防城：山东青州满城个案考察（1911—1923）》，《满族研究》2008 年第 4 期。

2. ［美］汪利平：《杭州旗人和他们的汉人邻居：一个清代城市中民族关系的个案》，《中国社会科学》2007 年第 6 期。

3. 阎崇年：《北京满族的百年沧桑》，《北京社会科学》2002 年第 1 期。

4. 张福记：《清末民初北京旗人社会的变迁》，《北京社会科学》1997 年第 2 期。

5. 朱东安：《太平天国与咸同政局》，《近代史研究》1999 年版。

6. 王立群：《北洋时期直隶旗地问题浅析》，《历史档案》2005 年第 3 期。

7. 迟云飞：《清末最后十年的平满汉珍域问题》，《近代史研究》2001 年第 5 期。

8. 陈一石、王端玉：《清代成都的"满城"与旗汉分治》，《四川大学学报》1981 年第 3 期。

9. 佟佳江：《清代八旗制度消亡新议》，《民族研究》1994 年第 5 期。

10. 马玉良等：《两次鸦片战争时期八旗兵的抗敌斗争》，《黑龙江民族丛刊》2005 年第 3 期。

11. 黄兴涛：《现代"中华民族"观念形成的历史考察——兼论辛亥革命与中华民族认同之关系》，《浙江社会科学》2002 年第 1 期。

12. 金冲及：《辛亥革命和中国近代民族主义》，《近代史研究》2002 年第 5 期。

13. 潘洪钢：《辛亥革命与荆州驻防八旗》，《满族研究》1992 年第 2 期。

14. 田志和：《论清代东北驻防八旗的兴衰》，《满族研究》1992 年第 2 期。

15. 李里峰：《杨度对清末民族问题的认识》，《华中师范大学学报》1999 年第 1 期。

16. 赵毅、王景泽：《"革命排满"与八旗社会》，《东北师范大学学报》1995 年第 1 期。

17. 常书红：《辛亥革命前后的满族研究》，北京师范大学 2003 年度博士学位论文。

## 七、外文书目

1. Pamela K. Crossley, *A Translucent Mirror*：*History and Identity in Qing Imperial Ideology*, Berkeley and Los Angeles：University of California Press, 1999.

2. Mark C. , *Elliott. The Manchu Way*：*The Eight Banners and Ethnic Identity in Late Imperial China*, Stanford：Stanford University Press, 2001.

3. Evelyn Rawski, *The Last Emperors*：*A Social History of the Qing Imperial Institutions*, Berkeley and Los Angeles：University of California Press, 1998.

4. Edward Rhoads, *Manchus and Han*：*Ethnic Relations and Political Power in Late Qing and Early Republican China*, *1861—1928*, Seattle：University of Washington Press, 2000.

5. Sidney D. Gamble, M. A. , *Peking*：*A Social Survey*, New York：George H . Doran Company, 1921.

6. Sidney D. Gamble, M. A. , *How Chinese Families Live in Peking*, New York Funk & Wagnalis Company, 1933.

责任编辑:洪　琼

**图书在版编目(CIP)数据**

清末民初旗民生存状态研究/戴迎华 著. —北京:人民出版社,2010.12
ISBN 978 - 7 - 01 - 009713 - 8

Ⅰ.①清…　Ⅱ.①戴…　Ⅲ.①八旗制度-研究-中国-近代②社会生活-研究-
中国-近代　Ⅳ.①D691.2②D693.9

中国版本图书馆 CIP 数据核字(2011)第 032063 号

**清末民初旗民生存状态研究**

QINGMO MINCHU QIMIN SHENGCUN ZHUANGTAI YANJIU

戴迎华　著

**人民出版社** 出版发行
(100706　北京朝阳门内大街 166 号)

北京瑞古冠中印刷厂印刷　新华书店经销

2010 年 12 月第 1 版　2010 年 12 月北京第 1 次印刷
开本:710 毫米×1000 毫米 1/16　印张:18.25
字数:300 千字　印数:0,001-3,000 册

ISBN 978 - 7 - 01 - 009713 - 8　定价:46.00 元

邮购地址 100706　北京朝阳门内大街 166 号
人民东方图书销售中心　电话 (010)65250042　65289539